QUELLE ARCHITECTURE POUR UN CODE EUROPÉEN DE DROIT INTERNATIONAL PRIVÉ ?

P.I.E. Peter Lang
Bruxelles · Bern · Berlin · Frankfurt am Main · New York · Oxford · Wien

EUROCLIO est un projet scientifique et éditorial, un réseau d'institutions de recherche et de chercheurs, un forum d'idées. EUROCLIO, en tant que projet éditorial, comprend deux versants : le premier versant concerne les études et documents, le second versant les instruments de travail. L'un et l'autre visent à rendre accessibles les résultats de la recherche, mais également à ouvrir des pistes en matière d'histoire de la construction/intégration/unification européenne.

La collection EUROCLIO répond à un double objectif : offrir des instruments de travail, de référence, à la recherche ; offrir une tribune à celle-ci en termes de publication des résultats. La collection comprend donc deux séries répondant à ces exigences : la série ÉTUDES ET DOCUMENTS et la série RÉFÉRENCES. Ces deux séries s'adressent aux bibliothèques générales et/ou des départements d'histoire des universités, aux enseignants et chercheurs, et dans certains cas, à des milieux professionnels bien spécifiques.

La série ÉTUDES ET DOCUMENTS comprend des monographies, des recueils d'articles, des actes de colloque et des recueils de textes commentés à destination de l'enseignement.

La série RÉFÉRENCES comprend des bibliographies, guides et autres instruments de travail, participant ainsi à la création d'une base de données constituant un « Répertoire permanent des sources et de la bibliographie relatives à la construction européenne ».

QUELLE ARCHITECTURE POUR UN CODE EUROPÉEN DE DROIT INTERNATIONAL PRIVÉ ?

Marc FALLON, Paul LAGARDE et
Sylvaine POILLOT-PERUZZETTO (dir.)

Euroclio n° 62

Cet ouvrage reprend les actes du colloque organisé à Toulouse les 17 et 18 mars 2011 par l'Institut de recherche en droit européen, international et comparé (IRDEIC), avec la participation du Master droit international et comparé et du Master droit européen.

Nos remerciements à la Commission européenne (Agence Exécutive Éducation Audiovisuel et Culture – Programme J. Monnet, Activités d'information et de recherche) et à la Région Midi-Pyrénées, qui ont permis, par leur soutien, la réalisation de ce programme de recherche.

Nos remerciements à la Commission pour l'étude des Communautés européennes (CEDECE), au Réseau Trans Europe Experts et au GDR-CNRS Réseau universitaire européen ELSJ pour leur parrainage et leur aide à la diffusion.

Sont particulièrement remerciés Colette Molus pour son implication dans l'organisation de la manifestation, et Guillemine Taupiac-Nouvel, maître de conférences à UT1 Capitole, ainsi que Luc L'Hussier, étudiant du Madic, pour leur implication dans la construction de l'ouvrage.

Éditions scientifiques internationales
Bruxelles, 2011
1 avenue Maurice, B-1050 Bruxelles, Belgique
pie@peterlang.com ; www.peterlang.com

ISSN 0944-2294
ISBN 978-90-5201-823-2
D/2011/5678/87

Imprimé en Allemagne

« Die Deutsche National bibliothek » répertorie cette publication dans la « Deutsche Nationalbibliografie » ; les données bibliographiques détaillées sont disponibles sur le site http://dnb.de.

Table des matières

Troisième partie.
Le domaine de la codification

Quatrième partie.
La structure et la teneur d'une codification

Janek
le pont révèle tous les
possibles, le franchir engage l'homme à
ne plus se complaire dans la cécité… se
devine là un avenir bleu azur étoilé…

Avant-propos

Le rapprochement des règlements adoptés progressivement par l'Union européenne dans le domaine de la coopération judiciaire en matière civile a révélé depuis longtemps des complémentarités, des répétitions, plus rarement quelques contradictions. Les mêmes questions générales se sont posées aux rédacteurs successifs de chacun de ces règlements et si les réponses apportées sont heureusement le plus souvent cohérentes, il est arrivé cependant que des dispositions aient été adoptées dans un règlement sans avoir leur équivalent dans un autre ou que des définitions aient été données dans un règlement sans être reprises dans un autre. L'émiettement des règlements donne parfois l'impression que le législateur européen intervient ponctuellement dans le domaine du droit international privé sans vue d'ensemble et sans compréhension de la spécificité du droit international privé européen. De plus, la dispersion des efforts peut être perçue comme une perte d'énergie et le risque de contradictions ou de divergences comme inutilement couru.

La conviction s'est peu à peu formée que la matière civile et commerciale pourrait constituer le socle d'un code européen de droit international privé. Le colloque organisé à Toulouse le 17 octobre 2008 par l'Institut de recherche en droit européen, international et comparé (IRDEIC)[1] avait testé cette virtualité à partir des trois Règlements Bruxelles I, Rome I et Rome II, et conclu à la faisabilité et à l'opportunité d'une telle codification.

L'examen des autres grands règlements en la matière, particulièrement dans le domaine familial *lato sensu* (divorce avec Rome III, obligations alimentaires, propositions de règlement sur les successions, les régimes matrimoniaux et les relations patrimoniales entre partenaires enregistrés) et dans celui de la procédure, a depuis lors confirmé cette première conviction. Le moment a semblé venu de faire franchir à la réflexion une étape nouvelle et d'envisager ce que pourrait être l'architecture d'un code européen de droit international privé, appelé entre-temps de ses vœux par le Parlement européen dans une résolution du 7 septembre 2010. D'où l'organisation par l'IRDEIC d'un second

---

1 M. Fallon, P. Lagarde et S. Poillot-Peruzzetto (dir.), *La matière civile et commerciale, socle d'un code européen de droit international privé ?*, Paris, Dalloz, 2009, 198 p.

colloque qui, dans la continuité du précédent, s'est tenu à Toulouse les 17 et 18 mars 2011 et dont les actes sont publiés dans le présent volume.

Après une réflexion sur la forme et l'instrument d'une codification européenne, une première série de contributions s'interrogent sur les fondements spécifiquement européens d'une telle codification. Le plus ancien demeure le bon fonctionnement du marché intérieur qui limitait jusqu'au Traité de Lisbonne les mesures pouvant être prises dans le domaine de la coopération judiciaire en matière civile et qui imposait la suppression au sein de l'Espace de Liberté, de Sécurité et de Justice des entraves aux libres circulations prévues par le traité fondateur. Le Traité de Lisbonne, en faisant sauter le verrou du marché intérieur, a permis de fonder également le droit international privé de l'Union sur la citoyenneté européenne et d'élargir la portée de la libre circulation à tous les citoyens européens au-delà de leurs activités liées à ce marché. On pressent que le principe de reconnaissance mutuelle est affecté par cet élargissement et qu'il faudra envisager son extension de la reconnaissance des décisions à celle des situations.

D'autres contributions ont cherché à définir le domaine, tant spatial que matériel, d'une telle entreprise. Sur le premier point, s'il n'est certes pas souhaitable d'abandonner le caractère universel de la règle de conflit de lois – universel en ce sens que le droit désigné par la règle de conflit peut être celui d'un État non-membre –, il faut se demander si les règles de conflit de l'Union doivent ou non se limiter aux situations ayant un lien avec le territoire de celle-ci. Des questions du même ordre surgissent pour les conflits de juridictions, lorsque le défendeur n'est pas domicilié ou n'a pas sa résidence habituelle dans un État-membre. Ce sont là des questions difficiles, compliquées par la géographie variable des différents règlements et par l'articulation à ménager du code européen avec les conventions internationales et les systèmes nationaux de droit international privé. Sur le second aspect, s'il est clair que la codification doit couvrir la matière civile et commerciale, on doit se demander jusqu'où peut aller l'exclusion de la matière administrative et, entre autres questions, s'il faut y inclure – jusqu'où et de quelle façon – les immunités de juridiction et d'exécution, la procédure et la coopération entre les juges et les acteurs nationaux.

La dernière série de communications s'ordonne autour de la structure et du contenu de ce code européen. Un tel code doit satisfaire aux impératifs d'accessibilité et de cohérence pour répondre aux attentes du citoyen européen. Un tel objectif requiert des divisions aussi simples que possible, avec de vastes catégories permettant d'intégrer au fur et à mesure de leur apparition les règlements à venir dans les domaines du droit international privé non encore saisis par le droit européen. Si, dans la suite des conclusions du colloque de 2008, une première division semble s'imposer entre une partie générale et une partie spéciale, l'élaboration de leur contenu respectif prêtera évidemment à discussions. Faudra-t-il prévoir une théorie générale européenne des conflits de lois, traitant du renvoi, de l'ordre public (forcément compris de façon plus restrictive qu'en droit international privé commun), ou encore de l'office du juge au regard du droit étranger ? La prolifération des règlements de procédure (signification, obtention des preuves, etc.) réduisant d'autant l'autonomie des États-membres en matière de procédure ne rend-elle pas nécessaire l'inclusion dans le code, particulièrement dans sa partie générale, de règles de procédure ou tout au moins de principes processuels ? Et comment découper la partie spéciale à partir de catégories définies de manière autonome, comme nous y a habitués la Cour de justice, afin d'éliminer de possibles conflits de qualifications ? Quels points de rattachement privilégier et quelle place faire respectivement aux principes de reconnaissance mutuelle, d'autonomie de la volonté et de proximité ?

En guise de synthèse provisoire et dans le but de renouer les fils d'une discussion très riche, est proposé un embryon de ce qui pourrait être la partie générale de ce futur code européen de droit international privé. Pour mener à bien l'élaboration d'un tel code, il faudrait une volonté politique qui fait encore défaut. Au cours du colloque se sont exprimées à ce sujet des sensibilités variées, certains orateurs et même certains rapporteurs ont exprimé un scepticisme courtois, d'autres ont prôné la plus grande prudence avant de rien entreprendre, mais les responsables du colloque et la plupart des participants ont pensé que ce n'était pas manquer de prudence que de réfléchir dès maintenant à l'architecture d'un tel code, afin de n'être pas dépourvu le jour où sa mise en chantier sera décidée.

Marc Fallon

Paul Lagarde

Sylvaine Poillot-Peruzzetto

Rapport introductif

Marc Fallon

Professeur, Université catholique de Louvain, Belgique

Songer à une codification européenne du droit international privé pourrait sembler à la fois utopique et prométhéen. Utopique, dans la lignée d'autres projets avortés, nostalgiques d'une universalité du droit à une époque où la lecture du monde se réduisait à celle du continent européen, tel le projet, le plus abouti, de plus de cent articles préparé par E. Frankenstein en 1950[1]. Prométhéen, car ce serait prétendre réussir là où l'unification, sous forme d'une codification – à savoir un système complet et cohérent – n'a guère réussi dans les enceintes internationales, pourtant largement investies par les parties européennes. Et par où commencer ? Comment, dans un avenir prévisible, réussir à établir, en un acte, un ensemble de règles, de conflit de lois et de conflit de juridictions, pour la matière civile et commerciale, sans négliger toute la complexité déjà présente dans les actes existants, en particulier les Règlements Bruxelles I[2] et Bruxelles II*bis*[3] ?

Pourtant, force est de constater que la multiplication des actes européens risque de mettre à mal le principe de cohérence de la législation, posé par l'article 7 TFUE selon lequel « l'Union veille à la cohérence entre ses différentes politiques et actions, en tenant compte de l'ensemble de ses objectifs et en se conformant au principe d'attribution des compétences ». C'est dire si, sans négliger les limites de la compétence normative, l'Union se doit d'adopter des actes présentant des

---

1 E. Frankenstein, *Projet de code européen de droit international privé*, Leiden, Brill, 1950.

2 Règlement 44/2001 du Conseil du 22 décembre 2000 concernant la compétence judiciaire, la reconnaissance et l'exécution des décisions en matière civile et commerciale, *J.O. L 12 2001*.

3 Règlement 2201/2003 du Conseil du 27 novembre 2003 relatif à la compétence, la reconnaissance et l'exécution des décisions en matière matrimoniale et en matière de responsabilité parentale abrogeant le Règlement (CE) 1347/2000, *J.O. L 338 2003*.

dispositions d'ensemble, dans la ligne de la politique de simplification législative amorcée précédemment par la Commission[4].

I. Portée du principe de cohérence de la législation

Le principe de cohérence de la législation est de nature multidimensionnelle.

En premier lieu, c'est la face la plus visible, la cohérence doit être horizontale, entre les actes adoptés, comme gage de leur bonne application. En particulier, la chasse aux doublons, discordances terminologiques et lacunes obéit à une nécessité de sécurité juridique. La jurisprudence récente de la Cour de justice permet de stigmatiser la situation actuelle et de souligner la nécessité d'une vision globale des actes européens de droit international privé. L'arrêt Pammer & Alpenhof du 7 décembre 2010[5] se voit contraint d'interpréter le Règlement Bruxelles I à l'aide du Règlement Rome I[6], adopté huit ans plus tard, pour y inclure une référence à une directive de 1990[7]... De même, l'arrêt Koelzsch du 15 mars 2011[8] interprète l'article 6 de la Convention de Rome du 19 juin 1980[9] relatif la loi applicable au contrat de travail à la lumière de la Convention de Bruxelles, en raison de la complémentarité des textes, mais pour statuer en définitive de manière « conciliable » avec le texte du Règlement Rome I dans un souci d'interprétation « systématique » relevé par l'avocat général : de la Convention de Bruxelles, la Cour retient la nécessité d'une interprétation large du critère de l'accomplissement habituel des prestations, dans un objectif de protection de la partie faible relevé dans le rapport explicatif de la Convention de Rome, avant de trouver dans le règlement la notion de

---

4 Sur ce mouvement, voir : S. Beslier et P. Lavaggi, « Les procédures de codification et de refonte en droit communautaire : une contribution à l'effort de simplification de l'environnement réglementaire », *RDUE*, 2006, p. 313-324.

5 Aff. C-585/08 et autres.

6 Règlement 593/2008 du Parlement européen et du Conseil du 17 juin 2008 sur la loi applicable aux obligations contractuelles (Rome I), *J.O. L 177 2008*.

7 Directive 90/314 du Conseil du 13 juin 1990 concernant les voyages, vacances et circuits à forfait, *J.O. L 158 1990*. L'art. 15, § 3, du Règlement Bruxelles I évoque les « contrats de transport autres que ceux qui, pour un prix forfaitaire, combinent voyage et hébergement », alors que l'art. 6, § 4, b), du Règlement Rome I évoque le « contrat de transport autre qu'un contrat portant sur un voyage à forfait au sens de la directive 90/314/CEE du Conseil du 13 juin 1990 ». Le premier texte, reprenant tel quel celui de la Convention de Bruxelles de 1968, se référait ainsi à un précédent antérieur à 1990.

8 Aff. C-29/10.

9 Convention de Rome du 19 juin 1980 sur la loi applicable aux obligations contractuelles, *J.O. L 266 1980*, et, pour une version consolidée, *J.O. C. 27 1998*.

lieu « à partir duquel »[10] les prestations sont effectuées, expression permettant de viser typiquement les activités du personnel navigant des transporteurs internationaux.

En deuxième lieu, la cohérence s'impose verticalement, en raison de la hiérarchie des sources. L'intégrité interne du système juridique de l'Union requiert du droit dérivé, outre une compatibilité avec le droit primaire, qu'il serve aux objectifs de l'Union. Les actes européens doivent faire l'objet d'une compréhension d'ordre systémique visant à assurer une intégration optimale du droit de l'Union. À cet égard, l'interprétation de la Cour de justice manie tour à tour le chaud et le froid. Après qu'a été affirmé le lien entre la Convention de Bruxelles et le droit communautaire[11], le contexte du Règlement Bruxelles I est perçu comme suffisamment spécifique pour exclure une interprétation de ses termes conforme à celle de termes analogues des traités fondateurs[12]...

En troisième lieu, la préservation de la cohérence interne de l'ordre juridique national des États-membres ne devrait pas être négligée par le législateur européen. La réalisation de l'objectif de cohérence du droit de l'Union par l'établissement d'un système de règles communes ne devrait pas être au prix de dommages collatéraux subis par les systèmes nationaux, dont le droit civil est traversé de lignes de cohérence propres. Ainsi, dans le domaine des conflits de lois, le Règlement Rome III (divorce)[13] et la proposition de règlement sur les régimes matrimoniaux[14] présentent certes une cohérence horizontale intéressante en retenant,

---

10 Le texte de l'art. 6 retient uniquement les termes « le lieu où [...] », suivant en cela ceux utilisés par l'art. 5, 1° de la Convention de Bruxelles. Dès 1993 (CJ 13 juillet 1993, *Mulox IBC*, aff. 125/92), la Cour avait ajouté à celui-ci les termes « à partir duquel [...] ». Singulièrement, l'art. 19.2.a) reste fidèle à l'ancienne formulation, ce que ne relève pas l'arrêt Koelzsch.

11 Du fait de sa base juridique (art. 220 TCE : CJ 28 mars 2000, *Krombach*, aff. C-7/98) mais aussi en raison de ses objectifs propres, telle la bonne administration de la justice dans la Communauté (CJ 27 juin 1991, *Overseas Union Insurance & New Hampshire Insurance*, aff. C-351/89 ; CJ 8 mai 2003, *Gantner Electronic*, aff. C-111/01), est affirmé nettement « le lien existant entre la Convention de Bruxelles et le droit communautaire » (CJ 14 novembre 2002, *Gemeente Steenbergen*, aff. C-271/00).

12 CJ 23 avril 2009, *Falco Privatstiftung*, aff. C-533/07. Cela n'empêche pas la Cour de s'en remettre aux objectifs de réalisation de l'ELSJ et de bon fonctionnement du marché intérieur comme clé générale d'interprétation du même règlement (CJ 9 juillet 2009, *Rehder*, aff. C-204/08).

13 Règlement 1259/2010 du Conseil du 20 décembre 2010 mettant en œuvre une coopération renforcée dans le domaine de la loi applicable au divorce et à la séparation de corps (Rome III), *J.O. L 343 2010.*

14 Proposition de règlement relatif à la compétence, la loi applicable, la reconnaissance et l'exécution des décisions en matière de régimes matrimoniaux, doc. COM (2011), 126, 16 mars 2011.

tour à tour, une autonomie de la volonté strictement encadrée et une échelle de rattachements prenant pour premier échelon la résidence des parties. En même temps, ce processus législatif risque de rompre la cohérence horizontale propre à certains systèmes nationaux, tel le droit allemand utilisant une échelle de rattachements qui, pour les relations entre époux au sens large, privilégie le critère de la nationalité commune[15] : désormais, au regard du droit international privé allemand, l'application combinée des règles européennes en matière familiale se concilie mal avec le maintien de cette préférence pour la matière des relations personnelles entre époux, non couverte par les actes européens. La seule issue serait, soit pour le législateur allemand d'aligner sa codification sur les orientations décelées dans les actes européens, soit pour le législateur européen de finaliser son travail en englobant l'ensemble des questions familiales. De même, la proposition de règlement sur « les effets patrimoniaux » des partenariats enregistrés[16] répond à un besoin immédiat de cohérence horizontale avec la proposition sur les régimes matrimoniaux, tout en négligeant les fractures qui pourront en résulter pour les questions de validité ou d'effets personnels de tels partenariats dans les systèmes nationaux qui, tantôt ne comprennent aucune disposition en la matière, tantôt soumettent ces questions à des règles de conflit inconciliables avec le contenu de la proposition.

II. Appréhension du principe de cohérence par les institutions européennes

L'opportunité d'une vision d'ensemble assurant une cohérence interne horizontale n'a pas échappé au Parlement européen.

La résolution du 7 septembre 2010 sur la mise en œuvre et la révision du Règlement 44/2001 du Conseil concernant la compétence judiciaire, la reconnaissance et l'exécution des décisions en matière civile et commerciale[17] « encourage la Commission à réexaminer les interrelations entre les différents règlements qui traitent de la compétence, de l'exécution et de la loi applicable ; considère que l'objectif général poursuivi doit être la mise en place d'un cadre juridique à la structure cohérente et facilement accessible ; estime qu'à cette fin, la terminologie relative aux différentes matières et tous les concepts et exigences concernant les mêmes règles dans les différentes matières

[15] Une constatation inverse vaut à l'égard du droit belge, puisque le code de 2004 (loi du 16 juillet 2004, *Moniteur belge* du 27 juillet 2004, *Rev. Crit. dip.* 2005, p. 154) a précisément utilisé une échelle inverse analogue à celle des règlements pour l'ensemble des relations entre époux, matrimoniales et patrimoniales.

[16] Doc. COM (2011), 125, 16 mars 2011.

[17] Doc. 2010, 304.

devraient être unifiés et harmonisés (par exemple, litispendance, clauses attributives de compétence, etc.) et l'objectif final pourrait consister en une codification générale du droit international privé » (point 1).

Y est soulignée la nécessité d'une approche transversale : le Parlement « est d'avis qu'une définition autonome (applicable en définitive à tous les actes juridiques européens) du domicile des personnes physiques serait souhaitable, notamment afin d'éviter les situations dans lesquelles des personnes auraient plus d'un domicile » (point 19). Il « encourage la Commission à engager un débat public sur la question de l'ordre public en rapport avec les instruments de droit privé international » (point 3). Il « estime, compte tenu des difficultés spécifiques liées au droit international privé, de l'importance de la législation de l'Union en matière de conflits juridiques pour les entreprises, les citoyens et les juristes de droit international et de la nécessité de disposer d'un corpus de jurisprudence cohérent, qu'il est temps d'établir au sein de la Cour de justice une chambre qui serait chargée spécifiquement de traiter les renvois préjudiciels liés au droit international privé » (point 33).

Dans une résolution ultérieure du 23 novembre 2010 sur les aspects relatifs au droit civil, au droit de la famille et au droit international privé du plan d'action mettant en œuvre le programme de Stockholm[18], le Parlement considère que :

> depuis que l'Union a obtenu la compétence en matière de justice et d'affaires intérieures puis la création de l'ELSJ, des progrès considérables ont été accomplis dans le domaine de la justice civile en s'appuyant sur les différentes conventions de droit international privé conclues au niveau intergouvernemental, et en les étendant ; et que la Commission propose à présent un plan très ambitieux qui répond à un nombre considérable de demandes formulées récemment par le Parlement (point C) ;
>
> à la lumière de ce plan ambitieux et des progrès considérables accomplis par l'Union européenne dans ce domaine, l'heure est venue de prendre du recul et de réfléchir aux actions que nous avons entreprises en matière de droit civil afin, tout d'abord, d'adopter une approche plus stratégique et moins fragmentaire des besoins réels des citoyens et des entreprises dans l'exercice de leurs droits et de leurs libertés sur le marché unique, tout en tenant également compte des difficultés à légiférer dans un domaine relevant de la compétence partagée où l'harmonisation n'apparaît que rarement comme une solution et le chevauchement doit être évité, et où il est nécessaire, par conséquent, de respecter et de rapprocher des pratiques juridiques et des traditions constitutionnelles radicalement différentes, pour ainsi ensuite élaborer une approche de l'Union dans ce domaine qui permette de mieux définir les objectifs à atteindre et de résoudre au mieux les problèmes qui doivent être réglés, à titre de partie intégrante d'un plan d'ensemble ;

[18] Doc. 2010, 426.

considérant qu'il est essentiel de s'attacher en premier lieu à s'assurer de la fonctionnalité des mesures déjà adoptées et à consolider les progrès accomplis (point D) ;

le droit international privé constitue le moyen par excellence pour parvenir à la reconnaissance mutuelle et au respect des systèmes juridiques [...] (point E).

III. Esquisse de la trame d'une codification européenne

Un premier état des lieux a été dressé en 2009, dans une publication pilotée par l'Institut de recherche en droit européen, international et comparé (IRDEIC) de l'Université de Toulouse[19]. Le Règlement Bruxelles I y est analysé comme le socle du droit international privé européen, celui-ci étant fait d'une pluralité d'actes particuliers, singulièrement les Règlements Rome I et Rome II, dont le manque d'articulation résulte pour partie de l'échelonnement dans l'adoption des actes. Ont fait l'objet d'une analyse transversale, principalement, les domaines d'application des actes, les qualifications, le principe d'autonomie, l'ordre public et les lois de police, les relations entre droit dérivé et droit primaire, la relation des actes avec des directives sectorielles ou le droit de la concurrence, leur relation avec les instruments internationaux, l'incidence du processus interprétatif sur la perception d'une approche globale.

Cette première étude avait conduit à des constats et à des propositions, présentés par les conclusions générales de Paul Lagarde.

Au rang des constatations, s'observe une codification en marche, couvrant plusieurs matières de manière complémentaire avec des orientations communes en termes d'objectifs, mais ce mouvement s'accompagne d'incohérences : déficit de coordination entre les actes, maintien de lacunes, notamment, des champs restent inexplorés, en particulier par la technique de l'exclusion de matières particulières du domaine matériel de l'acte[20], et la partie générale est touchée sporadiquement par certaines dispositions répétitives, telle l'exception d'ordre public ou le jeu des lois de police, alors que manquent des dispositions élémentaires comme la définition de la résidence habituelle...

Au rang des propositions figurent la nécessité de couvrir conflits de lois et de juridictions, de définir la matière civile et commerciale, d'adopter des règles universelles, de clarifier les rapports avec les instruments internationaux, d'assurer l'autonomie européenne des catégories juridiques, de faire prévaloir certains facteurs de rattachement, telles la

---

[19] M. Fallon, P. Lagarde et S. Poillot-Peruzzetto, *La matière civile ou commerciale, socle d'un code européen de droit international privé ?*, Paris, Dalloz, 2009.

[20] Cette technique est courante dans les instruments internationaux alors qu'elle est absente, par définition, d'un code national.

résidence habituelle et l'autonomie de la volonté, d'adopter – à la lumière de la pratique existante des lois nationales – des règles générales portant sur la clause d'exception, le renvoi, l'office du juge, l'ordre public, les lois de police, tout en vérifiant s'il y a lieu de distinguer selon que la loi désignée est celle d'un État-membre ou d'un pays tiers.

L'étape suivante, que s'efforce de franchir le présent projet, cherche moins à déterminer le contenu de règles potentielles, processus complexe appelant à des choix de nature politique, qu'à tracer une esquisse de la trame de ce qui pourrait être un acte de l'Union portant un code de droit international privé[21]. Ce premier effort est centré sur la « partie générale » d'un tel code, plutôt que sur sa partie spéciale. Il cherche à identifier le type d'instrument et les objectifs en fonction de son ancrage dans le droit de l'Union, à en identifier le domaine d'application – vertical (types de conflits visés) et horizontal (matières et espaces visés) –, à faire le point sur les acquis – respectivement pour le conflit de lois et pour le conflit de juridictions –, à dessiner le profil des règles générales de conflit de lois, à préciser la relation de cet acte général avec d'autres actes spéciaux – du droit dérivé ou du droit conventionnel. La partie spéciale est cependant abordée pour déterminer l'organisation des différentes matières. L'ambition est moins de procéder à un travail de consolidation des actes existants, que d'évoquer les possibilités de règles nouvelles, adaptées au contexte proprement européen de leur adoption.

Sont étudiés, successivement :

I. La forme et l'instrument de la codification

II. Les fondements de la codification

III. Le domaine de la codification

IV. La structure et la teneur d'une codification

V. Les éléments d'une partie générale

---

21 Pour une analyse de la notion de code et de ses implications, voir la présentation générale de M. Fallon, P. Lagarde et S. Poillot-Peruzzetto, *La matière civile ou commerciale, socle d'un code européen de droit international privé ?*, *op. cit.*, p. 1-34.

Première partie

La forme et l'instrument de la codification

Qu'y a-t-il en un nom* ?

Un vrai code pour le droit international privé européen

Aude MAC ELEAVY FIORINI

Law Lecturer, University of Dundee Law School, Écosse

La codification, entendue dans son acception la plus générique, consiste en l'assemblage de textes juridiques ordonnant les règles relatives à une matière donnée au sein d'un même ouvrage[1]. Motivée par le souci de réduire le volume de la législation, d'améliorer sa lisibilité, son accessibilité et sa mise en œuvre, elle est pratiquée sous différentes formes dans l'ensemble des États-membres de l'Union européenne et par l'Union elle-même s'agissant des « acquis »[2].

Le mouvement de codification avait logiquement épargné le droit international privé européen à l'époque où celui-ci demeurait essentiellement le produit de négociations intergouvernementales (d'où un volume limité, un contenu spécialisé et un développement lent). Avec l'entrée en vigueur du Traité d'Amsterdam en revanche, la production de normes européennes de droit international privé s'est accélérée de manière exponentielle. Étant donné les termes larges de la base légale de ces actes et ceux, ambitieux, des divers programmes de travail, il fait peu de doute que, dans un avenir certainement proche, la totalité du champ du droit international privé aura fait l'objet de mesures législatives.

La mosaïque toujours plus grande d'actes européens de droit international privé soulève donc désormais la question de la codification. C'est ainsi que la Commission européenne, dans sa communication du

* « What's in a name, that which we call a rose By any other name would smell as sweet », Shakespeare, *Romeo and Juliet* (II, ii, 1-2).

1 D. Bureau V° Codification in D. Alland & S. Rials, *Dictionnaire de la culture juridique*, Paris, PUF, 2003.

2 http://ec.europa.eu/governance/better_regulation/codif_recast_fr.htm.

10 juin 2009 intitulée « Un Espace de Liberté, de Sécurité et de Justice au service des citoyens » recensait, parmi ses priorités en vue de la poursuite de la mise en œuvre de la reconnaissance mutuelle l'adoption d'un code de la coopération judiciaire civile[3]. Un an plus tard, dans sa communication sur le plan d'action mettant en œuvre le programme de Stockholm, la Commission prévoyait pour la même année, l'adoption d'un « Compendium de la législation de l'Union existant dans le domaine de la coopération judiciaire en matière civile »[4]. Pourtant la gestion des acquis peut s'organiser sur un autre mode que la simple compilation des textes. La Commission le reconnaît implicitement dans le plan d'action de 2010 en annonçant, pour 2014, la présentation d'une proposition législative destinée à améliorer la cohérence de la législation de l'Union existant dans le domaine du droit procédural en matière civile[5]. Quoique ne se référant pas expressément à l'idée de code, ce dernier objectif répond visiblement au vœu exprimé par le Parlement dans sa résolution du 25 novembre 2009 sur le programme de Stockholm de voir « l'adoption d'ici à 2013 d'un code communautaire des conflits de compétences rassemblant dans un seul instrument tous les règlements adoptés dans ce domaine par le législateur communautaire »[6]. Si par les termes choisis en 2009 le Parlement semblait faire allusion à un code formel (simple regroupement en un volume des textes existants), il ne fait plus aucun doute depuis sa résolution du 7 septembre 2010 que le Parlement vise un vrai code issu du réexamen des interrelations entre les différents règlements, organisé autour d'un objectif de cohérence, et dont le but final serait « une codification *générale* du droit international privé »[7].

---

3 COM (2009), 262 final, p. 10.

4 COM (2010), 171 final, p. 20. La substitution du terme compendium à celui de code ne dénote pas de changement d'objectif : c'est dans les deux cas simplement le regroupement des instruments déjà adoptés dans un même ouvrage afin de « faciliter leur mise en œuvre » qui est visé : COM (2009), 262 final, p. 10. Le compendium annoncé a été publié en décembre 2009.

5 COM (2010), 171 final, p. 24.

6 On relèvera une certaine incertitude quant à l'objet envisagé. Au paragraphe 95 est visée « l'adoption d'ici à 2013 d'un *code communautaire des conflits de compétences* rassemblant dans un seul instrument tous les règlements adoptés dans ce domaine par le législateur communautaire, afin de célébrer le 45e anniversaire de la Convention de Bruxelles, dont la conclusion a représenté une étape importante pour le droit international privé » (c'est nous qui soulignons). Toutefois cette expression de « conflits de compétences » renvoie-t-elle à l'idée de conflits de juridictions à l'exclusion des conflits de lois ou, comme il ressort de la version anglaise du document qui utilise l'expression « *a Community Conflicts Code* » pour exprimer le même point, est-ce plus largement un code de DIP qui est visé ?

7 Le Parlement, au point 1 de la Résolution, « encourage la Commission à réexaminer les interrelations entre les différents règlements qui traitent de la compétence, de

Les deux formats envisagés par le législateur européen ne sont pas les seuls qui pourraient être appliqués au droit international privé. La notion de code est, on le sait, polymorphique et il convient de s'interroger sur le type de code qui serait le plus adapté au contexte du droit international privé européen. L'examen révèle que si une codification matérielle s'impose en la matière (I), sa réalisation représente un véritable défi politico-juridique (II). La gageure ne pourra être relevée avec succès que si ses auteurs sont prêts à faire preuve d'inventivité pour ce code d'un genre nouveau, distinct des si diverses significations que le mot code possède dans les imaginaires collectifs.

I. Pour un vrai code de droit international privé européen

Codification et droit international privé n'ont pas toujours fait bon ménage. La matière a longtemps été rétive à la codification même au sein des systèmes romano-germaniques qui l'ont vu naître. Toutefois, lorsqu'ils ont finalement opté pour la codification de leur droit international privé, les États européens ont généralement eu tendance à adopter des codes globaux[8]. La situation est différente s'agissant de codifications internationales. En ce domaine, l'unification totale étant utopique, ce sont des codifications par nécessité fragmentaires qui ont vu le jour[9]. En droit international privé européen *stricto sensu*, on constate le même caractère parcellaire de la législation[10]. Cette caractéristique est liée au

---

l'exécution et de la loi applicable ; considère que l'objectif général poursuivi doit être la mise en place d'un cadre juridique à la structure cohérente et facilement accessible ; estime qu'à cette fin, la terminologie relative aux différentes matières et tous les concepts et exigences concernant les mêmes règles dans les différentes matières devraient être unifiés et harmonisés (par exemple, litispendance, clauses attributives de compétence, etc.) et l'objectif final pourrait consister en une codification générale du droit international privé », P7_TA(2010)0304.

8 C'est-à-dire des codes comprenant le droit international privé civil et commercial, incluant une partie générale en tout cas pour le conflit de lois : M. Fallon, « Le droit international privé en 2004, entre *ius commune*, codification et droit privé européen », in A. Wijffels (dir.), *Le Code civil entre ius commune et droit privé européen*, Bruxelles, Bruylant, 2005, p. 243.

9 *Ibid.*, p. 245 ; M. Czepelak, « Would we like to have a European code of private international law ? », *European Review of Private Law*, 4, 2010, p. 706-707.

10 H. Gaudemet-Tallon, « Quel droit international privé pour l'Union européenne ? », in P.J. Borchers and J. Zekoll (dir.), *International Conflicts of laws for the Third Millenium*, Essays in honor of Friedrich K. Juenger, New York, Transnational Pub., 2001, p. 317 et svtes. Sur l'approche pragmatique, sectorielle du droit international privé européen avant le Traité d'Amsterdam, voir F. Schockweiler, « La codification du droit international privé dans la communauté européenne », in A. Borrás *et al.* (dir.), *E Pluribus Unum Liber Amicorum Georges A.L.Droz : On the Progressive Unification of Private International Law/Sur l'Unification Progressive du Droit International Privé*, The Hague, Martinus Nijhoff, 1996, p. 391 et svtes.

fait que les premiers Règlements (CE) de droit international privé ont été le résultat d'un processus de communautarisation d'instruments préexistants puis à l'adoption, presque sur le même modèle, d'une succession d'actes assez spécialisés énumérés dans les divers programmes de travail et fondés sur les articles 61, 67 et 65 du TCE ou article 81 TFUE[11]. Les conséquences de cette technique de législation sont bien connues : multiplication des sources, coordination imparfaite ou lacunaire des textes, divergences terminologiques, et différences méthodologiques[12].

Face à ce paysage morcelé et touffu, la codification est tentante dans la mesure où, traditionnellement, on lui assigne (toujours) des fonctions de simplification, (souvent) de systématisation et (parfois) de réforme[13]. Ces différentes fonctions se rencontrent toutefois à des degrés divers selon le type de codification envisagé[14] et varient entre deux extrêmes bien connus, de la simple compilation (codification purement formelle – code-constat) à la codification au sens noble du terme (codification matérielle ou réelle – code-réforme). Instrument souple, la codification peut donc être adaptée aux besoins particuliers du domaine auquel on l'applique et aux buts que son auteur lui assigne[15]. Force est de constater l'incapacité d'un code-constat à remédier aux faiblesses du droit international privé européen (A) et l'opportunité d'un code-réforme (B).

---

11 L'adoption rapide d'instruments spécialisés a été privilégiée par facilité – il est plus aisé et plus rapide d'adopter des actes dont le domaine d'application matériel ou spatial est limité (voir Rome III) et ce, d'autant plus que la base légale de l'action est controversée, par nécessité – l'acte limité est adopté sous forme de test préalable à l'adoption d'autres instruments (voir TEE) et/ou par souci d'extension de la compétence de la Communauté/l'Union, chaque adoption d'acte s'accompagnant de l'acquisition corollaire d'une compétence externe dans le même domaine.

12 M. Czepelak, voir *supra*, note 9, p. 715 ; M. Fallon, P. Lagarde, S. Poillot-Peruzzetto (dir.), *La matière civile et commerciale, socle d'un code européen de droit international privé ?*, Paris, Dalloz, 2009.

13 D. Tallon, « Codification and consolidation of the law at the present time », *Israel Law Review*, 1979, p. 3-5.

14 Même si ces fonctions sont partout reconnues à la codification, l'ouvrage qui en résulte peut prendre des visages très différents : P. North, « Problems of Codification in a Common Law System », *RabelsZ*, 46, 1982, p. 503 : « *Herein lies the crucial difference between the common law and civil law approach to codification. Both system can attempt to simplify, systematise and reform and may succeed in their different ways in doing all three ; but the end product will look very different* ».

15 D. Tallon, voir *supra*, note 13, p. 8.

A. Insuffisance des codifications formelles

Aucune des deux variantes de codes purement formels (compilation et consolidation) n'offre de réelle plus-value en termes de simplification et de clarification du droit international privé européen.

1. Compilation

Codification mécanique, la compilation consiste en la simple réunion un même ouvrage de fragments de provenances diverses sur un même sujet. Cette technique paraît avoir peu d'intérêt si on se contente de rassembler les divers règlements de droit international privé en un même ouvrage : certes les instruments de droit international privé européen se multiplient mais leur nombre reste encore limité de sorte qu'il n'y a pas actuellement, à proprement parler, de difficultés majeures d'accès à ces actes même épars[16]. Une compilation pourrait éventuellement se révéler utile si on y incluait, outre les règlements de droit international privé européen, les très nombreuses dispositions sporadiques de droit international privé contenues dans des actes d'unification matérielle[17]. Il convient d'ajouter que les éléments compilés n'ont pas à être tous de nature législative ; on pourrait ainsi envisager d'y adjoindre des fragments d'arrêts de la CJUE/CJCE. Ce procédé pourrait aboutir à la création d'une compilation généraliste de droit international privé européen mais également être affiné pour conduire à des compilations matière par matière, plus lisibles que la première. La compilation « droit international privé européen des contrats » pourrait ainsi regrouper les dispositions pertinentes des Règlements Bruxelles I[18] & Rome I[19] (et toutes autres règles concernant la matière contractuelle), notification[20], obten-

---

16 On ne dénombre qu'une douzaine de règlements de droit international privé actuellement en vigueur. Le rassemblement de tous les instruments de droit international privé européen au sein d'un même ouvrage serait toutefois probablement de nature à faciliter la mise en œuvre conjuguée d'instruments connexes.

17 Il y avait en 2005 plus d'une centaine d'actes adoptés par la Communauté européenne en matière civile ou commerciale et qui contiendraient des règles définissant leur champ d'application généralement de manière unilatérale « technique des règles d'applicabilité », voir M. Fallon *supra* note 8, p. 258 et svtes.

18 Règlement (CE) n° 44/2001 du Conseil du 22 décembre 2000 concernant la compétence judiciaire, la reconnaissance et l'exécution des décisions en matière civile et commerciale, *J.O. L 12 du 16.01.2001*, p. 1-2.

19 Règlement (CE) n° 593/2008 du Parlement européen et du Conseil du 17 juin 2008 sur la loi applicable aux obligations contractuelles (Rome I), *J.O. L 177 du 04.07.2008*, p. 6-16.

20 Règlement (CE) n° 1393/2007 du Parlement européen et du Conseil du 13 novembre 2007 relatif à la signification et à la notification dans les États-membres des actes judiciaires et extrajudiciaires en matière civile ou commerciale (« signification ou notification des actes »), et abrogeant le Règlement (CE) n° 1348/2000 du Conseil, *J.O. L 324 du 10.12.2007*, p. 79-120.

tion des preuves[21], TEE[22], injonction de payer[23], petits litiges[24] ; la compilation « droit international privé européen du divorce » rassemblerait actuellement les dispositions des Règlement notification, obtention des preuves, Bruxelles II*bis*[25] Rome III[26] et aliments[27] et celles du Protocole de La Haye[28]. On pourrait multiplier les exemples.

L'intérêt de la codification-compilation paraît cependant relativement mince. La lisibilité ne serait pas forcément renforcée puisque de telles compilations seraient des ouvrages longs (comprenant les règles et les considérants mais aussi toutes les annexes nécessaires aux usagers du droit), se chevauchant en partie. Bien plus, cette formule maintiendrait par définition les lacunes existantes (alors qu'un « code », même administratif, donne à penser qu'il est complet) comme les incohérences entre instruments[29] et les difficultés de coordination liées à leur domaine d'application variable[30]. Ainsi on perçoit assez vite les limites de

---

21 Règlement (CE) n° 1206/2001 du Conseil du 28 mai 2001 relatif à la coopération entre les juridictions des États-membres dans le domaine de l'obtention des preuves en matière civile ou commerciale, *J.O. L 174 du 27.06.2001*, p. 1-24.

22 Règlement (CE) n° 805/2004 du Parlement européen et du Conseil du 21 avril 2004 portant création d'un titre exécutoire européen pour les créances incontestées, *J.O. L 143 du 30.04.2004*, p. 15-39.

23 Règlement (CE) n° 1896/2006 du Parlement européen et du Conseil du 12 décembre 2006 instituant une procédure européenne d'injonction de payer, *J.O. L 399 du 30.12.2006*, p. 1-32.

24 Règlement (CE) n° 861/2007 du Parlement européen et du Conseil du 11 juillet 2007 instituant une procédure européenne de Règlement des petits litiges, *J.O. L 199 du 31.07.2007*, p. 1-22.

25 Règlement (CE) n° 2201/2003 du Conseil du 27 novembre 2003 relatif à la compétence, la reconnaissance et l'exécution des décisions en matière matrimoniale et en matière de responsabilité parentale abrogeant le Règlement (CE) n° 1347/2000, *J.O. L 338 du 23.12.2003*, p. 1-29.

26 Règlement (UE) n° 1259/2010 du Conseil du 20 décembre 2010 mettant en œuvre une coopération renforcée dans le domaine de la loi applicable au divorce et à la séparation de corps, *J.O. L 343 du 29.12.2010*, p. 10-16.

27 Règlement (CE) n° 4/2009 du Conseil du 18 décembre 2008 relatif à la compétence, la loi applicable, la reconnaissance et l'exécution des décisions et la coopération en matière d'obligations alimentaires, *J.O. L 7 du 10.01.2009*, p. 1-79.

28 *Protocole du 23 novembre 2007 sur la loi applicable aux obligations alimentaires.*

29 S. Francq, « Les champs d'application (matériel et spatial) dans les textes de référence. De la cohérence terminologique à la cohérence systémique en passant par la théorie générale », in M. Fallon, P. Lagarde, S. Poillot-Peruzzetto (dir.), *La matière civile et commerciale, socle d'un code européen de droit international privé ?, op. cit.*, p. 34 et svtes.

30 Voir par exemple les domaines proches mais distincts des Règlements de Bruxelles I & Injonction de payer et litiges de faible importance, voir A. Fiorini, « Facilitating Cross-Border Debt Recovery – The European Payment Order and Small Claims Regulations », *International and Comparative Law Quarterly*, 57 (2), p. 449-464. Cer-

l'exercice notamment à l'égard des États, tels que le Danemark, le Royaume-Uni ou l'Irlande, qui ont négocié un statut particulier en ce domaine depuis le Traité d'Amsterdam[31]. Reprenons l'exemple d'une compilation des règles européennes de droit international privé des contrats – si les Règlements notification et Bruxelles I s'appliquent au Danemark[32], les autres n'y ont pas d'effet. L'objectif de clarification de la démarche de compilation ne pourrait dès lors être atteint que si on y annexait les protocoles applicables et les décisions par lesquelles certains règlements ont été étendus au Danemark (mais la lisibilité ne serait pas optimale !), si chaque instrument compilé était accompagné de listes inventoriant les États-membres liés par celui-ci (mais cela suppose que les compilations soient mises à jour régulièrement) ou si on produisait ces compilations État-membre par État-membre ou groupes d'États-membres par groupe d'États-membres. Ainsi la compilation des règles de droit international privé européen applicables en matière contractuelle au Danemark comprendrait les Règlements notification, Bruxelles I et la Convention de Rome[33], tandis que les autres versions de la même compilation comprendraient tous les éléments cités plus haut. Outre le fait que, symboliquement, la création de compilations État par État apparaît assez éloignée de l'idée de départ d'une codification *européenne* (certes administrative), il faut bien reconnaître que pour certains domaines cette technique ne permettrait même pas d'assurer la mise en lumière claire et complète du régime applicable. La compilation « divorce » permet d'illustrer ce point. La difficulté est double : d'une part parce qu'on est dans un domaine où la géométrie variable est à son comble et d'autre part en raison du fait que certains règlements se combinent avec une Convention internationale, en particulier le protocole de La Haye sur la loi applicable aux obligations alimentaires. Le Danemark est le seul État-membre qui ne soit pas lié par Bruxelles II*bis*. Il n'est pas lié par Rome III qui n'est applicable que dans 14 des

---

tains instruments s'efforcent toutefois de garantir une approche cohérente : voir le 7e considérant du Règlement de Rome II.

31 Protocole n° 21 sur la Position du Royaume-Uni et de l'Irlande à l'égard de l'Espace de Liberté, de Sécurité et de Justice, *J.O. C 83 du 30.03.2010*, p. 295-298 ; Protocole n° 22 sur la Position du Danemark, *J.O. C 83 du 30.03.2010*, p. 299-303.

32 Décision 2006/325/CE concernant la conclusion de l'accord entre la Communauté européenne et le Royaume de Danemark sur la compétence judiciaire, la reconnaissance et l'exécution des décisions en matière civile et commerciale, *J.O. L 120 du 05.05.2006*, p. 22 et Décision 2006/326/CE concernant la conclusion de l'accord entre la Communauté européenne et le Royaume de Danemark sur la signification et la notification des actes judiciaires et extrajudiciaires en matière civile et commerciale (2006/326/EC), *J.O. L 120 du 05.05.2006*, p. 23.

33 Convention de Rome du 19 juin 1980 sur la loi applicable aux obligations contractuelles, *J.O. C 27 du 26.11.1998*, p. 34.

27 États de l'UE ; il appliquera le Règlement aliments mais pas le Protocole de La Haye, qui, bien que ratifié par l'Union en avril 2010, ne lie que 25 États-membres. Toutefois, créer cinq compilations différentes (une pour le Royaume-Uni, une pour le Danemark, une pour l'Irlande, une pour les 14 États liés par Rome III et une pour les 11 autres États qui ne le sont pas) ne serait pas suffisant pour assurer une clarté totale pour les justiciables, dans la mesure où le régime de reconnaissance et d'exécution des décisions varie en fonction de l'origine de ces dernières (un État partie au Protocole ou non)[34]. À ces incertitudes viennent par ailleurs évidemment se greffer les difficultés, classiques, liées à la combinaison des sources internes et européennes avec les sources internationales du droit international privé[35].

Autre variante du code-constat, la « consolidation » à l'anglaise ne paraît pas davantage en mesure de remédier aux faiblesses de la situation actuelle du droit international privé européen.

2. *Consolidation*

Au Royaume-Uni, la *consolidation* s'entend de la procédure tendant à rassembler, dans le même acte, l'ensemble des dispositions législatives d'une même matière qui étaient jusqu'alors éparpillées dans plusieurs actes[36]. Cette procédure n'est pas réformatrice ; à tout le moins cette procédure n'emporte aucun changement « conscient »[37] du droit, les dispositions étant altérées uniquement dans la mesure où cela est nécessaire à la production d'un tout qui soit cohérent.

La *consolidation* correspond, dans le langage des institutions européennes, à la notion de « codification » qui consiste à retravailler le texte qui a fait préalablement l'objet d'une compilation « en vue d'obtenir un nouvel acte juridique unique cohérent et complet remplaçant formellement l'acte de base et l'ensemble de ses modifications. Ce processus comprend la suppression de toutes les dispositions obsolètes, l'harmonisation de la terminologie utilisée dans le nouvel acte et la reformulation

---

[34] Art. 16.

[35] La codification réelle ne permettrait pas à elle seule de résoudre lesdites difficultés. Toutefois l'élaboration d'un vrai code obligerait ses rédacteurs à envisager la question dans sa globalité et à proposer des solutions moins complexes.

[36] Voir définition de la Law Commission http://www.lawcom.gov.uk/about.htm#o ou Scottish Law Commission http://www.scotlawcom.gov.uk/about-us/. Cette technique se distingue de la consolidation à l'européenne réalisée pour information et sans aucune valeur juridique qui, telle que définie par le Conseil européen d'Édimbourg, consiste à agglomérer les dispositions de l'acte de base dans un domaine particulier et ses modifications subséquentes sans aucun examen ou modification du texte et sans les considérants, COM (2001), 646 final.

[37] F.H. Lawson, « A Common Lawyer looks at Codification », *Inter-American Law Review*, 2, 1960, p. 1.

de ses considérants. C'est ce processus qui permet de réduire le volume de la législation tout en conservant sa substance »[38], la méthode étant particulièrement utile lorsqu'une matière a fait l'objet de nombreuses mesures modificatrices.

Appliquer cette méthode au droit international privé européen conduirait essentiellement à retravailler les compilations déjà citées[39] en vue d'aboutir à la création de règlements moins nombreux et plus généraux, voire à un seul instrument. Le bilan coûts-avantages paraît à l'heure actuelle (c'est-à-dire dans le cadre d'un nombre somme toute assez restreint d'instruments, généralement peu modifiés) assez mitigé : l'alignement des terminologies et la réécriture des considérants seraient sans doute bienvenus mais l'inclusion des dispositions de droit international privé contenues dans des actes d'unification matérielle seraient particulièrement ardue. En outre, l'impossibilité de combler les lacunes ou de réformer le droit existant peut faire douter de l'intérêt d'une entreprise finalement assez lourde pour un bénéfice relativement limité.

On le voit, les différentes techniques de codification à droit constant semblent avoir assez peu à offrir au droit international privé européen.

B. Codifications réformatrices

On peut distinguer deux formes principales de codifications réelles : la codification « diluée » car semi-réformatrice (avec ou sans force obligatoire) et la codification substantielle européenne classique.

1. Codifications diluées

a. Restatement

Le *restatement* est une forme de codification privée, inventée en 1923 par l'American Law Institute, sans force obligatoire, et ayant pour objet de réduire et de reformuler systématiquement les principes légaux applicables dans un domaine en vue de mettre fin à l'incertitude et la complexité marquant la matière[40]. Les *restatements* ont été inventés pour répondre à l'incertitude juridique liée à l'absence de consensus parmi les professionnels du droit quant aux principes fondamentaux du *common law*, au manque de précision de la terminologie juridique, à la contradiction ou à la formulation défectueuse des textes législatifs, au grand

---

[38] COM (2001), 646 final, p. 6.

[39] Mais seulement en ce qu'elles sont limitées à l'assemblage de fragments d'origine législative.

[40] Sur les origines des restatements, N. Crystal, « Codification and the Rise of the Restatement Movement », *Washington Law Review*, 54, 1978-1979, p. 239 et svtes, M. Franklin, « The Historic Function of the American Law Institute : Restatement as Transitional to Codification », *Harvard Law Review*, 47, 1933-1934, p. 1367 et svtes.

volume des décisions judiciaires et à la nécessité de s'adapter aux nombreuses situations juridiques nouvelles. Ils étaient censés simplifier le droit américain de l'époque, complexe en raison son développement asystématique et de ses nombreuses variations dans les différents systèmes juridiques des États-Unis. Aujourd'hui parvenus à leur troisième génération, les *restatements* se composent de trois niveaux de textes : la règle juridique est assortie de commentaires explicatifs et illustrations et de commentaires du rapporteur (portant sur le développement de la règle, les arrêts utilisés pour la formuler, mais fournissant également des références légales et doctrinales). La fonction première de ces codes mous commentés et illustrés est, en d'autres termes, de dire aux juges et aux praticiens du droit ce qu'est (déjà) le droit. Toutefois, la technique du *restatement* n'est pas purement neutre ou descriptive puisqu'un choix est effectué au moment même de l'identification des principes par le rapporteur, auteur principal de la codification privée, lequel a par ailleurs pour rôle de proposer des solutions ou des orientations dans les domaines où l'expérience ne peut pas se distiller sous forme de règle[41]. Les *Restatements* de l'ALI combinent en d'autres termes des *restatements* proprement dits et des *pre-statements*[42].

En quoi consisterait alors un *restatement* du droit international privé européen ? Il s'agirait de reformuler et réorganiser les règles de droit international privé contenues dans les instruments européens déjà adoptés. Les règles claires (en elles-mêmes ou telles qu'explicitées par certains considérants ou décisions de la Cour de justice de l'Union voire en présence de consensus jurisprudentiel dans tous les États-membres) seraient reproduites, mais éventuellement structurées selon un plan différent ; en présence de dispositions obscures, ou de lacunes, le *restatement* contiendrait des règles élaborées soit à partir des solutions données dans chacun des États-membres au problème considéré soit proposées comme les plus adaptées.

Si on peut s'interroger sur la faisabilité d'une telle entreprise, qui requiert des moyens techniques, financiers et humains[43] considérables, il faut reconnaître que cette formule aurait des avantages juridiques évidents – elle offre une plus-value réelle par rapport aux techniques de codification formelle en termes d'amélioration de la lisibilité du droit qui en fait l'objet ; la présence des commentaires suivant les règles

41 Sur les liens entre restatement et réforme et le progressisme de l'ALI au début du projet, voir N. Hull, « Restatement and Reform : A New Perspective on the Origins of the American Law Institute », *Law and History Review*, 8, 1990, p. 55 et svtes.

42 S. Symeonides, « A New Conflicts Restatement : Why Not ? », *Journal of Private International Law*, 2009, available at http://ssrn.com/abstracts=1444618, p. 3.

43 Quoique le European Law Institute qui vient de voir le jour pourrait éventuellement prendre en charge le projet.

conduirait à une meilleure compréhension des textes, illustrerait utilement la matière et permettrait de manifester des liens entretenus par les règles… Elle possède également des atouts d'ordre politique liés au caractère apparemment non contraignant de cette codification molle du droit international privé européen, alors même qu'à l'instar des *restatements*, elle pourrait avoir une influence sur le développement du droit en représentant une source d'inspiration par les organes de l'Union qui participent à la production normative (y compris la CJUE) ou par les juridictions des États-membres. Opter pour la méthode des *restatements* n'est cependant pas sans inconvénients : cette technique n'emporterait évidemment aucune réduction du volume législatif mais au contraire ajouterait un nouveau niveau de complexité vu la place originale de ces règles de *soft law*. Un *restatement* à l'européenne resterait par ailleurs un outil de faible efficacité concernant le rééquilibrage ou la réforme des textes en vigueur. Il ne remédierait pas à la tendance des autorités européennes à vouloir aller vite quitte à laisser certains aspects volontairement de côté (comme on le ferait pour une codification internationale) ou en optant pour la coopération renforcée. En outre si le caractère non contraignant des *restatements* ne les empêche pas d'avoir une grande force de persuasion auprès des tribunaux américains, cette influence est liée au prestige, à l'expérience et à la formation de l'ALI et s'inscrit dans le contexte spécifique du *common law* américain. Si l'UE présente un certain parallélisme avec les États-Unis dans la mesure où son droit y fait l'objet d'une application décentralisée, pouvant donner lieu à des interprétations variables selon les États, la hiérarchie des sources y est bien différente et donc la capacité des codes mous à orienter le droit national ne pourrait qu'y être plus mesurée[44].

b. Codification par stratification et révision

Le caractère imparfait de la réglementation actuelle du droit international privé européen pourrait n'être que provisoire : d'une part les règlements font, on le sait, l'objet de révisions périodiques[45] et d'autre part le législateur européen envisage désormais de réexaminer les interrelations entre règlements et d'en renforcer la cohérence[46]. Cette approche permettrait-elle la création *in fine* d'un code de droit international privé européen intimement cohérent, clair et sans lacune majeure ?

---

44 Il serait bien entendu également envisageable d'élaborer (à partir de la méthode des *restatements*), un code modèle sans aucune valeur contraignante mais qui serait proposé à l'adoption des États européens qui le souhaiteraient. Cet exercice ne serait évidemment utile qu'en vue de réaliser une unification des règles de droit international privé encore non couvertes par la législation européenne.

45 À l'exception du Règlement (CE) 805/2004 TEE conçu comme un règlement test.

46 Voir *supra*, notes 5 et 7.

La révision périodique, si elle permet de résoudre certaines des difficultés qui surgissent de l'application d'un instrument donné souffre d'une infirmité congénitale. Concentrée sur un objet unique, elle se trouve par définition en capacité limitée de résoudre les problèmes de *coordination* entre instruments et on peut par ailleurs douter qu'elle puisse[47] être utilisée pour combler les lacunes (ouvertement admises comme la diffamation dans le Règlement Rome II ou implicites comme la dissolution du mariage homosexuel et Bruxelles II*bis*). En outre la révision est focalisée sur la solution de problèmes d'application de l'instrument en cause et opère donc à un niveau différent de celui des principes qui le sous-tendent. Elle peut menacer l'équilibre de ces principes sous-jacents mais pas clairement circonscrits par les instruments. La procédure de révision de Bruxelles I fournit une illustration de ces faiblesses. On peut ainsi se demander dans quelle mesure les modifications suggérées au sein de l'article 27 (le nouvel article 29) dans le sens d'une application plus flexible de cette disposition et l'introduction du nouvel article 34 (litispendance concernant un État-membre et un État tiers) affaiblissent le principe de sécurité juridique dans le cadre de ce règlement (voire de manière plus générale)[48]. Ce qui pose problème n'est pas l'altération même de cet équilibre entre sécurité juridique et flexibilité mais l'absence de formalisation de ces changements donc l'absence de discussion et de clarté quant au domaine de ces principes.

Porteurs de systématisation et de réformes et, de ce fait davantage évocateurs de l'idée de codification réelle, le réexamen envisagé des interrelations et la recherche de cohérence entre instruments européens de droit international privé paraissent ne pas se heurter aux limites intrinsèques de la révision périodique. Toutefois l'effort de mise en

---

47 Voire qu'elle le puisse : voir par exemple les art. 73 du Règlement de Bruxelles I, 46 du Règlement insolvabilité, 65 du Règlement de Bruxelles II*bis* et 20 du Règlement de Rome III qui n'envisagent que les adaptations liées aux problèmes d'application de ces instruments ou encore les art. 32 du Règlement (CE) 1896/2006, 28 du Règlement (CE) 861/2007 ou 4 du Règlement 4/2009 qui envisagent la préparation d'un rapport détaillé sur le fonctionnement de ces instruments. Voir toutefois les art. 27 du Règlement de Rome I et 30 du Règlement de Rome II qui imposent la préparation de rapports sur des domaines adjacents, tel l'art. 30 (1)(i) de Rome II qui vise de manière très large la remise d'une « étude sur la manière dont est pris en compte le droit étranger par les différentes juridictions ».

48 De même la suggestion (finalement non retenue) dans le livre vert de résoudre la difficulté liée à l'application stricte de l'art. 27 en cas de violation d'une clause d'élection de for par le biais d'une indemnisation aurait pu être interprétée comme une remise en cause du principe de la confiance mutuelle (sur lequel la CJCE s'était entre autres fondée pour rejeter par exemple l'usage des injonctions anti-procédure dans le contexte intra-européen). Sur les divers principes dégagés du droit international privé européen, voir M. Fallon *supra* note 8, p. 263.

cohérence pourrait avoir une portée limitée (arbitrairement) à une partie du droit international privé européen… Ainsi la Commission, dans le plan d'action de 2010, n'envisage-t-elle qu'une Proposition législative destinée à améliorer la cohérence de la législation de l'Union en matière de conflits de juridictions[49]. En outre il est probable que, intervenant *a posteriori*, cette coordination ne soit menée qu'*a minima* pour corriger les problèmes les plus patents. Le Parlement vise ainsi uniquement « la mise en place d'un cadre juridique à la structure cohérente et facilement accessible » passant par l'unification et l'harmonisation de « la terminologie relative aux différentes matières et tous les concepts et exigences concernant les mêmes règles dans les différentes matières » dont l'objectif final *pourrait* consister en une codification générale. On mesure à ces termes la motivation principalement pragmatique de cette mise en cohérence qui ne serait pas articulée autour d'une vision d'ensemble de la matière. Enfin, cette démarche ne pourrait pas, en elle-même, supprimer les éléments de géométrie variable. Elle pourrait même théoriquement[50] les aggraver : selon l'article 4a du Protocole sur la Position du Royaume-Uni et de l'Irlande à l'égard de l'Espace de Liberté, de Sécurité et de Justice[51], ces États conservent le droit de décider de ne pas participer à la version amendée d'une mesure qui les lie (sauf si leur décision la rend inopérable). La même règle s'applique sans doute *mutatis mutandis* aux États participant à une mesure de coopération renforcée. La mise en cohérence pourrait certes (quoique fortuitement) avoir l'effet inverse mais il est peu probable qu'elle ait une incidence telle sur le fond la mesure en cause qu'elle la rendrait de ce fait plus acceptable pour les États n'ayant initialement pas souhaité participer.

Le maintien du statu quo (codification par touches successives suivies d'une procédure de révision et de coordination) ne permettra ainsi pas d'aboutir à une codification réelle, capable de corriger les défauts

---

49 Cette limitation peut s'expliquer par le fait qu'on est pratiquement arrivé au bout de la codification dans ce domaine, alors qu'il reste bien des pans du conflit de lois encore non colonisés, et par le fait qu'un effort tout particulier est fait, au cours de la négociation de nouveaux instruments, pour assurer la cohérence avec les instruments déjà adoptés, comme on le constate avec le Règlement de Rome II qui prévoit « que le champ d'application matériel et les dispositions du présent règlement devraient être cohérents par rapport au Règlement (CE) n° 44/2001 du Conseil du 22 décembre 2000 concernant la compétence judiciaire, la reconnaissance et l'exécution des décisions en matière civile et commerciale (Bruxelles I) et les instruments relatifs à la loi applicable aux obligations contractuelles ».

50 Mais c'est très peu probable en pratique sauf si on imagine que des changements profonds sont opérés au sein des instruments objets du travail de mise en conformité/cohérence.

51 Voir *supra*, note 31.

actuels du droit international privé européen (déficit de cohérence, existence de lacunes, géométrie variable et complexité) et qui sont la résultante du processus de production normative actuel. Seule l'élaboration d'un vrai code semble de nature à y remédier.

2. *Code-réforme*

Forme la plus achevée de code, la codification substantielle ou réelle consiste en la formulation à visée réformatrice d'un corps cohérent de règles[52]. Elle correspond en partie[53] à la notion de refonte de la stratégie « mieux légiférer »[54]. Réformer ne signifie toutefois pas faire table rase du passé ; une codification matérielle marie dispositions anciennes et nouvelles.

Il s'agirait donc de créer un ouvrage qui concilierait à la fois certaines règles de droit international privé de source européenne existantes et des règles nouvelles, dont le choix et/ou la formulation seraient dictés par une vision d'ensemble, et qui seraient organisées de manière cohérente et systématique.

Les avantages de cette formule sont patents : réduction du volume de la législation, amélioration de sa lisibilité, de son accessibilité et de sa mise en œuvre et surtout amélioration de son contenu (meilleure cohérence interne, limitation des lacunes, et potentiellement uniformisation de son champ d'application). En outre, un code réel a une valeur symbolique supérieure à tout autre type de législation.

La démarche n'est évidemment pas sans inconvénients, et non des moindres. D'une part on peut s'interroger sur la compatibilité douteuse d'un vrai code avec l'ensemble des systèmes juridiques européens. D'autre part, la difficulté et la durée de la procédure d'adoption d'un tel code ne font aucun doute. Peut-on vraiment s'acheminer vers l'adoption d'un code substantiel de droit international privé européen ?

---

52 B. Oppetit, « De la codification », *Recueil Dalloz*, 1996, Chr. 33.

53 En partie seulement car la refonte n'implique pas nécessairement la recherche et la présence d'une vision d'ensemble.

54 « Une refonte est un nouvel acte juridique qui intègre, dans un texte unique, à la fois les modifications de fond qu'il apporte à l'acte précédent et les dispositions de ce dernier qui restent inchangées, le nouvel acte juridique remplaçant et abrogeant l'acte précédent. Le nouvel acte juridique revient donc à codifier l'acte de base préexistant et l'ensemble de ses modifications, mais il prévoit des modifications de la législation, qui ne sont pas possibles dans le cas d'une codification. Sauf indication contraire de la présente communication, les refontes ne font pas partie de son champ d'application », COM (2001), 646 final, p. 6-7.

II. Vers un vrai code de droit international privé européen ?

Si l'adoption d'un vrai code de droit international privé européen répond à une nécessité technique, on peut se demander si les autres conditions et circonstances présidant généralement à la codification réelle sont rassemblées en la matière (B). Il est toutefois nécessaire à titre liminaire de clarifier si un vrai code peut être un instrument vraiment européen : n'y a-t-il pas opposition irréductible entre codification réelle et *common law* (A) ?

A. *Une codification réformatrice peut-elle être vraiment européenne ou passe-t-elle nécessairement par la « civilisation » du* **common law**[55] *?*

Alors même qu'on doit le terme de codification à un anglais[56], sa mise en pratique se heurte à une très large hostilité au Royaume-Uni[57]. De fait, un grand nombre d'arguments peuvent faire douter soit de la compatibilité même d'un code avec les systèmes de *common law* soit de la capacité d'un code de droit international privé européen à être accepté dans ces systèmes. Peu d'entre eux résistent à l'analyse s'agissant d'une codification du droit international privé européen.

La « codiphobie »[58] anglaise est associée à une longue série d'obstacles d'ordre méthodologique, substantiel et pratique et liés à la singularité des systèmes juridiques anglo-américains dont « l'adaptabili-

---

[55] P. Glenn, « La civilisation de la *common law* », *Revue internationale de droit comparé*, 1993, p. 559 et svtes.

[56] J. Dinwiddy, *Bentham*, Oxford, Oxford University Press, 1989, p. 47 et svtes ; sur la signification du terme pour cet auteur : J. Vanderlinden, « Code et codification dans la pensée de Jeremy Bentham », *Tijdschrift voor Rechtsgeschiedenis*, 32, 1964, p. 45 et svtes.

[57] Voir les plaidoyers de H.R. Hahlo contre la codification (globale) du *common law* britannique « Here Lies the Common Law : Rest in Peace », *The Modern Law Review*, 1967, p. 241-259 et « Codifying the Common Law : Protracted Gestation », *The Modern Law Review*, 1975, p. 23-30. Pour un aperçu général de ces problèmes sous un angle pragmatique, voir P. North, voir *supra*, note 14, p. 490 et svtes. La codification du droit au Royaume-Uni est également décriée parce que, outre son coût trop onéreux, elle s'accompagnerait d'une perte d'influence du droit anglais hors des frontières du Royaume, voir H.R. Hahlo (*Here Lies*), p. 258.

[58] A. Amos, *Ruins of Time, exemplified in Sir Matthew Hale's Pleas of the Crown*, London, Stevens and Norton, 1859, p. xvii, cité par L. Farmer, « Reconstructing the English Codification Debate : The Criminal Commissioners, 1833-45 », *Law and History Review*, 2000, p. 397 et svtes.

té dans la continuité » est vue comme une vertu dont la codification, imposant rupture et mise en système, est l'antithèse[59].

Indépendamment du parti pris[60] de la supériorité générale du *common law* sur la législation[61], les deux objections maîtresses développées par les opposants à la codification du droit dans ces systèmes sont liées à la hiérarchie des sources et à la manière idiosyncratique de ces systèmes de penser et créer le droit. La hiérarchie des normes dans les systèmes de *common law* commanderait le recours aux principes jurisprudentiels anciens en cas de lacune des textes législatifs. La codification du droit engendrerait par ailleurs un forçage des principes prétoriens dans des cases prédéterminées ce qui conduirait, dit-on, à distordre la nature fluide de la jurisprudence dans ces systèmes et d'y perturber fondamentalement le développement organique et dynamique du droit[62].

Si l'on peut penser que combiner législation et *common law* reviendrait à tenter de mélanger de l'eau et de l'huile[63], le droit international privé paraît fournir des arguments anti-codification qui lui sont propres[64]. C'est ainsi que les opposants à la codification invoquent les origines judiciaires du droit international privé, la qualité de ces règles d'origine prétorienne, et le danger de leur pétrification en cas de codification. On fait par ailleurs valoir la supériorité des juges par rapport au

---

59 Dans « L'esprit de non-codification : Le *common law* face au code napoléon », *Droits*, 2005, p. 123-135 ou « Can the Common Law be Mapped ? », *University of Toronto Law Journal*, 2005, p. 271-297, Geoffrey Samuel utilise une métaphore parlante pour manifester l'opposition irréductible de la codification et du *common law* : la première consiste à cartographier le droit alors que le deuxième le photographie. Voir aussi ; R. Bercea, « Le paradoxe de la codification européenne », *SUBB Iurisprudentia*, 2008, p. 65-68 et P. Legrand, « Sens et non-sens d'un code civil européen », *Revue internationale de droit comparé*, 1996, p. 779 et svtes.

60 Dénonçant ou cherchant à corriger les préjugés concernant la codification dans les systèmes de *common law*, voir H. Kötz, « Taking Codes Less Seriously », *The Modern Law Review*, 1987, p. 1-15 ; E. Steiner, « Codification in England : the Need to Move from an Ideological to a Functional Approach – a Bridge too Far ? », *Statute Law Review*, 2004, p. 209-222.

61 Contra F.F. Stone, « A Primer on Codification », *Tulane Law Review*, 1954-1955, p. 303 : « *codification is simply a method ; it has nothing to do with the goodness or badness, the wisdom or folly of what is codified* ».

62 Pour un aperçu de l'ensemble de ces arguments, voir C. Skinner, « Codification and the Common Law », *European Journal of Law Reform*, 2009, p. 225-257.

63 J. Beatson, « Has the Common Law a Future ? », *The Cambridge Law Journal*, 1997, p. 308.

64 C.G.J. Morse, « Making English Private International Law », in Fawcett (dir.), *Reform and Development of Private International Law, Essays in Honour of Peter North*, Oxford, Oxford University Press, 2002, p. 274 et svtes. Voir aussi F. Rigaux, « Codification of Private International Law : Pros and Cons », *Louisiana Law Review*, 2000, p. 1321 et svtes ; F. van Schwind, « Problems of Codification of Private International Law », *International and Comparative Law Quarterly*, 17, 1968, p. 431.

législateur pour résoudre les problèmes de droit international privé et l'incapacité du procédé législatif à traiter correctement de ces problèmes.

La plupart de ces arguments, familiers au juriste français[65], ne sont pourtant susceptibles de faire obstacle qu'à la codification *interne* du droit international privé. Si un droit international privé d'origine européenne est nécessaire[66], alors seule la voie législative est ouverte, les tribunaux ne pouvant générer dans le contexte institutionnel actuel qu'un droit national. Dans ces conditions, les nombreuses interventions législatives européennes et leur caractère inéluctable vu les termes de l'habilitation législative et des programmes de travail adoptés rendent largement caduques les arguments anti-codification : même pour le juriste anglo-américain qu'on tente depuis des décennies de persuader, selon le mot de Lawson[67], un code complet n'est pas pire qu'une série de mesures législatives portant sur les mêmes objets[68]. Le danger de pétrification quant à lui, dépend du type de règles retenues par le code[69] et de la latitude qu'elles sont susceptibles de laisser au juge dans le cadre de leur application[70]. En d'autres termes, cet argument ne milite pas contre la codification du droit international privé en principe mais invite à s'interroger sur les caractéristiques formelles et matérielles de ce corpus en devenir.

La codiphobie ambiante est par ailleurs fortifiée par l'euroscepticisme qui est partagé par une large partie de la doctrine internationaliste britannique et la grande majorité des praticiens du droit. À l'*a priori*

---

65 H. Muir Watt, « La codification en droit international privé », *Droits*, 1998 p. 156, et, du même auteur, « Le discours du code. Regard comparatiste », *Droits*, 2005, p. 131 et svtes, spécialement p. 136-140.

66 Ce dont on a pu douter : voir par exemple A. Dickinson, « European Private International Law : Embracing New Horizons or Mourning the Past ? », *Journal of Private International Law*, 2005, p. 197 et svtes. Voir aussi A. Briggs, *Conflict of Laws*, Oxford, Oxford University Press, 2008, p. vi, qui dénonce vigoureusement l'absence de données empiriques permettant de justifier l'idée que le marché intérieur exige des règles européennes harmonisées.

67 F.H. Lawson, voir *supra*, note 37, p. 5.

68 Sauf si on estime que toute lacune législative représente un domaine où le *common law* peut continuer à s'épanouir, ce qui n'est pas nécessairement le cas comme l'ont illustré au Royaume-Uni et singulièrement en Angleterre par exemple les réactions aux arrêts Turner (C-159/02 *Turner v. Grovit*, [2004] ECR I 3565), ou Owusu (C-281/02 Owusu v Jackson [2005] ECR I 1383).

69 S. Symeonides, voir *supra*, note 42, p. 40-42.

70 G. Cornu, « Codification contemporaine : valeurs et langage », in *Codification : Valeurs et Langage – Actes du colloque international de droit civil comparé*, Québec, Service des communications du Conseil, 1985, p. 38.

sceptique quant au besoin d'initiatives européennes en la matière[71] s'ajoutent les difficultés générées outre-Manche par les instruments européens récents de droit international privé et leur interprétation par la CJUE. L'approche critique du développement du droit international privé européen s'explique par la difficulté qu'ont les juristes anglais pour des raisons techniques et systémiques à manipuler la législation comme la jurisprudence européennes[72] et est renforcée par des différences juridiques de fond fondamentales (non négligeables)[73] et la perception de la CJUE comme un organe « civiliste »[74].

Il convient cependant de distinguer la tendance (qui n'est au demeurant pas propre au Royaume-Uni) à vouloir préserver ce qui est familier, de la réticence plus sérieuse et plus légitime liée aux effets très perturbateurs que les réformes engendrées par le droit international privé européen (qui semblent reposer sur des principes étrangers paressant servir des finalités plus adaptées aux systèmes romano-germaniques) ont pour le droit interne au Royaume-Uni. On constate de nouveau que les obstacles cités ne sont pas dirimants, mais illustrent la nécessité d'étudier en profondeur, avant toute intervention législative, la situation théorique et pratique à la fois du point de vue du droit international privé mais aussi du droit interne non seulement en vue de bien justifier l'action européenne mais également pour lui imprimer un contenu qui convient le mieux à tous[75].

B. Les conditions d'un vrai code sont-elles réunies ?

Indépendamment de sa nécessité technique, la codification réelle s'impose généralement en raison de la conjonction de variables, politiques ou sociales, dont on peut se demander si elles sont réunies s'agissant du droit international privé européen[76].

---

71 Voir l'explication mesurée de cette tendance par J. Harris, « Understanding the English Response to the Europeanisation of Private International Law », *Journal of Private International Law*, 2008, p. 355.

72 K. Lipstein, « Un juriste anglais dans la Communauté européenne », *Revue internationale de droit comparé*, 1978, p. 495 et svtes.

73 Voir par exemple les difficultés suscitées par la question des « *constructive trusts* » dans le cadre des Règlements Bruxelles I ou Rome II : J. Harris, voir *supra*, note 71, p. 351 et les références.

74 T. Hartley, « The European Union and the Systematic Dismantling of the Common Law of Conflict of Laws », *International and Comparative Law Quarterly*, 2005, spécialement p. 827-828.

75 En ce sens, J. Harris, voir *supra*, note 71, p. 367.

76 Dans « De la codification », *Recueil Dalloz*, 1996, Chr. 33, Bruno Oppetit montre comment « l'adhésion à l'idée de codification a répondu, au cours du temps, à des exigences d'ordre soit politique, soit social, soit technique, sans d'ailleurs que ces causes soient exclusives les unes des autres. »

1. Dimension politique ?

Il suffit de se rappeler d'Hammourabi, de Justinien ou de Napoléon pour comprendre que la codification réelle est parfois la manifestation de l'exercice de la souveraineté, tout à la fois expression du pouvoir et source de prestige pour le souverain[77]. Si le législateur européen commence à envisager la création d'un vrai code de droit international privé (ainsi que le fait prudemment le Parlement dans sa résolution sur le Règlement de Bruxelles I)[78], ce n'est pas principalement pour des motifs d'ordre politique – il ne s'agit pas pour les instances européennes d'asseoir symboliquement leur puissance et de pérenniser leur œuvre. La mise en cohérence de la législation prônée par le Parlement a essentiellement un objectif de lisibilité et d'accessibilité. Du reste, la mise en système des normes de droit international privé européen n'aurait évidemment pas l'impact politique d'un code civil, véritable constitution civile d'une nation. L'adoption d'un vrai code de droit international privé européen aurait toutefois une dimension politique non négligeable. D'une part, l'adoption d'un instrument unique incarnant la coordination des diversités nationales au sein des 27 aurait une portée symbolique. D'autre part, elle révélerait l'acceptation formelle et raisonnée par l'ensemble des États européens de ce que le droit international privé relève complètement du domaine européen et exige un traitement européen complet. Un code aurait en cela une valeur bien supérieure à celle d'une succession d'actes parcellaires, couvriraient-ils l'ensemble du champ de compétence européenne. Or il convient à cet égard de noter qu'un code de droit international privé des 27 n'est pas hors de portée : l'adhésion du Royaume-Uni et de l'Irlande ne dépend que de la qualité du fond du droit codifié ; et il résulte du préambule du protocole n° 22 annexé au Traité de Lisbonne que le Danemark (dont la réserve était, on le sait, liée au volet visa, immigration et asile et non à la coopération judiciaire en matière civile) pourrait bientôt adopter la même position que celle de l'Irlande et du Royaume-Uni[79].

2. Dimension sociale ?

Les vrais codes ont également une fonction d'homogénéisation des sociétés qui les adoptent. Certes, à la différence d'un code civil « expression légale de la culture d'un peuple (symbole qui se réfléchit dans sa langue, la source des ses règles et principes particuliers) et pouls

---

[77] F. Ost, « La Codification : idéal et métamorphoses », *Journal des Tribunaux*, 2004, p. 226.

[78] P7_TA(2010)0304 ; voir *supra*, note 7.

[79] A. Fiorini, « The Evolution of European Private International Law », *International and Comparative Law Quarterly*, 2008, p. 980-981.

d'une nation »[80], un code de droit international privé coordonne plus qu'il n'unifie. Pourtant c'est précisément de ce point de vue que la dimension sociale de ce code pourrait s'exprimer. Matérialisant au fond la devise européenne « Unis dans la diversité », ce code devrait être l'occasion d'exprimer intimement l'européanité des règles qu'il consacrerait en tant qu'il serait structuré autour de principes européens fondamentaux (confiance mutuelle, sécurité juridique, etc.) mais surtout en tant qu'il refléterait une identité réellement européenne tissée à partir de toutes les approches européennes du droit international privé[81].

« Vouloir tout unifier est une entreprise trop hardie et de trop longue durée »[82] : le constat, incontestable à l'époque du développement du droit international privé dans un cadre intergouvernemental, est plus difficile à maintenir dans le contexte européen aujourd'hui. Certes l'élaboration d'un code serait une opération plus difficile et plus longue que la production de règlements spécialisés. Est-ce une entreprise encore trop difficile et trop longue dans l'Europe du XXIe siècle pour être tentée ? Il semble que cela dépende des buts que l'on assignerait à cette codification et de la manière dont on déciderait de les prendre en charge.

L'avantage majeur d'une codification réelle est que, ouvrage de grande ampleur, elle implique (ré)évaluation (des « acquis ») et surtout débat.

Ainsi, plaider en faveur d'un vrai code ne signifie pas nécessairement se prononcer en faveur d'une codification de facture classique. Formellement européen, le code, tout en empruntant à ces trois « modèles », ne serait par définition ni un code interne, ni une convention internationale, ni un règlement européen. Comme tout code, il devrait être élaboré selon une procédure originale, distincte de la méthode législative classique. Cela implique une réflexion sur ses auteurs (directs et indirects selon le degré, le moment et les effets de consultations)[83], son financement, les diverses étapes de son élaboration mais aussi la

80 J. Talpis, « The Civil Law Heritage in the Transformation of Québec Private International Law », *Law Library Journal*, 1992, p. 179.

81 Sur l'intérêt d'introduire un métissage en droit international privé européen : A. Fiorini, « The Codification of Private International Law in Europe – Could the Community Learn from the Experience of Mixed Jurisdictions ? », *Tulane European and Civil Law Forum*, 23, 2008, p. 1-21.

82 M. Giuliano, P. Lagarde, « Rapport concernant la convention sur la loi applicable aux obligations contractuelles », *Journal officiel n° C 282 du 31/10/1980*, par. 2.

83 Voir J. Harris *supra* note 71, p. 356, qui souligne l'importance de faire en sorte de ne pas accréditer la thèse que le droit international privé est développé par des comités ne connaissant pas suffisamment les réalités du commerce transnational.

durée du processus, sans oublier les langues de travail[84]. On pourrait à cet égard s'inspirer quant à la définition des méthodes de son élaboration non seulement, évidemment, des expériences de codification internes européennes et étrangères (en particulier celles des systèmes de droit mixtes tels que la Louisiane et le Québec), et internationales (Conventions de La Haye) mais également de celles générées par la production des *Restatements*. On puiserait aux mêmes sources d'inspiration en vue d'alimenter la réflexion préalable concernant le format même de ce code tant en termes de structure interne que de style législatif. Ce code devrait-il se limiter à contenir des règles de droit ? La nécessité de le faire vivre dans 27 systèmes légaux n'impliquerait-elle pas par exemple, qu'une place soit faite au sein de cet ouvrage pour un texte permettant d'expliquer la genèse des règles retenues, leur interdépendance, leur sens, leur objectif (entre considérants actuels, *reporter's notes & commentaries* des *restatements* et rapports explicatifs accompagnant une convention internationale)[85].

Substantiellement européen, le code devrait également être le reflet de l'identité plurielle des systèmes juridiques dont il exprime les frontières et de la société qui lui est propre[86]. Bien organisée, une entreprise de codification réformatrice pourrait se révéler un outil de dialogue et de coopération entre les différents systèmes juridiques européens, et contribuer à l'émergence d'un droit international privé réellement européen tant par son domaine que son contenu : quant au fond, le code serait organisé, comme tout code, autour d'une vision d'ensemble claire et cohérente et de principes directeurs bien identifiés et bien définis. Fruit d'une analyse sérieuse et systématique tant du droit comparé que des principales difficultés pratiques existantes, il ne pourrait qu'être caractérisé par le métissage (à l'exemple des codes québécois ou louisianais),

[84] Sur la difficulté de l'harmonisation du droit entre pays de droit civil et pays de *common law*, ses obstacles et ses remèdes, voir D. Tallon, « L'harmonisation des règles du droit privé entre pays de droit civil et de *common law* », *Revue internationale de droit comparé*, 1990, p. 513-523.

[85] De tels commentaires seraient particulièrement bienvenus non seulement pour orienter la jurisprudence mais également pour intégrer le cas échéant les dispositions de droit international privé actuellement contenues dans les actes d'unification matérielle. Cela permettrait d'en faire l'inventaire là où c'est nécessaire mais également de souligner l'existence ou l'émergence de notions communes. Comp. M. Fallon, voir *supra*, note 8, p. 260 et svtes.

[86] M. Fallon, « La loi belge de droit international privé, pour un bicentenaire », *Travaux du Comité Français de Droit International Privé*, 2004-2005, Paris, Pedone, 2008, p. 113.

ce qui serait de nature à lui assurer tout à la fois un domaine coextensif à celui de l'Union et la relative permanence[87] à laquelle tout code aspire.

[87] Que le code soit un instrument de stabilité du droit ne veut évidemment pas dire que les normes qu'il contient sont destinées à être perpétuelles et immuables.

DEUXIÈME PARTIE

LES FONDEMENTS DE LA CODIFICATION

La priorité de l'Espace de Liberté, de Sécurité et de Justice et l'élaboration d'un code européen de droit international privé

Sylvaine POILLOT-PERUZZETTO

Professeur, Université Toulouse 1 Capitole, IRDEIC, GDR CNRS Espace Liberté, sécurité et justice, France

« Codifier est un art difficile »[1], codifier du droit international privé l'est sans doute d'autant plus, codifier du droit international privé européen dans l'ordre européen pourrait même relever de l'impossible, sauf à admettre que l'aventure permet de reconsidérer les bases du travail dans un cadre ouvert.

Penser un code européen de droit international privé dans la perspective de l'Espace de Liberté, de Sécurité et de Justice en construction, nécessite en effet de repenser les fondements et en tout cas de refuser *a priori* de s'enfermer dans des représentations trop intuitives, parce que trop nationales, ou trop « marché intérieur ».

Ainsi pour ce code, sa forme et conception peuvent être novatrices dès lors que le code est européen et non pas national ; le droit international privé lui-même n'est ni le droit international privé national, ni le droit international privé international, puisqu'il s'agit de la spécificité du droit international privé européen.

Mais au-delà de ces nécessaires remises en question et distanciations par rapport à des modèles déjà construits, le droit européen lui-même ne renvoie pas à un modèle donné. En effet, la construction de l'Espace de Liberté, de Sécurité et de Justice (ELSJ) agite tout autant le modèle européen classique du marché intérieur qu'il agite celui du droit international privé de source nationale, voire internationale. Il n'y a d'ailleurs pas substitution de l'ELSJ au marché intérieur mais bien combinaison et

---

1 F. Terré et A. Outin-Adam, « Codifier est un art difficile (à propos d'un … "code de commerce") », *Recueil Dalloz*, 1994, p. 99.

interaction entre ces deux pôles : l'Union est à la fois l'un et l'autre, l'un puis l'autre, l'un combiné à l'autre.

C'est dans ce contexte nouveau pour l'Europe elle-même qu'il convient de centrer la réflexion.

Il est à cet égard nécessaire d'identifier cet ELSJ (I), avant d'en tirer des conséquences et de voir plus précisément comment l'ELSJ donne des éléments sur l'opportunité d'un code européen de droit international privé (II), sur ses grandes lignes (III) et sur sa forme (IV).

I. L'Espace de Liberté, de Sécurité et de Justice

l'Espace de Liberté, de Sécurité et de Justice se laisse difficilement cerner ; il faut somme toute s'en réjouir : comme le concept indéfini de « marché intérieur » fut la base d'incroyables développements, sans doute cet « objet nouveau » particulièrement mis en avant par le Traité de Lisbonne, est-il aussi porteur de potentialités et de développements multiples.

L'ELSJ se présente ainsi comme un concept flou, néanmoins homogène et spécifique.

A. L'ELSJ un concept flou au contenu difficile à cerner

Le contenu de cet espace nouveau ne se laisse pas facilement appréhender.

Il est sûr en tout cas que sa dimension première n'est pas économique comme le fut d'abord le marché intérieur, même si dans l'Union européenne l'économique reste une donnée essentielle par le biais du lien au marché intérieur. L'économique n'est en fait pour cet espace ni un fondement, ni un objectif.

Par ailleurs, il est sans doute vain et faux de chercher un « contenu » pour cet espace nouveau. Il s'agit davantage d'une méthode plus que d'un contenu, d'un mouvement dialectique à intégrer dans la construction. C'est d'ailleurs tout l'intérêt de cet objectif nouveau.

Ainsi, à partir de la diversité des trois composantes de cet espace, la liberté, la sécurité et la justice, certains auteurs ont montré une unité et une généralité, des principes induits et exprimés, même si la difficulté de l'hétérogénéité et de la sectorisation réapparaît au stade de la mise en œuvre dans des politiques[2].

---

[2] J. Monar, « La mise en œuvre de l'Espace de Liberté, de Sécurité et de Justice : un défi pour l'Union européenne et pour les États-membres », *RFAP*, 129, 2009, p. 15.

B. L'homogénéité de l'ELSJ

Au-delà du flou de l'expression, l'Espace de Liberté, de Sécurité et de Justice présente pourtant une homogénéité qui résulte de l'expression elle-même, mais également, au-delà de l'expression, des représentations sociales qu'elle véhicule.

1. L'homogénéité de l'expression

Des auteurs se sont essayés à définir l'Espace de Liberté, de Sécurité et de Justice[3] et s'accordent à le présenter d'abord comme l'accompagnement de la libre circulation des personnes en termes de besoin de sécurité et de besoin de justice[4]. Aux termes de l'article 2 du Traité de l'Union européenne, cet espace s'inscrit dans l'État de droit et dans le pluralisme.

Si nous considérons la sécurité comme la sécurité des personnes, elle couvre, dans les traductions nationales les questions de droit pénal et d'immigration ; le terme de justice, répond quant à lui, au besoin des personnes en termes d'espace de justice[5].

Nous ferons à cet égard deux hypothèses.

Nous poserons d'abord que l'espace judiciaire est un moyen d'ordonner et de coordonner la variété des systèmes juridiques et judiciaires non pas en vue de la mobilité (la mobilité n'est pas un objectif) mais pour répondre aux besoins de justice malgré la diversité des systèmes et parce qu'il y a mobilité potentielle. La mobilité se présente ainsi comme un postulat.

Nous poserons également l'hypothèse que dans cet espace, les objets d'étude ne sont ni les marchandises, services ou capitaux mais le service de la justice et l'accès de tous à la justice, qu'il s'agisse des citoyens de l'Union européenne ou des tiers domiciliés sur le territoire de l'Union ;

---

3 Fabienne Kauff-Gazin, « *L'espace de liberté de sécurité et de justice : un laboratoire de la cohérence* », in V. Michel (dir.), *Le droit, les institutions et les politiques de l'Union européenne face à l'impératif de cohérence*, Strasbourg, Presses universitaires de Strasbourg, 2009, p. 291 ; R. Kovar, *Un et multiple : l'espace européen de liberté de sécurité et de justice*, Conférence Cour de cassation 29 janvier 2007 ; H. Labayle, « Instruments et procédure de l'espace de liberté, sécurité et justice : quelques réflexions critiques », in G. de Kerchove et A. Weyemberg (dir.), *Quelles réformes pour l'espace pénal européen ?*, Bruxelles, éditions de l'ULB, 2003, p. 41 ; H. Labayle, *L'espace de liberté de sécurité et de justice*, RTDE, 1997, p. 813.

4 J. Monar, « La mise en œuvre de l'Espace de Liberté, de Sécurité et de Justice : un défi pour l'Union européenne et pour les États-membres », *op. cit.*, p. 15.

5 À cet égard, si les objectifs sont clairs, la difficile réalisation de cet espace vient de ce qu'il y a bien consensus sur des objectifs généraux mais beaucoup de difficulté à les traduire dans des politiques précises qui viennent limiter frontalement les souverainetés J. Monar précité.

ce service particulier s'inscrit par référence à l'article 14 TFUE lequel évoque le service d'intérêt économique général et par référence aux articles 67 paragraphes 4 et 81 e), lesquels mentionnent clairement l'accès à la justice.

Dans cette perspective, la construction de l'espace judiciaire européen conduit à focaliser l'étude sur la loi dans un sens large (et qu'elle soit européenne ou nationale), sur tous les acteurs autour de la loi, et en particulier ceux qui participent au règlement des conflits, soit les juges et auxiliaires de justice, sur les personnes en tant que sujet de droit et non en tant qu'acteurs économiques et sur la complexité des systèmes du fait de la diversité culturelle[6] et de la diversité des systèmes juridiques et judiciaires ; en effet, l'article 67 TFUE relatif à l'Espace de Liberté, de Sécurité et de Justice inscrit clairement le respect des droits fondamentaux et de la diversité des systèmes juridiques[7].

Pour construire l'espace judiciaire européen il faut donc mettre l'accent sur une analyse du droit et par le droit[8] et non sur une analyse des situations par le droit. L'accent est mis en particulier sur une analyse par le droit international privé et par le principe de reconnaissance des décisions en tant que moyen de coordination des droits nationaux des États-membres et des décisions nationales, sur l'importance d'une méthode juridique de différenciation des questions, et de différenciation des outils de réponse par rapport aux analyses classiques européennes fondées sur le marché intérieur. L'accent est mis encore sur la citoyenneté comprenant l'état des personnes ressortissantes des États-membres, et évidemment sur l'importance de la place de l'autonomie de la volonté puisque la personne est au centre de cet espace.

2. *L'homogénéité au-delà de l'expression*

Au-delà de l'expression « Espace de Liberté, de Sécurité et de Justice », l'homogénéité vient d'une représentation sociale nouvelle, laquelle se déduit du terme « espace » lui-même et d'un affichage indirect de valeurs, principes et méthodes.

a. Un espace

Le terme espace se dessine en creux, à partir d'une approche négative puisque l'espace n'est ni un marché, ni un territoire.

---

6 Art. 2 et 3 TUE.

7 Dans la mesure où l'art. 3 du TUE fait référence à l'espace liberté sécurité justice qui est offert aux citoyens.

8 Sur la question de l'organisation de la compétence voir P. de Vareilles Sommieres, « La compétence internationale de l'espace judiciaire européen », in *Mélanges en l'honneur d'Hélène Gaudemet-Tallon. Vers de nouveaux équilibres entre ordres juridiques*, Paris, Dalloz, 2008, p. 397.

Un espace n'est effectivement pas un territoire ainsi que le suggère l'approche de Carbonnier : « L'espace juridique est en réalité une construction psychologique : il est dessiné par un réseau de rapports de droit. Plus que le territoire ce sont les hommes qui sont nécessaires à la formation d'un espace juridique : non pas il est vrai des individus isolés, mais des hommes reliés entre eux, groupés, ce qui introduit la notion de groupement »[9].

Pour certains il s'agit ainsi « d'un moyen d'appréhender les relations entre les pays membres des Communautés européennes en matière judiciaire sous l'angle de leur unité »[10] et de tenir compte de ces situations nombreuses où le principe de territorialité devient poreux[11].

En réalité loin de se substituer au territoire, le terme espace permet de montrer que les territoires nationaux existent toujours avec les États-membres mais qu'au dessus une forme de souveraineté apparaît en réponse à cette diversité[12].

Le modèle de l'espace permet aussi d'intégrer le pluralisme juridique de l'Union dans la recherche d'un « pluralisme ordonné ». Ainsi, lorsque certains évoquent l'espace normatif, c'est la porosité dans la hiérarchie qui est en cause[13].

b. Des valeurs, principes, méthodes nouveaux ou renouvelés

Attributs de la libre circulation en termes de besoin de sécurité et de justice, la sécurité et la justice, associées à la liberté de circulation, construisent un espace consolidant des valeurs qui vont au-delà de cette simple addition de trois termes.

L'objet de l'ELSJ n'est pas en effet la circulation (des personnes, marchandises, services et capitaux, ni même des jugements) mais le citoyen qui, parce qu'il circule, a un besoin de sécurité et de justice. Le « protagoniste » essentiel est donc moins le consommateur du marché intérieur, que le citoyen.

---

[9] J. Carbonnier, *Sociologie juridique*, coll. « Quadrillage », Paris, PUF, 1994, p. 349.

[10] E. Crabit, *Recherches sur la notion d'espace judiciaire européen*, Bordeaux, Presses universitaires de Bordeaux, 1987, p. 7.

[11] G. Taupiac-Nouvel, « Le principe de reconnaissance mutuelle des décisions répressives dans l'Union européenne », thèse, Toulouse, 2010.

[12] À cet égard, on pourrait comprendre ce phénomène par référence à la société féodale construite par territoires sur lesquels régnait le seigneur mais avec en outre le pouvoir royal au dessus de ce fractionnement de l'autorité en multiples cellules autonomes. G. Duby, « Histoire de France. Les féodaux », in *Des origines à nos jours*, Paris, Larousse, 1995, p. 204 et svtes.

[13] En ce sens, pour Timsit, l'espace normatif renvoie à un « système d'appartenance ou d'inclusion des normes dans un ensemble non hiérarchisé ».

Par ailleurs, pour les besoins de justice, l'objet d'étude et de développement se focalise sur le développement du service de la justice à partir de la complexité liée à la diversité des lois, des systèmes judiciaires ; il importe ainsi de développer l'état de droit par l'accès à la justice, de travailler à la connaissance et l'appréhension du droit des États et de leur système judiciaire et de s'intéresser également à tous les acteurs autour du droit et de la justice, dont le juge.

L'objet d'étude qu'est la justice est par ailleurs appréhendé dans le cadre du maintien des traditions juridiques.

Les principes de cet espace sont la confiance mutuelle, l'importance des droits fondamentaux et de l'État de droit[14] ainsi que le pluralisme juridique.

Sans doute au regard de l'importance du citoyen, un principe de proximité est-il sous-jacent et sans doute aussi, eu égard à l'importance de la justice, le principe de sécurité juridique construit dans le cadre du marché intérieur, doit-il être tempéré par un principe de flexibilité lié à la proximité.

Surtout la recherche d'efficacité, qui n'est d'ailleurs pas un principe mais plutôt une méthode, doit-elle être également tempérée par la nécessité de justice.

L'homogénéité des méthodes résulte de l'importance dans cet espace non seulement du principe de reconnaissance issu du marché intérieur et qui fut annoncé sans doute à tort car il n'apporte pas de valeur ajoutée européenne, comme la pierre angulaire de l'espace nouveau, mais également et même surtout des méthodes de coordination entre les normes des États-membres et de coopération entre les acteurs des États-membres. La coordination entre les normes passe par les règles de conflit de lois et de juridiction, tandis que la coopération entre acteurs oblige à une approche complète du système jusqu'à l'application des normes. Il s'agit dans l'Union de relever le défi de la construction d'un pluralisme ordonné[15] en tenant compte des relations complexes entre ordres juridiques à la fois reliés et indépendants les uns des autres et où séparation et intégration sont coordonnées ; sans doute cet espace se présente-t-il comme un nouveau modèle par rapport au dualisme où

---

14 Rappelé à l'art. 2 du TUE.

15 N. Mad Cormick, *Questioning Soverignty : Law State and Nation in the European Commonwealth*, Oxford, Oxford University Press, 1998, chap. 7 ; M. La Torre, « Legal Pluralism as Evolutionary Achievement of Community Law », *Ratio in Juris*, 12 (2), 1999, p. 182-195 ; M. Delmas Marty, *Les forces imaginatives du droit, le pluralisme ordonné*, Paris, Seuil, 2006 ; F. Ost et M. van de Kerchove, *De la pyramide au réseau ? Pour une théorie dialectique du droit*, Bruxelles, Presses des facultés universitaires Saint-Louis, 2002 ; N. Walker, « The Idea of Constitutional Pluralism », *The Modern Law Rreview*, 65, 2002, p. 317-359.

droit interne et international sont indépendants et sans interaction et par rapport au monisme où droit international et étatique forment un même ordre juridique.

3. La spécificité de l'ELSJ

Finalement l'homogénéité passe aussi par l'existence de liens dialectiques entre cet espace nouveau et le marché intérieur. Il existe certes des similitudes entre le marché intérieur et l'ELSJ, en particulier par l'existence du principe de reconnaissance même si ses déclinaisons diffèrent dans le marché intérieur et dans l'ELSJ, mais des différences s'affirment dans les objectifs, comme dans les méthodes.

À cet égard, le droit international privé permet la concurrence entre les normes recherchées dans le cadre du marché intérieur, alors qu'il coordonne la diversité des systèmes dans le cadre de l'ELSJ.

Dans le même sens l'autonomie de la volonté se présente comme méthode de la concurrence entre les normes dans le marché intérieur, alors qu'elle se présente plutôt comme volonté politique de mettre le citoyen au cœur du système dans l'Espace de Liberté, de Sécurité et de Justice.

Le principe de sécurité juridique du marché intérieur, répond à celui de besoin de justice et de flexibilité dans l'espace nouveau, et encore, le principe de sécurité juridique du marché intérieur répond-il aussi au besoin de proximité dans l'espace nouveau.

La présentation est cependant trop caricaturale car il n'y a pas vraiment opposition ou substitution entre le marché intérieur et l'ELSJ : comme l'espace nouveau se construit après le marché intérieur, il a intégré dès sa naissance la nécessaire dialectique et se construit du coup à partir de ses objectifs, principes et méthodes propres tout en intégrant la nécessité du maintien du marché intérieur et en se développant à partir des continuelles interactions entre les deux.

Du coup, l'Europe redevient un projet politique où l'homme est au centre, comme citoyen et base de la société civile, où la justice et le droit sont essentiels, où la diversité est une donnée non seulement acceptée mais également revendiquée pour autant qu'elle puisse être ordonnée.

II. L'Espace de Liberté, de Sécurité et de Justice et l'opportunité d'un code européen de droit international privé

L'opportunité d'élaborer un code européen de droit international privé dans le cadre de l'ELSJ doit être mesurée par référence à l'idée de code dans l'Union d'une part, et par référence à la matière à codifier, soit le droit international privé européen, d'autre part.

Dans les deux cas, le débat nécessite d'écarter d'emblée toute forme de représentation préalable et d'accepter le principe d'une forme de renaissance, avec évidemment toute la difficulté d'avoir à construire avec et sur des références en mouvement, qu'il s'agisse du droit international privé européen ou de l'Espace de Liberté, de Sécurité et de Justice.

A. L'Espace de Liberté, de Sécurité et de Justice et l'opportunité d'un code européen

Un certain nombre d'arguments avancés dans un contexte national à l'encontre d'une codification pourraient être retenus d'autant plus à l'encontre d'un principe même de codification dans l'Union européenne. Il convient ainsi de reprendre ces arguments et de voir comment l'Espace de Liberté, de Sécurité et de Justice peut, à rebours, fonder le principe même d'un code dans l'Union.

Les arguments avancés ou que l'on pourrait avancer à l'encontre du principe même d'une codification du droit dans l'Union sont nombreux.

Il pourrait d'abord être avancé que le code serait contraire à l'idée d'espace. D'abord parce que l'espace postule, à la différence du territoire, un lieu ouvert que la codification viendrait précisément refermer. Dans une autre conception de l'espace, la codification s'avérerait également en contradiction dès lors qu'elle se présente comme un ordonnancement des sources, alors que l'espace suppose des liens nouveaux entre les normes relativisant le critère de la hiérarchie. Dans le même sens, la codification serait contraire à l'espace si la codification s'entend comme une œuvre définitive et achevée alors que l'Europe et l'Espace de Liberté, de Sécurité et de Justice sont des processus et ainsi, par définition, des mouvements en constante évolution.

Au-delà, la contradiction entre codification et espace vient encore de ce que la codification peut être vue comme un acte de positivisme légaliste, transformant toutes les sources en une forme législative, soit une forme dépassée de législation[16] ; cela viendrait ainsi perturber la théorie du pluralisme des sources si prégnante dans l'espace.

Pour certains, codifier suppose un point de vue sur l'ordonnancement des sources[17] : les partisans de l'inclusion des sources informelles

---

16 R. Sacco, « La codification : forme dépassée de la législation ? », XIe congrès international de droit comparé, rapports italiens, Caracas, 1982, p. 65 et svtes.

17 Ainsi, à propos de la multiplication des codifications, Catherine Kessedjian explique que cette multiplication nouvelle met en cause l'ordonnancement des sources « car il existe une parenté directe entre l'œuvre de codification et la conception que l'on a de ces sources » ; les sources informelles, lorsqu'elles sont reconnues sont fondées sur un critère non pas formel retenu par la doctrine positiviste mais sur un critère matériel fondé sur la valeur de la règle de droit.

s'opposent ainsi à la codification, laquelle est défendue par les positivistes, partisans du monisme. Pour sa part, Monsieur Zenati propose de considérer que la règle de droit serait seulement « la règle servant de référence à l'élaboration d'un jugement »[18].

La discussion reste d'actualité dans l'ordre européen, d'autant que les textes de *soft law* sont nombreux. Pour le droit international privé, elle trouve un écho avec la question de la place des considérants.

De manière générale, l'importance dans l'Union des *concepts cadres* et d'une appréciation *in concreto*, rendrait le code inapproprié[19].

La construction dans l'Union d'un nouvel Espace de Liberté, de Sécurité et de Justice et l'hypothèse selon laquelle il n'existe pas une seule forme de codification, permettent cependant de trouver une réponse à ces arguments.

Tout d'abord, il convient de remarquer que la démarche n'est pas nouvelle et que l'Union a déjà connu des tentatives de codification par la commission[20].

Par ailleurs, l'espace postule une forme d'unité (non d'unification) laquelle peut passer par la recherche d'une unité dans un domaine et plus particulièrement dans celui du droit international privé qui précisément ne conduit pas à l'unification.

En outre, il semble qu'avec la construction de cet espace, les trois composantes de la codification mises en avant par Oppetit soient bien vérifiées[21]. La dimension politique de la codification est en effet permise par cet espace qui illustre une volonté politique d'affirmer une Europe différente de la seule Europe du marché intérieur. La dimension sociale de simplification et de clarification du droit répond à l'objectif européen de faciliter l'accès à la justice et de mettre en avant les besoins du citoyen. Enfin, la dimension technique de la remise à jour du droit, répond à un objectif de cohérence de l'espace.

Alors que certains auteurs montrent qu'il y a un temps pour la codification dans une société dès lors qu'« il existe dans la vie d'un peuple, des moments où la codification des règles de droit est ressentie comme

---

[18] F. Zenati, *La jurisprudence*, coll. « Méthodes du droit », Paris, Dalloz, 1991.

[19] H. Muir Watt, « La codification du droit international privé », *Droits*, 1998, n° 26, p. 149, D. Bureau, « La codification du droit international privé », in *La codification*, coll. « Thèmes et commentaires », Paris, Dalloz, 1996, p. 119.

[20] A. Bodenes Constantin, *La codification du droit international privé français*, Paris, Defrénois, 2005, collection de thèse, préface Ibrahim Fadlallah, p. 102 et svtes ; S. Poillot Peruzzetto, « La codification du droit communautaire », in B. Beignier (dir.), *La codification*, Paris, Dalloz, 1996, p. 146.

[21] B. Oppetit, *Essai sur la codification*, coll. « Droit éthique et société », Paris, PUF, 1998, p. 24 et svtes.

un besoin et d'autres au contraire, où la société préfère laisser aux tribunaux ou à d'autres modes d'expression législative la tâche de formuler le droit »[22], et qu'ainsi la codification n'est pas opportune à tous les stades d'évolution d'un ordre juridique, la mise en avant de la construction de l'Espace de Liberté, de Sécurité et de Justice par le Traité de Lisbonne peut aussi être comprise comme révélant pour l'Union le moment propice à la codification.

L'Europe a en effet d'abord avancé de manière empirique en empilant les strates d'expériences et de textes. Par l'Espace de Liberté, de Sécurité et de Justice, l'Europe, acceptant que le droit et la justice soient objets d'étude plutôt qu'instruments de la circulation, rencontre ainsi le temps de la réflexion, de la distance, sur l'ensemble des expériences et des textes, pour la construction d'une codification.

Dans un article intitulé « Éloge tempéré de l'incohérence »[23] Monsieur Kovar montre bien l'intérêt dans une première phase de construction, d'une forme d'incohérence ; elle permet la souplesse et les avancées ; elle nécessite cependant une phase postérieure de recherche de cohérence par laquelle l'incohérence créatrice demeure transitoire.

Au-delà, il nous semble qu'il n'y a pas forcément antinomie entre espace européen ouvert et toujours en construction, et une codification, si l'on accepte l'idée qu'une codification n'est jamais achevée dès lors qu'il est impossible de tout prévoir, et si l'on accepte l'idée que le travail de codification se présente aussi et essentiellement comme un moyen de réflexion et d'identification. Ce sera sans doute par ce travail que le droit international privé européen et l'Espace de Liberté, de Sécurité et de Justice construiront petit à petit leur identité. Il serait vain de chercher sans ce travail de réflexion une identité.

Par ailleurs, les arguments à l'encontre de la codification sont souvent fondés sur une fausse image fermée et statique de la codification, une forme de sacralisation des textes ainsi condamnés à ne plus évoluer.

Enfin, une codification n'est pas non plus antinomique avec l'importance des juges dans l'Union. Il est vrai qu'en Europe, les juges ont été particulièrement inventifs et ont largement construit l'édifice ; ils ont en particulier non seulement interprété et étendu les textes du traité mais ils ont largement construit au-delà de ces textes ; ils ont en particu-

---

22 J.L. Baudouin, « Réflexions sur la codification comme mode d'expression de la règle de droit », in *Unification and Comparative Law in Alicory and Practice. Mélanges J.G. Sauveplanne*, Deventer, Kluwer, 1984, p. 17.

23 R. Kovar, *Le droit, les institutions et les politiques de l'Union européenne face à l'impératif de cohérence*, Strasbourg, Presses universitaires de Strasbourg, 2009, p. 41.

lier construit des principes fondamentaux[24]. La codification permet d'abord de « récupérer » ce travail en amont réalisé par les juges ; mais de manière dynamique, la codification se présente aussi comme une base nouvelle pour un travail en aval des juges, travail qui n'a aucune raison de se présenter comme moins créatif et courageux.

Si des arguments peuvent contrer le principe même d'une codification en Europe, d'autres peuvent porter sur la question de la codification de la matière particulière qu'est le droit international privé.

B. L'Espace de Liberté, de Sécurité et de Justice et l'opportunité d'une codification européenne du droit international privé européen

En France en particulier où la codification du droit international privé n'a jamais pu être réalisée, des arguments à l'encontre de cette codification sont fondés sur la particularité de la matière, alors même que de nombreux États, par leur codification, ont fait la preuve que l'argument doit être d'emblée relativisé.

Il convient ainsi de se demander si l'Espace de Liberté, de Sécurité et de Justice qui promeut un droit international privé européen constitue une réponse à cette opposition.

Il est en effet traditionnellement avancé que le droit international privé se présente comme une matière rétive à la codification. Elle serait d'abord une matière plutôt judiciaire et casuistique, laissant une place essentielle au juge, elle serait enfin une matière neutre.

Il n'est pas lieu de reprendre tous les éléments en réponse et défendant l'intérêt d'une codification nationale du droit international privé, l'argument essentiel résultant sans doute de la constatation de l'existence de nombreuses codifications nationales de droit international privé.

Au-delà, il nous semble que les grandes lignes de l'Espace de Liberté, de Sécurité et de Justice fondent particulièrement la codification du droit international privé.

Il a en effet été montré l'importance accordée au pluralisme dans cet espace, or le droit international privé constitue un moyen de réguler, d'ordonner ce pluralisme à un niveau fédéral, l'outil de la codification assurant le bon fonctionnement de ce niveau de coordination.

Ce qui a été avancé en réponse à l'importance du juge dans l'Union sur le principe même d'une codification, vaut pour la place du juge en droit international privé européen. À cet égard, la codification va néces-

---

[24] A. Bodenes Constantin, *op. cit.*

siter un travail en amont d'intégration de la jurisprudence relative aux textes de droit international privé mais elle se présente aussi comme une nouvelle base pour un travail en aval du juge, qui pourra être ensuite réceptionné.

L'existence d'un espace européen constitue un creuset pour les expériences des États d'Europe dans leurs pratiques individuelles. Ils ont individuellement déjà montré une forme d'universalité par ces pratiques qui finalement se retrouvent : « en dépit de leur caractère national, les diverses codifications européennes promeuvent l'universalisme des conceptions en la matière »[25].

Si l'Espace de Liberté, de Sécurité et de Justice, qui postule une réflexion sur le droit et la justice en Europe, permet de fonder la démarche de codification du droit international privé, il reste encore à s'interroger sur la prégnance particulière de cet espace dans le droit international privé européen.

III. L'Espace de Liberté, de Sécurité et de Justice et les grandes lignes d'un code européen de droit international privé

La construction de l'Espace de Liberté, de Sécurité et de Justice donne des éléments non seulement sur le périmètre du code, mais en outre, sur les grandes lignes qui devraient l'innerver et qui résultent du caractère européen du droit international privé.

A. Espace de Liberté, de Sécurité et de Justice et périmètre

Dès lors que l'Espace de Liberté, de Sécurité et de Justice met au centre le citoyen et la justice, il paraît que la limitation spatiale du droit international privé européen doit évidemment tenir compte des citoyens et se présenter comme un outil au service des citoyens : pour autant, sur le fondement de l'importance de l'accès à la justice, ce code doit aussi s'adresser à tous les domiciliés dans l'Union pour leur garantir un accès à la justice de l'Union, qu'ils soient ou non citoyens.

Du point de vue du périmètre matériel, ce code devrait regrouper tous les textes permettant aux citoyens et aux domiciliés dans l'Union d'avoir un accès à la justice ; l'accès est à interpréter au sens large, soit d'une part comme l'accès au juge, mais au-delà, comme la garantie de la réalisation des jugements et d'autre part comme l'accès à la justice par le bon fonctionnement des règles de droit.

---

[25] E. Vassilakakis, *Orientations méthodologiques dans les codifications récentes du droit international privé en Europe*, préface P. Lagarde, Paris, LGDJ, 1987.

Il en résulte que toutes les règles de procédure liées à la saisine, au déroulement de l'instance, mais également à l'exécution et à la reconnaissance des décisions devraient relever du périmètre du code, sans compter l'ensemble des règles relatives à la coopération entre les différents acteurs nationaux.

Si l'expression « droit international privé » qui constitue l'objet du code aujourd'hui étudié conduit d'un point de vue matériel à se limiter à la matière civile et commerciale, entendue comme comprenant les relations privées, il n'en demeure pas moins qu'un travail similaire devrait être réalisé à terme pour la matière administrative comme pour la matière pénale. Dans ces domaines il est vrai, la condition temporelle de la codification n'est peut-être pas vérifiée, la phase de premier développement des règles étant tout juste initiée.

B. L'Espace de Liberté, de Sécurité et de Justice et les grandes lignes d'un code européen de droit international privé

La réflexion sur les grandes lignes de ce code européen de droit international privé passe par la réflexion sur la spécificité européenne du droit international privé de l'Union dans le contexte de l'Espace de Liberté, de Sécurité et de Justice, nécessairement articulé au marché intérieur.

À cet égard, d'une part les grands débats et les grandes dialectiques qui nourrissent le droit international privé national sont rénovés ou prennent un sens différent tandis que d'autre part émergent des lignes et débats propres au droit international privé européen.

La rénovation des grands débats classiques est illustrée par la persistance d'un certain nombre de dialectiques pour lesquelles le curseur risque d'être positionné différemment eu égard aux spécificités européennes. Ainsi le droit international privé européen oscille-t-il lui aussi entre la méthode savignienne et la méthode statutiste ; ce débat est particulièrement vif à l'égard de la place des « lois de police » nationales mais également européennes. À cet égard le droit international privé européen qui reprend actuellement largement la méthode savignienne n'écarte pas la méthode statutiste, comme d'ailleurs le droit international de source interne. Le fait que l'Espace de Liberté, de Sécurité et de Justice mette en avant les règles de conflits de lois, milite en faveur de cette méthode de base sans pour autant exclure la méthode concurrente consacrée par les Règlements Rome I et Rome II.

La dialectique neutralité/matérialité ou neutralité des règles et règles à contenu substantiel innerve pareillement le droit international privé européen. À cet égard, d'un côté le fonctionnement de l'Europe par la méthode téléologique, tout comme l'existence de politiques fortes, risquent de multiplier les règles de conflit à contenu substantiel, de l'autre, si l'Espace de Liberté, de Sécurité et de Justice s'affiche d'abord comme un espace de l'ordonnancement de la diversité, des règles neutres répondront davantage à l'objectif. C'est sans doute la nature de l'approche qui dictera le choix des règles : une approche sectorielle et politique favorise les règles de conflit à contenu substantiel tandis qu'une approche générale et d'organisation, à laquelle l'opération de codification est associée, sera davantage liée à des règles plus neutres, si neutralité il y a véritablement dans le seul choix d'un rattachement.

La dialectique sécurité du rattachement préalablement choisi/ proximité des liens plus étroits est également présente dans le droit international privé européen. À cet égard si le marché intérieur a mis en avant les principes d'efficacité, auxquels le principe de sécurité est souvent associé, l'Espace de Liberté, de Sécurité et de Justice se fonde essentiellement sur le citoyen et la justice. Dans cette perspective, le principe de proximité trouve une place certaine dans le droit international privé européen, tout comme l'exception de *forum non conveniens*.

Au-delà de ces dialectiques classiques pour lesquelles le curseur pourra être positionné différemment dans l'Espace de Liberté, de Sécurité et de Justice, d'autres dialectiques classiques présentent une signification différente du fait du contexte européen.

Ainsi en est-il de la dialectique privé/public. Le fait que le droit international privé européen soit un droit fédéral pourrait renforcer la publicisation des intérêts en jeu. Mais surtout, sauf à n'être qu'un moyen d'organisation, l'Europe qui est un projet volontariste des États et n'existe que par une politique volontariste, forcera le contenu substantiel des règles, ainsi qu'il a été dit, et relativisera l'approche du droit international privé vu comme une réponse à des simples conflits d'intérêts privés. En ce sens d'ailleurs, les droits fondamentaux ont été constitutionnalisés par le Traité de Lisbonne, tout comme l'accès à la justice.

Les solutions à la dialectique fondée sur la plus ou moins grande place laissée à l'autonomie de la volonté, et partant la définition de l'office du juge, dépendent du projet européen. Une particularité s'affirme cependant en Europe dès lors que la grande place laissée à l'autonomie est incontestablement pour l'Europe un moyen de dépasser le refus opposé par les États de doter l'Union d'une règle matérielle de source européenne.

La place laissée à l'autonomie de la volonté dans le cadre de l'Union répond ainsi, comme dans le droit international privé classique, à une volonté politique de faire une place aux hommes, qu'ils soient ou non citoyens, mais elle répond en outre à la volonté tout aussi politique de contourner les États en passant directement par les intéressés.

Il convient par ailleurs de mentionner l'importance et la difficulté du droit international privé européen qui intègre une dialectique nouvelle et propre à l'Europe : la relation dialectique entre les lignes et méthodes du marché intérieur et celles de l'Espace de Liberté, de Sécurité et de Justice. Dès lors que l'Espace de Liberté, de Sécurité et de Justice ne se substitue pas, mais s'ajoute au marché intérieur, il a été dit que la réponse se trouve davantage dans la coordination et l'interaction des deux lignes que dans le choix exclusif de l'une ou de l'autre. L'importance du principe de reconnaissance, né du marché intérieur et largement repris dans l'Espace de Liberté, de Sécurité et de Justice, le prouve.

Si l'Espace de Liberté, de Sécurité et de Justice imprègne ainsi des lignes pour un code européen de droit international privé, il ébauche pareillement les éléments de forme de ce code.

IV. L'Espace de Liberté, de Sécurité et de Justice et la forme du code

Puisque l'Espace de Liberté, de Sécurité et de Justice se présente comme une opportunité de dépasser toutes les potentialités du marché intérieur, il convient sans doute d'admettre que la forme du code est à inventer ou tout au moins à ne pas reprendre systématiquement d'un modèle.

D'ailleurs, les écrits sur la codification montrent la variété des modèles existants.

Pour autant une codification est une architecture, une structure qui permet de poser et proposer un référentiel commun, nécessaire à la communication et à l'échange. Le principe même de l'adoption d'une structure, quelle qu'elle soit, est non discutable dès lors que l'on admet l'intérêt de la codification. Des débats peuvent et doivent en revanche intervenir sur la construction retenue : une fois l'hypothèse de la codification retenue, toutes les structures sont à discuter.

Dans tous les cas, la structure et la forme choisies devront à la fois répondre au souci de cohérence pour faciliter l'accès à la justice des citoyens et des domiciliés, à la nécessité également de tenir compte de la relativité de la règle en Europe, laquelle se présente seulement comme une partie de la solution. Ainsi sa mise en œuvre et les acteurs autour de sa mise en œuvre comptent tout autant que la règle elle-même. De la même manière, une codification à l'image de l'Union devra nécessairement faire une place à la *soft law* qui éclaire la règle quand elle prend la forme de considérant, voire de guide pratique ou de questions/ réponses[26].

Le choix de la forme nécessite en outre de tenir compte de ce qu'est l'Europe, soit un processus et un projet humain en continuelle construction. Il en résulte que le code devrait se présenter comme un code qui certes fait le point sur le passé et en propose une organisation, mais qui reste pour autant ouvert et inachevé et forcément imparfait. J.L. Baudouin explique à cet égard que « la codification ne doit pas être considérée comme une œuvre définitive et tellement sacrée qu'on n'ose plus y toucher »[27] ; il ne s'agit pas de geler le droit mais de le ranger. Dans le même sens M. Werwighen présentant le code belge de droit international privé annonce clairement son imperfection : « Nous ne demandons pas l'impossible. Aussi pur que l'or, notre code ne le sera pas. »[28] Portalis dans sa sagesse écrivait déjà que « tout prévoir est un but qu'il est impossible d'atteindre… foule de choses sont donc nécessairement abandonnées à l'empire de l'usage, à la discussion des hommes instruits, à l'arbitrage »[29]. En réalité le meilleur moyen de présenter un code imparfait et inachevé est d'accepter l'idée que ce code générera un *feed back* en Europe, lequel le fera en retour à nouveau évoluer.

Rien n'empêche à notre sens que le périmètre du code intègre la *soft law*, par le biais de liens au moins sur support informatique, et il devrait *a fortiori* en être de même pour la jurisprudence de la cour, voire des juges nationaux, et pour la doctrine. Une telle réalisation, dans le contexte technologique actuel et dans le contexte de l'existence de réels réseaux universitaires européens, n'est pas utopique, loin s'en faut, ainsi que l'ont montré déjà les travaux réalisés en droit de la consommation.

Si la question de la forme peut ainsi être agitée sans limites pour tenir compte de la spécificité du projet européen, celle de la structure ne doit pas présenter plus de préjugés. Sans doute le code devrait-il comporter une partie définition, une partie théorie générale et une partie d'application par question de cette théorie générale. L'interrogation sur l'entrée sur ces questions spéciales reste entière, tout comme celle de l'intégration par question du trio, voire du quatuor, règles de conflit de juridictions, règles de conflit de lois, règles d'effet des jugements, voire règles de coopération et de procédure. Certes le marché intérieur pour-

---

26 Les instruments informatiques permettraient d'ailleurs, au-delà d'un contenu noyau formé par les règles applicables, des liens vers des questions posées par les justiciables et des réponses apportées.

27 J.L. Baudouin, *op. cit.*

28 Vers un code belge de droit international privé TFCDIP 1998-1999, p. 123.

29 J.M. Portalis, *Discours préliminaire sur le projet du code civil.*

rait dicter ses propres entrées sur les questions spéciales, mais la construction de l'Espace de Liberté, de Sécurité et de Justice qui recentre l'Europe sur le droit reviendrait sans doute avec bonheur sur un langage juridique partagé, par référence aux *institutes* classiques qui ont traversé les époques, *institutes* que l'on retrouve finalement dans les textes et dans les projets de textes européens de droit international privé.

Conclusion

Certes l'Espace de Liberté, de Sécurité et de Justice est loin d'être stabilisé et défini, certes en est-il de même pour le droit international privé européen. Est-ce à dire pour autant que l'œuvre de codification doit être reportée à une époque où l'un et l'autre seront mieux identifiés ?

En réalité tout dépend de l'idée que l'on a de la codification et du résultat de la codification.

Si la codification est pensée comme un résultat, et qu'ainsi le résultat doit être presque parfait, il est temps d'attendre ; mais si la codification est pensée elle-même comme un process, un travail de distanciation et de réflexion sur une matière hétérogène en vue de lui donner un sens à partir de principes affirmés, alors l'obstacle à l'opération de codification est levé.

De même si la perfection et la stabilité sont attendues comme résultat de la codification, non seulement il ne serait pas temps en Europe mais au-delà, au regard des spécificités européennes, il ne sera jamais temps car le produit ne sera jamais proche de la perfection.

Comme toujours la question revient à interroger l'identité de l'Europe.

Penser l'Union comme un « process », en particulier passé de la création du marché intérieur à l'association de la construction d'un Espace de Liberté, de Sécurité et de Justice, légitime finalement la démarche de codification.

La priorité de l'Espace de Liberté, de Sécurité et de Justice et l'élaboration d'un code européen de droit international privé

Réponse à la contribution du professeur Sylvaine Poillot-Peruzzetto

Professeur Docteur Johan MEEUSEN

Université d'Anvers, Belgique

Introduction

Dans sa contribution très intéressante, Sylvaine Peruzzetto explore les voies qui permettraient d'utiliser l'Espace de Liberté, de Sécurité et de Justice comme une plate-forme centrale pour une codification européenne du droit international privé. Certainement, ses vues apportent beaucoup au débat sur une telle codification ; son approche conceptuelle de l'Espace de Liberté, de Sécurité et de Justice constitue sans doute un élément nécessaire pour pouvoir entreprendre avec succès un tel travail.

Bien que je partage certainement ses espoirs relatifs aux potentialités du concept de l'Espace de Liberté, de Sécurité et de Justice, je ne la suis pas dans son évaluation finalement positive de l'opportunité qui s'ouvrirait pour entamer aujourd'hui ce processus de codification sur cette base. Si l'on a vraiment besoin d'un code de droit international privé européen à l'échelle européenne, ce que je ne veux pas exclure mais dont je ne suis pas convaincu non plus, il me semble bien trop prématuré de faire cet exercice. Les buts du droit international privé, certainement dans le contexte de la mobilité intra-européenne, sont trop importants pour que l'on puisse se satisfaire d'un code qui serait, dans ses propres mots, « imparfait et inachevé ». Aujourd'hui, en dépit de l'élaboration et de l'approfondissement graduels de l'espace, il ne me semble pas possible de produire un résultat législatif européen qui serait suffisamment satisfaisant.

Il y a quelques années, j'ai eu la chance de pouvoir contribuer au travail académique, demandé par le ministre de la Justice, en préparation de l'adoption du code belge de droit international privé, auquel Sylvaine Peruzzetto se réfère dans sa contribution. L'expérience que l'on a eue en Belgique avec cette préparation et puis l'adoption d'un code de droit international privé nous montrent qu'une telle codification en droit international privé n'est pas un exercice gratuit. Certainement, ces expériences sont similaires, *mutatis mutandis*, à celles qu'on a connues dans beaucoup d'autres pays qui ont aussi récemment parcouru ce processus de codification de droit international privé.

En premier lieu, une telle codification constitue bien sûr un moment important de rassemblement. On prend en compte le développement souvent presque quasi-naturel d'un grand nombre de règles spécifiques, tant élaborées par le législateur que par la jurisprudence et la doctrine, et l'on essaie de rassembler ces règles dans un ensemble aussi cohérent que possible. À l'échelle européenne, cet exercice est certainement encore plus difficile qu'au niveau national, puisque la jurisprudence européenne est formée tant par la Cour de justice à Luxembourg que par les milliers de juges et de tribunaux nationaux.

Mais d'autre part, ce processus de codification offre en même temps une parfaite occasion de reconsidération. La liberté exceptionnelle que le législateur rencontre lorsqu'il entreprend de réarranger un domaine entier du système juridique permet de faire de nouveaux choix et d'opter pour de nouvelles orientations qui seront suivies d'une manière plus ou moins systématique dans les diverses matières que le nouveau code couvre. Pour la Belgique, l'adoption du code en 2004 a permis, pour ne donner que ces exemples, l'introduction d'une approche plus territorialiste, la reconnaissance d'une plus grande place pour l'autonomie de la volonté et la transformation du concept du renvoi d'un outil plutôt pragmatique (et pour cette raison, souvent imprévisible) de la jurisprudence dans un instrument législatif fonctionnel.

Mais bien sûr, cela implique que l'on sache non seulement d'où l'on vient et où l'on est, mais aussi dans quelle direction l'on veut aller dans le futur. Pour le droit international privé européen, malheureusement, aucune de ces deux conditions préalables n'est pour le moment satisfaite. Cela a à faire aussi bien avec le développement du droit international privé à l'échelle européenne qui est encore en cours qu'avec les incertitudes qui caractérisent aujourd'hui encore l'Espace de Liberté, de Sécurité et de Justice.

Dans le programme de Stockholm[1], le Conseil européen appelle à la consolidation, la rationalisation et la promotion de la cohérence des instruments adoptés à ce jour dans le domaine de la coopération judiciaire en matière civile. Ce sont des arguments qui pourraient mobiliser

---

1 *J.O. C du 04.05.2010*, n° 115, p. 1.

le législateur européen en faveur d'une codification, qui d'ailleurs a déjà été mise en avant par une résolution récente du parlement européen[2].

J'essaierai ci-après d'expliquer pourquoi nous n'avons pas encore à mon avis une vue globale ni du caractère particulier du droit international privé européen ni de sa place dans l'Espace de Liberté, de Sécurité et de Justice pour entreprendre aujourd'hui une codification.

I. D'où vient-on et où sommes-nous aujourd'hui : quelle identité pour le droit international privé européen ?

Sans doute, un code européen de droit international privé devrait-il prendre en compte la particularité du droit international privé européen. Il y a quelques années, M. Fallon regrettait avec raison que la « spécificité communautaire » n'ait pas été prise en considération lors du reformatage de la Convention de Bruxelles dans un règlement européen, très vite après l'entrée en vigueur du Traité d'Amsterdam et la communautarisation de l'Espace de Liberté, de Sécurité et de Justice[3]. Il s'agit en effet de deux cadres institutionnels qui sont essentiellement différents. Bien sûr, il y a aussi des caractéristiques identiques ou similaires, mais il n'y a à mon avis pas de doute que le droit international privé de l'Union européenne est essentiellement différent du droit international privé conventionnel ou national. L'arrêt récent de la Cour de justice dans l'affaire *Grunkin et Paul*[4] me conforte dans cette opinion.

Ce que l'on appelle couramment le droit international privé européen concerne en réalité une collection, et peut-être déjà un système, de règles de droit international privé en plein développement qui se situe dans un cadre spécifique constitué par les traités européens avec leurs objectifs, méthodes et instruments. Dans ce cadre, la logique traditionnelle du droit international privé est soumise à celle du droit européen, et cette dernière peut prendre différentes formes en fonction des règles

---

2 Dans sa résolution du 7 septembre 2010 sur la mise en œuvre et la révision du Règlement Bruxelles I (2009/2140(INI)), le Parlement européen « encourage la Commission à réexaminer les interrelations entre les différents règlements qui traitent de la compétence, de l'exécution et de la loi applicable ; considère que l'objectif général poursuivi doit être la mise en place d'un cadre juridique à la structure cohérente et facilement accessible ; estime qu'à cette fin, la terminologie relative aux différentes matières et tous les concepts et exigences concernant les mêmes règles dans les différentes matières devraient être unifiés et harmonisés (par exemple, litispendance, clauses attributives de compétence, etc.) et l'objectif final pourrait consister en une codification générale du droit international privé ».

3 M. Fallon, « Approche systémique de l'applicabilité dans l'espace de Bruxelles I et de Rome I », in J. Meeusen, M. Pertegas et G. Straetmans (réd.), *Enforcement of International Contracts in the European Union. Convergence and divergence between Brussels I and Rome I*, Anvers, Intersentia, 2004, p. 147 et 159.

4 C.J.E., 14 octobre 2008, aff. C-353/06, Grunkin et Paul, *Rec.*, 2008, I-7639.

affectées du droit primaire : celle de l'article 18 TFUE sur la prohibition de discrimination en raison de la nationalité, celles sur les différentes libertés de circulation économique, celles sur la citoyenneté européenne ou celles sur l'Espace de Liberté, de Sécurité et de Justice et la coopération judiciaire en matière civile. Ainsi, il est bien important de pouvoir concilier les objectifs et l'approche traditionnels du droit international privé (lui-même d'ailleurs toujours en évolution) avec les exigences et la suprématie du droit européen.

Cette tension possible entre l'approche traditionnelle du droit international privé, sur le plan national ou conventionnel, et les exigences du droit de l'Union européenne est bien démontrée par les considérations de la Cour de justice dans cette affaire *Grunkin et Paul*, le premier arrêt dans lequel la Cour de justice examine et se prononce explicitement sur la conformité avec le droit européen d'une règle de conflit de lois nationale en matière d'état et statut personnel. Les faits de cette affaire et le jugement de la Cour sont connus. La Cour juge que l'article 18 CE s'oppose, dans des conditions telles que celles de l'affaire commentée, à ce que les autorités d'un État-membre, en appliquant le droit national, refusent de reconnaître le nom patronymique d'un enfant tel qu'il a été déterminé et enregistré dans un autre État-membre où cet enfant est né et réside depuis lors et qui, à l'instar de ses parents, ne possède que la nationalité du premier État-membre. Ce qui est particulièrement intéressant pour notre étude, est la manière selon laquelle la Cour examine les justifications invoquées après la constatation de ce que l'application par l'Allemagne, dans cette affaire, de ses règles de droit international privé, lesquelles rattachent la détermination du nom à la nationalité, constitue une entrave à la libre circulation. Afin de justifier le rattachement exclusif de la détermination du nom patronymique à la nationalité, le gouvernement allemand et certains autres gouvernements faisaient valoir plusieurs motifs de justification. Mais selon la Cour, aucun des motifs invoqués, si légitimes qu'ils puissent être, ne mérite de se voir attribuer une importance telle qu'il puisse justifier, dans les circonstances spécifiques de cette affaire, un refus des autorités compétentes d'un État-membre de reconnaître le nom patronymique d'un enfant, tel qu'il a déjà été déterminé et enregistré dans un autre État-membre où cet enfant est né et réside depuis lors.

Le gouvernement allemand et certains autres gouvernements argumentaient que ce rattachement constitue un critère objectif permettant de déterminer le nom d'une personne d'une manière certaine et continue, de garantir l'unité du nom au sein de la fratrie et de maintenir les relations entre les membres d'une famille étendue. En outre, ce critère viserait à ce que toutes les personnes ayant une certaine nationalité soient traitées de la même manière et à assurer une détermination identique du nom des personnes ayant la même nationalité. Mais la Cour n'est pas du tout convaincue : dans la mesure où le rattachement à la nationalité vise à garantir que le nom d'une personne puisse être déterminé de manière continue et stable, elle constate que, dans des circonstances telles que celles de l'affaire *Grunkin et Paul*, un tel rattachement aboutira à un résultat contraire à celui recherché. En effet, chaque fois que l'enfant franchira la frontière entre le Danemark et l'Allemagne, il porterait un autre nom.

Le rejet par la Cour de ce motif de justification démontre à mon avis la distance qu'il y a entre la logique traditionnelle d'un système national (ou conventionnel) de droit international privé et les effets particuliers qui découlent d'une approche communautaire du droit international privé, prenant en compte les exigences des libertés de circulation et de la reconnaissance mutuelle[5]. L'Allemagne et les autres gouvernements intervenants se référaient aux valeurs et intérêts classiques du droit international privé continental, en particulier les besoins d'uniformité, de continuité et de prévisibilité transfrontalière. Leurs soucis reflètent essentiellement l'approche savignienne qui préfère la justice territoriale et plutôt formelle, ainsi que la stabilité du statut personnel à une approche plus flexible qui prend en compte de manière très concrète les intérêts des autres États et leurs règles de droit international privé.

Que ces gouvernements ne réussissent pas à convaincre la Cour avec leurs arguments traditionnels de droit international privé démontre que l'intégration communautaire exige des États-membres qu'ils adaptent leur approche traditionnelle des situations transfrontalières afin de prendre en compte les intérêts typiquement communautaires. Plus particulièrement, il apparaît qu'ils sont obligés d'abandonner leur approche « unilatérale » sous laquelle ils déterminent traditionnellement leurs règles de conflit (y compris les règles multilatérales) et les facteurs de rattachement à partir de leur propre perspective et en appliquant leur propre politique de droit international privé. Dans la grande majorité des cas, cette approche dite unilatérale n'est pas expliquée par des considérations ou des buts nationalistes, mais découle assez naturellement des limites de la souveraineté des États individuels[6]. Cela explique aussi

---

5 J. Meeusen, « The Grunkin and Paul Judgment of the ECJ, or How to Strike a Delicate Balance between Conflict of Laws, Union Citizenship and Freedom of Movement in the EC », commentaire de l'arrêt de la Cour de justice du 14 octobre 2008, aff. C-353/06, Grunkin et Paul, *Zeitschrift für Europäisches Privatrecht*, 2010, p. 195.

6 K.J. Saarloos, *European private international law on legal parentage ? Thoughts on a European instrument implementing the principle of mutual recognition in legal parentage*, thèse doctorale, Universiteit Maastricht, 2010, p. 278.

pourquoi un si grand nombre d'États, en Europe, a encore adopté des codes de droit international privé dans les dernières décennies.

Comme l'arrêt de la Cour dans l'affaire *Grunkin et Paul* le démontre, l'intégration européenne oblige les États-membres à adopter une perspective plus large et vraiment multilatérale qui prend systématiquement en compte les intérêts et les points de vue des autres États-membres et les intérêts individuels et concrets des parties qui sont impliquées dans une situation transfrontalière donnée. Cela explique pourquoi les arguments solides et classiques du droit international privé continental, et en particulier ceux en faveur du choix de la nationalité comme facteur de rattachement en matière d'état et de capacité, ne sont plus tellement convaincants dans un contexte communautaire qui veut stimuler la mobilité transfrontalière et dans lequel, pour ne donner que cet exemple, la reconnaissance mutuelle a obtenu une place prioritaire. C'est pour cette raison que, non seulement, les États-membres ne peuvent utiliser des règles de conflit de lois discriminatoires mais qu'ils doivent aussi prendre soin de ne pas entraver la circulation transfrontalière par une divergence d'approche des situations internationales entre les États concernés.

Pour cette raison, on peut douter aussi de la place que le droit international privé européen veut laisser en fin de compte pour le fameux principe de proximité, que Sylvaine Peruzzetto cite dans sa contribution et auquel elle veut attribuer une place certaine, voire importante. Si la Cour de justice dans son jugement dans l'affaire *Garcia Avello*[7] avait voulu mettre en avance l'argument de la proximité, elle aurait très probablement abouti au résultat inverse de celui finalement réalisé dans cette affaire…

L'importance de l'arrêt de la Cour dans l'affaire *Grunkin et Paul* n'est donc pas limitée à la promotion du principe de la reconnaissance mutuelle. En effet, en donnant priorité à ce principe sur l'application traditionnelle des règles de conflit, la Cour donne aussi le signal selon lequel le droit international privé européen jouit de caractéristiques particulières qui marquent sa spécificité vis-à-vis du droit international privé national ou conventionnel. Bien évidemment, cette spécificité devrait être pleinement reflétée dans un code, dans sa forme mais surtout dans son contenu. Et il me paraît que nous ne sommes qu'au début de cette recherche de l'identité propre du droit international privé européen, et que trop de questions sont encore ouvertes pour que l'on puisse consolider cet ensemble de règles dans un code.

Pour donner encore un autre exemple, il nous paraît bien probable que l'on devra donner une place centrale à l'autonomie de la volonté

---

7 C.J.E., 2 octobre 2003, aff. C-148/02, Garcia Avello, *Rec.*, 2003, I-11613.

dans un futur code de droit international privé. Comme on le sait, un des éléments caractéristiques de l'évolution du droit international privé continental des dernières décennies a été l'importance croissante de l'autonomie de la volonté. Sur le plan européen, cette importance est encore plus nette. L'autonomie de la volonté renforce par sa nature l'encouragement de la mobilité transfrontalière, réalisée par les libertés de circulation européenne. Cela est confirmé entre autres par la reconnaissance de cette autonomie de la volonté dans le Règlement Rome III (coopération renforcée) : le préambule la considère utile pour atteindre la souplesse et la sécurité juridique qui seraient nécessaires pour accroître la mobilité des citoyens[8]. Et bien que cet arrêt ne concerne à mon avis pas le droit international privé dans le sens strict, on ne peut négliger que l'approche adoptée par la Cour de justice dans les affaires *Garcia Avello* et *Grunkin et Paul* se caractérise, sans que cela soit explicité, par une grande ouverture vers l'autonomie de la volonté des parties privées concernées.

Une identité européenne propre pourrait aussi caractériser la partie générale d'un code européen de droit international privé, partie que Sylvaine Peruzzetto veut voir également incluse dans un Code européen. On ne peut s'imaginer en effet que les concepts de l'exception de l'ordre public international, des questions préalables et du statut du droit étranger, pour ne donner que ces exemples, ne soient pas colorés par les particularités de l'intégration européenne et des buts mentionnés par les traités européens. Jusqu'à maintenant, ce sont surtout la substance et les modalités d'intervention de l'exception d'ordre public qui ont reçu l'attention doctrinale mais sans qu'un consensus s'en soit dégagé. De même, une certaine jurisprudence de la Cour de justice sur l'exception d'ordre public existe déjà, mais elle est encore trop peu développée pour soutenir une codification potentielle.

Sans doute, le droit international privé aura-t-il sa place encore dans la jurisprudence future de la Cour de justice, relative aux points mentionnés et autres questions. Le processus de développement du droit international privé sera sans doute un processus à long terme, comme celui du marché intérieur d'ailleurs. Et certainement, l'on ne devrait pas attendre une éternité pour légiférer si l'on préfère, peut-être aussi pour des raisons d'ordre politique, une codification. Mais aujourd'hui, il nous paraît qu'il est encore trop tôt pour encadrer les résultats de cette recherche jurisprudentielle dans un code de droit international privé. Le processus de « feed back » auquel Sylvaine Peruzzetto attache ses

---

8 Règlement (UE) n° 1259/2010 du Conseil du 20 décembre 2010 mettant en œuvre une coopération renforcée dans le domaine de la loi applicable au divorce et à la séparation de corps, *J.O. L du 29.12.2010*, n° 343, p. 10.

espoirs pour une amélioration future d'un code d'abord « imparfait et inachevé » doit, à notre avis, être parcouru autant que possible *avant* que le code soit adopté. La même constatation vaut pour le cadre qui s'impose pour donner une base légale à ce code : l'Espace de Liberté, de Sécurité et de Justice. Je ne partage pas vraiment l'opinion de Sylvaine Peruzzetto selon laquelle la difficulté que l'on éprouve à cerner ce qu'est cet espace serait une bonne chose. Mieux vaut, à mon avis, établir un consensus clair et précis sur l'essence de cet espace, y compris sa relation avec le marché intérieur et la citoyenneté européenne.

II. Où va-t-on ? Quelle place pour le droit international privé européen dans l'Espace de Liberté, de Sécurité et de Justice ?

Ma réticence vis-à-vis de l'élaboration, à court terme, d'un code européen de droit international privé sur la base du concept de l'Espace de Liberté, de Sécurité et de Justice est aussi expliquée par les incertitudes conceptuelles que je vois autour de cet espace.

Depuis l'adoption du Traité d'Amsterdam, le législateur européen dispose d'une compétence expresse en droit international privé que le traité catégorise sous ce concept d'un Espace de Liberté, de Sécurité et de Justice. Aujourd'hui, après le Traité de Lisbonne, cette compétence se trouve mieux encadrée dans le chapitre 3 du Titre V de la Troisième Partie du Traité sur le fonctionnement de l'Union européenne ; aussi, et à juste titre, l'action du législateur européen dans cette matière a-t-elle été libérée du lien originairement exclusif avec le marché intérieur par la disposition selon laquelle « le Parlement européen et le Conseil (...) adoptent, notamment lorsque cela est nécessaire au bon fonctionnement du marché intérieur, des mesures... »

Je ne veux pas m'engager ici dans le débat sur l'essence de l'Espace de Liberté, de Sécurité et de Justice et je me réfère à cet égard aux considérations très intéressantes de S. Peruzzetto dans sa contribution. Mais même lorsque je me limite à la place que le droit international privé devrait y occuper, il me semble que trop d'incertitudes règnent encore.

Lors d'un colloque international à Toulouse en 2007, j'écrivais :

> L'Espace de Liberté, de Sécurité et de Justice est un concept qui potentiellement est bien fort, mais dont la valeur intrinsèque jusqu'à maintenant n'a pas été entièrement exploitée. En effet, c'est celui-là qui peut fournir le cadre pour trouver la balance recherchée entre unité et diversité. C'est précisément dans ce contexte que l'Union [...] peut faire le saut d'une construction économique à une construction qui appelle aussi à d'autres considérations. Ce concept devrait être développé en parallèle avec la citoyenneté

européenne : concept de liberté européenne mais encadrée aussi bien dans le traité [...] que dans la jurisprudence de la Cour[9].

À mon avis, ces considérations sont encore actuelles aujourd'hui en ce qui concerne la position du droit international privé. Certainement, un progrès important a déjà été réalisé. Et je me rends certainement compte du fait que la critique est beaucoup plus facile, que le travail législatif à construire un nouvel ensemble de droit international privé au niveau européen. Néanmoins, il me semble que trop de questions sont encore ouvertes pour définir aujourd'hui la position précise du droit international privé dans cet espace.

Je me limite à trois points que l'on devrait à mon avis résoudre avant de penser à codifier le droit international privé au sein de l'Union européenne dans le cadre de l'Espace de Liberté, de Sécurité et de Justice. Il s'agit de

1) la pertinence de l'accent qui est mis sur l'accès à la justice ;
2) la distinction entre le marché intérieur et l'Espace de Liberté, de Sécurité et de Justice ;
3) l'impact de l'évolution de la citoyenneté européenne sur la position du droit international privé.

Certainement, ces points mériteraient une analyse plus approfondie que ces quelques réflexions ci-après.

A. L'accès à la justice comme perspective centrale du droit international privé européen

Même avant l'entrée en vigueur du Traité d'Amsterdam, qui transférait la coopération judiciaire en matière civile du « troisième pilier » de l'Union européenne au pilier communautaire que l'on trouvait alors dans le Traité CE, la Commission européenne et le Conseil des ministres se sont montrés soucieux des possibles effets d'une telle communautarisation. Déjà le 3 décembre 1998, le Conseil et la Commission ont adopté un plan d'action concernant les modalités optimales de mise en œuvre des dispositions du Traité d'Amsterdam relatives à l'établissement d'un Espace de Liberté, de Sécurité et de Justice[10]. Cette attention particulière s'est prolongée après l'entrée en vigueur de ce traité et s'est depuis réalisée par une combinaison de l'adoption de législation européenne sur cette matière et l'adoption de documents politiques qui dessinaient le plan des futurs travaux législatifs. Cette activité législative aussi bien

---

9 J. Meeusen, « L'Europe entre unité et diversité : du marché intérieur à l'Espace de Liberté, de Sécurité et de Justice », in S. Poillot-Peruzzetto (dir.), *Trajectoires de l'Europe, unie dans la diversité depuis 50 ans*, Paris, Dalloz, 2008, p. 187-188.

10 *J.O. C* du *23.01.1999*, n° 19, p. 1.

que ces documents politiques sont caractérisés par une continuité remarquable. Peut-être sous l'influence du succès de longue date de la Convention de Bruxelles mais probablement aussi pour des raisons de réalisme politique, les institutions politiques européennes se sont concentrées, dès le début, sur une approche très procédurale du droit international privé européen. Le plan d'action de fin 1998 prévoyait déjà : « des principes tels que la sécurité juridique et l'égalité d'accès à la justice devraient être un objectif essentiel, ce qui implique une identification facile de la juridiction compétente, une indication claire du droit applicable, l'existence de jugements rapides et équitables et des procédures efficaces d'exécution ». On voit que même l'aspect des conflits de lois était approché depuis le début par un angle procédural. On peut découvrir ce même accent dans les « jalons de Tampère » et plus tard aussi dans le programme de La Haye et celui de Stockholm.

À Tampère, en 1999, le Conseil européen marquait son accord sur un certain nombre d'orientations et de priorités politiques. Il y approuvait le principe de reconnaissance mutuelle, qui, selon lui, devrait devenir la pierre angulaire de la coopération judiciaire mais ne faisait pas mention d'une harmonisation du droit des conflits de lois. Une année plus tard, le Conseil a adopté un programme commun de mesures de la Commission et du Conseil sur la mise en œuvre du principe de la reconnaissance mutuelle des décisions en matière civile et commerciale, dans lequel les mesures relatives à l'harmonisation de règles de conflit de lois étaient mentionnées explicitement dans la perspective de la facilitation de la reconnaissance mutuelle des décisions[11].

Dans le programme de La Haye, adopté par le Conseil européen en 2004 sous le titre « Renforcer la liberté, la sécurité et la justice dans l'Union européenne », les aspects de conflits de lois – relatifs aux Règlements Rome I et II, mais aussi ceux relatifs au droit de la famille et au droit des successions – étaient traités dans le chapitre sur la reconnaissance mutuelle des décisions.

En 2009, à l'occasion de l'adoption du programme de Stockholm pour la période 2010-2014 sous le titre « Une Europe ouverte et sûre qui se met au service des citoyens et les protège », le Conseil européen considérait que la priorité d'une Europe du droit et de la justice devrait être que des mécanismes soient mis en place pour faciliter l'accès à la justice. Ce programme approche l'harmonisation des règles de conflit de lois de nouveau explicitement par la perspective de la reconnaissance mutuelle.

On peut comprendre ce souci européen et observer aussi que cet accent particulier a apparemment permis d'adopter pas mal de législations

---

[11] *J.O. C du 15.01.2001*, n° 12, p. 1.

en matière de droit international privé. Ce n'est que ces dernières années, néanmoins, que la matière des conflits de lois dans le sens strict reçoit plus d'attention, comme les Règlements Rome I, II et III (coopération renforcée) le témoignent. Néanmoins, l'adoption de ces règlements est encadrée par le législateur européen, qui se réfère à la facilitation de la reconnaissance mutuelle des décisions, dans une approche procédurale[12].

On peut douter de la sagesse de cette manière de procéder, dont on doit avouer néanmoins qu'elle est aussi bien présente dans le texte du TFUE même. Le premier article dans le Titre sur l'Espace de Liberté, de Sécurité et de Justice dispose que « l'Union facilite l'accès à la justice, notamment par le principe de reconnaissance mutuelle des décisions judiciaires et extrajudiciaires en matière civile » (article 67,4°). Cela vaut en particulier pour la coopération judiciaire en matière civile, sur laquelle article 81,1° dispose que « l'Union développe une coopération judiciaire dans les matières civiles ayant une incidence transfrontière, fondée sur le principe de reconnaissance mutuelle des décisions judiciaires et extrajudiciaires ».

Est-ce que l'accent qui est mis sur l'accès à la justice n'est pas trop étroit pour fonder un code européen de droit international privé, surtout lorsque l'on désire adopter un code aussi complet que possible qui réglerait aussi l'ensemble des conflits de lois ? Certainement, l'Espace de Liberté, de Sécurité et de Justice devrait au moins garantir à ceux qui exercent des activités transfrontalières la certitude juridique, la protection judiciaire et la combinaison d'une harmonisation précise avec une coordination satisfaisante des lois nationales. L'accès à la justice et la reconnaissance mutuelle des décisions sont évidemment très importants à cet égard. Dans le programme de La Haye, adopté par le Conseil européen en 2004, celui-ci soulignait que le principal objectif de l'action menée dans le domaine de la coopération judiciaire civile consiste à faire en sorte que les frontières entre les pays européens ne constituent plus un obstacle au règlement des litiges civils ni à l'engagement de procédures judiciaires et à l'exécution des décisions en matière civile. Cela, bien sûr, est tout à fait important. Mais ne devrait-on pas être plus ambitieux ? Ne devrait-on pas donner la priorité, non pas à la protection contre les risques de la mobilité internationale, mais à l'encouragement de la mobilité même ? Ne serait-il pas logique que le processus

[12] Cela est illustré par exemple par les préambules du Règlement (CE) 864/2007 du Parlement européen et du Conseil du 11 juillet 2007 sur la loi applicable aux obligations non contractuelles, *J.O. L du 31.07.2007*, n° 199, p. 40 (Rome II) et du Règlement (CE) 593/2008 du Parlement européen et du Conseil du 17 juin 2008 sur la loi applicable aux obligations contractuelles, *J.O. L du 04.07.2008*, n° 177, p. 6 (Rome I).

d'intégration européenne essaie vraiment de stimuler de façon positive et systématique la mobilité transfrontalière – y compris sans doute aussi la recherche de l'avantage personnel par l'utilisation de cette mobilité, comme la Cour de justice elle-même l'a reconnue dans son arrêt Centros[13] relatif au marché intérieur – au lieu de se limiter en ce qui concerne l'Espace de Liberté, de Sécurité et de Justice à une approche plutôt prudente inspirée par une idée de protection ? On découvre dans le récent plan d'action de la Commission mettant en œuvre le programme de Stockholm un changement positif dans ce sens, vu que la Commission souligne que la mobilité des citoyens est au cœur du projet européen et qu'il convient de renforcer la mobilité en supprimant les obstacles que les citoyens peuvent encore rencontrer lorsqu'ils décident d'exercer leur droit à la libre circulation en allant étudier, travailler, créer une entreprise, fonder une famille ou prendre leur retraite dans un État-membre autre que celui dont ils sont originaires[14].

Cette question de nature plutôt théorique pourrait avoir des effets bien réels sur un code européen de droit international privé, tant sur le contenu des concepts de la partie générale (comme l'exception d'ordre public et la fraude à la loi) que sur l'élaboration de règles spécifiques (concernant par exemple la reconnaissance de l'autonomie de la volonté et, bien sûr, l'approche à adopter vis-à-vis des activités internationales des sociétés).

Une autre question que l'on ne pourra à mon avis négliger lors de l'élaboration d'un code européen de droit international privé concerne la relation vis-à-vis des États tiers, et aussi – ce qui est inévitablement lié à ce thème – la question de savoir si et comment le droit international privé européen doit s'adapter aux besoins d'une société qui devient de plus en plus globalisée. Jusqu'à maintenant, cette question est restée trop à l'arrière-plan en ce qui concerne le droit international privé, bien que le Conseil européen estime déjà dans le programme de La Haye que l'élaboration d'une dimension extérieure cohérente de la politique de l'Union en matière de liberté, de sécurité et de justice était un objectif de plus en plus prioritaire. En ce qui concerne le droit international privé, le Conseil européen exigeait dans ce même programme que la relation de l'UE avec l'ordre juridique international soit suivie de près. Dans le programme de Stockholm aussi, l'importance de la dimension extérieure de la politique de l'UE dans le domaine de la liberté, de la sécurité et de la justice est soulignée. Mais en pratique, au moins en ce qui concerne le droit international privé, il n'y pas tellement de réalisations. Oui, l'Union est finalement membre de la Conférence de La Haye, mais

---

13 C.J.E., 9 mars 1999, aff. C-212/97, Centros, *Rec.*, 1999, I-1459, §26-27.

14 COM (2010), 171 final.

d'autres opportunités ont été manquées. Ainsi, le débat relatif à l'avenir de la Convention de Lugano dans la nouvelle constellation européenne, qui a abouti en 2007 dans l'adoption de la Convention Lugano bis[15], a été longtemps dominé par des questions d'ordre institutionnel, en particulier l'analyse de la compétence de l'Union même (la Communauté, à cette époque) à conclure des traités internationaux[16]. Pour citer un autre exemple, ce ne sont que les plans de la Commission concernant la révision du Règlement Bruxelles I, et sa proposition à cet égard de fin 2010[17], qui ont vraiment lancé le débat législatif sur le fonctionnement de ce règlement dans l'ordre juridique international. Ce thème, qui est pertinent aussi pour d'autres instruments et matières, ne pourra être négligé lors de l'élaboration d'un éventuel code européen. Au moins, l'on peut se demander si la perspective de l'accès à la justice dans un Espace de Liberté, de Sécurité et de Justice, qui risque pour cette même raison de se concentrer plutôt sur les relations au sein de l'Union même, plus qu'à la position de l'Union et de ses citoyens dans le monde, serait vraiment idéale pour encadrer ce débat ? Dans le programme de Stockholm, le Conseil européen a invité le Conseil et la Commission à définir une stratégie dans le domaine du droit civil pour les années à venir, qui soit cohérente par rapport à la politique extérieure de l'UE en général et la Commission commence son plan d'action en soulignant que l'espace européen de liberté, de sécurité et de justice constitue un élément essentiel de la réponse de l'UE aux défis mondiaux qui se posent à long terme. Une telle stratégie, qui pourrait sûrement s'inspirer des travaux récents du GEDIP sur une possible révision de Bruxelles I[18], devrait se refléter dans le contenu d'un code européen de droit international privé.

Finalement, on doit s'interroger sur les chances réelles de l'adoption d'un tel code. On constate aujourd'hui que même ce cadre assez « innocent » du point de vue politique, qui consiste dans un Espace de Liberté, de Sécurité et de Justice et la promotion de l'accès à la justice, ne réussit pas à rassembler les États-membres autour des nouvelles évolutions en droit international privé. Le Danemark n'a jamais voulu y participer, en

---

15 Convention du 30 octobre 2007 concernant la compétence judiciaire, la reconnaissance et l'exécution des décisions en matière civile et commerciale, conclue à Lugano, *J.O. L du 21.12.2007*, n° 339, 3.

16 Avis 1/03 de la Cour du 7 février 2006 sur la compétence de la Communauté pour conclure la nouvelle Convention de Lugano concernant la compétence judiciaire, la reconnaissance et l'exécution des décisions en matière civile et commerciale, *Rec.*, 2006, I-1145.

17 COM (2010), 478 final.

18 Voir en particulier les propositions du GEDIP de 2008 (réunion de Bergen), de 2009 (réunion de Padoue) et de 2010 (réunion de Copenhague) : www.gedip-egpil.eu.

dépit de son adhésion aux conventions antérieures[19], le Royaume-Uni et l'Irlande ont maintenu leur position réservée[20] et l'adoption du Règlement Rome III a nécessité – pour la première fois ! – le recours à la coopération renforcée. Pourrait-on dans ces circonstances vraiment rassembler les forces pour établir un code de droit international privé ?

B. Quelle relation entre le marché intérieur et l'espace de liberté, de sécurité et de justice ?

Comment devrait-on comprendre la relation précise entre le marché intérieur et le droit international privé élaboré dans le cadre de l'Espace de Liberté, de Sécurité et de Justice comme cadre législatif ? Certainement, l'Espace de Liberté, de Sécurité et de Justice comme il est décrit dans le Traité sur le fonctionnement de l'Union européenne a un contenu qui pour une grande partie échappe au domaine du marché intérieur. Mais en ce qui concerne la coopération judiciaire en matière civile, dont les mesures européennes selon l'article 81 TFUE sont adoptées « notamment lorsque cela est nécessaire au bon fonctionnement du marché intérieur », cette relation est au moins plus confuse que l'on pensait il y a quelques années.

Ne négligeons pas que la Cour de justice dans son arrêt Grunkin et Paul a adopté un raisonnement qui est assez proche de celui qui est caractéristique pour le marché intérieur. D'abord, la Cour a constaté que la règle de conflit allemande n'était pas discriminatoire. Puis, la Cour a examiné, et trouvé, l'existence d'une autre entrave à la libre circulation du jeune enfant. On ne peut expliquer ceci qu'en acceptant que la Cour reconnaît aussi dans cette matière de la citoyenneté européenne l'existence d'entraves non-discriminatoires. Il n'est pas accidentel, lorsque l'on poursuit la comparaison avec le droit du marché intérieur, qu'elle ait conclu en imposant une obligation de reconnaissance aux autorités allemandes. Cette manière de procéder est en parfaite analogie avec son approche traditionnelle relative aux libertés économiques où la constatation d'une entrave non-discriminatoire à la circulation intra-européenne va, depuis l'arrêt Cassis de Dijon, de pair avec l'obligation pour l'État de destination de donner reconnaissance, en principe au moins, à la législation de l'État d'origine. Ainsi, l'on constate que le développement par la Cour de justice de certains principes applicables à son contrôle des règles de conflit des États-membres s'apparente largement à des mécanismes bien connus du marché intérieur. Bien sûr, cette observation n'affaiblit pas l'importance de l'article 81 TFUE en tant que

---

[19] Voir le Protocole n° 22 sur la position du Danemark.

[20] Voir le Protocole n° 21 sur la position du Royaume-Uni et de l'Irlande, à l'égard de l'Espace de Liberté, de Sécurité et de Justice.

base légale pour l'adoption de législation en matière de droit international privé. Mais il montre en tout cas qu'une scission trop grande entre les principes de l'Espace de Liberté, de Sécurité et de Justice et ceux du marché intérieur risque d'être artificielle. L'accent que le traité même met sur la reconnaissance mutuelle, également dans le cadre de l'espace, est très significatif à cet égard.

Il y a aussi d'autres indices montrant qu'une telle scission absolue entre les deux concepts ne serait pas convaincante. Prenons comme exemple un des grands piliers du droit international privé européen, le Règlement Bruxelles I. Ce règlement est le successeur de la Convention de Bruxelles dont la Cour de justice, dans son tout premier arrêt d'interprétation, confirmait déjà son lien fort avec le marché intérieur[21]. Dans sa proposition récente de révision du règlement actuel (*supra*), la Commission mentionne explicitement ce lien avec le bon fonctionnement du marché intérieur (bien que l'article 81 TFUE soit moins exigeant sur ce plan que l'ancien article 65 du Traité CE), et mentionne même que cette révision devrait également contribuer à créer le cadre légal nécessaire à la relance de l'économie européenne.

On peut également se référer à un autre symbole du droit international privé européen, qui a été adopté au sein de l'Espace de Liberté, de Sécurité et de Justice, soit le Règlement Rome I (*supra*). La détermination de la loi applicable aux contrats internationaux est un sujet qui peut stimuler par excellence l'intégration économique au sein du marché intérieur. Même plus, dans le préambule de ce règlement et du Règlement Rome II, on peut lire en termes généraux que le bon fonctionnement du marché intérieur exige (...) que les règles de conflit de lois en vigueur dans les États-membres désignent la même loi nationale quel que soit le pays dans lequel l'action est introduite[22]. En d'autres termes, l'harmonisation des règles de conflit de lois, ingrédient crucial de la coopération judiciaire en matière civile, apparaît directement liée au bon fonctionnement du marché intérieur.

Aussi doit-on accepter qu'un code européen de droit international privé tirerait sa force, à mon avis, d'une approche qui rassemblerait les activités européennes diverses relatives au droit international privé. Un exemple important de ces activités est l'interprétation de l'impact des libertés économiques sur le droit international privé des États-membres. Dans la récente histoire de l'Union, cette confrontation a été particuliè-

---

[21] C.J.E., 6 octobre 1976, aff. 12/76, Industri Tessili Italiana Com/Dunlop AG, *Rec.*, 1976, 1473, §9.

[22] Considération 6 des préambules respectifs des Règlements Rome I et Rome II (cités *supra*).

rement visible – de l'arrêt Segers[23] jusqu'à l'arrêt Cartesio[24] – dans le domaine du droit d'établissement relatif en particulier aux approches des États-membres du droit international des sociétés et des personnes morales. Pourrait-on, dans un code européen, établir des règles là-dessus et insister en même temps sur les grandes différences entre l'espace et le marché intérieur ?

Référons-nous aussi au programme de Stockholm, qui mentionne que l'espace judiciaire européen doit contribuer à soutenir l'activité économique dans le cadre du marché unique (*sic*). Selon le Conseil européen, la crise financière a montré la nécessité de réguler les marchés financiers et d'empêcher les abus. Il faudrait aussi étudier d'autres mesures concernant le droit des affaires et créer un environnement réglementaire lisible qui permette aux petites et moyennes entreprises, en particulier, de tirer pleinement parti du marché intérieur, c'est-à-dire de se développer et d'exercer leurs activités sur plusieurs pays comme elles le font sur leur marché national. Pour cette raison, il y aurait lieu d'explorer si des règles communes pour la détermination du droit applicable en matière de droit des sociétés, ainsi que des règles concernant l'insolvabilité des banques et le transfert des créances devraient être élaborées. La question du droit des contrats doit également être examinée plus avant. Le Conseil européen invite la Commission à réfléchir à la nécessité de prendre des mesures dans ces domaines et, le cas échéant, à présenter des propositions à cet égard.

Certainement, le programme de Stockholm et autres plans politiques européens concernant l'espace ont mis l'accent sur les besoins des citoyens européens. Mais comme on le sait, la Cour de justice a identifié la citoyenneté européenne comme le statut fondamental des nationaux des États-membres. Cela veut dire que tous ceux qui, grâce à leur nationalité, profitent des opportunités ouvertes par le marché intérieur, restent en premier lieu des citoyens européens. Cela montre qu'on n'est pas servi par une fausse juxtaposition de l'Espace de Liberté, de Sécurité et de Justice et du marché intérieur. Les deux ne sont pas identiques et poursuivent des buts différents. Mais la relation entre les deux n'est pas encore tout à fait claire, comme cela est démontré aussi par le fait que le Traité de Lisbonne a précisément sur ce point modifié l'ancien texte relatif à la coopération judiciaire en matière civile. Un code européen de droit international privé devrait avoir de claires priorités. Cela nécessite

---

[23] C.J.E., 10 juillet 1986, aff. 79/85, Segers, Bestuur van de Bedrijfsvereniging voor Bank- en Verzekeringswezen, Groothandel en Vrije Beroepen, *Rec.*, 1986, 2375.

[24] C.J.E., 16 décembre 2008, aff. C-210/06, Cartesio Oktató és Szolgáltató bt., *Rec.*, 2008, I-9641.

entre autres l'éviction de l'ambiguïté actuelle concernant la relation entre les deux concepts importants.

Tous les exemples cités illustrent le danger d'une trop grande juxtaposition entre l'Espace de Liberté, de Sécurité et de Justice et le marché intérieur. Sylvaine Peruzzetto mentionne l'interaction entre ces deux « pôles », et y ajoute que la résolution de la dialectique se trouve davantage dans la combinaison et l'interaction des deux lignes que dans le choix exclusif de l'une ou de l'autre. Sans doute, cela est vrai comme on vient de le démontrer dans les pages précédentes. Une coordination se construit au fur et à mesure de l'élaboration du concept le plus jeune, celui de l'espace, et du développement du marché intérieur. Probablement, ce processus ne sera jamais finalisé, en on ne peut continuer à reporter une codification, si l'on admet sa nécessité politique. Néanmoins, la relation entre ces deux concepts importants est encore en pleine construction ; il nous faut premièrement une stabilité relative avant d'encadrer un code dans l'Espace de Liberté, de Sécurité et de Justice.

C. L'impact du développement de la citoyenneté européenne sur celui du droit international privé européen

La relation entre l'Espace de Liberté, de Sécurité et de Justice et le marché intérieur devrait être tout d'abord clarifiée. Une autre interrogation cependant, peut-être plus surprenante à première vue mais aussi importante, a trait à la relation précise entre cet espace et la citoyenneté européenne. Il est assez normal que l'adoption éventuelle d'un code européen de droit international privé soit liée à la perspective de l'espace. L'article 81 TFUE attribue en effet une compétence spécifique au législateur européen pour agir relativement au droit international privé, y inclus la matière du droit de la famille. Mais d'autre part, les actes législatifs adoptés, de même que les travaux préparatoires des actes dont l'adoption future est envisagée, se réfèrent essentiellement aux besoins des citoyens européens qui sont mobiles au-delà des frontières.

L'importance croissante de l'espace, y compris les mesures de coopération judiciaire en matière civile, et le grand développement qu'a connu simultanément la citoyenneté européenne sont bien liés. Le stimulus et l'encouragement de la circulation transfrontalière par l'introduction et la promotion de la citoyenneté européenne manqueraient leurs buts si l'Union européenne n'adoptait pas en même temps des mesures de droit international privé correspondantes qui fournissent un cadre légal commun pour ces citoyens mobiles. On ne peut en effet encourager les citoyens à devenir mobiles au-delà des frontières, sans leur offrir en même temps un cadre garantissant un maximum de sécurité juridique[25].

Dès le début – l'introduction du concept de l'Espace de Liberté, de Sécurité et de Justice dans le Traité CE par le Traité d'Amsterdam – l'accent politique a été mis sur les problèmes très concrets avec lesquels les citoyens mobiles sont confrontés dans la vie quotidienne. Ainsi, le plan d'action de 1998 mentionnait déjà :

> L'objectif est de simplifier la vie des citoyens européens en améliorant et en simplifiant les règles et les procédures relatives à la coopération et la communication entre les autorités et en faisant appliquer les décisions, en encourageant la compatibilité des règles relatives aux conflits de lois et des règles sur la compétence judiciaire et en éliminant les obstacles au bon fonctionnement des actions civiles dans un espace judiciaire européen. Il conviendra à cet égard d'améliorer la coordination des justices d'Europe et la connaissance des droits des États-membres, notamment dans certaines affaires aux dimensions humaines importantes, ayant des incidences sur la vie quotidienne des citoyens. (§39)

Dans le programme de La Haye, le Conseil européen soulignait la nécessité d'intensifier les travaux portant sur la création d'une Europe pour les citoyens. Il soulignait que le droit civil, y compris le droit de la famille, touche à la vie quotidienne des citoyens et que pour cette raison on devrait prendre des mesures de droit international privé – également en matière familiale et successorale – pour que les frontières entre les pays européens ne constituent plus un obstacle au règlement des litiges civils ni à l'engagement de procédures judiciaires et à l'exécution des décisions en matière civile.

En 2009, à l'occasion de l'adoption du programme de Stockholm pour la période 2010-2014 sous le titre « Une Europe ouverte et sûre qui se met au service des citoyens et les protège », le Conseil européen considérait que la priorité d'une Europe du droit et de la justice devrait être que des mécanismes soient mis en place pour faciliter l'accès à la justice afin que les citoyens puissent faire valoir leurs droits partout dans l'Union. Le programme même mentionne comme priorités politiques principales aussi bien « promouvoir la citoyenneté et les droits fondamentaux » que « Une Europe de droit et de la justice ». Selon ce programme, la citoyenneté européenne doit devenir une réalité tangible et la réalisation d'un espace européen de la justice doit être approfondie afin de dépasser la fragmentation actuelle. En priorité, il s'agirait de mettre en place des mécanismes pour faciliter l'accès à la justice afin que les citoyens puissent faire valoir leurs droits partout dans l'Union.

---

[25] H. Dohrn, *Die Kompetenzen der Europäischen Gemeinschaft im Internationalen Privatrecht*, Tübingen, Mohr Siebeck, 2004, p. 20.

Certainement, la citoyenneté européenne est le statut fondamental des ressortissants des États-membres de l'Union européenne, et elle n'est pas du tout liée à l'exercice d'une activité économique. Vu de cette perspective, l'essor de l'Espace de Liberté, de Sécurité et de Justice appelle (aussi) à d'autres considérations que celles qui inspirent le marché intérieur et l'intégration économique.

Remarquons que, dans son premier arrêt dans lequel elle a examiné une règle de conflit de lois en matière d'état et de statut personnel sur sa conformité avec le droit européen, l'arrêt Grunkin et Paul, la Cour de justice s'est basée essentiellement sur l'interprétation des articles relatifs à la citoyenneté européenne sans faire aucune mention de l'espace de liberté.

Point n'est besoin de remarquer que l'article 21§2 TFUE attribue une compétence expresse au législateur pour légiférer afin de réaliser le but de la libre circulation des citoyens européens. Ceci pourrait englober aussi des mesures de droit international privé qui seraient prises dans cette perspective de libre circulation. Certainement, un tel but est plus précis que le but encore assez vague de l'espace. Il y a quelques années, la formulation de l'ancien article 65 du Traité CE, avec l'accent qu'il mettait sur les besoins du marché intérieur, a justifié le plaidoyer pour prendre en compte aussi, en vue d'une harmonisation du droit international privé, les opportunités ouvertes par cet article 21[26]. Aujourd'hui, le besoin d'éviter la base légale de l'article 81 TFUE est devenu moindre, vu sa formulation amendée mais qui exprime encore l'obligation de donner une attention particulière aux besoins du marché intérieur. Ces liens entre l'espace et le marché intérieur sont certainement importants (*supra*). Mais les potentialités offertes par l'article 21, bien que cet article ne soit pas orienté explicitement vers le droit international privé et connaisse des limites évidentes, pourraient encore être intéressantes et mériteraient, à mon avis, d'être examinées à fond avant qu'un code de droit international privé soit établi sur la base de l'article 81 TFUE.

Conclusion

L'ambition de cette contribution n'a pas été de prendre position pour ou contre une codification européenne du droit international privé. En réfléchissant sur la contribution de Sylvaine Peruzzetto, nous avons essayé de montrer que, si une telle codification était considérée souhaitable d'un point de vue politique, il nous faudrait d'abord déterminer

26 J. Meeusen, M. Pertegás, G. Straetmans et F. Swennen, « Rapport général », in J. Meeusen, M. Pertegás, G. Straetmans et F. Swennen (eds.), *International Family Law for the European Union*, Anvers, Intersentia, 2007, p. 38.

aussi bien l'identité propre du droit international privé, la base légale la plus adéquate d'une codification et ses orientations fondamentales dans le cadre constitutionnel européen. À notre avis, la réponse à ces deux questions est encore trop incertaine pour entreprendre l'immense travail d'une codification. D'une part, les caractéristiques particulières du système du droit international privé à construire à l'échelle européenne ne commencent qu'à être explorées et nécessitent encore beaucoup de clarification. D'autre part, un grand nombre de questions existe encore sur l'Espace de Liberté, de Sécurité et de Justice, cadre à première vue évident pour l'harmonisation du droit international privé comme élément de la coopération judiciaire en matière civile. Sa relation avec le marché intérieur et la citoyenneté européenne doit être définie avec plus de précision, tandis que sa perspective procédurale n'est pas entièrement convaincante pour autant que les questions de conflit de lois sont concernées. Bien sûr, la croissance toujours plus importante des activités transfrontalières, tant dans le cadre des libertés de circulation que dans celui de la mobilité internationale des citoyens, appelle à une réponse législative adéquate au niveau européen et donc inévitablement à une prise de position sur l'opportunité et la faisabilité d'une codification. Cette réponse ne peut être reportée indéfiniment mais doit être basée sur des prémisses bien réfléchies. En d'autres termes, le législateur pourrait bien s'inspirer dans ce domaine de l'ancien adage bien connu : *festina lente* !

Les exigences du marché intérieur dans la construction d'un code européen de droit international privé, en particulier la place de la confiance et de la reconnaissance mutuelle

Miguel GARDEÑES SANTIAGO

Professeur, Université Autonome de Barcelone, Espagne

1. Le sujet que nous aborderons est celui de l'influence, dans l'œuvre de codification, des exigences du marché intérieur, et notamment de la reconnaissance mutuelle : après quelques remarques d'introduction (I), nous exposerons, en premier lieu, la question du point de vue de la reconnaissance des décisions judiciaires (II) et, en deuxième lieu, l'application de la « méthode de la reconnaissance » dans le contexte intracommunautaire (III). Nous finirons avec quelques conclusions (IV).

En revanche, nous ne traiterons pas la question de l'incidence du principe de non-discrimination en raison de la nationalité[1]. À cet égard, nous indiquerons seulement que, à notre avis, l'interprétation la plus convaincante est que ce principe n'empêcherait pas l'existence de normes de conflit de lois utilisant la nationalité comme critère de rattachement. Seulement les normes qui utiliseraient la nationalité comme une condition pour accéder à un régime privilégié seraient contraires à ce principe, comme l'avait démontré, par exemple, l'arrêt Boukhalfa, du 30 avril 1996[2]. Au moins implicitement, d'autres arrêts postérieurs auraient confirmé que l'emploi de la nationalité comme rattachement

[1] Pour ne citer qu'une contribution récente sur la question, voir J. Basedow, « Le rattachement à la nationalité et les conflits de nationalité en droit de l'Union européenne », *Rev. Crit. dip.*, 3, 2010, p. 427-456 ; voir aussi le compte rendu des séances de travail du Groupe européen de Droit international privé (GEDIP) lors de la réunion de Copenhague (17/19 septembre 2010), point III (« Le rattachement à la nationalité et les conflits de nationalités en droit de l'Union européenne », accessible à http://www.gedip-egpil.eu/).

[2] Aff. C-214/94.

dans les normes de conflit de lois ne serait pas *per se* contraire au droit de l'Union européenne[3].

I. Remarques introductives

2. Le Traité de Lisbonne du 13 décembre 2007 « libère » l'Espace de Liberté, de Sécurité et de Justice par rapport au marché intérieur, parce que désormais l'article 81 du Traité sur le fonctionnement de l'Union européenne (ci-après TFUE) n'exige plus que les initiatives prises en matière de coopération judiciaire civile soient nécessaires pour le bon fonctionnement du marché intérieur[4]. Toutefois, le marché intérieur est toujours un élément central de la construction européenne, et donc la construction de l'Espace de Liberté, de Sécurité et de Justice (ci-après ELSJ) doit tenir compte aussi des exigences du marché intérieur, ce qui expliquerait les « échos » du marché intérieur que l'on peut trouver encore à l'article 81 TFUE[5] et les liens établis par la jurisprudence[6]. Il

---

3 C'est ce que l'on peut déduire de l'arrêt Garcia Avello, dans lequel la Cour n'a pas mis en question le fait qu'en droit belge le nom des personnes était régi par la loi de leur nationalité, mais tout simplement le fait que dans l'espèce les autorités belges n'avaient pas tenu compte du fait que les intéressés avaient la double nationalité belge et espagnole, et les inconvénients qui pourraient dériver du fait de posséder un nom différent selon ces deux législations ; voir en ce sens, notre travail « Ciudadanía europea, doble nacionalidad y aplicación de la ley nacional de la persona (Reflexiones en torno a la sentencia del TJCE *García Avello*, de 2 de octubre de 2003) », *Gaceta Jurídica de la Unión Europea y de la Competencia*, 230, mars/avril 2004, p. 19-26. Plus tard, l'arrêt Grunkin-Paul, du 14 octobre 2008 (aff. C-353/06) a considéré contraire aux dispositions du Traité sur la citoyenneté européenne, non pas le fait de rattacher le nom à la loi nationale, mais le fait de ne pas reconnaître le nom patronymique d'un enfant déterminé et enregistré dans l'État-membre où l'enfant était né et résidait depuis lors.

4 Sur la coopération judiciaire civile dans l'UE, en particulier après le Traité de Lisbonne, voir A. Borrás Rodríguez, « La cooperación judicial en materia civil », in J. Martín y Pérez de Nanclares (coord.), *El Tratado de Lisboa : la salida de la crisis constitucional*, Madrid, Iustel, 2008, p. 437-449 ; M. Guzmán Zapater, « Cooperación judicial civil y Tratado de Lisboa : entre consolidación e innovación », *Revista General de Derecho Europeo*, 21, 2010 (www.iustel.com).

5 Selon l'art. 81.2 du TFUE : « *Aux fins du paragraphe 1, le Parlement européen et le Conseil, statuant conformément à la procédure législative ordinaire, adoptent, notamment lorsque cela est nécessaire au bon fonctionnement du marché intérieur, des mesures visant à assurer :...* » (c'est nous qui soulignons). Sur les rapports et complémentarités entre le marché intérieur et l'Espace de Liberté, de Sécurité et de Justice, voir S. Poillot-Peruzzetto, « Le défi de la construction de l'Espace de Liberté, de Sécurité et de Justice », in *Mélanges en l'honneur d'Hélène Gaudemet-Tallon. Vers de nouveaux équilibres entre ordres juridiques*, Paris, Dalloz, 2008, p. 581-599.

6 Par exemple, dans l'arrêt TNT, du 4 mai 2010 (aff. C-533/08), la Cour de justice a indiqué (point 50) que « *Le respect de chacun de ces principes est nécessaire au bon fonctionnement du marché intérieur, lequel constitue, ainsi qu'il ressort du premier considérant du règlement n° 44/2001, le ratio de ce dernier.* »

est donc opportun de se demander quelle serait l'exigence essentielle dérivée du marché intérieur. À notre avis, il s'agirait de favoriser (ou, *rectius*, d'éviter les obstacles injustifiés) à la mobilité intracommunautaire, et cette exigence pourrait amener à trouver, lors de la construction de l'ELSJ, des solutions spécifiques pour le contexte d'intégration.

3. La reconnaissance mutuelle est un élément caractéristique de ce contexte d'intégration, qui sert la finalité d'éviter des obstacles injustifiés. Son fondement serait la confiance mutuelle entre les autorités des États-membres[7], mais cette reconnaissance a des significations différentes dans le domaine « marché intérieur » et dans le domaine de la reconnaissance de décisions en matière civile.

En ce qui concerne le marché intérieur, la reconnaissance mutuelle – fondée sur la célèbre jurisprudence *Cassis de Dijon*[8] et sur l'interprétation donnée à celle-ci par la Commission européenne – affecte l'application des normes de droit public économique, la reconnaissance des actes publics, tels que les titres professionnels, et aussi la force probante des documents – par exemple, certificats de contrôle – expédiés par les autorités des autres États-membres[9]. Quant à sa portée, elle n'est pas une obligation absolue, sauf si le législateur établit le contraire. En l'absence de législation harmonisée, la reconnaissance mutuelle dépend de la condition d'équivalence, et donc elle sera acceptée seulement si les normes ou contrôles de l'État d'origine garantissent un niveau de protection équivalent au *standard* exigé par les normes du pays d'importation ou d'accueil[10]. Dans ce cas, on considérera que l'objectif visé est protégé de manière convenable par les normes ou contrôles de l'État d'origine. Au fond, il s'agirait d'une application « nuancée » du régime juridique de l'État d'accueil ou d'importation :

---

7 Ainsi, par exemple, dans l'arrêt Wurmser, du 11 mai 1989 (aff. 25/88), la Cour a dit, à propos du devoir d'accepter, sauf pour des raisons justifiées, les certificats de contrôle émanant des autorités des autres États-membres, que ce devoir « *constitue une expression spécifique d'un principe plus général de la confiance mutuelle entre les autorités des États-membres* » (point 18).

8 Aff. 120/78. Même si cette jurisprudence a vu le jour dans le domaine de la libre circulation des marchandises, ses principes ont été étendus aux autres domaines du marché intérieur, et notamment aux services ; en ce sens, J. Molinier et N. De Grove-Valdeyron, *Droit du marché intérieur*, Paris, LGDJ, 2008, 2e éd., p. 109.

9 Sur les différentes manifestations de la reconnaissance mutuelle dans le domaine du marché intérieur, voir notre ouvrage *La aplicación de la regla de reconocimiento mutuo y su incidencia en el comercio de mercancías y servicios en el ámbito comunitario e internacional*, Madrid, Eurolex, 1999, p. 177-202.

10 Pour cette raison, certains auteurs préfèrent l'expression « principe d'équivalence » à celle de « reconnaissance mutuelle » (par exemple, A. Bernel, *Le principe d'équivalence ou de « reconnaissance mutuelle » en droit communautaire*, Zürich, Schulthess, 1996).

cette loi établirait le niveau de protection à atteindre, mais certaines de ses exigences pourraient être exclues ou flexibilisées dans la mesure où le régime applicable dans le pays d'origine des marchandises ou services garantirait un niveau de protection équivalent[11]. Ainsi, la finalité essentielle de la reconnaissance mutuelle serait celle d'éviter la double régulation ou les doubles charges injustifiées[12]. Cependant, on doit avouer que l'application de la reconnaissance mutuelle n'a pas été toujours facile, et que de nombreuses difficultés sont apparues dans la pratique, spécialement en ce qui concerne la détermination de l'équivalence[13]. Cela pourrait expliquer que des mesures législatives complémentaires aient été mises en place pour faciliter l'application de la reconnaissance mutuelle[14]. En outre, la Cour semble vouloir la réaffirmer, comme le

---

[11] Sur le fonctionnement de la reconnaissance mutuelle dans la doctrine de la Cour en interprétation du droit primaire, notre travail « Reconocimiento mutuo y principio del Estado de origen : su incidencia en el ámbito del Derecho aplicable », in J. Martín y Pérez de Nanclares (coord.), *El Tratado de Lisboa : la salida de la crisis constitucional*, Madrid, Eurolex, 2008, p. 524-530.

[12] Par exemple, l'on peut voir très clairement cette idée dans l'arrêt Arblade, du 23 novembre 1999 (aff. C-369/96 et C-376/96). S'agissant de l'obligation d'une entreprise de la construction, prêtant temporairement ses services dans un autre État-membre, de verser aux autorités de l'État d'accueil certaines cotisations patronales spéciales, la Cour a dit que cette obligation n'est pas acceptable « ...*si les travailleurs de l'employeur en question qui exécutent temporairement des travaux dans l'État-membre d'accueil jouissent de la même protection, ou d'une protection essentiellement comparable, en vertu des obligations auxquelles l'employeur est déjà soumis dans son État-membre d'établissement* » (point 51). En outre, pour être justifiée, l'obligation de verser ces cotisations à un fond de l'État d'accueil devrait ouvrir le droit à un avantage social pour les travailleurs déplacés (point 52). Donc, ce ne serait pas que dans le cas où « *les cotisations patronales au fonds de l'État-membre d'accueil assureraient aux travailleurs un avantage susceptible de leur donner une réelle protection additionnelle dont ils ne bénéficieraient pas autrement que leur versement pourrait être justifié* » (point 54).

[13] Voir à cet égard, la vision critique de J.H.H. Weiler, « Mutual Recognition, Functional Equivalence and Harmonization in the Evolution of the European Common Market and the WTO », in F.K. Padoa Schioppa (ed.), *The principle of Mutual Recognition in the European Integration Process*, Basingstoke, Palgrave Macmillan, 2005, p. 25-84.

[14] Par exemple, dans le domaine de la libre circulation de marchandises, le Règlement 764/2008, du 9 juillet 2008 (DOUE L 218, du 13 août 2008) essaye d'encadrer l'application des mesures restrictives prises par les États-membres à l'égard des produits en provenance des autres États-membres. En ce qui concerne les services, apparemment la Directive générale sur les services dans le marché intérieur (Directive 2006/123, du 12 décembre 2006) aurait voulu « codifier » la doctrine jurisprudentielle dans ce domaine pour en faciliter l'application, même si elle a été accusée d'aller bien au-delà, en établissant des règles de liberté d'entreprise qui dépasseraient les limites de la doctrine jurisprudentielle précédente, et qui s'appliqueraient aussi dans des cas non visés par les normes du Traité sur la libre circulation (en ce sens, T. de la Quadra-Salcedo Fernández del Castillo, « La Directiva de servicios y la li-

démontrerait le fait qu'elle la cite *expressis verbis* dans une décision où elle essaie de faire un bilan et en même temps une reformulation de sa doctrine précédente[15].

4. Quant à la reconnaissance mutuelle dans le contexte de l'acceptation de décisions judiciaires et extrajudiciaires en matière civile, elle apparaît pour la première fois de façon expresse dans les traités dans la première phrase du nouvel article 81.1 du TFUE, selon lequel : « *L'Union développe une coopération judiciaire dans les matières civiles ayant une incidence transfrontière, fondée sur le principe de reconnaissance mutuelle des décisions judiciaires et extrajudiciaires* ». L'antécédent de cette reconnaissance se trouve dans les mécanismes conventionnels de reconnaissance réciproque de décisions, et notamment dans la Convention de Bruxelles du 27 septembre 1968[16]. La différence avec la reconnaissance mutuelle dans le domaine du marché intérieur est que, comme l'indique dans un travail récent le professeur R. Arenas García[17], s'agissant de la reconnaissance des décisions en matière civile, cette reconnaissance n'est pas subordonnée à la condition d'équivalence des législations. C'est-à-dire, comme il n'y a pas de révision au fond, il est possible de reconnaître une décision qui appliquerait des normes non équivalentes à celles de l'État requis. De ce

bertad de empresa », *El Cronista del Estado Social y Democrático de Derecho*, 7, 2009, p. 46-61).

15 Il s'agit de l'arrêt Commission c. Italie, de 10 février 2009 (aff. C-110/05), dans lequel se posait la question de principe de si les règles établissant des interdictions ou limitations en ce qui concerne, non les conditions ou exigences techniques des produits, mais son usage – en l'espèce, il s'agissait de la disposition du code de la route italien interdisant les motocyclettes de tirer d'une remorque – pourraient être considérées des mesures d'effet équivalent à des restrictions quantitatives. En faisant un bilan de sa jurisprudence antérieure, elle affirme (point 34) : « *Il ressort d'une jurisprudence également constante que l'article 28 CE reflète l'obligation de respecter les principes de non-discrimination* <u>*et de reconnaissance mutuelle*</u> *des produits légalement fabriqués et commercialisés dans d'autres États-membres, ainsi que celle d'assurer aux produits communautaires un libre accès aux marchés nationaux* » (c'est nous qui soulignons).

16 Texte fondé sur l'ancien art. 220 du Traité de la Communauté économique européenne. Même si l'antécédent immédiat, après la « communautarisation » de la coopération judiciaire civile à partir du Traité d'Amsterdam, pourrait être trouvé dans les conclusions de la présidence du Conseil européen de Tampere, (15 et 16 octobre 1999), selon lesquelles la reconnaissance mutuelle devrait devenir la « *pierre angulaire* » de la coopération judiciaire en matière tant civile que pénale au sein de l'Union ; à cet égard, A. Borrás Rodríguez, « La cooperación… », *op. cit.*, p. 440.

17 « Abolition of Exequatur : Problems and Solutions. Mutual Recognition, Mutual Trust and Recognition of Foreign Judgements : Too Many Words in the Sea ». Ce travail sera publié prochainement dans le *Yearbook of Private International Law*, 12, 2010. Je voudrais remercier l'auteur de m'avoir facilité l'accès à une copie de ce travail.

point de vue, la reconnaissance de décisions en matière civile va bien au-delà de la reconnaissance mutuelle « marché intérieur »[18].

5. Après ces remarques introductives, le moment est venu d'examiner les différentes manifestations de la reconnaissance mutuelle dans le domaine de la coopération en matière civile : à notre avis, il faut différencier la reconnaissance des décisions judiciaires (II) et l'emploi de la « méthode de la reconnaissance » (III).

II. La reconnaissance des décisions judiciaires

6. À cet égard, il y a eu une évolution bien connue depuis la fin des années 1990, après l'approbation du Traité d'Amsterdam. Le programme de mesures d'implantation de la reconnaissance mutuelle dans les domaines de la coopération civile[19] a été suivi par l'adoption de plusieurs textes législatifs. En synthèse, l'on peut dire que l'implantation de la reconnaissance mutuelle a agi avec un double objectif : d'un côté, il s'agissait de l'atténuation ou simplification des procédures d'exequatur (appelées « procédures intermédiaires » par le programme cité). Cette démarche a guidé, par exemple, la transformation de l'ancienne Convention de Bruxelles en règlement communautaire. Par rapport à la Convention, le Règlement 44/2001, du 22 décembre de 2000[20], réduit les motifs de refus de la reconnaissance des décisions des autres États-membres, et ces motifs ne seront plus appréciés d'office par la juge de l'exequatur, mais au contraire subordonnés à un appel de la part du défendeur[21].

7. De l'autre côté, il s'agissait d'aller beaucoup plus loin, en abolissant ou supprimant les procédures d'exequatur entre les États-membres. Dans un premier temps, les institutions européennes ont préféré agir avec prudence, et elles n'ont pas envisagé une suppression généralisée de l'exequatur[22], mais seulement à l'égard de certains types de décisions.

---

[18] Pour d'autres arguments en faveur de distinguer la signification de la reconnaissance mutuelle dans le domaine du marché intérieur et dans l'ELSJ, notamment dans le domaine pénal, voir M. Möstl, « Preconditions and Limits of Mutual Recognition », *Common Market Law Review*, 2, 2010, p. 405-436.

[19] JOCE C 12, du 15 janvier 2001.

[20] JOCE L 12, du 16 janvier 2001.

[21] Voir notamment les art. 34, 41 et 43. Un autre objectif était d'adopter, dans les domaines pas encore harmonisés, des textes établissant des normes de compétence judiciaire et de reconnaissance de décisions, dans lesquels on pourrait introduire des procédures d'exequatur similaires à celles existantes dans la Convention de Bruxelles et les règlements communautaires antérieurement adoptés.

[22] Même si l'objectif final ou à plus long terme du projet de mesures d'implantation de la reconnaissance mutuelle, publié en 2001, était la suppression des procédures d'exequatur entre États-membres. Toutefois, il est intéressant de constater que, comme l'affirme P. Schlosser, les conclusions du Conseil européen de Tampere de

Les premiers exemples de cette abolition ont été adoptés à propos de décisions d'un type spécifique, comme celles constatant l'existence d'une créance non contestée, pour lesquelles on établit un titre exécutoire européen[23], ou celles ordonnant la restitution de mineurs ou établissant des droits de visite[24]. D'autres textes on suivi, à savoir, le Règlement 1896/2006, du 12 décembre 2006, instituant une procédure européenne d'injonction de payer[25], le Règlement 861/2007, du 11 juillet 2007, instituant une procédure européenne de règlement des petits litiges[26], et le nouveau Règlement 4/2009, du 18 décembre 2008, sur les obligations alimentaires[27], en ce qui concerne les décisions rendues dans un État-membre lié par le Protocole de La Haye du 23 novembre 2007 sur la loi applicable aux obligations alimentaires[28].

Tous ces textes se caractérisent par la dispense pour la résolution de la nécessité d'obtenir l'exequatur, comme condition préalable à son exécution dans un autre État-membre. Ainsi, la résolution est dotée d'une exécutabilité directe. Cependant, cette caractéristique a suscité des doutes, spécialement dans les cas où l'on pourrait penser, à tort ou à raison, que les autorités de l'État d'origine de la décision auraient incorrectement appliqué les dispositions des règlements concernés. Dans ce genre de cas, l'on peut se demander s'il serait possible d'écarter l'obligation de reconnaissance mise en place par le texte réglementaire applicable. À cet égard, il faut constater qu'un arrêt récent de la CJUE,

1999 n'auraient pas fixé la suppression généralisée des procédures d'exequatur comme l'objectif final à atteindre. En effet, selon cet auteur, en ce qui concerne la matière civile, les conclusions (point 34) parlent seulement de la « réduction » des « procédures intermédiaires », tandis qu'elles parlent d'abolition de ces procédures seulement à propos d'un certain type de cas, tels que les petits litiges et certaines décisions en matière de famille, comme celles concernant els droits de visite. Toujours selon Schlosser, le fait que le texte cité emploie l'expression « dans un premier temps » n'aurait pas comme implication nécessaire que, à la fin du procès, toute procédure d'exequatur ou de contrôle dans l'État requis devrait être supprimée (« The Abolition of Exequatur Proceedings – Including Public Policy Review ? », *IPRax*, 2, 2010, p. 101). En revanche, le programme de mesures d'implantation de la reconnaissance aurait adopté l'interprétation contraire.

[23] Règlement 805/2004, du 21 avril 2004 (JOCE L 143, du 30 avril 2004).

[24] Art. 40 et suivants du Règlement 2201/2003, du 27 novembre 2003, sur les litiges matrimoniaux et en matière de responsabilité parentale (JOCE L 338, du 23 décembre 2003).

[25] JOUE L 399, du 30 décembre 2006.

[26] JOUE L 199, du 31 juillet 2007.

[27] JOUE L 7, du 10 janvier 2009.

[28] Section première du chapitre IV du règlement ; voir aussi l'art. 15 du règlement.

Aguirre vs. Pelz, du 22 décembre 2010[29], a confirmé et renforcé le mécanisme de reconnaissance mis en place par le législateur, parce que, s'agissant d'une décision certifiée ordonnant le retour d'un enfant illicitement retenu, il n'a pas admis la possibilité pour l'État requis d'opposer à l'exécutabilité directe une exception non prévue par le texte du Règlement 2201/2003, déjà cité. En outre, l'arrêt a aussi confirmé que la vérification des conditions pour expédier le certificat prévu par le règlement incombe aux autorités de l'État ayant dicté la décision.

8. Toutefois, le débat sur la suppression de l'exequatur est loin d'être fermé, surtout si on pense à une suppression généralisée ou plus étendue de l'exequatur, comme le faisait le Livre Vert de la Commission du 21 avril 2009 sur la réforme du Règlement 44/2001[30]. Cependant, cette idée a suscité de nombreuses réserves[31], ce qui pourrait expliquer que la proposition de réforme du règlement présentée le 14 décembre 2010[32] soit beaucoup plus nuancée : d'abord, elle fait la nécessaire distinction entre l'exequatur comme procédure autonome et les conditions pour la reconnaissance de la décision, et, ensuite, elle met en place certaines sauvegardes procédurales pour éviter que l'abolition de l'exequatur conduise à la méconnaissance des droits de défense[33].

9. Tout d'abord, au moins provisoirement[34], la procédure d'exequatur est maintenue pour les résolutions concernant la responsabilité non contractuelle découlant d'atteintes à la vie privée et aux droits de la

---

[29] Aff. C-491/10 PPU ; voir le commentaire de S. Álvarez González, « Desplazamiento ilícito de menores en la UE. Supresión del exequátur y derechos del niño a ser oído », *La Ley*, n° 7578, du 28 février 2011 (http://www.laley.es).

[30] COM (2009), 175 final.

[31] Parmi beaucoup d'autres, P. Scholsser, « The Abolition… », *op. cit.*, p. 101-104 ; H. Schack (traduction de P. Orejudo Prieto de los Mozos), « La (indebida) abolición de los procedimientos de exequátur en la Unión Europea », *Anuario español de Derecho internacional privado*, t. IX, 2009, p. 67-81 ; C. Oró Martínez, « Control del orden público y supresión del exequátur en el espacio de libertad, seguridad y justicia : perspectiva de futuro », *Anuario español de Derecho internacional privado*, IX, 2009, p. 201-224.

[32] COM (2010), 748 final. Sur cette proposition, voir, R. Arenas García et C. Oró Martínez, « La propuesta de revisión del Reglamento 44/2001 : algunos pasos en la dirección correcta », publiée le 28 décembre 2010 à http://blogs.uab.cat/adipr.

[33] À cet égard, la Résolution du Parlement européen du 7 septembre 2010 [2009/2140(INI)] sur la réforme du Règlement 44/2001 s'est montrée favorable à la suppression de l'exequatur, mais au même temps elle a estimé que cette suppression doit être contrebalancée par des garanties appropriées visant à protéger les droits de la partie contre laquelle l'exécution serait demandée. Ainsi, le Parlement est de l'avis qu'une procédure exceptionnelle de recours doit être mise en place dans l'État-membre d'exécution, et dans le cadre de cette procédure l'on pourrait examiner certains motifs de non reconnaissance.

[34] En ce sens, considérant 23 de la proposition de règlement.

personnalité, ainsi que pour les résolutions sur des actions collectives ayant pour objet la réparation d'un préjudice causé à un groupe de personnes par des pratiques commerciales illégales (article 37.3), et ce à cause des divergences actuelles entre les États-membres dans ces matières.

Dans les cas où l'on envisage la suppression de l'exequatur (articles 38.2 et 41), la proposition prévoit que l'autorité de l'État d'exécution est tenue de refuser l'exécution de la décision rendue dans un autre État-membre si elle est inconciliable avec une résolution rendue entre les mêmes parties dans l'État-membre d'exécution, ou bien si elle est inconciliable avec une autre décision rendue antérieurement dans un autre État-membre où dans un État tiers dans un litige entre les mêmes parties et ayant le même objet et la même cause, à condition que cette dernière décision réunisse les conditions nécessaires à sa reconnaissance dans l'État-membre d'exécution (article 43). En outre, dans les cas où le défendeur ne comparaîtrait pas dans la procédure de l'État-membre d'origine à cause d'un manque de signification de l'acte introductif d'instance, en temps utile et d'une manière lui permettant de se défendre, ou bien il n'aurait pas contesté la demande pour cause de force majeure ou de circonstances extraordinaires, alors on lui permettrait de solliciter un réexamen du cas à la juridiction compétente de l'État-membre d'origine (article 45). S'agissant des méconnaissances des droits de la défense différentes de celles prévues par la disposition précédente, on reconnaît une importante fonction à la juridiction de l'État requis. En effet, l'article 46 prévoit que, dans les cas autres que ceux visés à l'article 45, l'intéressé peut demander que l'on refuse la reconnaissance ou l'exécution lorsqu'elles ne seraient pas permises « *en vertu des principes fondamentaux qui sous-tendent le droit à un procès équitable* ». Bien sûr, la source de ces principes se trouverait dans les instruments supranationaux ou internationaux communs aux États-membres (article 47 de la Charte des Droits Fondamentaux de l'UE, article 6 de la Convention européenne des Droits de l'Homme), mais aussi dans les Constitutions nationales[35]. À cet égard, nous sommes

[35] Évidemment, il sera toujours possible de dénoncer ces méconnaissances du droit à un procès équitable dans l'État d'origine de la décision. Ainsi, l'art. 46.7 de la proposition prévoit que la juridiction de l'État d'exécution peut surseoir à statuer si un recours ordinaire a été formé à l'État-membre d'origine. Par ailleurs, il serait parfaitement possible que, à la suite de ce recours, les autorités de l'État d'origine considèreraient qu'il n'y a pas une vulnération des droit de défense et que la juridiction de l'État d'exécution saisie au titre de l'art. 46 serait de l'avis contraire (en ce sens, R. Arenas García et C. Oró Martínez soulignent que le contrôle exercé au titre de l'art. 46 de la proposition est indépendant des actions ou appréciations faites à l'État d'origine de la résolution, et donc il s'agit d'un vrai « contrôle de reconnais-

d'avis que le fait que les considérants 24 et 27 de la proposition de règlement mentionnent seulement l'article 47 de la Charte de l'UE ne devrait pas être interprété dans le sens de l'exclusion du recours à d'autres textes de caractère fondamental qui permettraient de concréter le droit au procès équitable[36].

En synthèse, l'on peut mettre en avant l'important mérite de l'instrument maintenant proposé par la Commission qui est de distinguer clairement entre les motifs permettant de refuser l'exécution et l'exequatur en tant que procédure spécifique ; et, heureusement, il démontre que l'abolition de l'exequatur ne signifie pas nécessairement la suppression de tout motif pour refuser la reconnaissance de la décision, notamment pour des raisons d'ordre public.

III. La méthode de la reconnaissance

10. Outre la reconnaissance de décisions judiciaires, une autre manifestation de la reconnaissance mutuelle est la possible utilisation de la « méthode de la reconnaissance » dans le cadre intracommunautaire. Même si cette méthode avait un caractère multiforme, en fonction de l'objet éventuel de la reconnaissance, son fondement commun se trouverait dans l'acceptation des situations valablement crées sous l'empire d'un autre système juridique[37].

---

sance » qu'il faut ajouter au contrôle des éventuelles décisions inconciliables, « La propuesta... », *op. cit.*).

36 Comme l'indiquent R. Arenas Garcia et C. Oró Martínez, il faut admettre une « interprétation nationale » du droit à un procès équitable si on veut éviter une situation d'affrontement direct entre le Droit de l'Union européenne et la Constitution nationale, c'est-à-dire, une situation où le juge serait placé dans la difficile situation de devoir choisir entre appliquer la Constitution de son pays ou le Droit de l'Union (« La propuesta... », *cit.*). Toutefois, il faut espérer que, au fur et à mesure, et grâce à l'activité interprétative de la Cour de Justice et aussi de la Cour européenne de droits de l'homme, on arrivera à une certaine convergence des diverses conceptions nationales à cet égard (sur les rapports entre l'ordre public européen et les ordres publics nationaux, et notamment dans un contexte où la suppression de l'exequatur est envisagée, voir S. Poillot-Peruzzetto (traduction de R. Arenas García), « La incidencia de las modalidades del reconocimiento de decisiones en el espacio judicial europeo en la dualidad orden público nacional/orden público europeo », *Anuario español de Derecho internacional privado*, IX, 2009, p. 179-199).

37 Pour cette raison, plusieurs auteurs ont souligné les similarités de cette méthode avec la théorie des droits acquis ; par exemple, R. Michaels, « Eu Law as Private International Law ? Re-Conceptualising the Country-of-Origin Principle as Vested rights Theory », *Journal of Private International Law*, 2, 2006, p. 213-242.

A. La méthode de la reconnaissance comme alternative à la règle bilatérale de conflit de lois

11. En premier lieu, la méthode de la reconnaissance pourrait être une alternative à la règle bilatérale de conflit de lois dans certains cas[38]. À notre avis, cette alternative serait particulièrement bien adaptée aux besoins du marché intérieur et de la libre circulation des personnes[39]. C'est-à-dire, que l'on devrait reconnaître les décisions des autorités des autres États-membres ou, plus largement, les situations légales sanctionnées par l'intervention de ces autorités, telles qu'un enregistrement. Nous avons des exemples très significatifs en matière de droit des sociétés (arrêt Centros, du 9 mars 1999[40], et ses suites[41]) et en matière de noms de famille (arrêts Garcia Avello et Grunkin-Paul, déjà cités). Plutôt que la loi appliquée, ce qui compterait serait le fait que la situation aurait déjà été « cristallisée » dans un autre État-membre, et donc la préoccupation primordiale serait de garantir sa continuité dans l'espace intracommunautaire[42], pour ainsi faciliter l'exercice de la liberté de circulation. Pour cette raison, nous sommes de l'avis que l'utilisation de la méthode de la reconnaissance serait convenable s'agissant des situations qui font accéder les personnes à un certain statut crée pour une durée en principe illimitée[43]. Le statut personnel nous fournit plusieurs

---

38 En ce sens, P. Lagarde, « Développements futurs du droit international privé dans un Europe en voie d'unification : quelques conjectures », *RabelsZ*, 2004, p. 225-243 ; du même auteur, « La reconnaissance. Mode d'emploi », in *Mélanges en l'honneur d'Hélène Gaudemet-Tallon…*, *op. cit.*, p. 481-501. Voir aussi le rapport présenté par A. Bucher au GEDIP lors de la réunion de Padoue (18/20 septembre 2009), « De la reconnaissance mutuelle au droit à l'identité », contenu à l'annexe VI du compte rendu des séances de travail (www.gedip-egpil.eu).

39 En ce sens, N. Bouza Vidal, « La globalización como factor de cambio del Derecho internacional privado », in J. Martín y Pérez de Nanclares (coord.), *Estados y organizaciones internacionales ante las nuevas crisis globales*, Madrid, Iustel, 2010, p. 299-301. Toutefois, cela ne veut pas dire que l'emploi de la méthode de la reconnaissance doive être confiné à l'espace intracommunautaire, gouverné par l'impératif de liberté de circulation. Il y a des bonnes raisons pour l'utiliser aussi hors du cadre gouverné par les libertés communautaires de circulation. Dans ce deuxième contexte, le fondement se trouverait dans le respect de certains droits fondamentaux, tels que le respect du droit à la vie privée et familiale, parce que la permanence ou continuité des situations concernant le statut personnel et familial affecterait à ces droits. On pourrait trouver un exemple significatif en ce sens dans l'arrêt de la Cour européenne des droits de l'homme *Wagner c. Luxembourg*, du 28 juin 2007 (*ibid.*, p. 302-306).

40 Aff. C-212/97.

41 Notamment les arrêts Überseering, du 5 novembre 2002 (aff. C-208/00), et *Inspire Art*, du 30 septembre 2003 (aff. C-167/01).

42 En ce sens, P. Lagarde, « La reconnaissance… », *op. cit.*, p. 483-493.

43 En ce sens, P. Lagarde, « Développements… », *op. cit.*, p. 231-232.

exemples de ce genre de situations (nom, mariages, partenariats enregistrés, etc.), comme le domaine des personnes juridiques.

12. Cependant, en ce qui concerne le nom des personnes, un arrêt récent a apporté des nuances intéressantes. Il s'agit de l'arrêt Runevic-Vardyn, de 12 mai 2011[44]. La Cour insiste sur le fait que, pour être contraire aux normes du Traité sur la libre circulation des citoyens de l'Union, le refus de modification de la transcription d'un nom de famille dans les actes de l'état civil devrait être de nature à engendrer de « sérieux inconvénients » aux intéressés[45]. Faute de tels inconvénients sérieux, le refus de modification, et donc, éventuellement, le refus d'accepter la graphie du nom telle qu'établie selon les règles d'un autre État-membre, ne constituerait pas une entrave à la libre circulation. En suivant ce point de vue, en l'espèce la Cour a considéré que, s'agissant d'une demande de modification du nom porté préalablement à son mariage et du prénom d'une ressortissante lituanienne, lorsqu'ils avaient été attribués à la naissance, le refus de ce cette demande par les autorités de la Lituanie en vertu de la loi prévoyant que le nom et le prénom ne peuvent être transcrits dans les actes de l'état civil que sous une forme respectant les règles de graphie de la langue nationale, ne constitue pas une entrave à la libre circulation[46]. De la même manière, elle a considéré que le refus des autorités lituaniennes de modifier le certificat de mariage d'un citoyen polonais afin que les prénoms dudit citoyen soient transcrits dans le certificat en question avec des signes diacritiques tels qu'ils ont été transcrits dans les actes de l'État d'origine de l'intéressé, selon la graphie polonaise, ne constituait pas une entrave à la libre circulation. Dans ce cas, la Cour considère qu'il est peu probable que l'omission de tels signes diacritiques puisse, à elle seule, engendrer des inconvénients sérieux de nature à faire naître des doutes quant à l'identité de la personne ou à la véracité des données contenues dans le certificat[47]. En revanche, la Cour a admis que le refus d'une demande de modification du certificat de mariage d'un couple lituanien-polonais, afin que le nom de famille commun aux deux époux soit transcrit de façon uniforme et d'une manière fidèle aux règles de graphie – polonaise – de l'État-membre d'origine du conjoint dont le nom de famille serait en cause, pourrait constituer une entrave à la libre circulation. Toutefois, sa décision est très nuancée à cet égard, parce que la Cour n'a pas tranché d'une façon catégorique, mais au contraire laisse au juge national le soin d'apprécier si dans l'espèce il y avait ou non un obstacle

[44] Aff. C-391/09.

[45] Voir, notamment, points 75 et 76.

[46] Voir points 66 à 71.

[47] Voir points 79 à 82.

à la libre circulation de personnes et, en cas de réponse affirmative, si les restrictions introduites étaient justifiées et proportionnées[48].

L'on pourrait se demander si cette décision signifie une possible mise en question de la méthode de la reconnaissance. À notre avis, tel ne serait pas nécessairement le cas. Il est vrai que la décision paraît entourée d'hésitations et d'une certaine ambiguïté. Toutefois, nous croyons qu'elle peut se comprendre à partir de la fonction attribuée à la Cour quand elle doit interpréter les dispositions du droit primaire. Autrement dit, dans un cas comme *Runevic-Vardyn*, elle ne peut se prononcer que sur l'existence ou non, en l'espèce, d'une entrave à la libre circulation, au sens des dispositions du traité. En revanche, dans un éventuel acte de droit dérivé, le législateur de l'Union pourrait aller plus loin[49]. En plus, et comme on l'examinera par la suite, la solution de l'arrêt cité peut s'expliquer aussi par des considérations d'ordre public tenant à la protection du statut constitutionnel de la langue nationale.

13. Toutefois, cette reconnaissance ne serait pas sans conditions. À notre avis, on pourrait lui opposer deux sortes de limites :

- La nécessité d'un lien suffisant entre la situation et l'État où elle a été crée, pour éviter la fraude à la loi ou l'abus de droit[50]. Bien évidemment, la nature et l'intensité du lien pourraient dépendre du domaine concerné. Dans le domaine des sociétés, à l'heure actuelle cette exigence est minime, étant donné le caractère très libéral de la jurisprudence *Centros*[51]. En revanche, dans le domaine

---

48 Voir points 72 à 78 et 83 à 93.

49 Voir, à titre d'exemple, le document de conclusion préparé par le professeur Lagarde à l'occasion du colloque de Toulouse sur l'opportunité et les perspectives de codification du droit international privé au niveau de l'Union européenne, célébré les 17 et 18 mars 2011. Ce document, intitulé *Embryon de règlement portant sur le code européen de droit international privé*, établirait les bases de la partie générale d'un tel code. Son chapitre IV s'occupe de la reconnaissance des « décisions », mais aussi des « situations ». Quant à ces dernières, elle contient deux articles, le premier d'eux établissant : « *Article 145. Une situation juridique constituée dans un État-membre et formalisée dans un acte public est reconnue dans les autres États-membres, quelle que soit la loi appliquée à sa constitution.* »

50 La distinction entre ces deux situations n'est pas toujours claire, spécialement parce qu'il y a de cas où la fraude à la loi nationale peut être réalisée à travers un abus du droit communautaire ; sur cette perspective, voir R. Ionescu, *L'abus de droit en droit communautaire*, Lille, Atelier National de Reproduction des Thèses, 2008, p. 21-169.

51 Ce libéralisme extrême aurait été partiellement nuancé dans des arrêts postérieurs. Ainsi, dans l'arrêt Cartesio, précité, la Cour n'a pas admis qu'une société constituée en vertu du droit d'un État-membre puisse transférer son siège dans un autre État-membre tout en gardant sa qualité de société relevant du droit du premier État-membre. En outre, dans le droit dérivé le législateur communautaire a été plus exigent que la Cour quant à la condition d'un lien réel et effectif entre l'entreprise et l'état où elle est établie. On peut le constater dans la législation sectorielle sur cer-

du statut des personnes physiques, nous croyons que l'exigence d'un lien suffisant devrait être plus stricte. Toutefois, à notre avis cela ne signifie pas qu'un critère ou lien déterminé – tel que, par exemple, la nationalité de l'intéressé – doive être systématiquement privilégié sur les autres. Au contraire, on devrait adopter une approche plus flexible, qui se limiterait à exiger un lien sérieux ou suffisant avec l'État où la situation aurait été constituée ou cristallisée. L'arrêt Grunkin-Paul, précité, conforterait ce point de vue, parce que, comme il est bien connu, dans ce cas la Cour a obligé les autorités allemandes à reconnaître le nom de l'enfant, tel qu'établi dans l'État de sa naissance et où il résidait dès lors, même si l'enfant avait la nationalité allemande.

– L'ordre public de l'État requis, et notamment le respect de ses principes constitutionnels. Nous en avons une excellente illustration à l'arrêt Sayn-Wittgenstein, du 22 décembre 2010[52], dans lequel la Cour a admis que la loi autrichienne abolissant les titres de noblesse et les noms indiquant une telle condition pouvait s'opposer à la reconnaissance en Autriche d'une mention nobiliaire – en l'espèce « princesse de » – octroyée en Allemagne à une Autrichienne. La Cour tient compte du fait qu'en Autriche la loi en question avait un rang constitutionnel. L'arrêt Runevic-Vardyn, déjà examiné, peut être intéressant à cet égard aussi : s'agissant du refus de modification de la transcription d'un nom de famille commun établi dans un certificat de mariage, et dans l'hypothèse où ce refus constituerait une restriction à l'article 21 TFUE, la Cour indique que néanmoins cette restriction pourrait être justifiée par des considérations objectives et proportionnées à

taines activités, comme par exemple celle des établissements de crédit (ainsi, l'art. 11.2.a de la Directive 2006/48, du 14 juin 2006, relative à l'accès à l'activité des établissements de crédit et son exercice, exige, comme condition d'octroi de l'agrément pour exercer cette activité, que les établissements adoptant la forme d'une personne morale situent leur administration centrale dans le même État-membre que leur siège statutaire), et aussi dans la Directive 2006/123, du 12 décembre 2006, sur les services dans le marché intérieur. En effet, ce dernier texte définit la notion d'établissement comme « *l'exercice effectif d'une activité économique visée à l'article 43 du traité par le prestataire pour une durée indéterminée et au moyen d'un infrastructure stable à partir de laquelle la fourniture de services est réellement assurée.* » (art. 4.5 ; voir aussi le considérant 37, excluant qu'un simple boîte aux lettres puisse constituer un établissement). Donc, on doit arriver à la conclusion que les principes établis dans la jurisprudence *Centros* s'appliqueraient exclusivement en ce qui concerne les aspects strictement sociétaires – essentiellement, la constitution valable de la société et la reconnaissance de sa personnalité juridique – mais, en revanche, n'affecteraient pas les réglementations sur d'autres questions, et notamment les normes régulatrices des diverses activités économiques.

52 C-208/09.

l'objectif poursuivi. À cet égard, la Cour considère que la protection de la langue officielle nationale, jouissant d'un statut constitutionnel particulier, constituerait, en principe, un objectif légitime susceptible de justifier des restrictions aux droits de libre circulation, à la condition que ces restrictions ne soient pas disproportionnées[53].

B. La reconnaissance des documents émanant des autres États-membres

14. La reconnaissance affecterait aussi les documents et certificats émanant d'autres États-membres, en tant que moyen de preuve. Ainsi, on parle ici de reconnaissance non pas dans un sens strict, mais seulement dans le sens de l'admission de la force probante[54]. Dans ce domaine, la jurisprudence de la Cour oblige à reconnaître la force probante de ces documents. Plus concrètement, elle fait jouer ici le principe de la confiance mutuelle et elle dit qu'en principe on doit présumer la véracité des documents émanant des autorités d'autres États-membres, sauf si,

---

[53] Voir points 83 à 93. Ces deux limites à la reconnaissance ont été prises en compte dans le document préparé par le professeur Lagarde, *Embryon de règlement portant sur le code européen de droit international privé*, déjà mentionné. Son art. 146 établit : « *Article 146. Sans préjudice d'autres motifs de non reconnaissance énoncés dans la partie spéciale du présent règlement, une situation n'est pas reconnue :*

1) si la reconnaissance est manifestement contraire à l'ordre public de l'État-membre requis ;

2) *en l'absence totale de lien entre l'État en conformité de la loi duquel la situation a été créée et l'État de la résidence ou de la nationalité des personnes concernées.* »

[54] Sur l'inapplicabilté du concept de « reconnaissance » aux actes authentiques, dans le contexte de la proposition de règlement sur les successions, voir M. Kohler et M. Buschbaum, « La "reconnaissance" des actes authentiques ? Réflexions critiques sur une approche douteuse entamée dans l'harmonisation des règles de conflit de lois », *Rev. Crit. dip.*, 4, 2010, p. 647-650.

Toutefois, dans certains cas on ne peut pas exclure qu'on établit un vrai système de reconnaissance – au sens strict – de décisions administratives, mai cela nécessite de l'intervention du droit dérivé. Un exemple pourrait être trouvé dans l'art. 7.5 de la Directive 98/5 du 16 février 1998 (JOCE L 77, du 14 mars 1998), sur le droit d'établissement des avocats. Cette disposition établit que le retrait temporaire ou définitif de l'autorisation d'exercer la profession d'avocat par l'autorité compétente de l'État-membre d'origine, entraîne automatiquement pour l'avocat concerné l'interdiction temporaire ou définitive d'exercer sous son titre professionnel d'origine dans l'État-membre d'accueil. Ainsi, on institue une reconnaissance directe ou automatique de la décision adoptée par les autorités de l'État d'origine et, en conséquence, les effets de la décision s'intègrent aussi dans l'ordre juridique de l'État d'accueil.

dans le cas concret, il y a des raisons pour soupçonner l'irrégularité ou l'inexactitude du document[55].

15. Cette jurisprudence s'est appliquée surtout à des documents administratifs, mais il y a aussi un exemple très intéressant concernant les certifications de l'état civil : il s'agit de l'arrêt Dafeki, du 2 décembre 1997[56], lequel concernait un litige entre une ressortissante grecque et une administration allemande sur le droit à obtenir une pension de retraite. L'intéressée prétendait prouver qu'elle avait atteint 60 ans au moyen d'une certification des autorités grecques de l'état civil dans laquelle on constatait une rectification de la date de naissance de l'intéressée, autorisée par une juridiction grecque selon les procédures établies dans ce pays. Comme l'avocat général La Pergola l'a indiqué, il ne s'agissait pas de la reconnaissance en Allemagne d'une décision judiciaire grecque, mais seulement de tenir compte des faits constatés par la certification et des appréciations faites par les autorités de l'État dont elle émanait[57], bref, sa force probante. La Cour a dit que les autorités allemandes étaient tenues d'accepter une telle certification comme moyen de preuve, sauf s'il y avait des indices concrets qui pourraient conduire à douter de l'exactitude du certificat en question.

Il faut mentionner aussi qu'à l'heure actuelle la Commission envisagerait une approche générale de cette question, comme le démontre la publication, le 14 décembre 2010, du Livre Vert sur la libre circulation des documents publics et la reconnaissance des effets des actes de l'état civil[58].

C. La reconnaissance du niveau de protection (équivalent) garanti par les normes des autres États-membres au moment d'appliquer les lois de police du for

16. En dernier lieu, il faut mentionner, même de manière synthétique, l'aspect le plus connu de la reconnaissance mutuelle, telle qu'elle dérive de la jurisprudence de la Cour, et qui affecte l'application des lois de police régulatrices du marché (jurisprudence *Cassis de Dijon*, *Arblade* et autres). Quel est ici l'objet de la reconnaissance ? À notre avis, la jurisprudence nous impose seulement la reconnaissance du niveau de protection – équivalent – garanti par les normes des autres États-membres au moment d'appliquer les lois de police du for. En d'autres termes, la règle jurisprudentielle de « reconnaissance mutuelle »

55 Sur la reconnaissance de la force probante des documents, notre ouvrage *La aplicación…*, *op. cit.*, p. 192-199.

56 Aff. C-336/94.

57 Conclusions du 3 décembre 1996 (voir notamment points 9, 11, 12 et 13).

58 COM (2010), 747 final.

implique l'obligation de prendre en considération (non pas d'appliquer *stricto sensu*) les normes de l'État origine, si elles garantissent un niveau de protection équivalent, et cette prise en considération peut amener à une application « nuancée » ou « atténuée » des lois de police du for[59]. Ainsi, dans ce mécanisme il n'y a pas, à proprement parler, une règle bilatérale de conflit de lois nous obligeant à appliquer, dans un sens strict, la loi du pays d'origine des produits ou services[60].

17. Cela nous amène à nous interroger sur la différence entre la règle de reconnaissance mutuelle et ce que l'on a appelé le « principe de l'État d'origine ». À notre avis, la différence est que, la règle de reconnaissance mutuelle est une création de la jurisprudence, lorsqu'elle interprète les dispositions du droit primaire. En revanche, le principe du pays d'origine serait une philosophie de régulation basée sur la « concentration » du statut juridique de l'opérateur économique dans son État d'établissement. C'est donc un critère que le législateur peut retenir, ou non, lors de l'adoption des actes de droit dérivé. C'est une question qui mériterait à elle seule une intervention monographique, et on connaît bien les controverses suscitées à cet égard dans les dernières années, et notamment dans le contexte de l'élaboration de la Directive générale sur les services[61].

IV. Conclusions

18. Les développements que l'on vient de présenter nous permettent de tirer quelques conclusions :

– Premièrement, la principale exigence que le marché intérieur imposerait à un éventuel futur code européen de Droit international privé serait celle de trouver des solutions favorisant la mobilité intracommunautaire, et cette exigence pourrait justifier des solutions spécifiques pour le contexte d'intégration.

– Deuxièmement, la reconnaissance mutuelle « marché intérieur » et la reconnaissance mutuelle des décisions judiciaires en matière civile diffèrent, par leurs antécédents et aussi par leurs conditions. Ce qu'elles ont en commun est leur fondement, à savoir, la confiance mutuelle entre les autorités des États-membres.

---

59 Sur cette question, avec plus de détail, notre travail « Reconocimiento mutuo... », *op. cit.*, p. 524-530.

60 La position contraire a été soutenue, par exemple, par J.J. Ezquerra Ubero, *La jurisprudencia « Cassis-Keck » y la libre circulación de mercancías*, Madrid/ Barcelona, Marcial Pons, 2006, p. 345-371.

61 Sur la différence entre reconnaissance mutuelle et principe de l'État d'origine, voir aussi notre travail précédemment cité, « Reconocimiento mutuo... », *op. cit.*, p. 524-534.

– Troisièmement, dans le contexte de l'ELSJ, et dans certains domaines, la méthode de la reconnaissance serait une alternative à la règle bilatérale de conflit de lois, une alternative efficace et d'application plus simple. À notre avis, cette méthode offre une grande potentialité dans les domaines du statut personnel et familial et du statut des personnes morales. Cette méthode présente l'avantage de servir la finalité principale du droit international privé, celle d'assurer la continuité des rapports juridiques dans l'espace, et en même temps elle sert aussi l'une des finalités principales du droit de l'Union européenne, celle de favoriser la libre circulation.

Il faut ajouter que, dans le domaine du statut des personnes physiques, la méthode de la reconnaissance trouverait des fondements solides, non seulement dans les principes de l'Union européenne sur la citoyenneté européenne et sur la libre circulation, mais aussi dans les droits fondamentaux, et concrètement dans le droit au respect de la vie privée et familiale, parce qu'on devrait tendre à respecter les situations personnelles et familiales déjà acquises à l'étranger, sauf s'il y a des motifs suffisants qui justifieraient le contraire. Pour cette raison, on peut envisager l'application de la méthode de la reconnaissance au-delà du contexte de l'intégration européenne, quand les situations auraient été créées dans des États tiers, ou bien quand les intéressés ne seraient pas des citoyens de l'UE, même si dans ces cas le fondement de la méthode ne se trouverait pas dans les exigences de la libre circulation intracommunautaire.

Un code européen au regard des objectifs du droit international privé

Catherine KESSEDJIAN

Professeur – Directeur adjoint, Collège européen de Paris, Université Panthéon-Assas, France

Introduction

Un fin observateur du fédéralisme aux États-Unis et en Europe[1] affirme :

> In the European Union the conflict of laws is losing its identity, as a technical part of "local" private or procedural law, and emerging as a new foundational subject of European transnational or "federal" public law, helping to define the relationship between the legal orders of the Member States.

Si les Pères fondateurs avaient fait du droit international privé la technique fondamentale de la construction européenne, préservant ainsi la diversité des systèmes juridiques des États-membres et assurant une coordination respectueuse entre ces systèmes, on aurait pu donner entièrement raison à Alex Mills. Hélas, les choix ont été différents et le droit international privé n'est finalement utilisé que comme un bouche-trou dans les domaines qui n'ont pas été harmonisés autrement. La réflexion sur un code européen de droit international privé est donc quelque peu biaisée par ce début rien moins que prometteur.

La question centrale contenue dans le sujet qu'il m'a été demandé de traiter peut se formuler de la manière suivante : en quoi le droit européen peut-il changer notre perspective sur un code de droit international privé, sachant ce que sont les objectifs du droit international privé d'un côté et les impératifs de la construction européenne de l'autre.

La difficulté du sujet tient à trois paramètres.

1 Alex Mills, « Federalism in the European Union and the United States : Subsidirity, private law and the conflict of laws », *U. Penn J. of International Law*, 32, Fall 2010.

Tout d'abord, cette communication prévue initialement dans le domaine du code est passée dans les fondements au cours des délibérations qui ont préparé le colloque. Or, à y bien réfléchir, les objectifs nous permettent à la fois de mieux comprendre si un code est faisable, ou même souhaitable, en cela ils font incontestablement partie de la réflexion sur les fondements. Mais les objectifs permettent aussi d'influencer le contenu du code, donc son domaine. Cette fonction hybride des objectifs ne facilite pas la tache du chercheur et si, parfois, au cours des développements qui suivent il est donné l'impression de sauter des fondements au contenu et vice versa, c'est la nature même des objectifs qui entraîne une telle gymnastique.

En second lieu, il faut comprendre exactement ce que recouvre le rapport interne/externe particulier au droit international privé lui-même renouvelé par le droit européen. En droit européen, comme en droit international privé, le point de départ du raisonnement est constitué par l'élément d'extranéité. C'est ainsi que dans l'affaire Ingmar[2] s'opposaient deux conceptions du litige. La société Eaton, qui souhaitait voir préserver l'économie du contrat qu'elle avait fait signer à son agent, soutenait que la directive communautaire sur les agents commerciaux n'était destinée qu'à harmoniser les droits internes des États-membres et ne pouvait s'appliquer à des parties installées à l'extérieur de la Communauté (point 17)[3]. Ce à quoi la Cour répond (point 25)

> Force est donc de constater qu'il est essentiel pour l'ordre juridique communautaire qu'un commettant établi dans un pays tiers, dont l'agent commercial exerce son activité à l'intérieur de la Communauté, ne puisse éluder ces dispositions par le simple jeu d'une clause de choix de loi. La fonction que remplissent les dispositions en cause[4] exige en effet qu'elles trouvent application dès lors que la situation présente un lien étroit avec la Communauté, notamment lorsque l'agent commercial exerce son activité sur le ter-

---

2 Aff. C-381/98, 9 novembre 2000.

3 Tel que rapporté par l'avocat général, l'argument se présentait comme suit : en premier lieu, les parties ont débattu de la capacité de la directive à régir un contrat dont l'une des parties est installée dans un État tiers. À cette occasion, Eaton a notamment fait valoir que la courtoisie internationale s'opposait à l'application extraterritoriale des règles de fonds édictées par le droit interne (citant Dominique Carreau pour la définition de la courtoisie internationale). Il n'est pas fortuit de préciser que Eaton est une société de droit américain et que le droit américain utilise couramment la notion de *conity of nations* ou *comitas gentium* pour l'appréciation des obligations internationales qui limiteraient l'application du droit américain aux activités internationales dont les tribunaux américains sont saisis.

4 La Cour fait référence ici au fait que la directive a été adoptée en partie pour égaliser les conditions de concurrence entre opérateurs économiques faisant appel à des agents commerciaux pour distribuer leurs produits sur le territoire de la Communauté.

ritoire d'un État-membre, quelle que soit la loi à laquelle les parties ont entendu soumettre le contrat.

Disant cela, la Cour ne faisait que refléter l'approche traditionnelle du droit international privé qui permet de faire valoir à l'extérieur les valeurs prônées par l'ordre juridique substantiel que les règles de conflit accompagnent. C'est pourquoi, il est généralement accepté que l'interne et l'externe sont intimement liés.

Mais, que l'on se place en droit européen ou en droit international privé, la distinction « interne » « externe » a subi une évolution allant dans le même sens. En droit européen, la Cour de justice a amoindri en grande partie l'intérêt de la dimension transfrontière. Dans l'affaire dite « Montagne », la Cour estime que même si une seule région est affectée par la norme mise en œuvre par un seul État-membre, elle peut affecter potentiellement le marché intérieur si bien que le droit européen s'applique. Dans l'affaire Owusu[5], un seul État-membre était en cause. Dans l'affaire Koestler[6], le changement de domicile se fait en cours de prestation. Quant à l'affaire Knoors[7], elle permet à un ressortissant d'un État-membre qui a exercé la liberté de circulation dans un autre État de faire valoir les droits acquis lors de cette circulation à l'encontre de son propre État. De plus, toutes les affaires récentes dont la Cour est saisie concernant le droit des ressortissants d'États tiers de se maintenir sur le territoire de l'Union, en raison, notamment, du fait qu'ils sont ascendants ou membre de famille d'un citoyen européen, posent la question de savoir si les droits issus de la citoyenneté européenne nécessitent une circulation préalable, c'est-à-dire, s'ils dépendent de l'existence d'un élément d'extranéité dans le chef du citoyen européen. À l'heure où nous écrivons, la dernière décision en date de la Cour dans l'affaire Zambrano[8] répond péremptoirement par la négative.

En droit international privé européen, Georges Droz disait qu'il ne fallait pas faire de différence entre interne et externe pour la Convention de Bruxelles[9]. De surcroît, il n'est pas inutile de se demander si le droit de l'Union ne nie pas purement et simplement le droit international

5 Aff. C-281/02, 1er mars 2005.

6 Aff. 15/78, 24 octobre 1978, Recueil p. 1971.

7 Aff 115/78, 7 février 1979, Recueil p. 399.

8 Aff. C-34/09, 8 mars 2011. On peut comparer avec intérêt la réponse de la Cour et celle très sophistiquée et nuancée que proposait l'avocat général Sharpston.

9 Georges A. L. Droz, *Compétence judiciaire et effets des jugements dans le marché commun*, Paris, Dalloz, 1972, p. 23-25.

privé et sa logique. Un auteur[10] a même parlé de « non-droit international privé » pour signifier que la Cour de justice ne considère pas qu'elle a pour tache de régler des conflits entre les ordres juridiques des États-membres, mais que son rôle est de dire dans quelle mesure l'ordre juridique de l'Union empêche ou non l'application d'un ordre juridique de l'un des États-membres. En cela, l'ordre juridique de l'Union serait imperméable aux logiques du droit international privé.

Quelle conclusion provisoire tirer de ce constat ? Tout d'abord, l'espace intra-européen, espace sans frontière, se veut un ordre « interne » du point de vue du droit international privé, vis-à-vis des États tiers. Un espace interne un peu plus complexe qu'un État unitaire, mais comparable à un État fédéral. Pour cet espace interne, la question doit être posée de la nécessité d'un code de droit international privé. Une clause telle que la *Full Faith & Credit Clause* de la constitution fédérale américaine, est suffisante pour régler les rapports internes à cet immense pays au fédéralisme très vivant. L'équivalent en droit européen serait le principe de reconnaissance mutuelle qui remplit la même fonction alors qu'il a été créé dans un but initialement différent. Si tel est le cas, un code de droit international privé serait inutile pour les relations internes. Resteraient alors les rapports externes. Il n'est guère contestable que le droit international privé sert aussi à l'Europe à s'affirmer vis-à-vis des États tiers[11]. L'adhésion de l'Union européenne à la Conférence de La Haye de droit international privé en est la démonstration éclatante. Mais aller plus loin dans la création d'un code européen de droit international privé nécessite de se poser la question de la compétence conférée à l'Union.

C'est là qu'intervient le troisième paramètre préliminaire. Il s'agit de la compétence de l'Union. Il est difficile de comprendre comment l'on peut envisager un code unique de droit international privé dans le contexte actuel. Les cas du Danemark, du Royaume-Uni et de l'Irlande empêchent, chacun à leur manière, une unité du code. Et plus généralement, si l'on suppose pour un instant que les États-membres ont retenu une part de leur compétence en cette matière, le code devrait non seule-

---

10 Julio Gonzales-Campos, « La cour de justice des Communautés européennes et le non-droit international prive », *Festschrift fur Erik Jayme*, t. I, Munich, 2004, p. 263 et svtes particulièrement à la p. 266.

11 En cela l'histoire nous apprend que le droit international privé a souvent été utilisé en ce même sens. Voyez par exemple « Le droit international privé joue un rôle actif dans l'organisation de la coopération de l'Union soviétique avec d'autres pays dans le domaine de l'économie et du commerce, du transport et des communications » et plus loin : « Les normes de droit international privé reflètent la politique extérieure de paix de l'État soviétique ». Les deux citations proviennent de M.M. Bogoulavski, Cours de La Haye, « Doctrine et pratique soviétiques en droit international privé », *RCADI*, 170, 1981, p. 352.

ment traiter du droit international privé de l'Union mais aussi des 27 États-membres. Car sans ce volet « États-membres » le code serait incomplet. Mais alors, un code unique semble être un objectif inatteignable. En effet, comment écrire « un » code lorsque l'on est confronté à 28 systèmes ?

En revanche, ne peut-on (ne doit-on) pas dire que, depuis les décisions Owusu et Garcia Avello, lues en conjonction avec l'avis 1/03 et encore plus avec le Traité sur le fonctionnement de l'Union européenne qui donne très nettement la priorité à l'Espace de Liberté, de Sécurité et de Justice, les États n'ont plus de compétence en droit international privé, quelle que soit la matière sur laquelle porte la règle de conflit ? Ou, autrement dit, le droit de l'Union a pris une telle ascendance sur le droit international privé des États-membres, que c'est un leurre que de considérer que les États-membres ont encore une quelconque compétence en la matière, même lorsque la substance des matières échappe au droit de l'Union comme, par exemple, en matière de nom, de succession, de régimes matrimoniaux. Il nous semble donc que, sans cette prémisse maximaliste, un travail sur un code de droit international privé est sans lendemain[12]. Il convient alors de tirer la conclusion qui s'impose : l'Union a effectivement compétence sur l'ensemble des questions de droit international privé, y compris les questions générales ou des questions que d'aucun pourraient être tentés de placer dans le supposé sacro-saint principe d'autonomie procédurale des États-membres. Mais alors on se heurte à la fameuse scission du droit matériel et du droit international privé déjà mise en lumière par J. Basedow[13]. Cet auteur insiste sur le fait que la scission de compétence entre droit matériel et droit international privé place l'Union dans la position d'un arbitre impartial entre les revendications des États-membres portant sur l'application de leur propre loi. Même si nous n'adhérons pas à cette conclusion, l'Union n'étant pas un arbitre impartial mais voulant imposer des solutions qu'elle considère préférables à ses objectifs (les affaires Garcia Avello et Grunkin & Paul sont là pour le montrer), il n'en demeure pas moins que la scission mise en évidence nous oblige à repenser le droit international privé, notamment en ce que les objectifs

---

12 L'affaire Johannes (C-430/97, 10 juin 1999), affaire dans laquelle étant en cause une répartition compensatoire des droits à pension dans le cadre d'un divorce) ne pourrait plus être jugée de cette manière aujourd'hui non seulement en raison de l'intervention du droit dérivé dans le domaine concerné, mais aussi parce que la compétence de droit international privé est passée à la Communauté (maintenant l'Union) après l'entrée en vigueur (1er mai 1999) du Traité instituant la Communauté européenne tel qu'amendé par le Traité d'Amsterdam.

13 Jurgen Basedow, « Spécificité et coordination du droit international privé communautaire », Travaux du Comité français de droit international privé, 2002-2004, p. 277.

de droit européen, s'ils doivent être pris en considération dans la définition de la règle de conflit, ne pourront pas toujours découler des principes directeurs élaborés pour le droit matériel européen, parfois inexistant.

Un seul exemple suffit à se convaincre de la difficulté de l'entreprise. C'est celui de la connaissance du droit étranger. Il nous apparaît qu'un code européen de droit international privé devrait également contenir toutes les règles nécessaires à la connaissance et à l'application du droit étranger. Ceci est un projet européen[14] qui a été clairement identifié comme indispensable par le Parlement européen dans la résolution qu'il a adoptée à la suite de la proposition de ce qui allait devenir le Règlement Rome II[15]. Mais il est loin d'être terminé[16]. Il se heurte probablement à la question de savoir si ces questions ne doivent pas demeurer dans la sphère de compétence des États-membres en vertu du principe dit de l'autonomie procédurale. En tout état de cause, et même si l'on conclut que l'Union possède une compétence dérivée, rendue nécessaire par sa compétence sur le reste du droit international privé, peut-on « codifier » des règles inexistantes ? La réponse dépend de l'ampleur que l'on voudra donner à la codification. Il est possible de concevoir que quelques règles nouvelles sont nécessaires dans un code, pour en assurer la cohérence. L'argument peut certainement être soutenu que des règles sur la connaissance et l'application du droit étranger font partie de ces règles de cohérence indispensables à la confection d'un code européen.

Ce qui précède montre à quel point les présupposés de la réflexion sont compliqués et qu'en se posant la question d'un code, ce sont plusieurs questions politiques qui se posent. L'Europe nous a appris, cependant à être pragmatique. Comme le disait un jour un fonctionnaire de la Commission européenne : « si l'on a besoin d'une compétence, on la trouve ». Donc, nous pouvons allègrement entrer dans le vif du sujet.

La première difficulté a trait à la définition que l'on doit donner du terme « objectif » et à ce que l'on doit inclure dans cette notion. Hélène

---

[14] Urs Peter Gruber & Ivo Bach, « The application of Foreign Law : A progress Report on a New European Project », *Yearbook of Private International Law*, XI, 2009, p. 157-169.

[15] *Ibid.*, note 9.

[16] Voir sur le site du GEDIP le rapport Pauknerova et la mention du projet universitaire entamé notamment par l'Université de Valence. Pour ce qui est du projet envisagé dans le cadre de la Conférence de La Haye, il se poursuit avec la mise en place d'un portail d'information sur le droit étranger et la préparation d'un instrument en trois parties décrit dans le document préparatoire de la commission spéciale sur les affaires générales qui se tiendra en avril 2011. Voir Document préliminaire n° 2 de février 2011 http://www.hcch.net/upload/wop/genaff2011pd02f.pdf (point 16 à 18).

Gaudemet-Tallon, dans son cours à l'Académie de La Haye[17], dit très bien que sources, objectifs et méthodes sont intimement liés, parler de l'un, c'est parler des autres. Par exemple, la proximité est-elle un objectif ? D'un certain côté on peut effectivement dire que, parce que la norme doit être la plus proche possible de la situation à réglementer, la proximité constitue un objectif de la norme de droit international privé. Mais après réflexion, il apparaît que la proximité n'est pas un objectif du droit international privé. C'est une méthode pour permettre au droit international privé d'atteindre ses objectifs. En ce sens, elle possède la même fonction que le principe de subsidiarité en droit européen[18]. En vertu de ce principe, la réglementation est créée à l'échelon législatif le plus près des citoyens. C'est une première fonction de la subsidiarité. Ce faisant, elle remplit une autre fonction, plus horizontale, celle de répartir les compétences entre les États-membres[19]. Or, en vertu du principe de proximité, les règles de droit international privé doivent utiliser le lien de rattachement qui permettra de choisir le système juridique ou judiciaire le plus proche de la situation à régir. On peut d'ailleurs ajouter ici que le droit international privé, considéré en tant que méthode de régulation, respecte parfaitement le principe de subsidiarité[20]. De la même manière, en droit européen la proximité n'est pas un objectif. S'il l'était la Cour l'aurait dit. Elle ne l'a pas fait. De surcroît, elle n'utilise pas de manière systématique ni cohérente la proximité comme méthode de solution. Certes, dans les affaires de compétence juridictionnelle en matière de contrat de travail, elle prend en considération la proximité comme critère important[21]. Mais dans Garcia Avello[22], si la Cour avait dû utiliser la proximité comme objectif, elle aurait pris la décision inverse de celle à laquelle elle s'est ralliée. En revanche, elle semble bien avoir été influencée par la proximité dans l'affaire Grunkin &

---

17 *Le pluralisme en droit international privé : Richesses et faiblesses* (*le funambule et l'arc-en-ciel*), Recueil des Cours, t. 312, 2005, 488 p.

18 On sait que le principe de subsidiarité a été ajouté par Traité de Maastricht comme une compensation pour l'extension considérable des compétences de la Communauté (ainsi que l'Union s'appelait à l'époque) par le même traité.

19 Cette proposition est faite par Alex Mills, « Federalism in the EU and the United States : Subsidiarity, private law and the conflict of laws », *U. Penn J. of International Law*, 32, Fall 2010.

20 La Commission européenne ne s'exprimait pas autrement dans la proposition de règlement sur la loi applicable aux obligations non contractuelles (COM (2003), 427 final du 22 juillet 2003) en ce qu'elle affirmait que les règles de conflit de lois permettent d'accroître la sécurité juridique tout en n'exigeant pas une harmonisation du droit matériel.

21 Ce sont les affaires Ivenel, aff. 133/81, 26 mai 1982 ; Shenavaï, aff. 266/85, 15 janvier 1987 ; Mulox, aff. C-125/92, 13 juillet 1993. Dans cette dernière affaire, la Cour affirme (points 17 et 25) que la proximité est protectrice des intérêts du salarié.

22 Aff. C-148/03, 2 octobre 2003.

Paul[23]. Ceci est peut-être révélateur de ce que l'on pourrait appeler le paradoxe de la proximité en droit européen. Le sujet de la règle de droit européen circule. C'est même l'un des objectifs que l'Europe s'est fixée[24]. Il faut favoriser la circulation. Or, cette circulation va faire perdre au sujet de droit la proximité à laquelle il pouvait aspirer pour en faire une proximité mouvante. Le paradoxe vient de ce que la plupart des textes européens de droit international privé parlent de sécurité juridique alors que, du fait de la mobilité, la loi applicable à une situation donnée (ou le tribunal compétent pour connaître d'un litige) est appelée à changer[25] et n'aura donc pas de permanence ce qui va à l'encontre de la sécurité recherchée[26]. C'est d'ailleurs l'une des raisons pour lesquelles la Cour n'a pas utilisé la proximité dans l'affaire Garcia Avello. En d'autres termes, la mobilité inhérente à l'Europe et l'objectif de sécurité juridique vont entraîner la nécessité de figer la règle de droit à un moment donné, pour ensuite, par le procédé de la reconnaissance mutuelle, permettre aux droits ainsi acquis de circuler.

La même difficulté existe aussi pour l'autonomie de la volonté[27]. Mais, comme pour la proximité, nous pensons qu'il s'agit d'une méthode et non pas d'un objectif en soi. Dans l'arrêt Ingmar, la Cour rappelle certes que la liberté de choix de la loi applicable est un principe fondamental du droit international privé des contrats mais elle se sert de ce principe comme d'une méthode qu'elle doit concilier avec les objectifs que le droit européen lui demande d'atteindre. Et cette conciliation se fait aisément puisqu'il s'agit d'un des cas dans lesquels le droit européen matériel existe si bien que l'on peut utiliser les principes directeurs définis par ce droit pour en tirer les objectifs nécessaires à la définition de la règle de conflit.

Il en va de même de nombreux autres principes de droit européen comme le principe de proportionnalité ou la fameuse confiance mutuelle, ou encore le principe de coopération loyale qui sont des techniques particulières pour penser la règle de droit européen mais ne

---

23 Aff. C-353/06, 14 octobre 2008.

24 Nous reviendrons sur cette idée dans la suite des développements.

25 Surtout si l'on ne peut pas appliquer la nationalité comme critère de rattachement ainsi que nous le verrons dans la seconde partie de cette communication.

26 C'est d'ailleurs pourquoi, l'autonomie de volonté est souvent considérée comme la meilleure solution à ce paradoxe. Elle permet en effet, grâce à un accord de volonté formalisé à un moment donné, de figer la situation quelle que soit la mobilité subséquente des parties à cet accord.

27 Pour une nouvelle promesse (partiellement respectée) récente de remise en cause d'un impérialisme de l'autonomie de la volonté, voir H. Muir Watt, « "Party Autonomy" in International Contracts : from the Makings of a Myth to the Requirements of Global Governance », ERCL 3/2010, p. 250-283.

peuvent être érigés en objectifs du droit européen. Toutefois, ils auront une influence sur la définition des règles de droit international privé car ce sont des méthodes spécifiques au droit de l'Union qui s'appliquent également lorsque la norme européenne prend la forme d'une règle de conflit[28].

À la suite de Jhering, Henri Batiffol notait qu'il n'existe pas de règle de droit sans but, sans finalité et à la suite de Bouglé que le but de la norme juridique est aussi important que la cause dans le monde physique[29]. Le point de départ de l'analyse doit être le fait social, ce qui permet à un auteur de construire l'entièreté d'un cours général à l'Académie de droit international de La Haye sur « la dimension sociale du droit international privé »[30]. Partant de ce fait social, H. Batiffol conclut que les

> solutions du droit international privé doivent répondre à plusieurs préoccupations. 1) Elles doivent chercher l'équité et l'utilité réclamées par les intérêts privés, la première de ces deux notions emportant le souci du respect, dans une recherche d'égalité, de toute personne, fut-elle étrangère. 2) Elles auront égard aux intérêts généraux de la collectivité dans laquelle s'insèrent les relations en cause, et au premier chef de celle au nom de laquelle s'exprime le législateur ou le juge. 3) On considérera les intérêts propres de la société internationale, si embryonnaire soit-elle, puisque ces relations sont un de ses éléments constitutifs[31].

Ceci était écrit en 1959. Même si certaines données ont changé depuis, les trois éléments de base demeurent présents dans les préoccupa-

---

28 Les nouvelles formes de gouvernance engendrent des conséquences pour le droit international privé. Dans les textes préparés dans le cadre de la politique « mieux légiférer » l'accessibilité au droit est considérée comme une priorité cardinale des efforts de gouvernance européenne. Dans cette perspective, une codification est certainement souhaitable. Au-delà, on sait aussi que la nouvelle gouvernance européenne privilégie les instruments non ou peu contraignants. C'est ainsi que le rôle des réseaux a pris une importance considérable en droit européen. Le droit international privé possède deux réseaux, le réseau judiciaire et le réseau extra-judiciaire qui ont une certaine utilité en matière civile et commerciale. Mais comment « codifier » l'informel ? Sur toutes ces questions, voir Charles F. Sabel & Jonathan Zeitlin (eds.), *Experimentalist Governance in the European Union – Towards a New Architecture*, Oxford, Oxford University Press, 2010, 368 p.

29 Henri Batiffol, *Aspects philosophiques du droit international privé*, Paris, Dalloz, édition *fac simile* 2002, p. 228-229, note 1.

30 Andreas Bucher, *La dimension sociale du droit international privé*, Cour de La Haye, 2009, tome 341. L'auteur, loin de se préoccuper d'une discussion théorique sur le sujet, veut au contraire bâtir l'édifice en construction sur un socle concret (bottom-up, pourrait-on dire en prenant une expression en vogue) si bien que le tout premier chapitre de son cours porte sur les méthodes.

31 Henri Batiffol, *op. cit.*, p. 229.

tions de 2011. Nous formulerons simplement les choses un peu différemment.

1) L'objectif premier du droit international privé est d'assurer la paix, dans les relations privées, entre les systèmes juridiques afin que ceux-ci, loin de se confronter, puissent vivre en bonne intelligence. Le droit international privé assure la fluidité et la cohérence de l'ordre international au profit des personnes privées. À cet égard, il n'est pas fortuit de noter que l'ancien article 220 (293) du Traité CE (désormais disparu) parlait bien de règles à adopter par les États « au profit de leurs ressortissants ».
2) À travers les questions concernant le droit applicable : éviter de pervertir les systèmes juridiques en présence qui, par hypothèse sont différents, en organisant des règles qui déterminent quand chaque système juridique possède la légitimité nécessaire pour régir une situation concrète donnée. En procédant de cette manière, les valeurs intrinsèques à chacun des systèmes sont prises en considération autant que faire se peut. Le droit international privé poursuit donc aussi un objectif de tolérance[32].
3) Pour la compétence internationale : rendre prévisibles pour les plaideurs les tribunaux qui seront appelés à statuer sur un litige et éviter les conflits de procédure.
4) Pour les jugements : s'assurer qu'ils ne perdront pas toute force en traversant les frontières. Incontestablement, le respect des droits acquis légalement dans l'État d'origine est un objectif du droit international privé.
5) Au vu des points 2, 3 et 4, ci-dessus, le droit international poursuit incontestablement un objectif de prévisibilité et de sécurité juridique[33]. Toutefois, cet objectif ne nous paraît pas être spécifique au droit international privé, tant il est consubstantiel de tout système juridique quel qu'il soit. Il prend une dimension particulière en droit international privé puisqu'il est encore plus compliqué d'assurer la sécurité juridique en présence de plusieurs systèmes qui se veulent tous applicables à un titre ou à un autre.

Il va sans dire que pour H. Batiffol la dimension européenne n'entrait pas vraiment en considération, surtout qu'il insiste sur le fait

[32] Jurgen Basedow, *op. cit.*, p. 281, parle de « droit de la cohabitation ». Hélène Gaudemet-Tallon, *Le pluralisme en droit international privé, op. cit.*, consacre un chapitre entier (p. 391-439) au balancement entre « respect des cultures étrangères » et « respect des valeurs fondamentales du for ».

[33] La prévisibilité est un des grands objectifs généraux du droit international privé qui doit être cependant marié à la souplesse (voir H. Gaudemet-Tallon, *op. cit.*, p. 299-390).

qu'il structure sa pensée *a posteriori* à partir de la pratique. À l'époque où il écrit (1956) les aspects philosophiques, il n'y a pas de pratique de droit européen, l'Europe n'existe pas encore bien qu'elle soit en gestation. Pour une raison inconnue, le doyen Batiffol ne s'intéressa pas, dans ses écrits postérieurs, à l'incidence de la construction européenne sur le droit international privé. Par contraste, on citera un texte de 1959 du doyen Savatier selon lequel :

> la libre circulation des marchandises, des services et des capitaux inclut un appel inévitable à une règle favorable de conflits de lois, celle qui, dans les rapports internationaux, respectera sur les marchandises, les services, les capitaux circulant de pays à pays, toute la plénitude des droits qui s'exerçaient initialement sur eux. Même le libre établissement des personnes implique économiquement qu'elles seront accueillies dans la plénitude de leurs droits personnels sur leurs biens et leurs services[34].

Après avoir donné quelques exemples des matières dans lesquelles la construction européenne allait nécessairement engendrer des modifications, non seulement sur le droit matériel mais aussi sur les conflits de lois, il s'exprime ainsi :

> D'une manière bien plus générale, le cadre des solutions de conflits de lois va être, entre États de la Communauté, profondément modifié. D'une part, le traité établit, à travers toute la Communauté, une législation commune qui l'emportera sur les lois nationales. D'autre part, il commandera, dans chacun des États-membres, le mécanisme de beaucoup de conflits de lois[35].

Les objectifs du droit de l'Union européenne

La tache est à la fois plus facile et plus difficile. Les objectifs de l'Union sont multiples tels qu'exprimés dans le préambule du Traité sur l'Union européenne. Nous les résumerons ainsi :

1) Former un ensemble territorialement et juridiquement cohérent, sans frontière intérieure. C'est la logique d'intégration de la construction européenne. C'est le concept d'une Union sans cesse plus étroite.
2) Cet ensemble doit poursuivre un objectif de bonne gouvernance qui, selon les principes de la communication « mieux légiférer » doit privilégier les instruments souples. C'est le royaume des réseaux en partie informels. Mais comment va-t-on codifier l'informel ?

---

34 Robert Savatier, « Le Marché commun au regard du droit international privé », *Rev. Crit.*, 1959, p. 253.

35 *Ibid.*, p. 250-251.

3) Assurer au citoyen européen (individu ou personne morale), sur l'ensemble du territoire européen, la jouissance des droits acquis légalement sur le territoire d'un des États-membres.
4) Assurer à ce même citoyen la mobilité. Les Pères fondateurs ont fait de la mobilité la valeur cardinale de la construction européenne. Si l'on en juge par les nombreuses communications de la Commission toute action législative est, d'une certaine manière, évaluée à l'aune de la mobilité.
5) Assurer à ces mêmes citoyens la sécurité juridique et la prévisibilité, deux grands principes de droit européen tels que développés par la Cour de Justice.
6) Assurer la non-discrimination parmi les citoyens européens.
7) On trouve également en littérature la proposition selon laquelle le droit européen a érigé en objectif la sauvegarde de l'acquis communautaire[36]. Si tel est bien le cas, cela voudrait dire qu'aucune règle, fusse-t-elle de droit international privé, ne pourrait aller à l'encontre de cet acquis dont le champ d'application est potentiellement immense. C'est là qu'interviennent les principes directeurs du droit européen qui ont été développés au fur et à mesure de l'intégration européenne et matière par matière. Par exemple en matière contractuelle, il a été affirmé que les principes directeurs du droit européen des contrats sont triples : la liberté contractuelle, la sécurité contractuelle et la loyauté contractuelle.
8) Enfin, le droit européen aurait encore pour objectif la sauvegarde de l'Europe en tant que projet collectif, tout comme le droit international privé avait traditionnellement comme objectif la sauvegarde de la société internationale.

On le constate, les objectifs du droit européen et du droit international privé se recouvrent en partie. Comme le disait le doyen Rigaux, dans la préface qu'il écrit au livre de Philippe-Emmanuel Partsch, la visée du droit européen et du droit international privé est la même :

> par la reconnaissance mutuelle des droits acquis et notamment de ceux qui ont été coulés en la forme d'un jugement, par le respect dû aux attributs de la personne humaine, par l'universalisation de la force obligatoire des contrats, le droit international privé tend lui aussi à la libre circulation des personnes et des biens, à la liberté des échanges contractuels, à la réparation des fautes délictuelles et quasi délictuelles par-delà les frontières étatiques[37].

---

[36] Philippe-Emmanuel Partsch, *Le droit international privé européen – de Rome a Nice*, Bruxelles, Larcier, 2003, p. 419, par. 460.

[37] *Le droit international privé européen – de Rome à Nice*, *op. cit.*, préface, p. 11.

Toutefois, une différence fondamentale entre droit international privé et droit européen a trait à la mobilité. En droit international privé la mobilité est une donnée préalable sans laquelle cette branche du droit n'existerait pas. Si chacun reste chez soi, il n'y a pas d'élément d'extranéité, donc pas de nécessité d'élaborer des règles de conflit. Mais en Europe, la mobilité est un objectif. On veut pousser les citoyens européens à prendre avantage du marché intérieur. On incite donc à la création d'un élément d'extranéité. C'est un des moteurs de l'économie européenne. Un des derniers exemples en date permet de le constater à nouveau. Le Règlement Rome III[38], mettant en œuvre une coopération renforcée dans le domaine de la loi applicable au divorce et à la séparation de corps affirme dans son préambule que la mobilité des citoyens est un objectif et qu'elle sera accrue grâce à l'autonomie de la volonté (considérant 15).

La seconde différence fondamentale a trait à l'intervention de la citoyenneté européenne. Nous tenterons de montrer comment la création de la citoyenneté européenne, pourtant ancrée dans la nationalité des États-membres, va entraîner des effets pervers sur le droit international privé.

I. Les impératifs de sécurité et de prévisibilité et le paradoxe de la mobilité

Alors que la sécurité juridique et la prévisibilité des solutions sont érigées en objectifs généraux du droit européen et, plus particulièrement, du droit international privé européen[39], ils sont particulièrement difficiles à obtenir en raison de la mobilité érigée en principe du droit européen. C'est pourquoi nous parlons d'un paradoxe. Alors que le droit international privé est destiné à sécuriser les situations juridiques qui résultent de la mobilité, on peut se demander si les outils de cette branche du droit sont réellement adaptés lorsque la mobilité est érigée en objectif.

Prenons quelques exemples tirés de la pratique.

A. Compétence juridictionnelle

En matière de compétence juridictionnelle, les deuxième et onzième considérants du Règlement 44/2001 affirment que les règles de compé-

---

38 Règlement 1259/2010 du Conseil, 20 décembre 2010, *J.O. L 343 du 29.12.2010*, p. 10.

39 Une recherche par sécurité juridique et prévisibilité sur le site curia a donné 82 arrêts du 22 octobre 1998 au 2 décembre 2010, dont 20 arrêts traitant du droit international privé. Pour la même période plus de 100 conclusions d'avocats généraux contenaient des développements sur le thème, dont 13 en droit international privé.

tence juridictionnelle doivent présenter un « haut degré de prévisibilité ». C'est la raison constamment invoquée par les institutions européennes pour refuser l'introduction en droit européen de la théorie de *forum non conveniens* propre au *common law.* On se souviendra que lors de la première révision de la Convention de Bruxelles, qui avait débuté comme un exercice intergouvernemental et devait finalement aboutir au Règlement 44/2001 en raison de l'intervention du Traité d'Amsterdam, le Royaume-Uni avait tenté de proposer l'introduction de cette théorie dans le futur texte. Cette proposition s'était heurtée à une fin de non-recevoir. Cette position ferme sera confirmée par la Cour de justice dans l'affaire Owusu, sans aucune hésitation. La Cour s'exprime ainsi :

> Or, l'application de la théorie du *forum non conveniens*, qui laisse une large marge d'appréciation au juge saisi quant à la question de savoir si un for étranger serait plus approprié pour trancher le fond d'un litige, est de nature à affecter la prévisibilité des règles de compétence posées par la Convention de Bruxelles, en particulier celle de son article 2, et, par voie de conséquence, le principe de sécurité juridique en tant que fondement de cette convention. (point 41).

Et elle ajoute :

> La protection juridique des personnes établies dans la Communauté serait également affectée. En effet, d'une part, le défendeur, généralement mieux à même de se défendre devant les juridictions de son domicile, ne serait pas en mesure, dans les circonstances telles que celles de l'affaire au principal, de prévoir raisonnablement devant quelle autre juridiction il risque d'être attrait. D'autre part, dans l'hypothèse où a été soulevée une exception tirée de l'existence d'un for étranger plus approprié pour connaître du litige, il incombe au demandeur d'établir qu'il ne pourra pas obtenir justice devant le tribunal étranger en question ou, si la juridiction saisie décide de retenir l'exception, que ce tribunal n'est finalement pas compétent pour connaître du litige ou que le demandeur n'a, en réalité, pas accès à une justice effective devant ledit tribunal, indépendamment du coût que représente l'introduction d'un nouveau recours devant la juridiction d'un autre État et l'allongement des délais de procédure.

Et si, dans la proposition de refonte du règlement qui est en discussion à l'heure où nous écrivons, une petite dose de flexibilité a été introduite pour les règles qui ont trait aux relations avec les États tiers, il n'est pas non plus question d'introduire le *forum non conveniens*.

Dans l'affaire Color Drack[40], qui posait une question de compétence juridictionnelle en matière contractuelle alors que le contrat de vente en cause prévoyait plusieurs lieux de livraison de la marchandise, l'Avocat général a reconnu que les principes de sécurité et de prévisibilité doivent

[40] Aff. C-386/05, 15 février 2007.

primer la proximité (point 72 des conclusions). Ainsi, à partir du moment où tous les lieux d'exécution se situent dans le même État-membre, le défendeur sait d'avance que, à défaut de convention contraire, il peut être assigné devant le tribunal de l'un de ces lieux d'exécution, si bien que admettre une telle compétence multiple ne remet pas en cause la prévisibilité. Dans sa note 30, l'Avocat général dit ceci :

> La solution retenue dans l'arrêt Besix serait transposable, à notre avis, si les lieux de livraison se situaient dans des États-membres différents. Dans une telle hypothèse, nous sommes d'avis que l'option de compétence prévue à l'article 5, point 1, sous b), du Règlement n° 44/2001 ne serait pas applicable parce que l'objectif de prévisibilité ne pourrait pas être atteint, les tribunaux éventuellement compétents en vertu de cette disposition se situant sur le territoire de plusieurs États-membres. Nous sommes également d'avis que, dans un tel cas de figure, compte tenu de l'objectif de prévisibilité des règles de compétence poursuivi par le Règlement n° 44/2001 et des difficultés d'application de l'article 5, point 1, sous a), de ce règlement, cette dernière disposition ne serait pas non plus applicable. Cette dernière disposition, en raison de son caractère purement subsidiaire, devrait voir son application cantonnée à l'hypothèse visée par la Commission dans sa proposition de règlement de 1999, c'est-à-dire lorsque le lieu de livraison des marchandises ou celui de fourniture des services se situe dans un État tiers. Lorsque les marchandises sont livrées ou lorsque les services sont fournis dans plusieurs États-membres, le tribunal compétent ne pourrait être, selon nous, que celui du domicile du défendeur, conformément au principe énoncé à l'article 2 du Règlement n° 44/2001.

Prévisibilité, peut-être, mais extrême complication c'est certain puisque, en vertu de la jurisprudence de la Cour, la règle de compétence juridictionnelle en matière de contrat de vente (qui peut éventuellement être extrapolée pour les prestations de services) se décline désormais en trois règles au moins, en cas de lieux d'exécution multiples selon que ces lieux d'exécution sont dans un seul État-membre, dans plusieurs États-membres ou dans un État tiers. On peut penser que si les lieux d'exécution sont à la fois dans un ou plusieurs États-membres et dans un ou plusieurs États tiers, seul le domicile du défendeur sera retenu.

B. L'ordre public

Nous prenons l'expression « ordre public » dans un sens large pour aborder toutes les méthodes par lesquelles l'ordre public intervient, que ce soit l'exception d'ordre public des traités, du droit dérivé ou les règles d'application immédiate ou lois de police.

La Cour a été extrêmement active dans le domaine de l'ordre public, notamment de l'ordre public des États-membres[41]. Jusqu'à une période récente, elle a systématiquement limité l'utilisation par les États-membres de leur ordre public. Alors que les traités n'ont pas été modifiés depuis l'origine, les textes européens signalent les limites que le législateur européen veut consacrer à l'utilisation par les États-membres de leur ordre public.

La directive commerce électronique est, à cet égard, significative. Elle reprend dans son principe l'exception d'ordre public mais les exemples qu'elle donne, qui servent à encadrer l'utilisation de cette exception, montrent combien l'exception doit être d'application limitée.

La directive 2004/38 sur le droit de séjour des citoyens européens[42] est un autre exemple de l'encadrement très strict de l'exception d'ordre public. La Cour, interprétant cette directive dans l'affaire Tsakouridis[43], ajoute encore au texte dans les précisions entourant l'utilisation par les États de l'exception de sécurité publique et d'ordre public, tout en admettant du bout de la plume que la lutte contre la criminalité et le trafic des stupéfiants peut effectivement faire partie des raisons de sécurité publique et d'ordre public utilisées par un État-membre pour refuser l'entrée et le séjour ou le maintien sur son territoire d'un citoyen européen, ressortissant d'un autre État-membre[44].

Un retour timide à l'ordre public a été constaté depuis 2004, même si, dans le domaine des libertés de circulation, on a pu noter en 1995 une référence à une loi de police nationale de protection du consommateur/investisseur dans l'affaire Alpine Investissement[45].

Dans l'affaire Omega[46], la Cour autorise un État-membre à prendre des mesures d'interdiction pour un jeu « jouer à tuer » en raison de la protection de la dignité humaine et des valeurs constitutionnelles fon-

---

41 À la recherche par « ordre public » le site curia donne une liste de cent décisions du 7 juin 2007 au 3 mars 2011.

42 Directive 2004/38/CE du Parlement européen et du Conseil, du 29 avril 2004, relative au droit des citoyens de l'Union et des membres de leurs familles de circuler et de séjourner librement sur le territoire des États-membres, modifiant le Règlement (CEE) n° 1612/68 et abrogeant les directives 64/221/CEE, 68/360/CEE, 72/194/CEE, 73/148/CEE, 75/34/CEE, 75/35/CEE, 90/364/CEE, 90/365/CEE et 93/96/CEE.

43 Aff. C-145/09, 23 novembre 2010.

44 On retrouve une justification similaire en matière de libre circulation des marchandises, dans l'affaire Josemans, C-137/09, arrêt du 16 décembre 2010. La Cour admet que la lutte contre le tourisme de la drogue permet de justifier une réglementation communale interdisant l'admission de personnes ne résidant pas aux Pays-Bas dans les *coffee shop*.

45 Aff. C-384/93, 10 mai 1995.

46 Aff. C-36/02, 14 octobre 2004.

damentales de l'État-membre en cause. L'affaire Dynamic Meridien[47], fondée sur la protection des mineurs en lien avec le respect de l'intérêt de l'enfant tel qu'exprimé dans la charte européenne des droits fondamentaux, permet de confirmer une approche prudente sur l'exception d'ordre public. Toutefois, dans cette affaire la Cour répète ce qu'elle avait exigé par sa décision Église de scientologie[48], selon laquelle le recours à l'exception doit être prévisible pour l'opérateur économique et doit être susceptible de recours.

En 2009, la Cour revient encore une fois sur l'exception d'ordre public des libertés de circulation. C'est l'affaire Liga portuguesa[49]. La Cour reconnaît que la lutte contre la criminalité, plus spécifiquement la protection des consommateurs de jeux de hasard contre des fraudes commises par les opérateurs est un objectif légitime pour l'utilisation de l'exception d'ordre public. Elle s'exprime ainsi :

> Il convient de relever à cet égard que la lutte contre la criminalité peut constituer une raison impérieuse d'intérêt général susceptible de justifier des restrictions quant aux opérateurs autorisés à proposer des services dans le secteur des jeux de hasard. En effet, compte tenu de l'importance des sommes qu'ils permettent de collecter et des gains qu'ils peuvent offrir aux joueurs, ces jeux comportent des risques élevés de délits et de fraudes (point 63).

Après ce constat de principe, la Cour s'attache à une analyse tatillonne de la proportionnalité des mesures, comme à chaque fois dans le cadre de l'application des exigences impératives d'intérêt général.

Enfin, dans une affaire plus anecdotique mais qui touche, elle, au droit international privé du nom[50], la Cour confrontée à la question de savoir si un État ayant aboli les titres de noblesse sur son territoire est en droit de s'opposer à la transcription d'un titre nobiliaire acquis légalement en vertu de la loi d'un autre État-membre. Pour répondre par l'affirmative, alors que la règle de conflit de lois n'était pas en cause (puisqu'elle était la même dans les États-membres), la Cour recherche si le droit autrichien est légitime à engendrer un éventuel obstacle à la libre circulation. Dans ce cas, la Cour s'accorde avec l'avocat général Sharpston pour dire que la recherche de l'égalité des citoyens est suffisamment forte pour justifier l'abolition des titres et privilèges nobiliaires, quelles que soient les conséquences pour la requérante dans l'affaire en cause. Du point de vue de la méthode, il n'est pas inutile de préciser que la Cour a pris la peine de rappeler les règles de droit international privé des deux États-membres en cause et de s'interroger sur la

[47] Aff. C-244/06, 14 février 2008.

[48] Aff. C-54/99, 14 mars 2000.

[49] Aff. C-42/07, 8 septembre 2009.

[50] Sayn-Wittgenstein, C-208/09 22 décembre 2010.

légitimité de la vocation du droit allemand à régir la situation. Dans le passé la Cour n'a pas toujours fonctionné de cette manière. Dans l'affaire Kostler[51], par exemple, elle n'examine pas si le droit allemand avait vocation à s'appliquer mais analyse directement les dispositions substantielles du droit allemand et la vérification de la compatibilité de ces dispositions avec le droit communautaire. En revanche dans l'arrêt Alpine Investments[52], la Cour admet la compatibilité du droit néerlandais interdisant le *cold calling* avec le droit communautaire, après s'être assurée de la légitimité des Pays-Bas à régir la situation présentant des éléments d'extranéité.

C'est pourtant au moment où la Cour réalise que l'exception d'ordre public n'est peut-être pas aussi néfaste qu'elle avait pu le croire dans une première historique, que la Commission européenne propose de supprimer tout recours à l'ordre public dans le cadre de la refonte du Règlement 44/2001. Cette croyance très optimiste en la capacité des États-membres de toujours appliquer correctement le droit européen (y compris dans son volet droits fondamentaux) est certes louable mais ne correspond pas à la réalité. L'affaire Aguire Zarraga[53] est là pour le montrer. Certes, dans cette affaire, il était difficile pour l'avocat général et pour la Cour d'aller au-delà de ce qu'autorise le Règlement 2201/2003. Mais l'on perçoit ici la limite de la suppression du contrôle de l'ordre public. Cette première expérience montre que l'on est allé trop loin.

Sur cette question, le droit européen nous oblige vraisemblablement à avoir une conception encore plus étroite qu'habituellement en droit international privé, mais il ne nous oblige pas à supprimer tout recours à cette exception qui, encore une fois, est restée intacte dans le Traité sur le fonctionnement de l'Union européenne. *A fortiori* conviendrait-il de

---

[51] Aff. 15/78, 24 octobre 1978, Rec. p. 1971. Dans cette affaire, un ressortissant allemand se livre à des opérations à terme par l'intermédiaire d'une banque française alors qu'il résidait en France. Il retourne en Allemagne et refuse d'apurer ses comptes en perte. La juridiction allemande déboute la banque par application de l'ordre public allemand en lui opposant l'exception de dette de jeu du droit allemand en vertu de son ordre public international. La Cour estime que le droit allemand est compatible avec le droit communautaire puisqu'il s'applique indifféremment à tout prestataire établi sur le territoire allemand lorsqu'il fait valoir une créance de cette nature (point 5). Cette solution est en contraste avec ce que soutenait la Commission. Elle soulignait que l'ensemble de la prestation de services avait été fourni en France. Dès lors, l'applicabilité de l'ensemble de la législation boursière allemande ne paraissait pas objectivement justifiée ni nécessaire à l'ordre public allemand dans le cas où, de son propre gré, le ressortissant allemand conclut des opérations à terme régies par la législation d'un autre pays.

[52] Aff. C-384/93, 10 mars 1995, Rec. p. I-1141.

[53] Aff. C-491/10PPU, 22 décembre 2010.

la conserver lorsque les règles de droit international privé visent des situations ayant non plus un lien intra-Union européenne, mais avec un ou plusieurs États tiers.

II. Les effets pervers de la citoyenneté européenne

Le droit européen s'est bâti sur le principe de non-discrimination et de traitement égal. Ce point de départ est commun au droit international privé et au droit de l'Union, tous deux étant sous-tendus par le principe de non-discrimination organisé par la Convention européenne des droits de l'Homme et les documents équivalents des Nations unies et de l'Union européenne[54]. Toutefois, sa mise en œuvre revêt des différences appréciables dans les deux systèmes. Le droit de l'Union, au moins pour les relations internes, est nettement plus sévère que le droit international privé en matière de non discrimination[55]. Mais l'intervention de la citoyenneté européenne nous oblige à repenser les données de la question et à nous interroger sur le rapport dialectique que la citoyenneté européenne entretient avec la nationalité des États-membres.

A. La sévérité plus grande du droit européen

1. En matière de procédure

Il n'est pas nécessaire de s'arrêter longuement sur ces questions et nous ne ferons que rappeler des solutions bien connues.

Après un premier hiatus un peu étonnant[56] avec le dispositif de l'affaire Boussac[57], la Cour a complètement changé de politique à partir du début des années 1990.

La Cour condamne les États-membres qui, en vertu de la *lex fori* (non remise en cause en tant que règle de conflit), prennent en considération le fait que le demandeur à un procès est ressortissant d'un autre

54 Pour une contribution récente, voir Patrick Kinsch, « Choice of Law Rules and the Prohibition of Discrimination under the European Convention on Human Rights », disponible sur SSRN et à paraître Nederlands International Privaatrecht (NIPR), 2011.

55 La lutte contre la discrimination est l'une des vertus cardinales du droit européen. Dans la seule période d'octobre 2009 à mars 2011, une centaine de décisions ont été rendues par la Cour de justice dans lesquelles la question de la discrimination était en jeu.

56 La décision est critiquée par Partsch, *op. cit.*, p. 22-23. Toutefois, le fait que l'autonomie de la volonté soit intervenue dans le libellé de la dette en monnaie étrangère n'est pas sans incidence, et à juste titre, sur la décision de la Cour.

57 Aff. 22/80, 29 octobre 1980, Rec. p. 3427.

État-membre pour exiger une *cautio judicatum solvi*. Dans l'arrêt Hubbard[58], la Cour dit que

> les articles 59 et 60 du traité doivent être interprétés en ce sens qu'ils s'opposent à ce qu'un État-membre impose le versement d'une *cautio judicatum solvi* à un professionnel, établi dans un autre État-membre, qui introduit une action devant l'une de ses juridictions, au seul motif que ce professionnel est ressortissant d'un autre État-membre.

Cette décision est d'autant plus significative, qu'à l'époque, il n'existait aucune règle de droit international privé européen dans le domaine dans lequel l'affaire est survenue, puisque M. Hubbard était un exécuteur testamentaire. Mais la Cour ne s'embarrasse pas de ce détail et estime que M. Hubbard est un professionnel, prestataire de service au sens du droit européen, ce qui est suffisant pour justifier la décision prise en vertu des règles régissant les libertés de circulation[59].

Dans le même sens on rappellera également l'affaire Mund & Fester[60] qui avait condamné l'Allemagne pour une application discriminatoire de l'article 917 du code allemand de procédure en matière de saisie conservatoire.

2. *Le droit d'auteur et les droits voisins*

C'est dans cette matière que la Cour a rendu quelques décisions étonnantes sur lesquelles il convient de dire quelques mots.

L'affaire Ricordi[61] mettait en cause le paiement de redevances pour la représentation de l'opéra de Puccini, la Bohême. Créé en 1924, cet opéra n'était plus protégé en Italie où le droit d'auteur couvrait une période de 56 ans lorsque le Staatstheater de Wiesbaden proposait des représentations durant les saisons 1993-1994 et 1994-1995. C'est pourquoi ce dernier n'avait payé aucune redevance à Ricordi, maison d'édition de l'œuvre de Puccini. Or, le droit allemand prévoyait à la même époque une durée de protection plus longue (70 ans) dont bénéficiaient les auteurs/compositeurs allemands. La Cour n'hésite pas à dire que l'interdiction de toute discrimination s'oppose à ce que la durée de protection accordée par la réglementation d'un État-membre aux œuvres d'un auteur ressortissant d'un autre État-membre soit inférieure à celle accordée aux œuvres de ses propres ressortissants. La Cour ne se préoccupe pas de la règle de conflit de lois pouvant éventuellement donner

---

[58] Aff. C-20/92, 1er juillet 1993, Rec. p. 3777.

[59] La Cour aura encore l'occasion de se prononcer dans les affaires Data Delecta et Fonsberg (26 septembre 1996, aff C-43/95), Hayes et Kronenverg (20 mars 1997, C-323/95), Saldanha (2 octobre 1997, C-122/96).

[60] Aff. C-38/92, 10 octobre 1994.

[61] Aff. C-360/00, 6 juin 2002, Rec. p. I-5089.

compétence à la loi du pays d'origine, loi italienne en l'espèce donc prévoyant une durée de protection plus courte. Elle ne regarde que la solution matérielle en vertu du seul droit allemand dont la vocation à s'appliquer n'est pas évidente. La même solution avait été donnée quelques années plus tôt dans l'affaire Phil Collins[62]. Cette ignorance était déjà étonnante. Mais une affaire plus récente va encore augmenter l'étonnement du commentateur.

Il s'agit de l'affaire Tod's[63] dans laquelle était en cause une question de contrefaçon de chaussures entre la France et l'Italie. La société française estimait qu'elle ne se rendait pas coupable d'une contrefaçon puisque le droit applicable en vertu de la Convention de Berne était le droit italien et que celui-ci ne protège pas les dessins et modèles. La société italienne rétorquait que la disposition de la Convention de Berne désignant la loi du pays d'origine (qu'elle estime non applicable à l'espèce) est, en tout état de cause, discriminatoire[64]. Le Tribunal de grande instance de Paris pose donc la question de savoir si la disposition en cause de la Convention de Berne est discriminatoire au regard de l'article 12 TCE. Dans une décision extrêmement brève, rendue sans conclusions de l'Avocat général, et en présence des seuls États-membres en cause, la Cour conclut qu'effectivement la disposition incriminée est bien discriminatoire et que, de surcroît, étant liée à une exigence de réciprocité elle est contraire au droit européen et non susceptible d'être justifiée.

Ce faisant, la Cour prend partie dans une controverse qui n'est toujours pas réglée à propos de la Convention de Berne en disant que celle-ci n'a pas pour objet la détermination de la loi applicable à la protection. En d'autres termes, la convention ne porte pas règles de conflit de lois. Cette affirmation, non discutée, non démontrée va à l'encontre de la jurisprudence et de la doctrine françaises[65]. Toutefois, la Cour nous a habitués à ne pas tenir compte du droit des États-membres (ou alors de manière très marginale) quand elle prend ses décisions.

---

62 Aff. C-92/92 et C-326/92, 20 octobre 1993, Rec. p. I-5145.

63 Aff. C-28/04, 30 juin 2005.

64 On notera que les faits s'étant déroulés avant la fin du délai imparti aux États-membres pour la transposition de la directive 98/71 du 13 octobre 1998 sur la protection juridique des dessins et modèles, cette directive n'était pas applicable au litige. De plus, la question n'est désormais plus pertinente puisque, en vertu de la directive, l'Italie doit désormais prévoir une protection au même titre que la France et les autres États-membres.

65 Sur toutes ces questions, voir Tristan Azzi, « La culture », in Mathias Audit, Horatia Muir Watt, Étienne Pataut (dir.), *Conflits de lois et régulation économique*, Paris, LGDJ 2008, spécialement n° 582.

Comment justifie-t-elle cette solution ? Elle assimile le critère du pays où l'œuvre est publiée pour la première fois (article 5, paragraphe 4 de la Convention de Berne) à un critère utilisant, certes de manière indirecte, la nationalité pour rattachement. Elle s'exprime ainsi :

> Quant aux œuvres publiées, le pays d'origine est en substance, ainsi qu'il ressort de l'article 5, paragraphe 4, sous a), de ladite convention, le pays où cette publication a lieu pour la première fois. Or, les œuvres publiées pour la première fois dans un État-membre auront pour auteur, dans la majorité des cas, un ressortissant de cet État, alors que les œuvres publiées dans un autre État-membre auront généralement pour auteur une personne qui n'est pas un ressortissant du premier État-membre (point 26).

Et elle poursuit :

> Il s'ensuit que l'application d'une réglementation telle que celle en cause au principal risque de jouer principalement au détriment des ressortissants d'autres États-membres et est ainsi susceptible d'entraîner une discrimination indirecte selon la nationalité (point 27, citation omise).

C'est donc bien le critère même de rattachement qui est la cible de la Cour en ce qu'il vise directement ou indirectement, de près ou de loin, la nationalité. Même si l'on accepte cette interprétation, ne conviendrait-il pas d'admettre une exception à la conception européenne de la discrimination lorsque ce critère a été négocié au plan international dans une convention qui lie les États-membres en cause. Cet argument n'est d'aucun poids pour la Cour qui a toujours fait prévaloir les obligations européennes des États-membres sur leurs obligations internationales.

Déjà remis en cause en grande partie, le critère de rattachement à la nationalité va devenir encore plus problématique au vu des règles s'appliquant à la citoyenneté européenne.

B. La citoyenneté européenne – source de confusion ?

Traditionnellement, le droit international privé s'attache à ne pas discriminer entre les nationaux et les étrangers. Il s'agit là d'un des objectifs mis en lumière ci-dessus et qui n'est pas sérieusement discuté. Toutefois, la discrimination veut dire que l'on traite différemment des personnes placées dans une même situation. Or, durant une période fort longue, et pour certaines situations, le droit international privé considérait que des personnes soumises à des nationalités différentes pouvaient être traitées de manière différente sans y voir une atteinte à l'interdiction de discrimination. Le critère de la nationalité avait, de surcroît, l'avantage d'une permanence plus grande, les cas de perte ou de déchéance de la nationalité étant relativement exceptionnels[66].

---

66 À l'exception de certaines périodes de guerre.

C'est avec les migrations de plus en plus importantes, l'instabilité des couples, les familles recomposées et mixtes que le critère de nationalité a été remplacé petit à petit par le critère de la résidence habituelle, sans être totalement évincé mais en ne conservant qu'un rôle résiduel.

En droit européen, la même évolution peut être signalée. Les Pères fondateurs avaient bien conscience qu'ils travaillaient pour les ressortissants des États-membres ainsi qu'il apparaît à plusieurs reprises du texte du Traité de Rome de 1957 et, notamment, de son article 220 (désormais disparu) appelant les États-membres à négocier entre eux des textes, entre autres sujets, sur la reconnaissance et l'exécution des jugements en matière civile et commerciale. Toutefois, lorsque la Convention de Bruxelles de 1968 a été négociée, il est apparu clairement que le critère de la nationalité devait être éliminé des critères de compétence juridictionnelle et ce d'autant plus facilement que les matières concernant l'état et la capacité des personnes étaient exclues du champ d'application de la convention. Tous les autres textes de droit international privé adoptés ensuite procéderont de la même manière, jusqu'à ce que soit négocié le Règlement Bruxelles II sur le divorce qui réintroduira, certes de manière timide et résiduelle, le critère de la nationalité.

Or, durant la même période, la citoyenneté européenne a été créée. Ce sera 1992 pour les textes législatifs, même si l'idée d'une citoyenneté européenne était déjà présente au sommet de Copenhague de 1973, dans le rapport Tindemans de 1975 et, bien sûr, le projet Spinelli de 1984. Cette citoyenneté est avant tout un outil fonctionnel d'intégration dont on a pu dire qu'elle est un instrument de lutte contre toute forme de rattachement national et territorial[67]. Or, quel est le point d'ancrage de la citoyenneté européenne ? La nationalité des États-membres. Ce hiatus va entraîner certaines difficultés.

La première a été étudiée par la Cour en 1975 alors même que la citoyenneté n'était qu'en gestation. C'est l'affaire Airola c. Commission[68]. La Cour sanctionne comme contraire au droit communautaire une législation nationale qui, en violation du principe d'égalité de traitement entre hommes et femmes, attribuerait d'office, sans possibilité d'y renoncer, par l'effet de son mariage, la nationalité de son conjoint à la femme ressortissant d'un autre État-membre, la privant ainsi d'une indemnité de dépaysement à laquelle elle aurait eu droit si elle avait conservé sa nationalité d'origine. Alors même que la Cour affirme (ce

---

67 Loïc Azoulai, « La citoyenneté européenne, un statut d'intégration sociale », in *Chemins d'Europe. Mélanges en l'honneur de Jean-Paul Jacqué*, Paris, Dalloz, 2010, p. 1 à p. 3. Voir également : Anastasia Iliopoulou, *Libre circulation et non discrimination – éléments du statut de citoyen de l'Union européenne*, Bruxelles, Bruylant, 2007-2008, 795 p.

68 Aff. 21/74, 20 février 1975.

qu'elle fait encore aujourd'hui) que le droit de la nationalité relève du droit des États-membres, l'application de ce droit doit être conforme aux exigences européennes, si bien que la Cour n'hésite pas à obliger un État-membre à changer ses règles si besoin est. Comme le dira plus tard un Avocat général, « tel est le miracle de la citoyenneté de l'Union : elle renforce les liens qui nous unissent à nos États et, en même temps, elle nous en émancipe »[69]. La légitimité du droit de l'Union à sanctionner les conséquences contraires à ses propres règles du droit de la nationalité des États-membres viendrait justement de cette émancipation.

Sans passer en revue l'intégralité des décisions que la Cour a été amenée à rendre, il n'est pas inutile de rappeler qu'elle a interdit l'utilisation de la notion de « nationalité effective »[70] alors que celle-ci aurait été particulièrement utile dans cette affaire et, beaucoup plus récemment dans l'affaire Hadadi[71]. Mais la Cour a toujours prêté main forte aux stratégies juridiques bien menées des plaideurs leur permettant d'exiger toujours plus de droits grâce à l'intégration européenne[72]. Elle a ensuite refusé aux États-membres le jeu de la règle qui privilégie la nationalité du for en cas de double nationalité[73].

On aboutit à un paroxysme avec l'affaire Rottmann[74], certes marginale dans la mesure où la perte de nationalité des deux États-membres de l'Union en cause (Autriche et Allemagne) résulte d'une fraude de M. Rottmann. Toutefois, il semble que la Cour, si elle est à nouveau saisie, serait amenée à exiger que l'Autriche modifie son droit de la déchéance de nationalité car, dans le cas contraire, M. Rottmann se verrait privé de toute nationalité et donc de la citoyenneté européenne, ce que la Cour n'est pas prête à accepter[75] ainsi qu'il ressort du point 56

---

69 P. Maduro, conclusions pour l'affaire Rottmann, point 23.

70 Voir notamment l'affaire Micheletti, C-369/90, 7 juillet 1992.

71 Aff. C-168/08, 16 juillet 2009. Voir notamment le commentaire de Christian Kohler (FamRZ 18/2009, p. 1574) qui se déclare en faveur de la nationalité effective puisque, dit-il le chef de compétence prévu au règlement est fondé sur la proximité et non pas la souveraineté.

72 M. Micheletti était particulièrement bien renseigné puisqu'il avait d'abord excipé de sa nationalité argentine pour prendre avantage du traité bilatéral entre l'Argentine et l'Espagne lui permettant de faire reconnaître son diplôme et ses compétences professionnelles. Puis il avait excipé de sa nationalité italienne pour bénéficier du droit au séjour en vertu du droit européen. Dans l'affaire Zu et Chen, la Cour a trouvé astucieux que Mme Chen aille accoucher en Irlande, permettant ainsi à son enfant d'obtenir la nationalité irlandaise ce qui lui conférait par là même un droit eu séjour.

73 Gullung, aff. 292/86, 19 janvier 1988.

74 Aff. C-135/08, 2 mars 2010.

75 On pourrait également dire que le droit international moderne se préoccupe des cas d'apatridie. S'il ne les interdit pas au sens strict du terme, il incite les États à éviter de créer de tels cas.

de sa décision dans lequel elle donne les consignes nécessaires à la juridiction de renvoi pour une analyse de proportionnalité des conséquences prévisibles si la perte de la nationalité était confirmée.

Quant à la confrontation directe du critère de rattachement tiré de la nationalité en droit international privé avec les règles de la citoyenneté européenne, elle montre ses limites avec les deux affaires Garcia Avello[76] et Grunkin & Paul[77]. Dans la première affaire, il n'y avait aucune raison de faire prévaloir la nationalité espagnole des enfants sur leur nationalité belge (les enfants étant binationaux). Au contraire, si l'on avait utilisé la nationalité effective, c'était bien le droit belge qui avait vocation la plus légitime à s'appliquer. Comme nous l'avons dit plus haut, la solution aurait été identique si la Cour s'était référé dans son raisonnement au principe de proximité. En réalité, la Cour a été influencée par l'accord des parents qui souhaitaient tous deux suivre les règles du droit espagnol pour l'attribution du nom de leurs enfants. On voit ainsi surgir l'autonomie de la volonté dans un domaine qui n'y était traditionnellement pas ouvert. Pour ce qui est de l'affaire Grunkin & Paul, la solution est moins contestable que celle de l'affaire Garcia Avello, même si la Cour avait tout à fait la possibilité d'exiger du Danemark qu'il reconnaisse l'attribution du nom en vertu du droit applicable allemand. La reconnaissance mutuelle est une voie à deux sens alors que la Cour en fait souvent une autoroute à sens unique. Mais si l'on peut accepter plus facilement la solution donnée par la Cour dans cette affaire, c'est que l'enfant, bien que ressortissant allemand, vivait au Danemark et y était né, si bien que l'on peut dire que la résidence habituelle a primé sur la nationalité (avec également l'influence de l'autonomie de la volonté)[78]. De plus, le droit allemand lui-même reconnaît un rôle à la résidence habituelle en matière d'attribution du nom, si bien qu'il était aisé pour la Cour de montrer que le rattachement à la nationalité n'était pas le seul rattachement possible.

Cela nous amène à notre conclusion, sous forme de proposition, qui dépasse un peu le cadre strict de l'interrogation de départ mais devrait, nous semble-t-il, guider tous les travaux futurs de l'Union européenne en matière de droit international privé, y compris donc la préparation d'un éventuel code de droit international privé. Cette proposition est la

---

76 Aff. C-148/03, 2 octobre 2003.

77 Aff. C-353/06, 14 octobre 2008.

78 Voir le point 31 de la décision. Voir également Matthias Lehman, « What's in a name ? Grunkin-Paul and Beyond », *Yearbook of Private International Law*, 10, 2008, p. 135-164. La Cour dans cette affaire condamne purement et simplement les règles de conflit de lois de l'Allemagne et ne reconnaît aucun des arguments que l'Allemagne tire de la logique du droit international privé pour faire jouer, au nom de la liberté de circulation, la reconnaissance combine a l'autonomie de la volonté.

suivante : le droit européen devrait abandonner purement et simplement la nationalité comme critère de rattachement (même s'il est utilisé à titre résiduel)[79]. Plus encore, l'ancrage de la citoyenneté européenne ne devrait plus être la nationalité, mais la résidence habituelle. Il n'y aurait plus une entrée unique dans la citoyenneté européenne, mais des entrées multiples, selon les droits que la personne revendiquant la citoyenneté veut exercer. Si telle avait été la règle, la Cour aurait pu lutter contre la fraude perpétrée dans l'affaire Zu et Chen. De surcroît, cela éviterait la discrimination qui est désormais en droit européen entre ressortissants des États-membres, citoyens, et les ressortissants des États tiers qui ne le sont pas. Comme nous l'avons dit, le droit international lutte contre les discriminations. Or, le droit européen aujourd'hui nourrit une incohérence. Il lutte contre les discriminations à l'intérieur, mais ne se soucie guère, sauf stratégie juridique intelligente, des discriminations créées vis-à-vis de l'extérieur. Notre proposition aurait le mérite de supprimer cette incohérence.

---

[79] L'affaire Johannes (C-430/97, 10 juin 1999), par exemple, ne pourrait plus être jugée de la même manière.

Troisième partie

Le domaine de la codification

Introduction

Laurence IDOT

Professeur, Université Paris II, France

Il n'était pas prévu que j'occupe cette place cet après-midi, puisque la présidence de cette séance aurait dû être assurée par le professeur Hélène Gaudemet-Tallon. Elle n'a pu malheureusement nous rejoindre, mais elle est avec nous par la pensée. Elle aurait certainement été plus qualifiée que moi pour mener ces débats, mais je suis, à un double titre, heureuse d'essayer de la suppléer. Non seulement, j'ai été son étudiante en droit international privé, mais, de plus, les questions relatives au domaine du droit européen ont toujours suscité mon intérêt.

Après l'étude des fondements, il est, en effet, tout à fait logique d'envisager le domaine de ce code européen de droit international privé. Tel va être le thème qui va nous retenir cet après-midi, qui a été de manière classique divisé en deux parties, l'une consacrée au domaine spatial, l'autre au domaine matériel. La présentation est certes pédagogique, mais elle révèle une première difficulté : le domaine spatial n'est-il pas dépendant en partie du domaine matériel ? Jusqu'à présent, les règlements de l'Union en droit international privé adoptent des solutions différentes. Est-il besoin de rappeler que le Règlement n° 44/2001, dit Bruxelles I, ne s'applique en l'état du droit positif qu'aux relations intracommunautaires ? À l'inverse, les Règlements dits Rome I et Rome II édictent des règles de conflit universelles. Ces solutions sont certes habituelles en droit international privé et semblent justifiées par l'objet couvert – conflit de juridictions, par opposition à confit de lois –, mais vous savez tous que l'un des grands débats soulevés par la révision du Règlement Bruxelles I porte sur l'élargissement de son domaine spatial. À cette première interrogation propre au droit international privé – faut-il tendre à l'universalisme ? – s'ajoute une difficulté supplémentaire tenant au droit de l'Union lui-même. Les règles du droit primaire, qu'il s'agisse du principe de libre circulation, ou des règles de concurrence, obéissent à d'autres logiques. Le principe initial selon lequel ces règles du droit primaire n'avaient vocation qu'à appréhender des situations intra-communautaires a été réduit à une peau de chagrin. L'inapplicabilité aux situations purement internes a été progressivement remise en cause, d'abord en droit de la concurrence, via une interprétation extensive de l'exigence d'une affectation du commerce entre États-membres, puis progressivement en matière de libre circulation. Le dernier bastion – la libre circulation des personnes – est en train de céder sous les assauts de la notion de « citoyenneté européenne ». Dans le même ordre d'idées, nombreuses sont les règles dont l'application a été étendue dans les relations avec des États tiers. Face à une telle diversité de solutions au sein du grand ensemble « droit de l'Union européenne », quel parti adopter dans un code européen de droit international privé ? Peut-il y avoir une solution unique ? Pour nous éclairer sur ce point, nous entendrons dans un premier temps, le professeur Marc Fallon de l'Université catholique de Louvain. Le présenter n'est plus nécessaire. Nous avons tous en mémoire, parmi ses multiples travaux, son cours à l'Académie de droit international et son traité de droit matériel de l'Union, dans lesquels il consacre pour chacune des questions traitées quelques développements à ce sujet essentiel du domaine spatial. Il était donc particulièrement bien placé pour présenter la communication sur « Le domaine spatial d'un code européen de droit international privé ».

Dans son rapport introductif, Marc Fallon insistait ce matin sur l'exigence de cohérence. Cette exigence de cohérence est essentielle à l'intérieur de l'ordre juridique de l'Union européenne, mais elle ne se limite pas ce dernier. Les règles de droit de l'Union ne sont qu'une partie d'un ensemble plus complexe. Elles doivent encore être articulées avec d'autres instruments de droit international qu'il s'agisse d'autres textes européens, comme la Convention européenne des droits de l'homme, ou d'autres conventions internationales. On pense immédiatement aux Conventions de La Haye, mais il ne faut pas oublier tous les traités auxquels les États-membres peuvent être parties. Il ne fait guère de doute que, dans un code européen de droit international privé, les rapports entre ces différents systèmes devraient être clarifiés. Pour nous éclairer sur ces questions toujours très délicates, nous bénéficierons d'un duo franco-espagnol, d'une pièce à quatre mains. La deuxième communication sur les textes internationaux et européens et les rapports de système sera, en effet, présentée par Jean-Sylvestre Bergé et Pedro de Miguel Asencio, respectivement professeurs à l'Université Paris Ouest-Nanterre La Défense et l'Université Complutense de Madrid.

Domaine spatial du droit de l'Union, articulation du droit de l'Union et des autres instruments internationaux, nous aurons ainsi fait le tour des questions d'applicabilité dans l'espace.

Le domaine spatial d'un code européen de droit international privé

Émergence et modalités de règles de caractère universel

Marc FALLON

Professeur, Université catholique de Louvain, Belgique

Penser codification signifie penser globalement : l'exercice consistant à concevoir l'esquisse d'un code de droit international privé passe par l'identification du champ spatial couvert par les règles européennes de conflit de lois ou de juridictions.

Ce champ spatial affecte l'applicabilité – dans l'espace – de la règle, non sa normativité ou force obligatoire, ni encore la question de la délimitation du « territoire » de l'Union. Alors que l'applicabilité au sens strict vise l'utilisation de la règle au regard d'une situation particulière et s'adresse essentiellement, de ce fait, aux personnes et aux biens impliqués dans cette situation, la question de la normativité d'une règle produite par un État intéresse la force de commandement de la règle pour une autorité publique : cette normativité obéit à un critère de territorialité stricte, en ce sens que l'autorité ne se réfère qu'aux normes produites par son propre système juridique, dont l'espace territorial est délimité par les frontières de l'État[1]. Lorsque l'Union produit des règles de nature à se substituer à celles de l'État, la question de la normativité se pose en des termes distincts mais similaires : en tant que système autonome, l'Union dispose d'un législateur, d'un territoire[2] et de juges

---

1 Pour un rappel de ces notions générales pour les besoins du droit international privé, voir F. Rigaux et M. Fallon, *Droit international privé*, Bruxelles, Larcier, 2005, n° 1.31 et svts.

2 Ce territoire est identifié par l'art. 52 TUE, combiné avec l'art. 355 TFUE (l'un et l'autre remplaçant l'art. 299 CE). Ces articles ne servent pas à déterminer l'applicabilité dans l'espace de règles produites par le législateur européen, mais à définir un territoire de référence chaque fois que la règle détermine son applicabilité au moyen d'un critère territorial. Plus précisément, l'art. 52 TUE semble distinguer utilement deux éléments. D'un côté, en posant que « les traités s'appliquent au[x] » différents États-membres (§ 1er), il exprime le domaine normatif de la règle euro-

d'application du droit de l'Union, qui sont les juridictions nationales : celles-ci ont à respecter la normativité ou force obligatoire des règles posées par le législateur européen en tant que destinataires institutionnels de ces règles. Autre est la question si toute règle européenne a force obligatoire pour tout État-membre – y compris ses autorités et juridictions : pertinente en matière civile en raison des options que le droit primaire a laissées à certains États-membres, elle fait l'objet du rapport de A. Mac Eleavy Fiorini.

L'examen de l'applicabilité dans l'espace d'une règle de conflit est pertinent à propos d'une codification internationale, non d'un code national. En effet, les règles de conflit posées par un législateur national ont, par nature, un caractère universel, au sens où ce terme est compris traditionnellement en droit des conflits de lois : la règle posée par le législateur couvre toute situation internationale, à savoir n'importe quel litige comprenant un élément de rattachement avec un pays « étranger ». Il en va ainsi de la règle de rattachement – méthode de solution dite « multilatérale » du conflit de lois – mais aussi de la règle de conflit de juridictions : la règle nationale de compétence judiciaire internationale est apte à viser tout litige présentant avec l'ordre juridique du for l'élément de localisation de nature à permettre la saisine d'une juridiction nationale ; et la règle sur l'efficacité des décisions judiciaires étrangères couvre nécessairement toute décision du fait qu'elle est étrangère, quel qu'en soit le pays d'origine. Ceci n'empêche pas, naturellement, l'adoption par l'État de régimes propres à certaines situations internationales présentant un élément de rattachement avec un État étranger déterminé, mais ce processus passe normalement par la voie conventionnelle, bilatérale ou multilatérale.

Les règles de conflit conventionnelles, en revanche, présentent un visage dissymétrique. La règle de conflit de lois est universelle selon le modèle dominant : rares sont aujourd'hui celles qui cantonnent leur domaine aux situations localisées dans l'État dont le droit est rendu applicable. En revanche, toute règle conventionnelle sur l'efficacité de décisions judiciaires étrangères limite son domaine aux décisions rendues dans un État contractant. S'agissant de la compétence judiciaire internationale, la pratique traditionnelle des accords bilatéraux est centrée sur les litiges impliquant des ressortissants d'États contractants. Quant aux conventions multilatérales, la tendance est également à en restreindre le domaine spatial, fût-ce en des termes non toujours explicites. La Convention de La Haye du 30 juin 2005 sur les accords

---

péenne – de droit primaire ou de droit dérivé. D'un autre côté, en évoquant le « champ d'application territoriale » des traités (§ 2) tel que « précisé à l'art. 355 », il entend identifier le territoire de référence, plus concrètement dissocier certains territoires.

d'élection de for vise un accord désignant les tribunaux d'un État contractant, non tout autre accord : ceux-ci ne sont pas nuls pour autant, leur validité reste soumise au droit national. De même, la Convention du 19 octobre 1996 sur la protection des enfants vise une demande concernant un enfant dont la résidence habituelle est dans un État contractant – comme le faisait la Convention du 5 octobre 1961 –, ou dont un bien se situe dans un tel État, tout en s'étendant, pour les enfants non résidents, à l'adoption de mesures provisoires en cas d'urgence. C'est ici le critère même de compétence utilisé qui sert à circonscrire le domaine spatial de la règle, dont la limitation se déduit implicitement de l'absence de disposition subsidiaire : la localisation dans un pays tiers de la résidence de l'enfant ne devrait pas exclure toute compétence d'une juridiction d'un État contractant à propos de l'un de ses ressortissants, en vertu du droit national. Lorsque la règle conventionnelle de compétence internationale est posée dans un traité d'uniformisation du droit matériel, son domaine spatial est limité indirectement, en fonction du critère d'applicabilité affectant les règles matérielles uniformes. Ainsi, l'article 28 de la Convention de Varsovie du 12 octobre 1929 en matière de responsabilité du transporteur aérien ne concerne que les transports internationaux au départ et à destination d'un État contractant en vertu de l'article 1er.

De telles données apparaissent bien comme des constantes du droit conventionnel. Valent-elles pour autant à propos des règles de conflit de lois ou de juridictions adoptées par le législateur de l'Union européenne ? La pratique montre un mimétisme total à l'origine, mais celui-ci s'efface progressivement, évolution appelant à s'interroger sur la possibilité de règles universelles au regard du droit primaire (section 1). Une telle évolution, commandée par la spécificité des objectifs de l'Union par rapport au droit conventionnel, s'accompagne d'une adaptation de la structure des règles dans le domaine du conflit de juridictions, adaptation sans objet pour les règles de conflit de lois, de nature universelle dès l'origine, selon le modèle emprunté à la fois au droit conventionnel et au droit national (section 2).

La présente analyse revient à mesurer le lien entre codification et règle universelle, plus précisément à vérifier l'hypothèse selon laquelle un code au sens strict suppose des règles universelles ou, inversement, la production de règles universelles engendre nécessairement la production d'un code. Par ailleurs, dans le cas européen, les règles de conflit de lois ou de juridictions, initialement de nature conventionnelle, se sont muées progressivement en actes de nature unilatérale, nature similaire aux règles nationales, facteur pouvant avoir une incidence sur le processus de codification.

I. L'évolution vers des règles unilatérales de nature universelle

Le recours à des règles universelles est fonction du droit primaire, de manière à assurer un ajustement du domaine spatial du droit dérivé sur les règles d'applicabilité qui affectent les différentes libertés de circulation, fondements des « espaces » européens – marché intérieur et ELSJ. En amont, il s'impose de faire état du mode de délimitation dans l'espace utilisé par le droit dérivé en matière de droit international privé (A). En aval, force est de constater une forme d'unilatéralité de la nature des sources du droit international privé européen (C).

A. Présentation des techniques d'applicabilité utilisées par le droit dérivé

La délimitation dans l'espace du champ des règles européennes de conflit de lois ou de juridictions a suivi successivement deux procédés, le premier visant à limiter ce champ et le second, à l'étendre.

1. Limitation du domaine des règles européennes

a. Règles de compétence judiciaire internationale

Le Règlement Bruxelles I, qui peut être vu comme un acte de base en matière civile et commerciale, s'inspire de la Convention de Bruxelles du 27 septembre 1968 pour fixer le domaine spatial des règles communes. Il en reprend en effet tel quel l'article 4. Selon cette disposition, les règles conventionnelles, dans le titre sur la compétence, ne couvraient que les litiges affectant un défendeur domicilié dans un État contractant, sous réserve de certaines matières particulières où prévalait le lieu de localisation d'un bien ou d'un acte (article 16). Une forme d'extension était présente à propos d'accords d'élection de for puisque l'article 17, tout en ne visant que le choix d'une juridiction d'un État contractant, n'exigeait que la localisation du domicile de l'une des parties sur le territoire d'un tel État. Dans ce contexte conventionnel, les autres litiges relevaient normalement[3] des règles nationales de compétence internationale, sauf le respect de la règle conventionnelle d'assimilation au national du demandeur domicilié dans un État contractant (article 4, § 2). Cela signifiait, notamment, que la validité d'une clause de juridiction en faveur d'un tribunal d'un État non contractant ne pouvait que relever du droit national. Ce résultat procédait de la nature du droit conventionnel, laissant au droit national toute situation non

---

[3] Très vite cependant s'est posée la question dite de l'effet « réflexe » des art. 16 et 17, identifiée par G. Droz, *Compétence judiciaire et effets des jugements dans le Marché commun*, Paris, Dalloz, 1972, n° 165 ; « Les droits de la demande dans les relations privées internationales », *TCFDIP 1993-1995*, Paris, Pédone, 1996, p. 105.

incluse dans le domaine de l'accord : les termes de la disposition renvoyaient bien sans ambiguïté au droit national dans l'hypothèse visée, celle du défendeur qui « n'est pas domicilié » dans un État contractant.

La « communautarisation » de ces règles conventionnelles par le Règlement 44/2001[4] n'a pas entraîné de modification de contenu de l'article 4. Il semble pourtant avoir affecté sa portée. Comme l'on sait, il résulte de l'avis 1/03 relatif à la nouvelle Convention de Lugano que le règlement doit être vu désormais comme comprenant un « système global » (§ 144), auquel appartient l'article 4 : c'est dire que, tout en renvoyant aux règles nationales pour le défendeur non domicilié dans l'Union, l'acte couvre bien cette situation. Il y aurait donc un écart entre la notion de domaine d'application du règlement même et celui des règles communes qu'il contient. Cette nuance permet à la Cour de justice d'affirmer que tout accord conclu par un État-membre avec un pays tiers et portant sur un litige exclu du domaine des règles communes, risque encore d'affecter le système établi par l'acte, ce qui suffit à générer l'exclusivité de la compétence normative de l'Union pour conclure des accords avec des pays tiers. La nuance permet alors de voir dans l'article 4 une forme de délégation de compétence par l'Union aux États-membres, dans un champ qui a basculé dans l'orbite de l'Union : en effet, il est possible au législateur européen habilité à agir, de rétrocéder sa compétence aux États[5].

Le procédé utilisé par le Règlement Bruxelles I n'est pas repris comme tel par d'autres actes ultérieurs. Pourtant, ceux-ci en portent une trace. Il en est ainsi du Règlement Bruxelles II[6], suivi du Règlement Bruxelles II*bis*[7]. Au sein d'une règle à structure complexe annonçant l'ouverture d'une seconde phase dans la politique de délimitation spatiale des actes, on retrouve le critère de la résidence habituelle du défendeur comme premier critère d'applicabilité, toutefois sur le même pied que la nationalité de celui-ci. L'élargissement à la nationalité s'explique tout au plus par le domaine matériel de l'acte, qui relève du droit de la

---

4 Règlement 44/2001 du Conseil du 22 décembre 2000 concernant la compétence judiciaire, la reconnaissance et l'exécution des décisions en matière civile et commerciale, *J.O. L 12 2001.*

5 Cette technique s'observe par exemple dans le domaine de la politique commerciale commune. Voir le Règlement 260/2009 du Conseil du 26 février 2009 relatif au régime commun applicable aux importations (version codifiée), *J.O. L 84 2009.*

6 Règlement 1347/2000 du Conseil du 29 mai 2000 relatif à la compétence, la reconnaissance et l'exécution des décisions en matière matrimoniale et en matière de responsabilité parentale des enfants communs (Bruxelles II), *J.O. L 160 2000.*

7 Règlement 2201/2003 du Conseil du 27 novembre 2003 relatif à la compétence, la reconnaissance et l'exécution des décisions en matière matrimoniale et en matière de responsabilité parentale abrogeant le Règlement 1347/2000, *J.O. L 338 2003.*

famille. Pour le reste, le choix d'un critère d'applicabilité tenant à la qualité de défendeur ne semble pas avoir d'explication différente que le choix du critère du domicile du défendeur dans le règlement et, par-delà, dans la Convention de Bruxelles[8].

Au cours de cette phase, d'autres règles européennes de compétence judiciaire internationale voient leur domaine d'application limité par un critère de localisation. Ce peut être indirectement, par la présence dans l'acte d'une règle d'applicabilité qui vise principalement à rapprocher d'autres règles que des règles de compétence, comme c'est le cas de la directive 96/71 sur le détachement des travailleurs[9], dont l'article 6 ne concerne que des hypothèses de détachement dans l'Union par un employeur établi dans l'Union (article 1er, § 1er). De son côté, le Règlement 2271/96 portant des mesures européennes de blocage contre « l'application extraterritoriale » de certaines lois adoptées par des États tiers en matière de commerce international[10], renvoie aux règles de la Convention de Bruxelles, tout en ne visant, principalement, que les demandeurs établis dans l'Union (article 11).

b. Règles sur l'efficacité des décisions judiciaires étrangères

Comme pour les règles de conflit de lois, l'applicabilité dans l'espace des règles européennes sur la reconnaissance et l'exécution des décisions judiciaires étrangères suit le modèle conventionnel : elles ne concernent que des décisions rendues dans un État-membre. L'observation est plus nette qu'en matière de conflits de lois, puisque le constat est général. Tout au plus trouve-t-on, parmi les motifs de refus de reconnaître une décision rendue dans un État-membre, le caractère inconciliable de celle-ci avec une autre décision rendue antérieurement dans un pays tiers et remplissant les conditions nécessaires à sa reconnaissance dans l'État-membre requis (règl. 44/2001, article 34, 4° ; règl. 2201/2003, article 22), mais ces conditions relèvent du droit de cet État. C'est dire si la question de l'extension à des décisions rendues dans des pays tiers ne s'est jamais posée.

---

8 Voir *infra*, point B, 2). La transposition de ce critère d'applicabilité à la matière du divorce présente une anomalie puisque la procédure peut être non contentieuse, dans le cas d'une demande conjointe, d'ailleurs prévue dans la liste des chefs de compétence de l'art. 3. Le texte devrait s'interpréter comme visant, dans ce cas, la résidence habituelle ou la nationalité d'un des époux.

9 Directive 96/71 du Parlement européen et du Conseil du 16 décembre 1996 concernant le détachement de travailleurs effectué dans le cadre d'une prestation de services, *J.O. L 18 1997*.

10 Règlement 2271/96 du Conseil du 22 novembre 1996 portant protection contre les effets de l'application extraterritoriale d'une législation adoptée par un pays tiers, ainsi que des actions fondées sur elle ou en découlant, *J.O. L 309 1996*.

2. Extension du domaine des règles européennes

a. Règles de conflit de lois

Les règles européennes de conflit de lois ne semblent pas susciter d'interrogations sur leur applicabilité dans l'espace, dès lors qu'elles empruntent au modèle de la règle de rattachement multilatérale, dans une formulation puisée aux conventions de la Conférence de La Haye. Les Règlements Rome I[11] – à la suite de la Convention de Rome – et Rome II[12] expriment leur « caractère universel », en ce sens que « La loi désignée par le présent règlement s'applique même si cette loi n'est pas celle d'un État-membre » (respectivement, article 2 et article 3). Le Règlement Rome III, en matière de divorce, suit également le modèle de règles universelles. Il en sera de même en matière alimentaire, par l'effet du renvoi du Règlement 4/2009[13] vers le protocole de La Haye de 2007[14].

Pourtant, le droit européen connaît certaines règles de conflit de lois de portée non universelle, qui expriment un objectif de focalisation sur les situations d'intérêt européen.

En matière de contrats, les premières règles relatives aux contrats d'assurance ne visaient que la désignation de la loi de l'État-membre où le risque est situé[15]. Le Règlement Rome I manifeste certes une politique de retour vers des règles multilatérales en la matière, mais seulement pour les « grands risques » : pour les « risques de masse » – qui concernent principalement des preneurs d'assurance non professionnels –, la règle spéciale de rattachement (article 7) ne concerne que le contrat couvrant un risque situé dans un État-membre (§ 1er), et les parties ne peuvent choisir que la loi d'un État-membre, sauf lorsque le choix porte sur la loi de la résidence du preneur (§ 3, al. 1er). Par ailleurs, la disposi-

11 Règlement 593/2008 du Parlement européen et du Conseil du 17 juin 2008 sur la loi applicable aux obligations contractuelles, *J.O. L 177 2008.*

12 Règlement 864/2007 du Parlement européen et du Conseil du 11 juillet 2007 sur la loi applicable aux obligations non contractuelles, *J.O. L 199 2007.*

13 Règlement 4/2009 du Conseil du 18 décembre 2008 relatif à la compétence, la loi applicable, la reconnaissance et l'exécution des décisions et la coopération en matière d'obligations alimentaires, *J.O. L 7 2009.*

14 Protocole de La Haye du 23 novembre 2007 sur la loi applicable aux obligations alimentaires (www.hcch.net), et décision 2009/941 du Conseil du 16 novembre 2009 relative à la conclusion par la Communauté du protocole, *J.O. L 331 2009.*

15 Directive 88/357 du 22 juin 1988 (*J.O. L 172 1988*) en ce qui concerne les assurances non vie, et directive 90/619 du 8 novembre 1990 (*J.O. L 330 1990*) en ce qui concerne l'assurance vie. Il est significatif que ces règles de conflit de lois ont été insérées dans des actes « marché intérieur », ayant pour objet principal l'accès au marché de l'assurance des États-membres et les conditions d'exercice de l'activité d'assurance sur ce marché.

tion spéciale relative aux couvertures obligatoires ne s'intéresse qu'aux obligations d'assurance imposées par un État-membre (§ 4). Cette limitation ne signifie pas pour autant l'inapplicabilité du règlement, elle renvoie seulement aux autres règles de rattachement, en particulier celle relative aux contrats de consommation lorsque le preneur n'est pas un professionnel (article 6). Ce résultat répond probablement à une politique d'intérêt général du législateur européen : tant du moins que les règles en matière d'assurance sont plus protectrices du consommateur, on observe qu'elles ne protégeront en fait que des consommateurs européens – dans la mesure où, pour les risques de masse, la situation du risque s'aligne normalement sur le lieu de résidence[16].

D'autres règles européennes de conflit de lois ne sont aptes à désigner, *de facto*, que le droit d'un État-membre. Il en va ainsi de dispositions désignant le droit du for, telle la règle de principe en matière d'insolvabilité dans le Règlement 1346/2000[17] (article 4, 1er), mais aussi, en matière quasi délictuelle, par suite d'un choix du demandeur dans le cas particulier du dommage causé à un concurrent par un acte de concurrence déloyale, lorsque l'acte affecte le marché de plusieurs pays ou en cas d'assignation de plusieurs défendeurs (article 6, § 3, b). Plus curieusement, en matière d'insolvabilité, la règle se contente de désigner le droit d'un État-membre pour limiter la protection de titulaires de droits réels sur des biens du débiteur (article 5), pour déterminer les effets de la procédure sur un contrat de travail (article 10) ou sur un droit sur un bien soumis à inscription dans un registre public (article 11). Il en va de même pour la règle de l'inopposabilité d'un acte préjudiciable aux créanciers (article 13). Il en va pourtant autrement pour l'effet de la procédure sur une compensation de créances (article 6) ou pour déterminer la validité d'actes conclus par le débiteur pendant la période suspecte (article 14).

Dans un contexte institutionnel spécifique, une technique différente peut encore conduire à restreindre indirectement l'applicabilité d'une règle européenne de conflit de lois, par l'effet d'une restriction de sa normativité ou force obligatoire. Dans une matière relevant de la compétence exclusive de l'Union du fait de l'exercice par celle-ci de sa compétence normative, ce peut être le résultat de l'utilisation, par un État-membre, de « l'autorisation » conférée par le législateur européen de conclure un accord avec un pays tiers en matière d'obligations contractuelles ou non contractuelles[18] ou en matière d'obligations alimen-

---

16 Selon les termes de la directive 88/357, précitée, art. 2.

17 Règlement 1346 du Conseil du 29 mai 2000 relatif aux procédures d'insolvabilité, *J.O. L 160 2000.*

18 Règlement 662/2009 du Parlement européen et du Conseil du 13 juillet 2009 instituant une procédure pour la négociation et la conclusion d'accords entre les États-

taires[19], au vu de « besoins spécifiques d'un État-membre donné dans ses relations avec un pays tiers » (préambule, § 4). Il s'agit soit d'un accord bilatéral, soit d'un accord « régional [...] qui porte sur certaines situations locales [...] (article 2). L'impact de ce procédé est encore à évaluer avec soin. Pour les besoins de la démonstration, on peut prendre pour exemple de la convention bilatérale conclue entre la France et la Yougoslavie le 18 mai 1971[20] concernant le droit de la personne et de la famille, ou l'une des conventions bilatérales conclues par l'Allemagne en matière de successions[21]. Une chose est de déterminer la normativité de la règle de conflit de lois, autre chose son applicabilité. D'abord, la norme de conflit ne s'impose qu'aux juridictions de l'État-membre partie aux accords, soit les juridictions françaises et allemandes. Ensuite, ces juridictions n'appliqueront la règle de conflit conventionnelle qu'aux situations internationales visées, par exemple, comme cela semble être le cas, les rapports juridiques concernant des ressortissants des États contractants. Aussi peut-on dire que, indirectement, pour ces juridictions, la règle de conflit européenne qui régit la matière se lit à l'exclusion des rapports concernant un ressortissant de l'État-membre contractant[22].

---

membres et des pays tiers sur des questions particulières concernant le droit applicable aux obligations contractuelles et non contractuelles, *J.O. L 200 2009.*

19 Règlement 664/2009 du Conseil du 7 juillet 2009 instituant une procédure pour la négociation et la conclusion d'accords entre les États-membres et des pays tiers concernant la compétence, la reconnaissance et l'exécution des jugements et des décisions en matière matrimoniale, de responsabilité parentale et d'obligations alimentaires, ainsi que sur le droit applicable en matière d'obligations alimentaires, *J.O. L 200 2009.*

20 *Rev. Crit. dip.*, 1973, p. 570. Une convention analogue a été conclue avec la Pologne, le 5 avril 1967, *Rev. Crit. dip.*, 1969, p. 329.

21 Ce cas-ci pourrait affecter le futur règlement sur les successions (pour le dernier état de la proposition, voir : 22 décembre 2010, dossier législatif 2009/0157 COD ; doc. 18096/10, JUSTCIV 238). De telles conventions sont évoquées dans les travaux du Gedip, réunion de Copenhague (2010), point V (www.gedip-egpil.eu ; M. Fallon, C. Kohler et P. Kinsch (dir.), *Le droit international privé européen en construction, Vingt ans de travaux du GEDIP – Building European Private International Law, Twenty Years' Work by GEDIP*, Cambridge, Intersentia, 2011).

22 Ce contexte est à distinguer de celui, voisin, de la coopération renforcée, telle que mise en œuvre en matière de divorce pour le Règlement Rome III (Règlement 1259/2010 du Conseil du 20 décembre 2010 mettant en œuvre une coopération renforcée dans le domaine de la loi applicable au divorce et à la séparation de corps, *J.O. L 343 2010*). Certes, ici aussi, la normativité de la règle européenne ne s'étend pas à l'ensemble des États-membres. Mais la technique n'affecte que la normativité, non l'applicabilité des règles européennes : pour les juridictions d'États liés par le règlement, seul celui-ci a force obligatoire, à l'exclusion de toutes autres sources du droit international privé du for, alors que, pour les juridictions des autres États, seules ces sources nationales ont force obligatoire, à l'exclusion de l'acte européen. Les premières pourront donc avoir à appliquer les règles européennes à une situation locali-

b. Règles de compétence judiciaire internationale

Un mouvement remarquable vers l'universalisation se remarque à propos des règles européennes de compétence judiciaire internationale. Cette universalisation a pu revêtir deux formes.

Selon un premier procédé, le domaine de l'acte est étendu à l'ensemble des litiges transfrontières, tout en maintenant une distinction entre les litiges réellement européens – que l'on peut qualifier de « premier cercle » – et les autres. Seul le Règlement Bruxelles II*bis* y a recours, et il y a lieu de croire que ce procédé n'a pas vocation à prospérer. Les litiges du premier cercle y sont identifiés par la localisation européenne de la résidence habituelle ou de la nationalité du défendeur (article 6), critère se situant dans le prolongement de celui du Règlement Bruxelles I[23]. Pour ceux-ci, la compétence est dite, malencontreusement, « exclusive », en ce sens seulement qu'elle ne peut être déterminée par le juge que sur la base du règlement. Pour les litiges du second cercle, le juge y applique aussi les dispositions du règlement mais celui-ci ajoute une forme de for complémentaire, de portée subsidiaire, pour le cas où ces dispositions ne suffisent pas à assigner dans l'Union : la règle subsidiaire, cependant, se contente de renvoyer aux règles nationales de compétence (article 7). La portée de ce dispositif est illustrée sans surprise par l'arrêt Sundelind Lopez du 29 novembre 2007[24] : une demande en divorce introduite par un Suédois résidant en France contre un défendeur cubain résidant à Cuba alors que la dernière résidence conjugale était en France, relève de la compétence des juridictions françaises en vertu de l'article 3 du règlement. En effet, la règle complémentaire renvoyant au droit national ne vaut qu'à titre subsidiaire, à défaut de pouvoir fonder la compétence sur l'article 3.

Selon un second procédé, les règles de compétence acquièrent un caractère de type universel : elles couvrent tout litige international, indépendamment de la nature des liens de rattachement de la situation avec l'ordre juridique de l'Union[25]. Ce pas est franchi par le Règlement 4/2009 concernant les obligations alimentaires[26]. Le caractère universel

---

sée dans un État non lié, alors que la question de l'applicabilité de ces règles ne se pose pas aux secondes.

23 Voir *supra*, point 1.

24 Aff. C-68/07, *JCP* 2008, II, 10042, note A. Devers ; *Rev. Crit. dip.*, 2008, p. 343, note E. Gallant.

25 Une atténuation de l'universalité de la règle de conflit découle, selon un phénomène déjà décrit à propos des règles de conflit de lois, de la technique de l'autorisation par le législateur européen d'accords bilatéraux ou régionaux conclus par un État-membre avec un ou « quelques » pays tiers. Voir les Règlements 662/2009 et 664/2009, précités.

26 Précité, point a).

n'est pourtant pas consacré par une disposition particulière ; il se déduit de l'agencement des règles de compétence : aux dispositions « générales » énonçant une liste de chefs de compétence, font suite, successivement et l'un à défaut de l'autre, « une compétence subsidiaire » retenant le critère de la nationalité commune des parties (article 6) et un « *forum necessitatis* » (article 7) : ceux-ci n'interviennent qu'à titre subsidiaire, à défaut de pouvoir fonder la compétence d'aucune juridiction d'un État-membre. Pour le reste, l'extension à l'ensemble des litiges internationaux a entraîné une adaptation des chefs de compétence sans toutefois modifier la substance des dispositions existantes, par l'ajout de fors complémentaires[27]. À la différence du procédé précédent, celui-ci comprend un ensemble complet de règles communes se substituant intégralement au droit commun des États-membres. De plus, il ne distingue pas formellement litiges du premier et du second cercles, tout en ne soumettant que ces derniers au jeu des règles subsidiaires qui, de ce point de vue, reçoivent une portée complémentaire.

Au vrai, l'utilisation de règles de type universel est antérieure au règlement sur les aliments. La méthode semble avoir été introduite dès 1994, lors de la création de marques européennes. Ainsi, selon le Règlement 40/94 sur la marque communautaire, tel que consolidé par le Règlement 207/2009[28], la compétence est réglée en principe par la « convention d'exécution » – la Convention de Bruxelles, désormais le Règlement Bruxelles I – (article 90 ; article 94 nouveau), mais il y est dérogé en matière de contrefaçon et de validité. Le domaine spatial des dispositions dérogatoires est évoqué, non sans ambiguïté. D'une part, l'article 4 de la convention n'y est pas applicable, mais « les dispositions du titre II [...] qui s'appliquent aux personnes domiciliées dans un État-membre s'appliquent également aux personnes qui ne sont pas domiciliées dans un État-membre, mais qui y ont un établissement » (article 90, § 2) : ceci se comprend comme étendant le domaine spatial à tout défendeur disposant d'une succursale ou agence dans l'Union. Cependant, les chefs de compétence présentent une structure en cascade, retenant en premier lieu le domicile – à défaut l'établissement – européen du défen-

27 Un procédé intermédiaire se constate dans le Règlement Bruxelles II*bis*, à propos des demandes concernant la responsabilité parentale. En effet, le règlement utilise plusieurs critères de compétence en cascade, l'un à défaut de l'autre, tout en laissant encore une place subsidiaire très marginale au droit national. Ainsi, le règlement retient, dans l'ordre, la localisation dans l'Union de la résidence habituelle de l'enfant (art. 8), à défaut – et à défaut seulement – la « présence de l'enfant » (art. 10), alors que, à titre « résiduel », lorsqu'aucune juridiction d'un État-membre n'est compétente en vertu du règlement, la compétence est réglée par le droit de chaque État-membre (art. 14). Cette règle résiduelle emprunte au premier procédé constaté.

28 Règlement 207/2009 du Conseil du 26 février 2009 sur la marque communautaire (version codifiée), *J.O. L 78 2009.*

deur, ensuite le domicile – à défaut l'établissement – européen du demandeur, enfin l'État-membre dans lequel l'Office des marques communautaires a son siège (article 93, § 1er à 3 ; article 97 nouveau). Par ailleurs, l'action en déclaration de contrefaçon peut également être portée devant les tribunaux de l'État-membre où le fait a été commis (§ 5). En outre, l'article 17 de la convention est rendu applicable en cas de choix d'un autre tribunal des marques communautaires (§ 4). On reconnaît, d'une part une structure alternative semblable à la combinaison des articles 2 et 5, 3°, du Règlement Bruxelles I – un choix est laissé au demandeur entre le for du domicile du défendeur et le for de localisation du fait de contrefaçon –, d'autre part un procédé de fors complémentaires de nature subsidiaire, pour le cas où le défendeur n'est ni domicilié ni établi dans l'Union, technique analogue à celle observée dans le Règlement 4/2009. Une approche analogue s'observe pour la protection des dessins ou modèles communautaires[29].

Le recours à des règles de type universel dans le cas précité découle de la nature des droits dont la protection est demandée en justice. En effet, ceux-ci relèvent d'une institution juridique créée par l'ordre juridique européen et absente des droits nationaux : les actes qui les instituent ne rapprochent donc pas les législations nationales. Par conséquent, les règles de compétence internationale se doivent d'être configurées en un système complet, sans pouvoir faire appel aux règles nationales, ni de manière subsidiaire ni pour les litiges exclus du domaine spatial des règles communes. À ce titre, le caractère universel de ces règles leur est aussi inhérent qu'il l'est à des règles nationales de compétence judiciaire internationale. On assiste donc ici à un embryon d'agencement strictement européen de la compétence judiciaire, propre à l'ordre juridique européen.

B. Incidence du droit primaire sur l'applicabilité dans l'espace des règles de conflit

La question de l'incidence du droit primaire sur l'applicabilité dans l'espace des règles de conflit est rarement posée. Certes, la portée du droit primaire n'est pas négligée par la doctrine, dès lors que les actes du

---

29 Règlement 6/2002 du Conseil du 12 décembre 2001 sur les dessins ou modèles communautaires, *J.O. L 3 2002*. Le Règlement 2100/94 instituant un régime de protection communautaire des obtentions végétales (*J.O. L 227 1994*) contient des chefs de compétence analogues à ceux du Règlement sur les marques, mais non sans nuances : le renvoi est fait, curieusement, à la Convention de Lugano ; la convention reste applicable mais les actions en revendication échappent à son art. 5, 3° et 4°, alors qu'est sauvegardé l'art. 5, 1° (art. 102). Ainsi, à la différence du Règlement sur les marques, les règles de compétence ne sont pas dérogatoires mais s'ajoutent, de manière alternative, à celles de la convention – du Règlement 44/2001 –, tout en y ajoutant, comme ce règlement, des fors complémentaires de portée subsidiaire.

législateur européen se doivent de respecter les termes de l'habilitation normative conférée par le droit primaire : la Cour de justice ne manque pas de rappeler avec insistance que le législateur européen ne dispose pas d'une compétence normative générale, mais spéciale seulement[30] (articles 4 et 5 TUE). Or, l'attribution de telles compétences est fonction des objectifs de l'Union et par là, du domaine d'application des traités. En particulier, les mesures visant au rapprochement des législations nationales en vertu de l'article 114 TFUE doivent avoir pour « objet l'établissement et le fonctionnement du marché intérieur ». Les actes « de coopération judiciaire en matière civile » au sens de l'article 81 TFUE doivent bien affecter « l'espace » de liberté, de sécurité et de justice constitué par l'Union (article 67), même s'il n'est plus requis qu'ils soient « nécessaires au fonctionnement du marché intérieur » (article 81.1 TFUE), à la différence de ce qu'exigeait l'article 65 CE.

Il semble donc pertinent d'évoquer les limites spatiales de ces espaces constitués par le Traité sur le fonctionnement de l'Union (1), afin de mesurer si le domaine des actes existants tient compte de ces limites (2).

1. Applicabilité dans l'espace des règles du droit primaire

La pertinence de la question de l'applicabilité dans l'espace de règles du droit primaire dépasse le cadre du droit de la concurrence, matière qui a suscité d'importants débats à ce sujet : elle affecte l'ensemble des dispositions du Traité sur le fonctionnement de l'Union relatives aux différentes libertés de circulation. Cette affirmation est liée à une notion de base du droit institutionnel, l'effet direct d'une norme européenne. De la seule circonstance qu'une disposition du traité ait un effet direct, découle la nécessité de définir les contours de l'applicabilité de la norme, en particulier son domaine d'application dans l'espace.

De fait, les différentes libertés de circulation instituées par le Traité sur le fonctionnement de l'Union obéissent à des règles d'applicabilité explicitées par le traité même et utilisant des critères variables d'une liberté à l'autre. Ces critères se laissent regrouper en deux catégories, selon qu'ils concernent la circulation de biens économiques au sens large ou la circulation de personnes physiques.

Ces règles d'applicabilité doivent être distinguées d'autres dispositions du traité utilisant un critère d'ordre spatial pour identifier les titulaires de droits subjectifs, à savoir les personnes en droit d'invoquer l'effet direct de la norme européenne.

---

30 CJ 5 octobre 2000, *Allemagne c. Parlement européen et Conseil*, « *Publicité sur le tabac* », aff. C-376/98.

a. Applicabilité des règles sur les libertés de circulation des marchandises, des services et des capitaux

Globalement, le régime des entraves à la circulation des marchandises ou des services concerne tout produit ou service offert sur le territoire d'un État-membre.

Concrètement, le régime des marchandises a pour critère d'applicabilité dans l'espace l'accès de la marchandise au marché d'un État-membre. Ce critère est lié à la notion même d'entrave, dégagée par la jurisprudence : est constitutive d'une entrave, toute mesure d'un État-membre susceptible de gêner, directement ou indirectement, actuellement ou potentiellement, le commerce « intracommunautaire »[31], c'est-à-dire « entre États-membres »[32], plus précisément toute mesure qui affecte « l'accès au marché »[33], étant entendu qu'il s'agit du marché d'un État-membre.

Le texte même du traité détermine en des termes analogues, mais distincts, les marchandises auxquelles « s'applique » le régime des entraves, mais c'est semble-t-il plutôt pour définir la titularité de droits subjectifs. Ces marchandises sont tantôt celles « originaires des États-membres », tantôt celles « en provenance de pays tiers qui se trouvent en libre pratique dans les États-membres » (article 28.1 TFUE) ; et la libre pratique se définit comme l'accomplissement des formalités d'importation et des droits exigibles par le produit en provenance d'un pays tiers (article 29 TFUE). Ces termes englobent deux catégories de produits distingués selon leur origine, ceux « originaires » de l'Union et ceux « en provenance » de pays tiers, et le critère de la « mise en libre pratique » n'a de sens qu'à l'égard des seconds, puisqu'il vise l'importation dans l'Union d'un produit qui « provient » d'un pays hors de l'Union.

Mis ensemble, les critères de l'origine européenne et de la mise en libre pratique européenne ne servent pas, au vrai, à définir le domaine, ou espace géographique d'application, des règles européennes ; ils servent à identifier deux catégories de biens, en énonçant les conditions à remplir pour que ces biens puissent bénéficier de l'effet direct de la liberté de circulation. Le critère servant à déterminer le domaine de ce régime est bien l'accès au marché de l'Union. À l'évidence, l'entrave à l'accès au marché d'un pays tiers opposée à un produit originaire de

---

31 Terme présent dans la formule de l'arrêt Dassonville, CJ 11 juillet 1974, aff. 8/74.

32 Expression constante, notamment dans l'arrêt Keck & Mithouard, CJ 24 novembre 1993, aff. C-267/91 et C-268/91.

33 Terme utilisé par l'arrêt Keck & Mithouard, précité, pour identifier le critère distinctif d'une entrave.

l'Union ne saurait relever du régime européen de liberté de circulation, alors même qu'elle affecte un titulaire de droits identifié par le traité.

Pour les services, le critère d'applicabilité pertinent semble être la localisation d'une offre dans ou vers un État-membre ou, selon la terminologie utilisée par la jurisprudence, la circonstance que « la prestation [soit] effectuée à l'intérieur de [l'Union] »[34]. Selon les termes du traité, le régime des entraves porte sur l'interdiction de restrictions « à l'intérieur » de l'Union (article 56.1 TFUE), et la définition d'une prestation passe par l'identification de « l'exécution » ou « fourniture » d'une activité dans un État-membre (article 57.3 TFUE). En revanche, c'est très nettement que le texte dissocie applicabilité et titulaires de droits : ceux-ci ne peuvent invoquer la liberté de prestation que s'ils sont « ressortissants » d'États-membres « établis » dans un État-membre (article 56.1 TFUE). *A contrario*, le prestataire ressortissant d'un pays tiers en est exclu, de même que le ressortissant d'un État-membre établi dans un pays tiers. Il est significatif que le traité permette d'étendre la catégorie de ces titulaires par un acte du législateur, pourvu du moins que ceux-ci soient « établis à l'intérieur de l'Union » (article 56.2 TFUE). Alors que l'on ne conçoit pas le législateur européen étendre le domaine du droit de l'Union, dont il tire son existence même, on conçoit bien qu'il reçoive l'habilitation d'élargir la catégorie des titulaires de ce droit, dans le domaine prédéfini[35].

Pour les capitaux, l'interdiction posée par le régime des entraves porte sur tout mouvement « entre les États-membres » ainsi que « entre les États-membres et les pays tiers » (article 56 TFUE), sans autre précision sur la titularité des droits : c'est que l'extrême ouverture du domaine implique une ouverture à tout détenteur de capitaux. Ainsi, force est de constater que le régime européen de liberté couvre l'entrave à l'accès à tout marché de capitaux, pourvu que la situation ait un élément de rattachement avec l'Union, étant dans le mouvement observé, entre État-membre et pays tiers, à l'entrée dans ou à la sortie de l'Union. Cette extension n'implique pas pour autant une identité de régimes entre situations européennes et externes : son objectif n'est pas seulement de servir le marché intérieur mais aussi d'assurer la crédibilité de la monnaie unique et de préserver des centres financiers mondiaux dans l'Union ; et la possibilité de restrictions à l'égard de pays tiers interdites

---

[34] CJ 3 octobre 2006, *Scorpio*, aff. 290/04.

[35] Dans l'arrêt Scorpio précité, la Cour de justice énonce l'inapplicabilité du régime des services au prestataire non ressortissant et/ou non résident, à défaut de l'utilisation de l'habilitation en vue d'une extension du régime au ressortissant d'un pays tiers. L'arrêt ne dissocie pas pour autant applicabilité et titularité.

entre États-membres est fonction du degré d'intégration juridique atteint[36].

La comparaison des domaines respectifs des services et des capitaux mérite l'attention, à titre illustratif, comme le montre l'arrêt Fidium Finanz[37]. Selon la Cour de justice, une banque établie dans un pays tiers, en l'espèce la Suisse, offrant des services de placement d'épargne dans un État-membre, en l'espèce l'Allemagne, ne peut invoquer le régime des entraves aux services : la situation entre bien dans le domaine spatial de ce régime mais l'entreprise n'est pas titulaire de droits. En revanche, si la qualification de l'espèce faisait entrer celle-ci dans une problématique d'entrave à des capitaux, l'entreprise aurait pu, comme titulaire de droits, invoquer le régime des entraves aux capitaux.

La comparaison est également instructive à propos des entraves affectant des situations externes, c'est-à-dire comportant un élément de rattachement avec un pays tiers : pour les services, la situation exclue du domaine d'application dans l'espace du régime de liberté de circulation peut relever de la matière de la politique commerciale commune (article 207 TFUE), ce qui permet certes d'inclure encore cette problématique dans le domaine du droit de l'Union mais, dans ce cadre particulier, il n'est plus question d'appliquer des règles du droit primaire dotées d'effet direct, seulement de conférer au législateur européen une habilitation à agir. En revanche, l'extension observée du domaine du droit des entraves à la circulation de capitaux ne laisse aucune place à une insertion de la matière des capitaux dans le domaine (matériel) de la politique commerciale, qui ne s'y étend d'ailleurs pas (article 207 TFUE).

Quant au domaine voisin de la liberté de concurrence – dont les règles visent à interdire aux entreprises certains types de comportements qui, comme certaines mesures étatiques dans le domaine des libertés de circulation, ont pour effet de cloisonner les marchés nationaux –, le texte du traité couvre, à la fois, « le commerce entre États-membres » et la préservation du jeu de la concurrence « à l'intérieur du marché intérieur » ou, en cas de position dominante, son exploitation « sur le marché intérieur ou dans une partie substantielle de celui-ci » (article 101.1 TFUE et article 102.1 TFUE). Cette terminologie emprunte, tour à tour, à celle utilisée pour la circulation des marchandises (« entre les États-membres », article 34 TFUE) et pour les services (« à l'intérieur de », article 56 TFUE). Très certainement, les termes « affectation du commerce entre les États-membres » servent à définir le

---

36 CJ 18 décembre 2007, *A.*, aff. C-101/05.

37 CJ 3 octobre 2006, aff. C-452/04.

domaine d'application de la disposition[38]. Leur degré de précision reste cependant insuffisant pour en permettre une concrétisation par un critère d'applicabilité faisant appel à un élément de localisation des situations internationales visées. Aussi a-t-il fallu un processus d'interprétation, vivement discuté sous l'angle de l'application « extraterritoriale » des règles européennes[39]. Selon l'arrêt Gencor, l'élément de localisation déterminant pour concrétiser l'affectation du commerce européen est la localisation de l'activité substantielle, telle la réalisation d'une vente sur le territoire des États-membres, alors même que les entreprises parties à l'entente seraient établies dans des pays tiers et auraient conclu le contrat dans un pays tiers[40]. La mise en évidence d'un tel critère cherche à contrer l'accusation d'extraterritorialité, puisque l'applicabilité de la règle européenne repose bien sur la localisation d'un acte, ou d'un fait, ici la réalisation de la vente. En même temps, la solution se revendique d'un précédent énoncé dans l'arrêt « Pâtes de bois », lui-même issu de la jurisprudence *Continental Can*, dont avait pu se déduire que la Cour pratiquait le critère de la localisation des « effets » du comportement sur le territoire européen[41]. De fait, l'affaire « *Pâtes de bois* » concernait un contrat conclu entre entreprises de pays tiers visant à déterminer les conditions de vente de la pâte à papier destinée au marché européen : concrètement, la marchandise devait bien faire l'objet de fournitures sur le territoire d'États-membres. L'arrêt se justifie avec insistance – et avec raison – du principe de territorialité, notant l'absence de violation de toute règle de droit international ou de courtoisie internationale.

38 CJ 6 mars 1974, *Istituto Chimioterapico Italiano*, aff. 6/73 e.a. ; 25 janvier 2007, *Dalmine*, aff. C-407/04 P ; M. Fallon, *Droit matériel général de l'Union européenne*, Bruxelles, Bruylant, 2002, p. 278.

39 Sur l'extraterritorialité du droit économique, voir par exemple : B. Audit, « Extraterritorialité et commerce international – L'affaire du gazoduc sibérien », *Rev. Crit. dip.*, 1983, p. 401-434 ; J.G. Castel « The extraterritorial effect of antitrust laws », *RCADI*, 1983, I, p. 9-144 ; P. Demaret, « L'extraterritorialité des lois et les relations transatlantiques : une question de droit ou de diplomatie ? », *RTDE*, 1985, p. 1-40 ; N. Diacakis, *Problèmes liés aux effets extraterritoriaux des normes communautaires*, Bruxelles, Bruylant, 2000 ; D. Grisay, « Concurrence : le droit européen dans le contexte international », *JTE*, 2000, p. 1-10 ; B. Stern, « L'extraterritorialité revisitée – Où il est question des affaires Alvarez-Machain, Pâte de bois et de quelques autres... », *AFDI*, 1992, p. 239-313.

40 TPI 25 mars 1999, aff. T-102/96.

41 Respectivement : CJ 27 septembre 1988, aff. 89/85 e.a. ; CJ 21 février 1973, aff. 6/72.

b. Applicabilité des règles sur les libertés de circulation des personnes physiques

Le régime des entraves à la liberté de circulation des personnes distingue très nettement l'applicabilité de la règle matérielle et la détermination des titulaires de droits subjectifs.

La liberté d'établissement appelle naturellement, quant à l'applicabilité dans l'espace, la localisation de l'établissement « dans le territoire » d'un État-membre. En revanche, en termes de titularité, ne peut bénéficier de ce régime que le ressortissant d'un État-membre (article 49 TFUE).

La circulation des travailleurs est vue communément comme ne couvrant que les travailleurs ressortissants d'États-membres, assertion donnant à croire que la nationalité de la personne est constitutive de critère d'applicabilité[42]. En réalité, les termes du traité ne comportent pas cette exigence : ils évoquent tour à tour la circulation « à l'intérieur de l'Union » et l'interdiction de discriminer en raison de la nationalité les travailleurs « des » États-membres (article 45 TFUE, § 1er et 2). La première expression peut être vue comme un critère d'applicabilité se référant à la localisation de la circulation sur le territoire d'États-membres. La seconde est plus ambiguë : s'il est vrai qu'elle se comprend à première vue comme exprimant le critère de nationalité, il est troublant qu'il ne retienne pas le terme de « ressortissant » pourtant utilisé pour la liberté d'établissement (article 49 TFUE) ou pour la prestation de services (article 56 TFUE). Pratiquement, semble déterminant le critère de l'« accès au marché » régulier de l'emploi d'un État-membre[43]. Il y va ainsi d'un critère de nature territoriale. En revanche, il est constant, et incontesté, que seul un ressortissant d'un État-membre puise dans le droit primaire un droit propre de circuler : la nationalité de la personne constitue ainsi la condition de titularité de droits[44].

---

42 CJ 5 juillet 1984, *Meade*, aff. 238/83.

43 Ce critère est utilisé par la jurisprudence pour caractériser, non l'applicabilité dans l'espace, mais, tantôt la notion de travailleur (CJ 27 mars 1990, *Rush Portuguesa*, aff. C-113/89), tantôt la notion d'entrave (CJ 27 janvier 2000, *Volker Graf*, aff. C-190/98 ; CJ 4 juin 2009, *Vatsouras*, aff. 22/08 e.a.). Comp. la référence au même critère de l'accès au marché à propos de la circulation des marchandises, depuis l'arrêt Keck et Mithouard, précité.

44 Voir par exemple : CJ 5 juillet 1984, *Meade*, aff. 238/83 ; CJ 5 octobre 1994, *Eroglu*, aff. C-355/93. Une forme d'élargissement des personnes protégées a lieu par le droit du travailleur au regroupement familial, mais il est significatif que le droit au regroupement a été vu initialement comme un droit propre du travailleur ressortissant d'un État-membre, celui de sa famille n'en étant qu'un « droit dérivé » (CJ 23 novembre 1976, *Kermaschek*, aff. 40/76).

La circulation des citoyens de l'Union montre également une dissociation entre applicabilité et titularité de droits. La première prend pour critère la circulation et le séjour « sur le territoire des États-membres » alors que la seconde pose pour condition la citoyenneté (article 20.2 TFUE), à savoir être ressortissant d'un État-membre (article 20.1 TFUE)[45]. Un exemple concernant le droit privé permet d'en fournir une illustration. Dans l'affaire *Garcia Avello*[46], la Cour de justice a reconnu le droit pour un citoyen de l'Union possédant la nationalité de plusieurs États-membres – belge et espagnole en l'espèce – d'invoquer, dans l'État de résidence – la Belgique –, la circonstance que, selon le droit de son pays d'origine – l'Espagne –, l'enfant puisse porter une partie du nom de son père et une partie du nom de sa mère, alors que, selon le droit belge dont le citoyen a aussi la nationalité, prévaut le seul nom patronymique. Le cas ne soulevait pas de distinction entre applicabilité de la règle européenne – en raison de la résidence de la personne dans un État-membre – et titularité – en raison de la nationalité d'un État-membre. Si la personne avait eu la nationalité d'un ou de plusieurs États tiers, la règle européenne aurait certes été applicable mais la personne n'aurait pas pu en invoquer le bénéfice[47].

Cette affaire révèle encore que, par le biais d'une jurisprudence relative au contrôle d'entraves nationales à la liberté de circuler découlant d'une règle matérielle (nationale) de droit privé, la Cour de justice peut dégager, indirectement, une forme de règle matérielle européenne de droit privé. En effet, lors de l'examen de proportionnalité de la mesure en cause au regard de l'objectif d'intérêt général poursuivi par le droit civil sur le nom, l'arrêt ne manque pas de vanter les mérites du mode d'attribution du nom selon le Code civil espagnol[48]. Pourrait alors émerger une forme de standard européen en la matière, dont l'applica-

---

45 Ces dispositions générales ont fait l'objet de mesures d'exécution définissant notamment les situations visées, dans la directive 2004/38 du Parlement européen et du Conseil du 29 avril 2004 relative au droit des citoyens de l'Union et des membres de leurs familles de circuler et de séjourner librement sur le territoire des États-membres, *J.O. L 158 2004.*

46 CJ 2 octobre 2003, aff. C-148/02.

47 Ainsi, une société monégasque ne saurait invoquer l'art. 18 TFUE pour contester, au regard du principe de non-discrimination en raison de la nationalité, l'imposition d'une *cautio judicatum solvi* non exigée des nationaux : CJ 7 avril 2011, *Francesco Guarnieri*, aff. C-291/09. Les termes de la motivation expriment bien que la question affecte la titularité plutôt que l'applicabilité : selon l'arrêt, la discrimination ne saurait « être constatée à l'égard » de la société monégasque car celle-ci ne peut pas « revendiquer » le bénéfice de cette disposition. En revanche, le précédent invoqué par l'arrêt (CJ 4 juin 2009, *Vatsouras*, aff. C-22/08 e.a., § 52) se prononce plutôt en termes d'« application » de la disposition.

48 Arrêt précité, § 42.

tion serait commandée par les règles d'applicabilité et de titularité du droit primaire.

L'utilisation d'un critère territorial pour fixer le domaine d'application dans l'espace des règles matérielles instituant la liberté de circuler pour les personnes est assez naturelle. Elle n'a pas empêché certaines formes d'extension, à la marge, à des situations extraterritoriales, mais pourvu que soit vérifié un lien de rattachement suffisant avec le territoire de l'Union. Cela a permis d'étendre le domaine du droit primaire à des activités multilocalisées, comme c'est le cas de sportifs de haut niveau[49] ou de marins de la marine marchande[50], voire à un contrat de travail exécuté dans une ambassade d'un État-membre dans un pays tiers, dès lors que le contrat était régi, selon le droit international privé du juge saisi, par le droit d'un État-membre[51].

La dissociation des concepts d'applicabilité et de titularité permet d'expliquer à propos des personnes, comme c'était aussi le cas à propos des services, une forme d'élargissement de la catégorie des titulaires de droits à des ressortissants de pays tiers, dès lors que le droit primaire habilite à cette fin le législateur européen. C'est bien ce qu'a réalisé, en particulier, la directive n° 2003/109 du Conseil du 25 novembre 2003 relative au statut des ressortissants de pays tiers résidents de longue durée, prise au titre de la politique d'immigration (articles 63.3 et 63.4 CE, actuel article 79 TFUE).

2. Juxtaposition des domaines du droit dérivé et du droit primaire

Assurément, la détermination de l'applicabilité dans l'espace des actes européens de droit international privé s'est opérée en méconnaissance de la dimension spatiale des dispositions sur les différentes libertés de circulation dont pourtant ces actes visent à faciliter l'exercice par les citoyens et les entreprises. L'analyse ci-dessus montre combien cette dimension a été traitée en s'appuyant sur le modèle conventionnel. Cet emprunt peut avoir deux explications. Il peut d'abord découler d'une perception mimétique de la nature du droit de l'Union : issu d'un traité international, il procéderait du droit conventionnel, de sorte que, dans son contenu, l'acte européen n'aurait pas à se démarquer nécessairement d'autres instruments internationaux. Or, cette tentation est grande en matière civile, en raison de l'importance des travaux d'uniformisation

[49] CJ 12 décembre 1974, *Walrave*, aff. 36/74.

[50] CJ 27 septembre 1989, *Lopes da Veiga*, aff. 9/88.

[51] CJ 30 avril 1996, *Boukhalfa*, aff. C-214/94. On relève que dans cette affaire, le travailleur concerné était ressortissant d'un État-membre autre que l'Allemagne (Belgique).

du droit. Une autre explication plus probable, liée à la première, est de circonstance : elle viendrait du précédent que constitue la Convention de Bruxelles pour le Règlement Bruxelles I, comme plus tard la Convention de Rome pour le Règlement Rome I[52].

Le choix du lieu du domicile du défendeur comme critère servant à définir le domaine d'application dans l'espace des règles de compétence du Règlement Bruxelles I et, par-delà, de la Convention de Bruxelles, semble trouver son origine dans un contexte institutionnel particulier, à savoir l'ancien article 220 TCE (devenu article 293 CE, abrogé par le Traité de Lisbonne). Selon cette disposition, il était prévu que les États-membres engagent – en tant que de besoin seulement[53] – des négociations en vue d'assurer, notamment, la simplification de la reconnaissance des jugements étrangers, « en faveur de leurs ressortissants ». Ces termes ont été doublement dépassés par ceux de la convention : d'une part, l'instrument a été étendu aux règles de compétence judiciaire, comme une condition du bon fonctionnement de règles sur la reconnais-

52 Alors que le rapport Giuliano & Lagarde relatif à la Convention de Rome se réfère significativement aux modèles nationaux, une mise en question de l'application de la convention à des contrats non liés à la Communauté (parties établies et contrat exécuté hors de la Communauté) a été formulée au Royaume-Uni par Lord Wilberforce (R. Plender et M. Wilderspin, *The European Private International Law of Obligations*, London, Sweet & Maxwell, 2009, n° 4-016). Il en a été de même au moment des négociations en vue de l'adoption du Règlement Rome II, dans un avis du service juridique du Conseil ainsi qu'auprès de la délégation britannique (auteurs précités, n° 17-009). Tout en estimant que la question aurait dû être posée au regard des termes stricts de l'habilitation de l'art. 65 CE ayant égard à la nécessité de l'action pour le fonctionnement du marché intérieur, R. Plender et M. Wilderspin approuvent cependant le caractère universel des règles communes, à l'appui d'autres auteurs, non seulement pour un motif de simplicité et, partant, de sécurité juridique, mais encore parce que tout jugement rendu dans un État-membre en vertu du règlement serait reconnu selon les dispositions du Règlement Bruxelles I, même à l'égard d'un défendeur domicilié dans un pays tiers. Ce dernier argument ne semble pas décisif. D'une part, un motif éventuel de refus de reconnaissance ne repose pas sur la loi appliquée par le juge d'origine – contrôle exclu au titre de l'interdiction de toute révision au fond – (comp. cependant le lien entre règle de conflit et reconnaissance du jugement opéré malencontreusement par le Règlement 4/2009 en matière d'obligations alimentaires, et la critique de C. Kohler, « Elliptiques variations sur un thème connu : compétence judiciaire, conflits de lois et reconnaissance de décisions en matière alimentaire après le Règlement (CE) n° 4/2009 du Conseil », in K. Boele-Woelki, T. Einhorn, D. Girsberger et S. Symeonides (dir.), *Convergence and Divergence in Private International Law*, Zürich, Schulthess, 2010, p. 277-290) : seul le contrôle de l'ordre public permet encore un refus de reconnaissance lié au jugement au fond. D'autre part, s'il est vrai que le Règlement Bruxelles I affecte des jugements rendus dans l'Union à l'égard d'un défendeur non domicilié, le mode de détermination du domaine spatial de l'instrument est lui-même sujet à critique.

53 Et sans en faire une compétence réservée de l'État : CJ 5 novembre 2002, *Überseering*, aff. C-208/00.

sance des jugements, et, d'autre part, la qualité de ressortissant a été remplacée par le domicile du défendeur, jugé d'application plus aisée et susceptible de favoriser tout étranger établi participant à la vie économique de la Communauté[54]. Et c'est bien la position du défendeur plutôt que celle du demandeur qui est privilégiée, dans un texte qui, à l'origine, visait principalement, selon l'interprétation jurisprudentielle[55], à protéger le défendeur dans un litige international, tout en ne comportant pas encore de dispositions protectrices du consommateur ou du travailleur.

Force est d'admettre que le choix de ce critère d'applicabilité ne répond pas aux besoins des espaces européens, tantôt espace du marché intérieur, tantôt Espace de Liberté, de Sécurité et de Justice.

De fait, les règles communes actuelles de compétence judiciaire sont impuissantes à couvrir tout litige transfrontière affectant le fonctionnement du marché intérieur, alors qu'elles peuvent s'étendre à un litige ne présentant pas de lien significatif avec l'espace européen. La première hypothèse est celle, par exemple, de tout litige portant sur l'exécution d'un contrat localisée sur le territoire de l'Union alors que le défendeur est une entreprise établie dans un pays tiers : un tel contrat porte bien normalement sur une marchandise mise en libre pratique dans l'Union au sens des articles 28 et 29 TFUE et, partant, bénéficiaire du régime des entraves à la liberté de circulation des marchandises prévu par les articles 34 TFUE et suivants. Inversement, ces règles servent à fixer la compétence des juridictions des États-membres appelées à connaître de l'exécution d'un contrat localisée dans un pays tiers, à propos d'une marchandise qui peut ni être originaire d'un État-membre au sens de l'article 28 TFUE, ni avoir été mise en libre pratique dans l'Union, du seul fait de la localisation du domicile du défendeur dans l'Union. L'affaire *Owusu*[56] pourrait avoir soulevé une question analogue, en matière quasi délictuelle, au regard du régime des entraves à la liberté de prestation de services, pourvu que l'on eût vérifié si la demande affectait une offre de services de vacances localisée dans l'Union.

La configuration du domaine spatial du Règlement Bruxelles I révèle d'autres incohérences, affectant le contenu des règles communes et, par là, l'intégrité du système mis en place.

---

54 Voir le rapport Jenard, chap. IV, A, 2). Le rapport expose aussi que le renvoi que fait l'art. 4 vers le droit national pour le défendeur non européen revient à permettre de lui appliquer un for exorbitant, précisément exclu à l'encontre d'un défendeur européen (voir le commentaire de l'art. 4).

55 CJ 17 juin 1992, *Handte*, aff. C-26/91 ; CJ 20 janvier 1994, *Owens Bank*, aff. C-129/92 ; CJ 3 juillet 1997, *Benincasa*, aff. C-269/95.

56 CJ 1er mars 2005, aff. C-281/02.

Certaines incohérences peuvent provenir de l'absence de juxtaposition des domaines spatiaux des règles de compétence et des règles sur l'efficacité des décisions judiciaires. Ainsi, de manière générale, tout jugement rendu dans un État-membre sera reconnu en vertu du règlement, même s'il concerne un défendeur domicilié dans un pays tiers : dans ce cas, le juge requis n'aura aucune assurance que le juge d'origine a respecté le jeu des règles de compétence directe du règlement, alors même que cette assurance est inhérente au système selon la Cour de justice[57]. Par ailleurs, dans le cas particulier des compétences exclusives établies par l'article 22, cette exclusivité n'est nullement assurée en cas de violation par un juge d'origine d'un pays tiers, qui se serait saisi en vertu de son droit national pour connaître, par exemple, de droits réels sur un immeuble situé dans l'Union : la reconnaissance du jugement dépendra des conditions établies par le droit national du juge requis. Seul le recours au principe d'effectivité du droit de l'Union, découlant de l'article 4.3 TUE (ancien article 10 CE) fondant l'obligation générale de coopération, pourrait exiger du juge requis qu'il sauvegarde l'exclusivité de la compétence attribuée aux juridictions de l'Union.

L'incohérence peut aussi être décelée dans l'interprétation du règlement lorsque celle-ci n'est pas suffisamment attentive à la corrélation des espaces couverts respectivement par le règlement et par le droit primaire[58]. On peut prendre pour exemple l'interprétation de la notion de « fourniture de services » au sens de l'article 5, 1°, b), par l'arrêt Falco Privatstiftung du 23 avril 2009[59], relatif à la violation d'un contrat de licence de droits d'auteur. La Cour refuse de voir dans ce contrat une fourniture de services au sens de cette disposition et soumet de ce fait la demande au prescrit de la lettre a), en s'appuyant sur les objectifs et le système propres au règlement, sans qu'il y ait à retenir le sens que le terme « prestation de services » peut recevoir en droit primaire (article 57 TFUE) : alors que ce dernier donne au terme un sens large, comparé à la notion de marchandises, afin que la portée résiduelle du concept permette d'englober toutes opérations de nature économique non visées par les règles sur les marchandises, le règlement n'aurait fait que conserver la structure et les principes fondamentaux de la convention dont il a repris le texte, sans supprimer les termes désormais logés dans la lettre a) : aussi conviendrait-il, selon la Cour de justice, de préserver l'effet utile de cette disposition, celle-ci revêtant en quelque

---

[57] CJ avis 1/03, 7 février 2006, « *Nouvelle Convention de Lugano* », § 163.

[58] Pour l'affirmation d'un lien entre le Règlement 44/2001 et le droit primaire, voir CJ 9 juillet 2009, *Rehder*, aff. C-204/08, posant que le premier a pour finalité la réalisation de l'Espace de Liberté, de Sécurité et de Justice ainsi que le bon fonctionnement du marché intérieur.

[59] Aff. C-533/07.

sorte une portée résiduelle dans ce contexte, et de maintenir la « jurisprudence traditionnelle », faite de l'arrêt Tessili – et de ses incertitudes en termes de prévisibilité des solutions[60]. Concrètement, le raisonnement revient à dire que si l'on comprenait de manière extensive le domaine de la lettre b), la lettre a) n'aurait plus de raison d'être. Si cette approche peut se comprendre en soi, elle porte à faux, car l'arrêt omet de préciser que la lettre b) ne concerne que les livraisons et fournitures localisées dans l'Union : lorsque la localisation est dans un pays tiers, cela suffit à revenir vers la lettre a). Or, cette hypothèse peut être celle où l'obligation en litige est celle de payer, hypothèse précisément en cause dans l'affaire *Tessili*. Autrement dit, une interprétation du concept de « services » selon le sens de celui-ci en droit primaire – ce qu'il conviendrait assurément de faire pour le concept de « marchandises » – n'ôterait nullement l'effet utile de la lettre a)[61]. Au demeurant, il est intéressant de relever que le critère du lieu de livraison d'une marchandise ou du lieu de fourniture d'un service pourrait correspondre de près aux critères de commercialisation d'une marchandise ou de l'offre d'un service dans l'Union, qui servent à déterminer le domaine spatial des régimes des entraves à la circulation des marchandises et des services.

C. Vers un droit international privé européen unilatéral par sa source

Insensiblement, le droit international privé européen change de nature, passant d'un droit conventionnel à un droit unilatéral. Cette mue est visible dans le processus de transformation des conventions de Bruxelles et de Rome en règlements. La mutation s'exprime aussi par l'adoption de règlements dans des domaines nouveaux, tels le divorce,

---

60 Il est étonnant qu'à ce propos, la motivation justifie le maintien de cette jurisprudence au nom de la « sécurité juridique », ici entendue comme liée au fait du maintien du texte ancien. C'est oublier que ce texte s'insère désormais dans une structure nouvelle, par la présence de la lettre b).

61 Autre chose est de vérifier si l'activité prestée en l'espèce obéit à tous les termes de la définition posée par l'art. 57 TFUE (ancien art. 50 CE), notamment l'existence d'une « prestation » et d'une « rémunération ». Il est significatif que l'arrêt Falco, tout en rejetant explicitement toute référence au texte du traité, prenne soin d'évoquer, et l'existence d'une rémunération, qu'il constate dans le cas d'un contrat de cession de licence (§ 30), et celle d'une prestation, qu'il nie pour le motif que le titulaire du droit concédé s'oblige uniquement à ne pas concéder l'exploitation de ce droit par le cocontractant. Cette appréciation trahit une vision étroite du contrat de cession, car le montant de la rémunération traduit non seulement le prix de l'exclusivité mais aussi la valeur de la propriété intellectuelle constituée par le cédant en amont du contrat de cession… Sur ce que la cession de droits peut être constitutive d'un service, dans le secteur audiovisuel, voir : TPI 17 février 2011, *FIFA c. Commission*, aff. T-385/07. *Contra*, dans le secteur des marchandises : CJ 21 octobre 1999, *Jägerskiöld*, aff. C-97/98.

l'autorité parentale ou les obligations alimentaires. Au demeurant, le Règlement Bruxelles II, adopté en 2000, se faisait l'écho de la Convention de La Haye du 19 octobre 1996, apportant ainsi une contribution spécifiquement européenne à la problématique de la protection des enfants en mobilité internationale. La multiplication même de ces instruments en une seule décennie suggère encore que l'adoption d'actes par le législateur de l'Union se révèle plus aisée, et plus rapide, que la négociation d'accords internationaux, selon un processus législatif analogue à celui que l'on peut observer en droit national.

Dans la théorie des sources du droit européen, ces règlements sont explicitement des instruments unilatéraux, à la différence d'accords conclus par l'Union, qui configurent le droit conventionnel de l'Union. L'analogie est saisissante avec l'action législative de l'État. Celui-ci, pour une part largement dominante, adopte des mesures « nationales », pour une autre part conclut des conventions internationales avec des États « étrangers ». En ce sens aussi, l'Union se dote, d'une part d'un droit conventionnel, composé d'accords qu'elle a conclus avec des pays « tiers », d'autre part d'une multitude d'actes « européens », de nature unilatérale, dont le contenu est fonction de contraintes propres à l'Union.

Comme tout acte unilatéral, l'acte de droit international privé se doit d'obéir aux objectifs de l'Union. La question se pose alors de l'émergence d'une véritable justice européenne du droit international privé, dimension certes encore peu perceptible (1). Pour la matière de l'efficacité des décisions judiciaires, la sauvegarde des intérêts de l'Union constitue un enjeu particulier (2).

1. Une justice matérielle du droit européen des conflits de lois ou de juridictions

L'unilatéralité des actes européens trouve une illustration saisissante, et pour une large part inattendue, à propos de l'applicabilité dans l'espace de certaines directives basées sur l'habilitation du marché intérieur, jugées contenir des dispositions « impératives » ou « d'intérêt public »[62]. L'arrêt Ingmar du 9 novembre 2000[63] en offre une illustration

---

[62] Voir par exemple : CJ 6 octobre 2009, aff. 40/08, *Asturcom*, à propos de la directive n° 93/13 relative aux clauses abusives à l'égard des consommateurs. En matière de protection sociale du travailleur, voir notamment, à propos de la directive 93/104 du Conseil du 23 novembre 1993 concernant certains aspects de l'aménagement du temps de travail, *J.O. L 107 1993* : CJ 26 juin 2001, *BECTU*, aff. C-173/99 ; CJ 6 avril 2006, *Federatie Nederlandse Vakbeweging*, aff. C-124/05 ; voir à propos de la directive 86/653 du Conseil du 18 décembre 1986 concernant les agents commerciaux indépendants, *J.O. L 382 1986* : CJ 9 novembre 2000, *Ingmar*, aff. C-381/98.

[63] Aff. C-381/98.

type, qui n'hésite pas à déceler dans la directive 86/653 du 18 décembre 1986 concernant les agents commerciaux indépendants[64] une règle d'applicabilité implicite commandant l'application des règles matérielles communes à tout contrat d'agence commerciale exécuté sur le territoire de l'Union, critère de localisation considéré comme exprimant « un lien étroit » avec l'Union et assurant l'effectivité de la protection offerte par un acte visant à réaliser l'objectif de la liberté d'établissement, instituée par l'article 49 TFUE (ancien article 43 CE). On peut voir dans ce raisonnement, tour à tour, un emprunt au concept de « loi de police » – en raison de l'appel aux termes « dispositions impératives » et « un lien étroit », présents dans l'article 7 de la Convention de Rome du 19 juin 1980 –, manifestant alors l'émergence de « lois de police européennes »[65], ou le témoin de la nécessité pour l'ordre juridique européen de tracer les frontières spatiales des normes qu'il produit, à la manière de ce que peut faire un État pour l'ordre juridique national[66]. En tout état de cause, la méthode sert à réaliser les objectifs propres à l'ordre juridique de référence, celui du juge saisi – si l'on considère bien le juge national chargé de respecter le droit européen, comme une juridiction de l'ordre juridique européen.

Ce qui est vrai pour les besoins de la délimitation dans l'espace du droit dérivé matériel en matière civile ou commerciale[67] ne le serait-il pas pour les actes européens adoptés dans le domaine des conflits de lois[68] ou de juridictions ? L'interrogation renvoie à la question de

---

64 *J.O. L 382 1986.*

65 S. Cascales, « L'émergence d'un concept communautaire de loi de police : analyse de la jurisprudence de la Cour de justice des Communautés européennes », in Snyder (dir.), *Comment protéger les intérêts du citoyen dans l'Union européenne d'aujourd'hui ?*, Bruxelles, Bruylant, 2003, p. 251-265 ; É. Pataut, « Lois de police et ordre juridique communautaire », in A. Fuchs, H. Muir Watt et É. Pataut (dir.), *Les conflits de lois et le système juridique communautaire*, Paris, Dalloz, 2004, p. 117-144.

66 S. Francq, *L'applicabilité du droit communautaire dérivé au regard des méthodes du droit international privé*, Bruxelles, Bruylant, 2005.

67 Comme en matière de droit du marché, cependant moins exposé à la possibilité d'appliquer un droit « étranger » – droit d'un pays tiers au regard de l'Union. Pour cette matière pourtant, subsiste la nécessité de tracer les frontières spatiales de l'acte européen, afin de respecter les termes de l'habilitation normative. Voir l'arrêt « Tabac 2 » *infra*.

68 On en trouve un indice dans la technique d'applicabilité dans le temps retenue par le législateur européen après ratification du protocole de La Haye de 2007 sur la loi applicable aux obligations alimentaires (décision 2009/941 du Conseil du 16 novembre 2009 relative à la conclusion par la Communauté européenne du protocole de La Haye du 23 novembre 2007 sur la loi applicable aux obligations alimentaires, *J.O. L 331 2009*). Pour l'Union, le protocole entrera en vigueur immédiatement le 18 juin 2011 au cas où le protocole ne serait pas entré en vigueur internationalement. Ce procédé est analogue à celui que peut utiliser un État à propos d'une convention

l'incidence des objectifs de l'Union sur le contenu de ces règles de conflit : dès lors que l'habilitation normative, de nature spéciale, enjoint au législateur européen de n'agir que pour la réalisation des objectifs assignés par les traités, le contenu de l'action ne saurait se réduire à recopier le contenu d'instruments internationaux.

Un tel examen dépasse le cadre de cette étude, mais des indices vont en ce sens. Ainsi, les critères de localisation retenus par la lettre b) de l'article 5, 1°, du Règlement Bruxelles I peuvent être considérés comme liés aux critères d'applicabilité du droit primaire[69], de même que la référence à la loi de la résidence habituelle du vendeur ou du prestataire de services est en harmonie avec le principe de reconnaissance mutuelle et sa concrétisation plus générale par la technique de la « clause marché intérieur » présente dans les directives de dernière génération[70]. Ou encore, l'élargissement de la protection du consommateur répond mieux à un objectif européen que ne le faisaient les Conventions de Bruxelles et de Rome, plutôt inspirées, à l'époque, par une observation du mode d'applicabilité de lois de police nationale en la matière[71].

Pourtant, l'européanisation des contenus des règles de conflit reste partielle. Certaines règles pourraient poser des problèmes de compatibilité avec le régime des entraves aux libertés de circulation, lorsqu'elles ne permettent pas de tenir compte de dispositions matérielles du droit de l'État-membre d'origine d'un produit ou d'un service lorsque ces dispositions ont un contenu équivalent – en fait ou suite à un rapprochement des législations nationales – à celui de la loi désignée[72]. En matière de

---

internationale, à l'exemple de la Belgique pour la Convention de Rome du 19 juin 1980 (entrée en vigueur le 1er avril 1991), dont les règles régissent dans cet État tout contrat conclu après le 1er janvier 1988 (loi d'assentiment du 14 juillet 1987, *Moniteur belge*, 9 octobre 1987).

69 Voir *supra*, point 1.

70 Quoique le débat soit vif sur la nature d'une telle clause en tant que règle de conflit de lois. Le débat porte cependant plutôt sur le mode positif ou négatif de désignation opéré par la clause. Pour plus de détails, voir M. Fallon et J. Meeusen, « Le commerce électronique, la directive 2000/31/CE et le droit international privé », *Rev. Crit. dip.*, 2002, p. 435-490 ; « Private international law in the European Union and the exception of mutual recognition », *YPIL*, 2002, p. 37-66.

71 Voir, pour plus de détails, M. Fallon, « Le droit des rapports internationaux de consommation », *JDI*, 1994, p. 765-847.

72 Le débat a été vif à propos de la désignation de principe de la loi de survenance du dommage dans le Règlement Rome II (voir : S. Bariatti, « La futura disciplina delle obbligazioni non contrattuali nel quadro della comunitarizzazione del diritto internazionale privato », *RDIPP*, 2005, p. 5-24 ; J. von Hein, « The contribution of the Rome II Regulation to the Communautarization of private international law », *RabelsZ*, 2009, p. 461-508). L'interrogation porte aussi sur l'applicabilité inconditionnelle des dispositions impératives désignées par le Règlement Rome I en matière de contrats de consommation ou de travail, ou plus généralement à propos des lois de

compétence judiciaire internationale, les fors alternatifs offerts par l'article 3 du Règlement Bruxelles II*bis* font la part belle au demandeur, sans être certain qu'ils répondent aux exigences de la liberté de circulation des personnes[73]. L'émergence de règles de conflit propres à l'espace européen, c'est-à-dire peu envisageables en droit conventionnel, n'est pas moins certaine. Ainsi, le concept de « titre exécutoire européen » s'affiche comme un corollaire du principe de confiance mutuelle, corollaire dont le droit de l'Union montre d'autres précédents en dehors de la matière civile[74].

2. *L'unilatéralité problématique de règles sur l'efficacité des décisions judiciaires*

Cette unilatéralité en marche devrait avoir une incidence sur la délimitation dans l'espace du domaine des règles de conflit européennes, vers une généralisation de règles de caractère universel. On a vu que la méthode est acquise dès l'origine pour le conflit de lois, et qu'elle progresse pour la compétence judiciaire internationale. En revanche, elle s'avère encore problématique à propos de l'efficacité des décisions judiciaires : non seulement les actes, dans leur ensemble, concernent seulement les décisions rendues dans un État-membre, mais encore, le Parlement européen semble hostile à l'adoption de règles européennes portant sur des décisions rendues dans un pays tiers. Ainsi, dans sa résolution du 7 septembre 2010 sur la révision du Règlement Bruxelles I, le Parlement européen[75] :

> estime, d'une part, que la question de savoir si les dispositions du règlement devraient se voir conférer un effet de réciprocité n'a pas fait l'objet d'un examen suffisant, c'est pourquoi il serait prématuré de prendre une telle mesure sans qu'aient été menés de plus amples études, consultations à large échelle et débats politiques, le Parlement devant jouer un rôle moteur dans ce contexte, et encourage la Commission à engager ce processus ; estime, d'autre part, que, compte tenu de l'existence d'un grand nombre d'accords

---

police du for. Voir à cet égard, la proposition du Gedip d'ajouter à la disposition sur les lois de police, un paragraphe selon lequel : « Il ne peut être donné effet aux dispositions impératives de la loi d'un État-membre que dans la mesure où leur application ne constitue pas une entrave injustifiée aux libertés de circulation instituées par le traité. » (réunion de Vienne, 2003, www.gedip-egpil.eu ; M. Fallon, C. Kohler et P. Kinsch (dir.), *Le droit international privé européen en construction, op. cit.*).

73 Voir une critique implicite par la Cour de justice, CJ 16 juillet 2009, *Hadadi*, aff. C-168/08, donnant à penser que, à l'instar des chefs de compétence établis par le Règlement Bruxelles I, le risque de *forum shopping* devrait être mieux circonscrit.

74 À propos de l'efficacité de certificats administratifs d'attestation à un régime national de sécurité sociale : CJ 10 février 2000, *FTS*, aff. C-202/97 ; CJ 30 mars 2000, *Barry Banks*, aff. C-178/97 ; CJ 9 février 2006, *Sfakianakis*, aff. C-23/04 e.a.

75 Doc. (2010) 304.

bilatéraux entre les États-membres et des pays tiers, et eu égard aux questions de réciprocité et de courtoisie internationale, ce problème se pose à l'échelle mondiale et que, dès lors, la solution devrait être également recherchée, en parallèle, dans le cadre de la Conférence de La Haye, grâce à la reprise des négociations relatives à la convention sur les jugements internationaux ; charge la Commission de tout mettre en œuvre pour redonner vie à ce projet, qui représente le Graal du droit international privé ; engage la Commission à étudier la question de savoir dans quelle mesure la Convention de Lugano de 2007 pourrait servir de modèle et d'inspiration pour une telle convention sur les jugements internationaux.

De même, le Parlement européen, dans sa résolution du 23 novembre 2010 sur les aspects relatifs au droit civil, au droit de la famille et au droit international privé du plan d'action mettant en œuvre le programme de Stockholm[76] :

> demande instamment à la Commission de tout mettre en œuvre lors de la Conférence de La Haye pour relancer le projet de convention internationale en matière de jugements ; estime que la Commission pourrait commencer par procéder à de larges consultations, dont le Parlement sera tenu informé et auxquelles il participera, sur le point de savoir s'il convient de donner un effet de réciprocité aux dispositions du Règlement (CE) n° 44/20011 afin d'inciter d'autres pays, en particulier les États-Unis, à reprendre les négociations ; est d'avis qu'il serait prématuré et peu judicieux d'envisager de conférer aux dispositions dudit règlement un effet de réciprocité avant qu'il apparaisse de manière suffisamment claire que les tentatives faites pour relancer les négociations à La Haye ont échoué et que les consultations et études effectuées montrent qu'une telle initiative aurait des effets bénéfiques et présenterait des avantages pour les citoyens, les entreprises et les professionnels du droit dans l'Union.

Cette argumentation fait valoir, tour à tour, une priorité à l'action conventionnelle et l'efficacité de l'action de l'Union dans ses relations avec les États tiers. D'une manière ou d'une autre, elles expriment un souci d'efficacité de la politique de l'Union, envisageant une action unilatérale en cas d'échec de l'approche conventionnelle et calculant le risque auquel l'Union s'exposerait par l'adoption de règles en faveur de la reconnaissance de décisions rendues dans un pays tiers qui l'empêcheraient de faire encore pression sur ce pays pour en obtenir un traitement réciproque pour les décisions rendues dans l'Union. À tout le moins, la position ne nie pas la possibilité de règles européennes portant sur les décisions judiciaires de pays tiers. Désormais, le souci n'est pas seulement de rapprocher les droits des États-membres en la matière, mais aussi de mener l'action la plus efficace au regard des intérêts, unilatéraux, de l'Union. Le dilemme qui se présente à l'Union en la

---

[76] Doc. (2010) 426, § 35.

matière n'est pas différent de celui que connaît tout État dans ses relations internationales.

Encore convient-il de mesurer si l'attentisme en la matière est de bonne politique. Dans le chef d'un État, une telle attitude reviendrait à ne pas adopter de règles sur la reconnaissance. Certes, le droit comparé des États-membres montre que la plupart connaissent un régime de reconnaissance, mais il en est de très fermés, d'autres de très ouverts. Aussi, indépendamment des dysfonctionnements de l'espace européen de circulation pouvant résulter de toute situation de disparité de législations nationales de nature à entraver les échanges[77], il n'est pas sûr que la situation actuelle serve les intérêts de l'Union dans la conduite de ses relations extérieures : du point de vue d'un État tiers, le régime libéral consenti par le droit de certains États-membres avec lesquels ses entreprises nouent des échanges commerciaux pourrait suffire à ne pas engager de négociations avec l'Union ; du point de vue de l'Union, l'état de ces disparités peut affaiblir sa force de persuasion comme il la prive d'un mandat clair à partir duquel négocier. De manière plus générale, une extension aux situations externes de règles applicables aux situations européennes ne signifierait pas nécessairement que l'Union « ouvrirait unilatéralement le marché [européen] aux pays tiers sans conserver les moyens de négociation nécessaires pour obtenir une telle libéralisation de la part de ces derniers », dès lors que le droit de l'Union comporte la possibilité de dispositions spécifiques tenant compte de la circonstance que les situations visées « se déroulent dans un contexte juridique différent de ceux qui ont lieu au sein de [l'Union] »[78].

Assurément, l'adoption de règles européennes unilatérales ne signifie pas nécessairement un alignement de celles-ci sur le régime offert aux décisions rendues dans un État-membre. En particulier, l'extension d'un régime de titre exécutoire européen[79] serait problématique, en droit

---

77 Il suffit, sur ce point, de prendre pour exemple la question emblématique de la reconnaissance d'actes de répudiation. L'état de disparité des régimes de reconnaissance dans les États européens risque de dissuader la mobilité des personnes dans l'Union, chaque fois que la personne est en situation d'invoquer la liberté de circulation, tantôt du travailleur – ou des membres de sa famille – tantôt du citoyen – par exemple, à l'occasion d'une demande d'accès à un régime de pension conditionné par la qualité de conjoint.

78 CJ 22 décembre 2010, *A.*, aff. C-101/05, § 36 et 38, à propos d'une mesure fiscale affectant les mouvements de capitaux : même si « la notion de restriction [...] est interprétée de la même manière dans les relations entre les États-membres et les pays tiers que dans celles entre les États-membres », les situations situées « au sein de [l'Union] ne sont pas « toujours comparables » à celles ayant trait à des relations entre États-membres et pays tiers, de sorte qu'un État puisse invoquer à l'égard de celles-ci des justifications qui ne seraient pas valides à l'égard de celles-là (§ 37).

79 Établi par le Règlement 805/2004 du Parlement européen et du Conseil du 21 avril 2004 portant création d'un titre exécutoire européen pour les créances incontestées,

comme en fait, à propos de décisions rendues dans n'importe quel pays tiers. Cela n'exclut pas pour autant l'adoption d'un régime commun situé en deçà de celui dont bénéficient les jugements rendus dans un État-membre. En d'autres termes, l'adoption de règles universelles va généralement de pair avec une adaptation aux situations externes.

II. Adaptation des règles européennes à leur nature universelle

L'hypothèse de l'adoption d'un code européen de droit international privé suppose, sous l'angle de la question de l'applicabilité dans l'espace, que soit remplie une double condition. D'un côté, les règles européennes devraient avoir un caractère universel, sans lequel la codification entreprise serait impuissante à établir un système global et complet, de droit commun (A). D'un autre côté, un système qui se voudrait de droit commun se devrait de contenir un éventail complet de dispositions suffisant à régler toute situation internationale dans le domaine couvert (B).

A. Établissement de règles de caractère universel

L'adoption de règles européennes de nature universelle a une incidence sur le processus de codification qui constitue le contexte de la présente analyse, puisqu'elle seule permettrait d'envisager un code véritable, processus visant à établir un ensemble complet de normes dans une matière déterminée. De fait, elle conduirait à substituer les règles européennes à toute disposition nationale ayant le même objet, sans laisser à celles-ci de place résiduelle pour les situations exclues du domaine spatial de celles-là. Or, une règle de caractère universel tend bien à configurer le droit commun dans la matière concernée puisqu'elle est apte à couvrir toute situation internationale dans la catégorie de rattachement concernée.

Encore convient-il d'ajouter à la notion d'universalité de la règle de conflit une précision, qui serait propre au contexte européen. En effet, on peut concevoir le recours à une technique selon laquelle une règle de caractère universel, au sens classique de ce terme, ne couvrirait pas pour autant toute situation internationale dans la matière concernée[80]. Cette

J.O. L 104 2004, et envisagé dans le processus de révision du Règlement Bruxelles I (voir doc. COM (2010), 748).

80 Comp. à propos de cette notion, l'affirmation imprécise selon laquelle « l'adoption de règles universelles » excéderait les termes de l'habilitation marché intérieur présents dans l'ancien art. 65 CE, pour le motif que « ne doivent être visés que les rapports transfrontières à caractère intracommunautaire » tandis que cette limite aurait sauté depuis que le Traité de Lisbonne n'exige plus la nécessité de l'action au regard du fonctionnement du marché intérieur (V. Heuzé, « D'Amsterdam à Lisbonne, l'État de

technique repose sur la possibilité de dissocier, dans la structure de la règle de conflit, le dispositif normatif et l'hypothèse. Une telle dissociation est possible pour la règle de rattachement et pour la règle sur la reconnaissance de décisions judiciaires, non pour la règle de compétence judiciaire. La première peut désigner la loi de tout État, membre ou non, tout en n'ayant pour domaine – en quelque sorte matériel – que des situations internationales spécifiquement déterminées. La deuxième peut également couvrir une décision rendue dans tout État, à propos de certains litiges internationaux. La troisième, quant à elle, se bornant à désigner une juridiction de l'ordre juridique auquel elle appartient, n'est jamais universelle que sous l'angle des situations couvertes.

Il reste alors, d'une part à s'interroger sur la nécessité d'une telle technique, d'autre part à réussir à identifier les situations internationales visées par la règle de conflit.

La raison d'être d'une telle technique ne semble avoir guère attiré l'attention des auteurs et, lorsque c'est le cas, un argument de facilité prévaut : établir une pluralité de règles de conflit dans une matière déterminée complique la tâche du juge. Pourtant, une telle complication découle plus généralement de la coexistence d'instruments internationaux ayant pour le juge force obligatoire, aux côtés de ses règles de droit commun.

Autre chose est d'examiner la nécessité d'un recours à cette technique. Dans le contexte européen, elle est à chercher dans les termes qui définissent les limites de l'action normative des institutions de l'Union.

L'arrêt « Tabac 2 » du 10 décembre 2002[81] permet d'illustrer la problématique, à propos d'un recours en annulation d'une directive établissant des normes de composition et de présentation de produits du tabac et incluant les produits à l'exportation vers des pays tiers. La base juridique de l'acte était celle du fonctionnement du marché intérieur (article 95 CE, actuel article 114 TFUE). Selon la Cour, l'inclusion des produits d'exportation n'est permise que pour éviter des détournements de trafic en cas de réimportation illégale, auxquels se prête particulièrement le marché des cigarettes (§ 82). Par ailleurs, alors que l'acte ne précisait pas s'appliquer aux exportations, celui-ci, parce que visant le fonctionnement du marché intérieur, « concerne en principe uniquement les produits destinés à être commercialisés dans le marché intérieur »

---

droit à l'épreuve des compétences communautaires en matière de conflits de lois », *JCP*, 2008, I, p. 166). Il est certes vrai, selon les éléments de la présente analyse, que cette habilitation limite l'action aux situations « communautaires » – alors entendues comme celles répondant au critère d'applicabilité pertinent du droit primaire (voir *supra*, point I, B, 1) –, mais cela n'empêche pas d'adopter des règles universelles, au sens de la terminologie traditionnelle – désignation du droit de tout État.

81 Aff. C-491/01, *British American Tobacco.*

(§ 212). C'est dire si l'acte adopté au titre de l'espace européen – marché intérieur dans ce cas – ne peut comprendre de critère d'applicabilité allant au-delà du domaine spatial du régime des entraves du droit primaire[82].

Ceci ne signifie pas pour autant l'absence de toute compétence normative de l'Union pour les biens à destination ou en provenance de pays tiers : l'action relève alors de la politique commerciale commune, domaine qui s'étend également au commerce des services (article 207 TFUE). En d'autres termes, un acte de l'Union peut porter sur des situations externes, mais il doit emprunter une base juridique spécifique, et viser à réaliser les objectifs propres à cette politique. Il pourrait en aller autrement si les aspects interne et externe de la politique dans un domaine déterminé sont indissociables[83]. Ceci pourrait servir en matière civile, selon un raisonnement suivi par la Cour de justice dans l'arrêt « Tabac 4 » du 12 décembre 2006[84] mais dont la transposition est à vérifier en raison de la particularité du contexte. Était en cause l'applicabilité d'une directive portant interdiction de la publicité pour le tabac, dans la mesure où l'acte couvrait tout commerce, intracommunautaire – entre États-membres – et interne – local. Tout en rappelant que l'acte doit avoir effectivement pour objet les entraves à la circulation entre États-membres, l'arrêt indique que même le commerce local peut entraîner une vente, certes exceptionnelle et marginale, dans un autre État, et il rappelle qu'à l'égard de situations internes, « chaque » situation ne doit pas nécessairement avoir un « lien effectif » avec la circulation entre États-membres. Le précédent invoqué, l'arrêt Österreichischer Rundfunk du 20 mai 2003[85], précisait, en réponse à une question sur l'application d'une directive à une situation interne, que l'existence d'un

---

82 Sur le critère d'applicabilité des règles sur la circulation des marchandises, voir *supra*, point I, B, 1).

83 Il en est ainsi lorsque l'exercice de la compétence externe est nécessaire à celui de la compétence interne (CJ avis 1/76, 26 avril 1977, « *Fonds européen d'immobilisation de la navigation intérieure* »), voire simplement utile (à propos de l'adoption de clauses externes dans les actes marché intérieur, voir : CJ 15 novembre 1994, avis 1/94, « *Accord OMC* »). En matière agricole, voir : CJ 5 octobre 1994, *Allemagne c. Conseil*, « *Marché de la banane* », aff. C-280/93. Comp. les termes utilisés pour définir l'habilitation de l'Union pour conclure des accords internationaux, art. 216 TFUE, évoquant pour hypothèses, outre l'habilitation explicite, celle où la conclusion de l'accord est « nécessaire » pour réaliser une politique de l'Union, celle où la conclusion est prévue par un acte juridique contraignant de l'Union, soit encore celle où elle est susceptible d'affecter des règles communes ou d'en altérer la portée. Cette dernière hypothèse répond au critère établi par l'avis 1/03 du 7 février 2006 relatif à la conclusion de la nouvelle Convention de Lugano.

84 Aff. C-380/03, *Allemagne c. Parlement européen et Conseil*, « *Directive sur la publicité pour le tabac* ».

85 Aff. C-465/00 e.a.

lien suffisant avec l'exercice des libertés de circulation ne doit pas être établie par rapport aux situations concrètes, pourvu que l'acte ait effectivement pour objet l'amélioration des conditions de l'établissement et du fonctionnement du marché intérieur, afin d'éviter de « rendre les limites du domaine d'application [de l'acte] particulièrement incertaines » (§ 42) : aussi, celui-ci peut s'appliquer à « des situations qui ne comportent pas de lien direct avec l'exercice des libertés fondamentales » (§ 43). Il n'est pas indifférent, pour les besoins du droit international privé, de relever que ce précédent est utilisé également dans l'arrêt Owusu du 1er mars 2005[86] – et, à sa suite, par l'avis 1/03 du 7 février 2006 relatif à la négociation de la nouvelle Convention de Lugano – pour admettre l'application de la Convention de Bruxelles à un litige présentant des liens de rattachement avec un seul État-membre et avec un pays tiers : la Cour observe à la fois que l'instrument a pour objectif d'assurer la liberté de circulation des jugements et, par là, « contribue au bon fonctionnement du marché intérieur », et que la situation ne doit pas nécessairement « comporter un lien effectif et suffisant avec le fonctionnement du marché intérieur » (§ 34).

Si la nécessité de distinguer situations « européennes » et « externes » ne semble pas s'imposer au regard des termes de l'habilitation normative, elle pourrait découler du contenu des actes adoptés, lui-même fonction de l'objectif poursuivi. En effet, si l'objectif marché intérieur ou ELSJ devait avoir une incidence précise sur le contenu des règles de conflit, force serait de dissocier les catégories de situations. D'autres rapports analysent la portée de tels objectifs dans le présent ouvrage. Il suffit d'évoquer, à titre d'illustration, l'incidence possible des principes de confiance mutuelle et de reconnaissance mutuelle identifiés par la Cour de justice, dont l'extension aux droits de pays tiers et aux décisions judiciaires ou aux actes publics rendus ou dressés dans des pays tiers ne se conçoit guère sans adaptation. Il pourrait en être ainsi si le droit primaire devait induire une limitation de l'exception d'ordre public à l'égard de l'application du droit étranger ou de la reconnaissance d'une décision étrangère, ou une limitation à l'application inconditionnelle du droit du for[87], ou encore certaines obligations pour le juge saisi dans la condition procédurale du droit

[86] Aff. C-281/02.

[87] Sur la portée du concept d'exception de reconnaissance mutuelle en droit international privé européen, voir : M. Audit, « Régulation du marché intérieur et libre circulation des lois », *JDI*, 2006, p. 1333-1363 ; M. Fallon et J. Meeusen, « Private international law in the European Union and the exception of mutual recognition », *YPIL*, 2002, p. 37-66 ; M. Fallon, « L'exception d'ordre public face à l'exception de reconnaissance mutuelle », *Mélanges F. Pocar*, Milan, Giuffrè, 2009, p. 331-341.

étranger. De même, si la méthode de la reconnaissance[88] devait s'étendre aux actes publics étrangers par un effet du droit primaire, cette contrainte ne s'imposerait pas comme telle à l'égard d'actes dressés dans un pays tiers, dont la validité et les effets pourraient encore être régis par le droit désigné au moyen d'une règle de rattachement[89].

Quant au mode d'identification de situations « européennes » et de situations « externes », il y aurait lieu de prendre pour base la manière dont est défini le domaine d'application dans l'espace des différentes libertés de circulation, selon les critères d'applicabilité énoncés ou découlant des termes du Traité sur le fonctionnement de l'Union[90]. Ainsi, relèveraient de la première catégorie, les relations juridiques concernant des marchandises commercialisées dans l'Union ou des prestations de services offertes dans l'Union. Pour les relations affectant les personnes, seraient concernées les personnes en séjour régulier dans l'Union, ou les travailleurs occupés sur le marché régulier de l'emploi dans l'Union, pourvu qu'ils soient ressortissants d'un État-membre ou, à défaut, puissent invoquer un droit de séjour, tantôt au titre du regroupement familial, tantôt en vertu d'un accord de l'Union, tantôt en vertu d'un droit conféré par le droit dérivé aux résidents de longue durée[91].

88 Sur cette méthode, voir notamment : S. Bollée, « L'extension de la méthode de reconnaissance unilatérale », *Rev. Crit. dip.*, 2007, p. 307-356 ; P. Lagarde, « Développements futurs du droit international privé dans une Europe en voie d'unification : quelques conjectures », *RabelsZ*, 2004, p. 225-243 ; Ch. Pamboukis, « La renaissance-métamorphose de la méthode de reconnaissance », *Rev. Crit. dip.*, 2008, p. 513-560 ; É. Pataut, « Le renouveau de la théorie des droits acquis », *TCFDIP 2006-2008*, Paris, Pédone, 2009, p. 71-98. Comp., parmi les critiques de la méthode : P. Mayer, « Les méthodes de la reconnaissance en droit international privé », *Mélanges P. Lagarde*, Paris, Dalloz, 2005, p. 547-573 ; C. Kohler et M. Buschbaum, « La "reconnaissance" des actes authentiques prévue pour les successions transfrontalières. Réflexions critiques sur une approche douteuse entamée dans l'harmonisation des règles de conflit de lois », *Rev. Crit. dip.*, 2010, p. 629-651.

89 Comp. le Livre vert de la Commission sur la libre circulation des documents publics et la reconnaissance des effets des actes d'état civil (doc. COM (2010), 747, point 4), qui n'envisage un régime de reconnaissance de plein droit des actes de l'état civil que s'ils sont dressés dans un État-membre, et qui s'interroge, comme préalable, sur la nécessité d'une harmonisation des règles de conflit de lois en matière familiale ou sur l'exigence d'un lien suffisamment étroit entre la situation individuelle et l'État-membre où l'acte a été dressé (point 4.3.c). À l'échelon international, la méthode de reconnaissance est utilisée par la Convention CIEC du 16 septembre 2005 sur la reconnaissance des noms (www.ciec1.org), retenant pour lien de proximité avec l'État d'origine de l'acte, par exemple, la nationalité de la personne.

90 Voir *supra*, point I, B, 1).

91 La plupart sont des cas visés par la directive 2004/38 du Parlement européen et du Conseil du 29 avril 2004 relative au droit des citoyens de l'Union et des membres de leurs familles de circuler et de séjourner librement sur le territoire des États-membres (*J.O. L 158 2004*) ou par la directive 2003/109 du Conseil du 25 novembre 2003 rela-

B. Établissement d'un système autosuffisant

La mise en place d'un « système global » – que la Cour de justice voit déjà dans la version actuelle du Règlement Bruxelles I[92] – suppose que la mise en œuvre de la règle européenne n'ait plus à s'appuyer sur le droit national, que ce soit en vue de son interprétation ou pour couvrir, tantôt les points de droit exclus, tantôt les situations exclues.

Le cas ici examiné est celui où les règles européennes couvriraient, dans une matière déterminée, à la fois l'ensemble des questions juridiques pertinentes et l'ensemble des situations internationales. L'analyse précédente montre que, sous l'angle des situations couvertes, la question est pertinente en cas d'utilisation du modèle de règles doublement universelles – par leur objet et par leur hypothèse –, non si ces règles ne sont universelles que par leur objet, laissant de côté les situations considérées comme externes.

Au vrai, la question de l'autosuffisance du système européen est largement connue à propos des processus d'interprétation et d'identification des points de droit couverts. Le terme « autonome » est bien utilisé, de manière constante, pour le premier : il signifie que, à défaut pour le législateur européen de renvoyer explicitement au droit national, l'interprétation d'un acte doit – normalement[93] – reposer uniquement sur des considérations propres, de contexte, d'objectif et de contenu. Le concept de suffisance a pu être exprimé au sujet de la portée d'une disposition comme l'article 17 de la Convention de Bruxelles, devenu l'article 23 du Règlement Bruxelles I. Si le texte pose bien pour conditions que l'accord doit être conclu « par écrit », ou « sous une forme » conforme aux usages, d'autres conditions de validité, communes à tout contrat, sont omises, telle la question du consentement ou de la capacité, ou celle de la définition d'une partie. Ces conditions doivent-elles s'apprécier au regard du droit national, à savoir normalement par le truchement de la règle de conflit de lois du for propre à désigner la loi contractuelle, ou relèvent-elles du processus d'interprétation autonome ? L'enjeu est réel, dans la mesure où la disposition peut être vue comme traduisant une politique de faveur à l'accord, politique éventuellement absente du droit national. La Cour de justice a tranché en faveur d'un processus de suffisance, cherchant dans l'économie du système les règles pertinentes, en particulier sur la question de l'acceptation[94], mais

tive au statut des ressortissants de pays tiers résidents de longue durée (*J.O. L 16 2004*).

92 Voir *supra*, point I, A, 1).

93 On connaît en effet l'écart méthodologique de l'arrêt Tessili, 4 octobre 1976, aff. 12/74.

94 CJ 14 décembre 1976, *Estasis Salotti*, aff. 24/76.

non sans renvoyer au droit national pour des questions mal identifiées, telle la détermination de la qualité de partie[95] ou l'admissibilité d'un accord inséré dans les statuts d'une société[96].

S'agissant à présent de l'impact du modèle de règles universelles, on peut émettre l'hypothèse selon laquelle ce modèle requiert l'ajout de dispositions nouvelles propres aux situations externes. Ces adaptations sont les plus sensibles en matière de conflits de juridictions, respectivement pour la compétence judiciaire internationale (1) et l'efficacité des décisions judiciaires (2), comme en témoignent les premières réalisations.

Pour le conflit de lois, peu de voix se sont exprimées pour distinguer les rapports juridiques du second cercle – qui n'affectent pas les espaces européens au sens entendu ci-dessus[97]. À tout le moins, la question de l'impact du principe de reconnaissance mutuelle mérite d'être traitée par le législateur, à la suite de maintes positions de la doctrine[98] : à défaut de pouvoir s'appuyer sur une jurisprudence suffisamment précise, on ne peut que supposer que lorsque est en jeu la prise en compte des dispositions impératives respectives des droits de plusieurs États-membres, le juge, lorsqu'il applique la loi désignée par sa règle de conflit, doit prendre en considération, dans le cas d'espèce, les règles matérielles du droit de l'État d'origine d'un produit ou d'un service, ou du droit de la résidence habituelle d'une personne physique, pourvu que ces règles assurent une protection équivalente de l'intérêt en cause[99]. Si cette affirmation est vraie, elle ne l'est en revanche pas pour autant à l'égard d'autres hypothèses, alors soumises au jeu normal du droit des conflits de lois, tel qu'inspiré du modèle conventionnel ou national classique.

---

95 CJ 19 juin 1984, *Tilly Russ*, aff. 71/83.

96 CJ 10 mars 1992, *Duffryn*, aff. C-214/89.

97 Voir *supra*, point I, B, 1).

98 Voir notamment, dans la doctrine récente, avec les références : A. Mattera, « La reconnaissance mutuelle : une valeur historique ancienne, un principe juridique intégrationniste, l'assise politique d'un modèle de société humaniste », *RDUE*, 2009, p. 385-418 ; V. Hatzopoulos, « Le principe de reconnaissance mutuelle dans la prestation de services », *CDE*, 2010, p. 47-94.

99 Voir notamment : CJ 4 décembre 1986, *Commission c. Allemagne*, « *Secteur de l'assurance* », aff. 205/84 (§ 47) ; CJ 15 mars 2001, *Mazzoleni*, aff. C-165/98. Pour une formulation en termes positifs, comp. : CJ 9 juillet 1997, *Parodi*, aff. C-222/95, évoquant, à propos de la protection d'un consommateur de produits financiers, « l'application des règles impératives » du droit de l'emprunteur (§ 29).

1. Adaptation des règles de compétence judiciaire internationale

Puisque les règles européennes utilisant le modèle de règles universelles constituent le droit commun, elles doivent veiller, à la fois, à réaliser les objectifs inhérents à un système de compétence internationale et à mettre en place un système ne laissant pas de lacunes. Le cas échéant, certaines règles doivent être adaptées à la circonstance que la situation litigieuse a des points de contact avec un pays tiers.

Le critère de la réalisation des objectifs incite à s'interroger sur l'ajout, aux règles communément observées dans les versions initiales des règlements, d'autres dispositions, destinées spécialement aux situations du second cercle[100].

a. Adaptation de la règle européenne au litige externe

Le traitement de la litispendance internationale exige un processus d'adaptation.

La nature autosuffisante des règles universelles porte à s'interroger sur la nécessité d'une exception de litispendance dans les litiges externes. En l'absence d'une telle règle, nulle disposition n'exigerait d'une juridiction d'un État-membre qu'elle tienne compte de la saisine concurrente d'une juridiction d'un pays tiers. Une telle omission s'observe dans le Règlement 4/2009 en matière d'obligations alimentaires[101]. Ses articles 12 (litispendance) et 13 (connexité) couvrent seulement des demandes formées ou pendantes devant des « juridictions d'États-membres différents », ce qui exclut le cas de saisines d'une juridiction d'un État-membre et de celle d'un pays tiers. Cette omission ne constitue pas nécessairement une lacune, elle pourrait révéler plutôt la nature unilatérale du régime mis en place : à l'instar d'un législateur national, le législateur européen pourrait avoir décidé qu'il n'y a pas lieu de prévoir le dessaisissement d'une juridiction européenne par déférence pour une juridiction d'un pays tiers. Il s'en déduit simplement que la juridiction saisie dans un État-membre n'aura pas à recevoir une exception de litispendance « internationale ».

---

[100] La proposition de révision du Règlement Bruxelles I comporte une anomalie probable en omettant de modifier l'art. 6 et de l'adapter aux situations externes. L'extension du règlement aux défendeurs domiciliés dans un pays tiers devrait valoir aussi pour cet article, de sorte que les termes « défendeur domicilié dans un État-membre » devraient être omis. Autre chose est de vérifier si les conditions d'assignation d'un codéfendeur devraient être différentes lorsque celui-ci est domicilié dans un pays tiers.

[101] Règlement 4/2009 du Conseil du 18 décembre 2008 relatif à la compétence, la loi applicable, la reconnaissance et l'exécution des décisions et la coopération en matière d'obligations alimentaires, *J.O. L 7 2009.*

De son côté, la proposition de révision du Règlement Bruxelles I[102] a bien identifié cette question, soulevée par le Gedip[103], en insérant un nouvel article 34 aux termes duquel :

> 1. Sans préjudice des règles énoncées aux articles 3 à 7, si une procédure entre les mêmes parties et ayant le même objet et la même cause est pendante devant les tribunaux d'un État tiers au moment de la saisine d'une juridiction d'un État-membre, cette dernière peut surseoir à statuer si :
>   a) le tribunal de l'État tiers a été saisi en premier lieu ;
>   b) l'on peut s'attendre à ce que le tribunal de l'État tiers rende, dans un délai raisonnable, une décision qui sera susceptible d'être reconnue et, le cas échéant, d'être exécutée dans ledit État-membre ; et
>   c) la juridiction concernée est convaincue que le sursis à statuer est nécessaire pour une bonne administration de la justice.
> 2. Pendant la durée du sursis, la partie qui a saisi la juridiction de l'État-membre ne perd pas les avantages résultant de l'interruption des délais de prescription prévus dans le droit dudit État-membre.
> 3. La juridiction peut révoquer le sursis à tout moment, à la demande de l'une des parties ou d'office, si l'une des conditions suivantes est remplie :
>   a) l'action devant le tribunal de l'État tiers fait elle-même l'objet d'un sursis à statuer ou d'un désistement ;
>   b) la juridiction estime que la procédure devant le tribunal de l'État tiers ne pourra vraisemblablement pas être conclue dans un délai raisonnable ;
>   c) la révocation du sursis est indispensable à une bonne administration de la justice.
> 4. La juridiction met fin à l'instance, à la demande de l'une des parties ou d'office, si la procédure devant le tribunal de l'État tiers est conclue et a donné lieu à une décision qui est exécutoire dans ledit État ou est susceptible de reconnaissance et, le cas échéant, d'exécution dans l'État-membre.

La disposition diffère de celle régissant le litige européen à plus d'un titre : elle ne couvre que la litispendance, non la connexité ; le sursis à statuer est facultatif, laissant une marge d'appréciation au juge européen ; les conditions de l'exception de litispendance ont égard au risque de non-reconnaissance de la décision étrangère à intervenir ainsi qu'à l'incidence d'une bonne administration de la justice. Il est significatif que ces conditions sont similaires à celles que peut établir un législateur national lorsqu'il prévoit une exception de litispendance internationale[104].

---

102 Doc. COM (2010), 748.

103 Réunion de Bergen, 2008 (www.gedip-egpil.eu ; M. Fallon, C. Kohler et P. Kinsch (dir.), *Le droit international privé européen en construction, op. cit.*).

104 Pour des dispositions similaires, voir l'art. 14 du code belge de droit international privé (loi du 16 juillet 2004, *Moniteur belge*, 27 juillet 2004).

b. Ajout de règles subsidiaires

La pratique montre une tendance à l'ajout de dispositions propres aux situations du second cercle[105]. Dans les actes existants, on en trouve la trace la plus explicite dans le Règlement 4/2009 sur les obligations alimentaires, par les concepts de « compétence subsidiaire » (article 6) et de « *forum necessitatis* » (article 7)[106]. Ces deux fors complètent « les dispositions générales » (article 3), en ce sens qu'ils n'interviennent qu'à défaut pour celles-ci de pouvoir fonder un for européen. Sans qu'il soit précisé qu'ils ne concernent que les litiges du second cercle, cela peut se déduire, à la fois, du contenu des dispositions générales – par hypothèse, aucune partie n'a de résidence habituelle dans l'Union, ou les parties n'ont pas la nationalité d'un même État-membre dont les juridictions sont compétentes selon le droit national pour statuer sur une question d'état. Le for subsidiaire intervient alors en première ligne, mais son utilisation devrait s'avérer rare, car il retient le critère de la nationalité commune des parties. Or, ce critère figure déjà indirectement parmi les dispositions générales, dans la mesure où le droit national auquel celles-ci renvoient pour les questions principales d'état aura tendance à connaître un tel chef de compétence. En revanche, il est plus étonnant que le for subsidiaire ne soit pas profilé pour le citoyen européen, dans la mesure du moins où le règlement sert à la constitution de l'Espace de Liberté, de Sécurité et de Justice par l'article 67 TFUE. Comme on l'a vu[107], cet espace connaît une délimitation – forcément spatiale – par la localisation du séjour dans un État-membre pour l'applicabilité, et par la nationalité – voire la résidence de longue durée – pour la titularité de droits. Il est vrai que le critère de la résidence habituelle du défendeur ou du créancier prévu par les dispositions générales suffira normalement, mais cela n'est pas garanti en soi. Quant au for de nécessité, qui est subsidiaire au précédent, il constitue une forme de filet de sécurité sous l'angle du droit fondamental à l'accès à la justice[108] : il vise le cas où il ne serait pas « raisonnable » d'obliger une partie à agir hors de l'Union, et celui où cela « se révèle impossible ». Significativement, ce for de nécessité emprunte, avec ses critères d'appréciation, à un modèle national de droit commun, inauguré dans la loi suisse de 1986 (article 3), suivi par la loi belge de 2004 (article 11).

---

[105] Sur cette notion, voir *supra*, point I, A, 2, b).

[106] Pour une présentation de la technique en contexte, voir *supra*, point I, A, 2).

[107] Voir *supra*, point I, B, 1).

[108] Le préambule y voit bien une disposition visant à éviter le « déni de justice » (§ 16), après avoir indiqué que l'acte exclut que soit encore envisagé « aucun renvoi aux règles de compétence du droit national » (§ 15) : le législateur a bien perçu le lien entre de telles dispositions complémentaires et l'effet de substitution des règles européennes à toute règle nationale de compétence dans la matière visée.

Le lien entre ces fors complémentaires et la couverture, par l'acte, des litiges du second cercle est latent dans le Règlement 4/2009[109]. Il est présent, indirectement, dans le Règlement Bruxelles II*bis*, où les compétences « résiduelles », qui prennent la forme d'un simple renvoi au droit national, jouent lorsque le défendeur n'est ni national ni résident d'un État-membre (article 7).

Dans la proposition de révision du Règlement Bruxelles I[110], ces fors complémentaires résultent de la suppression formelle du domicile du défendeur comme critère d'applicabilité, comme c'est le cas pour le Règlement 4/2009. La section 8 y introduit également un chef de compétence subsidiaire et un for de nécessité. Le premier utilise le critère du for du patrimoine, pourvu que soient respectées des conditions de proportionnalité – par rapport à la valeur en litige – et de proximité – existence d'un lien suffisant avec le for (article 25). Le second évoque le droit au procès équitable – tempéré par une exigence de proximité –, en particulier le critère de l'accès raisonnable au juge et celui de l'accès effectif au juge en cas d'impossibilité de reconnaître dans l'État du for une décision rendue dans un pays tiers alors que cette reconnaissance serait nécessaire à la réalisation des droits du demandeur (article 26). Ces dispositions s'inspirent nettement des conclusions formulées par le Groupe européen de droit international privé lors de sa réunion de Bergen en 2008[111].

c. Ajout de règles miroir

L'effet de substitution de règles européennes universelles au droit commun des États-membres appelle l'utilisation d'une technique que l'on peut qualifier de règle miroir, à défaut de laquelle le système comporterait une lacune.

Le Règlement 4/2009[112] et la proposition de révision du Règlement Bruxelles I[113] permettent d'illustrer le problème. Alors que l'un et l'autre admettent la validité d'accords d'élection de for, c'est uniquement pour viser un accord désignant une juridiction d'un État-membre, tout en omettant le choix par les parties d'une juridiction d'un État tiers : le

---

109 Le préambule lie les fors complémentaires à la circonstance que, désormais, les règles européennes ne devraient plus être exclues à l'égard d'un défendeur ayant sa résidence habituelle dans un État tiers (§ 15).

110 Doc. COM (2010), 748.

111 Voir le site www.gedip-egpil.eu ; M. Fallon, C. Kohler et P. Kinsch (dir.), *Le droit international privé européen en construction, op. cit.*

112 Règlement 4/2009 du Conseil du 18 décembre 2008 relatif à la compétence, la loi applicable, la reconnaissance et l'exécution des décisions et la coopération en matière d'obligations alimentaires, *J.O. L 7 2009.*

113 Doc. COM (2010), 748.

premier le fait par la technique de la limitation du choix à certains fors (article 4) et le second, en évoquant l'hypothèse d'une partie domiciliée dans un État-membre convenant d'un tribunal d'un État-membre, sans apporter en cela de modification au texte actuel (article 23)[114]. Le même phénomène touche, dans la proposition de révision du Règlement Bruxelles I, le for de situation des biens : à l'article 22 ne fait écho aucune disposition visant un bien localisé dans un État tiers[115]. Cette approche a pour effet de renvoyer vers l'acte européen pour ces cas non couverts : cela résulte explicitement du libellé des fors subsidiaires de la proposition de révision du Règlement Bruxelles I comme du Règlement 4/2009[116] ; ce serait déjà inhérent à la version actuelle du règlement selon la motivation implicite de l'avis 1/03 relatif à la négociation de la nouvelle Convention de Lugano[117].

Par contraste, le Groupe européen de droit international privé avait réagi à l'avis 1/03 sur ce point, où il voyait une anomalie[118]. En cas d'extension aux litiges externes, l'article 23 du Règlement Bruxelles I devrait être suivi d'un nouvel article 23*bis*, selon lequel :

> 1. Le juge d'un État-membre saisi d'une demande relevant de sa compétence en vertu du présent règlement et pour laquelle les parties sont convenues d'un tribunal ou de tribunaux d'un État non-membre pour en connaître à titre exclusif, par une convention répondant aux conditions fixées par l'article 23, ne peut connaître du différend tant que le juge désigné n'a pas décliné sa compétence.
> Il sursoit à statuer tant que le juge désigné n'a pas été saisi ou, après avoir été saisi, n'a pas décliné sa compétence. Il se dessaisit lorsque le juge dési-

114 Par extension, la solution vaut aussi pour l'accord d'élection d'un tribunal des marques communautaires, par le renvoi vers l'art. 17 de la Convention de Bruxelles par le Règlement 40/94 du 20 décembre 1993 sur la marque communautaire (*J.O. L 11 1994*, art. 93, § 4).

115 Ce choix politique pourrait s'expliquer par le souci de préserver les chances de prolongement des négociations qui avaient été entamées au sein de la Conférence de La Haye en matière de jugements, avant la conclusion de la convention de 2005 limitée aux accords d'élection de for, attitude que le Parlement européen semble encourager (voir *supra*, point I, B, 3). L'argument n'est pas décisif, pour deux motifs. D'abord, il est sans incidence sur la matière visée par l'art. 22. Ensuite, aboutiraient-elles à une convention, ces négociations n'affecteraient que les rapports entre parties contractantes, étant impuissantes à se substituer au droit commun de ces parties, lequel garde sa raison d'être au titre de régime résiduel.

116 Par leur emplacement dans la structure du texte, ces fors suivent bien les fors en cause et ne les précèdent pas.

117 CJ, avis 1/03, 7 février 2006, « *Conclusion de la nouvelle Convention de Lugano* », § 153.

118 Conclusions de la réunion de Bergen, 2008, www.gedip-egpil.eu ; M. Fallon, C. Kohler et P. Kinsch (dir.), *Le droit international privé européen en construction*, *op. cit.*

gné a rendu une décision qui peut être reconnue en vertu du droit de l'État du juge saisi.
Toutefois, il peut connaître du différend s'il apparaît que :
a) le juge désigné ne statuera pas dans un délai raisonnable ; ou
b) le juge désigné rendra une décision qui ne pourra pas être reconnue selon le droit de l'État du juge saisi.
[2. Le choix par les parties d'un tribunal d'un État non-membre est sans effet lorsque tous les autres éléments du litige sont localisés au moment de ce choix dans un même État-membre.]

De même, l'article 22 devrait être suivi d'un article 22*bis*, selon lequel :

1. Lorsque aucune juridiction d'un État-membre n'est compétente en vertu des règles de compétence exclusive de l'article 22, le juge d'un État-membre saisi d'une demande concernant une matière visée par cet article et qui serait compétent en vertu d'autres dispositions du présent règlement, surseoit à statuer s'il est établi que les juridictions d'un État non-membre sont seules compétentes en vertu du droit de cet État sur la base de dispositions analogues à celles de l'article 22.
Il se dessaisit lorsque la juridiction de l'État non-membre a rendu une décision qui peut être reconnue en vertu du droit de l'État-membre du juge saisi.
Il peut connaître du différend s'il apparaît que cette juridiction ne statuera pas dans un délai raisonnable.
2. Par dérogation au paragraphe 1er, lorsqu'une question de validité de droits visés au paragraphe 4 de l'article 22 est soulevée à titre incident dans un litige porté devant le tribunal d'un État-membre, ce tribunal est compétent pour en connaître, même si cette question relève de la compétence exclusive des juridictions d'un État non-membre selon le droit de cet État. La décision rendue par ce tribunal n'aura pas effet à l'égard des tiers.

La technique procède du concept d'effet réflexe – ou reflex – identifié depuis longtemps par la doctrine[119]. Elle peut aussi être vue comme produisant une règle miroir, dans la mesure où sa raison d'être, ainsi que son orientation générale, reflète une disposition visant les litiges du premier cercle. Comme pour ceux-ci, elle écarte l'application des règles générales dans une matière se prêtant à une compétence de type exclusif. Le contenu de la règle connaît cependant une adaptation au contexte juridique différent. La disposition est dérogatoire de compétence, et non prorogatoire. Le modèle est déjà utilisé, en des termes similaires, par le code belge de 2004 pour les accords d'élection de for (article 7). Cette

[119] Depuis les premiers travaux de G. Droz, *op. cit.* Voir notamment une actualisation chez : M. Fallon, « L'applicabilité du Règlement "Bruxelles I" aux situations externes après l'avis 1/03 », *Mélanges H. Gaudemet-Tallon*, Paris, Dalloz, 2008, p. 241-264 ; A. Nuyts, « La théorie de l'effet réflexe », in G. de Leval et M. Storme (dir.), *Le droit processuel & judiciaire européen*, Bruxelles, La Charte, 2003, p. 73-90.

similitude mérite d'être soulignée, car elle révèle la technique comme un outil de droit judiciaire de portée unilatérale quant à l'objet de la règle : utilisée dans une règle unilatérale quant à la nature de la source, cette règle ne saurait servir à proroger la compétence d'une juridiction d'un pays « étranger », ou d'un pays tiers dans le cas d'une règle européenne ; elle n'est nullement répartitrice de compétences, à la différence d'une règle conventionnelle en tant que règle commune aux juridictions d'États contractants. Pour autant, la règle garde une utilité pour le juge saisi dans un État-membre, en organisant les conditions, de fond et de procédure, de son dessaisissement.

2. Adaptation des règles sur la reconnaissance et l'exécution des décisions judiciaires

Si elle était envisagée par le législateur européen, l'adoption de règles universelles par leur objet, visant la reconnaissance et l'exécution de décisions judiciaires rendues dans des pays tiers, s'accompagnerait nécessairement de règles particulières. Au demeurant, l'adoption d'un régime spécifique apparaîtrait comme une condition de faisabilité politique de la technique des règles universelles, dans la mesure où le régime devrait se montrer globalement moins favorable que celui appliqué aux décisions rendues dans l'Union.

Le régime spécial pourrait reproduire, dans son contenu, le régime classique posé par la Convention de Bruxelles ou la Convention de Lugano, en contraste avec ce qui serait observé pour la compétence internationale, où l'on assisterait, pour les litiges du second cercle, à l'utilisation de techniques nouvelles[120]. Une autre différence concernerait les distinctions entre litiges dans l'une et l'autre matière : pour la reconnaissance des jugements, la distinction ne serait pas en fonction de l'intensité du rattachement de la situation concrète avec l'Union, mais de l'appartenance du juge d'origine au système juridique d'un pays tiers. De fait, les règles propres aux décisions de ces juridictions pourraient concerner des situations du premier cercle – tel un litige devant le juge d'origine impliquant un défendeur domicilié dans l'Union, voire simplement une marchandise fournie dans l'Union. La raison de distinguer deux catégories de jugements serait simplement inhérente au degré d'intégration obtenu dans l'Union, degré conduisant, en liaison avec le principe de confiance mutuelle, à une circulation fluide des décisions, sous sa forme la plus aboutie que constitue le titre exécutoire européen.

C'est dans cette perspective que se placent les conclusions du Groupe européen de droit international privé, lors de sa réunion de Copenhague en 2010. Pratiquement, l'orientation est celle de la Conven-

[120] Voir *supra*, point 1).

tion de Bruxelles. En quelque sorte, le régime exprimerait une approche classique de la problématique, consacrant le concept de reconnaissance de plein droit tout en maintenant la procédure de déclaration de la force exécutoire, à la manière du droit conventionnel ou des régimes nationaux les plus ouverts. Cet alignement n'empêche pas toute adaptation, du fait que les dispositions seraient appliquées hors d'un contexte de réciprocité, selon des dispositions analogues à celles que l'on peut trouver en droit national.

Ces adaptations portent sur certains motifs de refus, qu'elles visent tantôt à rendre plus contraignants, tantôt à clarifier.

Des contraintes spécifiques sauvegardent le jeu des règles de compétence directe et les lois de police.

Des règles de compétence indirecte (article 56-3) s'opposent à la reconnaissance – à moins d'une acceptation de la compétence du juge d'origine par la partie qui s'oppose à la reconnaissance – si une juridiction d'un État-membre avait été compétente en vertu des sections 6 et 7, mais aussi 3 à 5 (relations de consommation et de travail) du chapitre II ; d'autres veillent à contrer l'utilisation d'un for exorbitant par le juge d'origine, en exigeant « un lien suffisant » entre ce juge et le litige[121].

Par ailleurs, une disposition spécifique évoque le respect dû aux lois de police de l'État requis, mais aussi à celles du droit de l'Union, dans les termes suivants (article 56-5) :

> Une décision n'est pas reconnue dans la mesure où :
>
> 1) elle a été rendue en méconnaissance :
> – d'une disposition impérative dont le respect est jugé crucial par l'État requis au point d'en exiger l'application à toute situation entrant dans son champ d'application, quelle que soit par ailleurs la loi applicable au rapport juridique ; ou
> – d'une disposition impérative du droit de l'Union européenne dont le respect est jugé crucial par l'Union au point d'en exiger l'application à toute

[121] Le texte fournit des illustrations d'un lien insuffisant, « lorsque la compétence de la juridiction de cet État n'a pu être fondée que sur :

- la nationalité d'une des parties ; ou
- la signification ou la notification de l'acte introductif d'instance au défendeur qui se trouve temporairement sur le territoire de cet État ; ou
- la présence dans cet État de biens appartenant au défendeur sans lien avec le litige ; ou
- la saisie de biens situés dans cet État sans lien avec le litige ; ou
- l'exercice d'activités commerciales ou professionnelles du défendeur dans cet État sans lien avec le litige. »

> situation entrant dans son champ d'application, quelle que soit par ailleurs la loi applicable au rapport juridique ; ou
> 2) elle accorde des dommages et intérêts non compensatoires excessifs, y compris les dommages et intérêts exemplaires ou punitifs.

Les clarifications portent sur le contenu du contrôle de l'ordre public, de procédure d'une part, de fond d'autre part. Ainsi, l'importance de la protection du droit au procès équitable est rappelée (article 56-6). Le Groupe a cependant renoncé à suivre une suggestion selon laquelle :

> Si de graves manquements ou un risque imminent de graves manquements sont constatés dans un État non-membre aux principes qui régissent une bonne administration de la justice, la Commission peut suspendre temporairement l'application des dispositions du présent chapitre aux décisions rendues dans cet État. La mesure de sauvegarde est maintenue pendant la durée strictement nécessaire et, en tout état de cause, est levée lorsque le manquement constaté est corrigé.
> La Commission informe le Parlement européen et le Conseil en temps utile avant d'adopter ou d'abroger d'une mesure de sauvegarde. Elle prend dûment en compte les observations éventuelles du Parlement européen et du Conseil.

Les objections ont moins porté sur le concept même d'une sanction de ce type à l'égard du pays tiers, que sur l'opportunité de son utilisation dans un instrument particulier : il serait de la responsabilité du législateur européen de mettre en place les conditions d'un régime global de sanctions. À tout le moins, le procédé a pour mérite de montrer que l'adoption de règles communes concernant les décisions rendues dans des pays tiers en dehors d'un mécanisme conventionnel n'exclut pas toute mesure de sauvegarde, de nature à permettre à l'Union d'exercer encore une influence sur la politique suivie par le pays tiers. De plus, une certaine marge de manœuvre est laissée à la négociation d'accords avec des pays tiers visant à faciliter la circulation des jugements dans un contexte de réciprocité, dans la mesure où le régime de droit commun mettrait en place un régime *a minima*, qu'un régime conventionnel pourrait remplacer par un traitement plus favorable aux jugements « étrangers ».

Conclusion

S'interroger sur la détermination du domaine spatial de règles européennes de droit international privé dans la perspective d'une codification revient à travailler sur l'émergence de règles de caractère universel – sous l'angle de leur applicabilité, non de leur force normative. Alors que ce caractère est inhérent aux règles nationales de droit international privé, il ne l'est, dans le droit conventionnel, qu'aux règles de conflit de lois. Le droit européen a plutôt suivi le modèle conventionnel dans les actes unilatéraux de première génération. Toutefois, dans le domaine de la compétence judiciaire internationale, la tendance à l'utilisation de règles de caractère universel va croissant : le procédé caractérisera vraisemblablement la révision du Règlement Bruxelles I. En revanche, la matière de l'efficacité des décisions ne semble pas – encore ? – affectée par ce mouvement.

Insensiblement, ce mouvement constaté dans la matière du conflit de juridictions révèle la nature unilatérale par son essence du droit international privé européen. La nouvelle habilitation dans le domaine de la coopération judiciaire en matière civile a permis l'adoption de règlements – actes unilatéraux au sens du droit institutionnel de l'Union – et signifié l'abandon de l'instrument conventionnel, du moins dans les relations entre les États-membres. L'unilatéralité, conjuguée avec l'universalité, s'exprime aussi par certains éléments de structure et de contenu des règles nouvelles, dans le domaine de la compétence internationale : dès que le système comprend des règles universelles, il doit se doter d'un ensemble complet de règles, à la manière de ce que fait le droit national. Cela explique la présence, dans les actes de seconde génération, de règles complémentaires, de nature subsidiaire, utilisant des techniques issues du droit national, tels le for du patrimoine et le for de nécessité.

Encore convient-il de comprendre exactement la notion de règle de caractère universel, terme sans doute impropre dans la mesure où il donne à croire en soi que la règle recevrait une portée mondiale. L'on sait que, utilisée à propos de règles de conflit de lois, elle vise uniquement à désigner des règles permettant de désigner le droit de tout État. En même temps, ces règles sont destinées à couvrir toute situation internationale, indépendamment de tout lien de rattachement avec le système juridique du for. Or, on peut concevoir un affinement du concept de règle universelle, en dissociant l'universalité par son objet – le droit désigné – de l'universalité par son hypothèse – les situations internationales visées. Une règle de rattachement peut servir à désigner le droit de tout État, tout en ne concernant que certaines situations internationales dotées d'un lien de rattachement particulier avec le système du for. Si une telle dissociation semble avoir peu de portée utile en droit international privé national, voire conventionnel, elle peut en avoir en droit européen, en raison de ses contraintes institutionnelles spécifiques, inhérentes à la délimitation de l'habilitation normative conférée au législateur communautaire. Or, les termes de cette habilitation comportent une référence à un « espace » européen.

Un tel espace connaît des limites, tracées au moyen de règles d'applicabilité présentes dans le droit primaire, pour chacune des libertés de circulation qui le composent. Certes, les implications de telles règles pour la délimitation de l'habilitation normative restent à la fois inaperçues et imprécises, et la Cour de justice semble peu encline à en assurer la sanction. Il n'est donc pas étonnant que peu d'attention y soit portée, au risque de négliger certains ajustements entre ces règles et celles du droit international privé européen. À tout le moins, l'émergence de règles de caractère universel contribue à atténuer l'écart entre le domaine spatial du droit primaire et celui du droit dérivé, quitte, pour celui-ci, à déborder des limites de celui-là.

En termes de contenu, des règles universelles, tout en étant à même de couvrir toutes situations internationales – européennes comme externes – peuvent varier selon qu'elles affectent des situations de premier ou de second cercle. L'observation vaut en particulier pour la compétence internationale : aux chefs de compétence communs à toutes les situations s'en ajoutent d'autres, de nature complémentaire, pour le cas où ces chefs ne suffiraient pas à fonder la compétence d'une juridiction d'un État-membre. Ces règles complémentaires, au rôle subsidiaire, ne concernent alors que des situations dépourvues de tout élément de localisation exigé des règles principales, situations qui, de ce fait, présentent avec l'Union un lien de rattachement ténu. En matière d'efficacité des décisions judiciaires aussi, un régime européen applicable aux décisions rendues dans des pays tiers pourrait se concevoir sans s'aligner pour autant sur le régime favorable dont bénéficient les décisions rendues dans des États-membres dans un contexte de confiance mutuelle.

The Place of International Agreements and European Law in a European Code of Private International Law

Pedro A. DE MIGUEL ASENSIO and Jean-Sylvestre BERGÉ

Professor, Law Faculty of the Universidad Complutense, Madrid, Spain
and
Professor, Law Faculty of the University of Jean Moulin – Lyon 3 (EDIEC), member of the European University Network "European Law of the Area of Freedom, Security and Justice" (GDR – CNRS (National Center For Scientific Research), number 4352), France

Content

Presentation

In the context of the European Union, the recent term "codification" receives two meanings. The codification method applied to European Union law implies merely that several different texts are gathered in a single body of rules[3]. It may also incorporate case-law into European Union law[4]. In the field of Private International Law, the codification

---

1 Translated from French by Guillemine Taupiac-Nouvel.

2 Translated from French by Guillemine Taupiac-Nouvel.

3 For instance, see the Community Customs Code, Community Code on Visas, Community Code relating to veterinary medecina products, the Schengen Borders Code, etc.

4 See, Directive 2007/65/EC of the Parliament and of the Council of 11 December 2007 amending Council Directive 89/552/EEC on the coordination of certain provi-

method may involve different type of work. As in National law[5], the method ranges from compiling pre-existing texts to the drafting of a genuine Code including common provisions and specific ones[6].

In any case, the work of codification must be able to cope with the difficult issue of interactions between the instruments of European Union Private International Law, the International Conventions and European Union law. According to the authors, such interactions in the European context implies distinguishing on the one hand, the fate of International Conventions as an external source of European Union law, and, on the other hand, the fate of European Union law as internal sources.

---

sions laid down by law, regulation or administrative action in Member States concerning the pursuit of television broadcasting activities, § 32: "In order to deal with situations where a broadcaster under the jurisdiction of one Member state provides a television broadcast which is wholly or mostly directed towards the territory of another Member state, a requirement for Member state to cooperate with one another and, in cases of circumvention, the codification of the case-law of the Court of Justice (Case C-212/97 Centros v. Erhvervs- og Selskabsstyrelsen; Case C-33/74, Van Binsbergen v. Bestuur van de Bedrijfsvereniging; case C-23/93, TV 10 SA v. Commissariaat voor de MEDIA, § 21], combined with a more efficient procedure, would be an appropriate solution that takes account of Member state concerns without calling into question the proper application of the country of origin principle". See also, concerning the interpretation of Rome I, the opinion of Advocate General TRSTENJAK in the case C-29/10: "The wording of Article 8(2) of Rome I, it is true, is very different from that of Article 6(2)(a) of the Rome Convention and also from that of article 5(1) of the Brussels Convention, but in fact it is no more than a clearer formulation or even codification of the existing case-law on Article 5(1) of Brussels Convention" (…). "The objective in codifying the conflict rules in Rome I was to replace the Rome Convention and at the same time to ensure continuity fundamentally with it. It is therefore appropriate to interpret the provisions of the Rome Convention in such a way as to ensure continuity and to enable Rome I to begin to be applied without significant modifications of interpretation". (§ 76 and 80).

5 Following the purposing objective of the unification of National law in civil and criminal matters, the codification method has been spreading at a International and European level (for example in Private International law, or in Contract law). However, the flow from the National order to the supranational has changed the meaning of the term "codification". See D. Bureau & S. Poillot-Peruzzetto, in B. Beignier (dir.), *La codification*, Paris, Dalloz, 1996. Dispute arises when National law vocabulary is used at European level without fittings. It occurs in France, for instance, as regard to the European Civil Code. See the opposition of Y. Lequette, « Vers un code civil européen? », in *Le Code civil, Pouvoirs*, 107, 2003, p. 97, and for a moderate point of view see B. Fauvarque-Cosson, « Codification et droit privé européen », in *Mélanges B. Oppetit*, Paris, Litec, 2009, p. 179.

6 See the presentation of S. Corneloup et C. Nourissat, *Quelle structure pour un code européen de droit international privé?*, in this volume.

I. International conventions and European instruments of international private law: interrelation and codification

The respective roles of the EU and its Member States as actors in the negotiation and conclusion of international conventions in the field of private international law has been deeply affected by the instruments adopted in the framework of the European area of freedom, security and justice since the Treaty of Amsterdam. These instruments have significant implications on the external exclusive competence of the UE to negotiate and conclude international conventions. Because of the expansion of the EU external competence in the field of judicial cooperation in civil and commercial matters, international agreements concluded by the EU have become a new component of EU Private International Law of increasing importance. These developments also influence the future role of international conventions concluded by Member States with third parties since Member States are not allowed to conclude agreements in more and more areas. Due to the level of international cooperation in the field of Private International Law the significance of international conventions and the relations between EU provisions and such conventions are elements of exceptional importance in the drafting a EU regime.

A. Interaction between international conventions and unification of private international law in the EU

1. Scope and nature of the EU external competences

The development of judicial cooperation in civil matters having cross-border implications and, in particular the progressive unification within the EU of the rules concerning conflict of laws and of jurisdiction as well as the mutual recognition and enforcement of judgments has decisively influenced the scope of the external competence of the EU and the Member States in this area[7]. In those situations in which the EU external competence is exclusive, it is not for the Member States but for the Union to enter into external undertakings. The position of the Court of Justice has played a significant role in this connection given the practical importance of its view that the Union's external competence is exclusive to the extent to which an international convention affects internal EU rules or alters their scope. Such exclusive competence is

[7] See "Declaration of competence of the European Community specifying the matters in respect of which competence has been transferred to it by its Member States", contained in Annex II to Council Decision 2006/719/EC of 5 October 2006 on the accession of the Community to the Hague Conference on Private International Law (OJ L 297 of 26.10.2006, p. 1).

primarily aimed at preserving the effectiveness of EU law and the proper functioning of the systems established by its rules.

The criteria established by the Court of Justice have been codified in the TFEU after the Treaty of Lisbon. According to Article 3(2) TFEU, the EU has "exclusive competence for the conclusion of an international agreement when its conclusion is provided for in a legislative act of the Union or is necessary to enable the Union to exercise its internal competence, or in so far as its conclusion may affect common rules or alter their scope". Additionally, Article 216 TFEU establishes that the Union may conclude international agreements "where the Treaties so provide or where the conclusion of an agreement is necessary in order to achieve, within the framework of the Union's policies, one of the objectives referred to in the Treaties, or is provided for in a legally binding Union act or is likely to affect common rules or alter their scope". These provisions are mot aimed at expanding the competences of the EU but merely codify in the framework of the Treaty of Lisbon the case-law of the ECJ on the authority of the EU to conclude international treaties.

At the early 1970s the ECJ[8] had already established that the competence of the Community to conclude international agreements may flow implicitly from Treaty provisions and from measures adopted by the Community institutions. The ECJ held that the Community was competent to conclude international agreements even when it was not specifically authorized to do so in the primary law, in particular because to the extent to which Community rules are adopted, member States can not by their own assume obligations which may affect those rules or alter their scope. Under the *ERTA* doctrine, where the Community exercises the internal competence to regulate a field it has implied powers to act in relation to third-party countries excluding the possibility of concurrent powers by Member States, since Community competence is deemed exclusive where the conclusion of an agreement by the Member States is incompatible with the uniform application of Community law. The ECJ has later confirmed that when common rules come into being, the Member States no longer have the right to conclude international agreements affecting those rules[9]. Hence the content of the EU instruments concerning private international law adopted so far is of the outmost importance in this regard.

With respect to the areas covered by the instruments adopted to develop judicial cooperation in civil matters, the ECJ Opinion 1/03 ren-

---

8 ECJ Judgment of 31 March 1971, C-22/70, *ERTA*, par. 16-31.

9 ECJ judgment of 5 November 2002, C-467/98, *Commission v Denmark (Open Skies)*, par. 77.

dered in 2006[10] was especially significant in the process of expansion of EU exclusive competence. Opinion 1/03 established that the Community had exclusive competence to conclude the revised version of the Lugano Convention given that this convention affects the rules on jurisdiction and recognition and enforcement of judgments contained in Regulation (EC) 44/2001. According to the ECJ Opinion 1/03, because of the unified and coherent system of rules on jurisdiction and recognition provided for in the Brussels I Regulation, any other international agreement also establishing a unified system of rules on conflict of jurisdiction or recognition and enforcement of judgments is capable of affecting the uniform application of the rules of the Brussels I Regulation or the proper functioning of the system that they establish and hence falls within the exclusive competence of the EU.

However, the criterion that the EU has exclusive external competence to the extent to which an international convention affects internal EU rules or alters their scope seems to raise a number or practical difficulties with respect to judicial cooperation in civil matters. Some uncertainties or distortions may appear when determining if internal EU rules are affected with a view to establish the exclusive competence of the EU and hence that it is only for the EU to conclude agreements between the Union and third countries or international organisations. As noted in paragraph 8 of the Declaration of competence made by the EC at the time of the accession to the Hague Conference, the extent of competences which the Member States have transferred to the Union is, by its nature, liable to continuous development[11]. At any rate, after the ECJ Opinion 1/03 an expansive view of the scope of the external exclusive competence prevails in the practice of the EU institutions with respect to international conventions concerning jurisdiction, recognition and enforcement of judgments and applicable law in areas which have been the subject matter of EU instruments, as illustrated by Regulation (EC) No. 664/2009[12]. Such an expansive view may lead to some distortions in particular to the extent that it tends to cover issues which have not been regulated by EU provisions, and in which Member States have traditionally been active in concluding international conventions with third-party States. Bilateral conventions with third countries on recogni-

---

10 ECJ Opinion 1/03 of 7 February 2006.

11 See Annex II to Council Decision 2006/719/EC, previously cited.

12 Council Regulation (EC) No. 664/2009 of 7 July 2009 establishing a procedure for the negotiation and conclusion of agreements between Member States and third countries concerning jurisdiction, recognition and enforcement of judgments and decisions in matrimonial matters, matters of parental responsibility and matters relating to maintenance obligations, and the law applicable to matters relating to maintenance obligations (OJ L 200 of 31.7.2009, p. 46).

tion and enforcement of judgments may be a good example, since the EU instruments adopted so far lack common rules on the effect of third State judgments.

Additionally, complexity increases as a result of the fact that given the scope of the exclusive external competence of the EU many international agreements can fall not entirely but only partially within the exclusive competence of the EU. To the extent that only certain articles of an international convention affect EU legislation, the Member States retain their competence in the areas covered by the convention which do not affect EU law[13]. In these situations, the EU and the Member States share competence to conclude the relevant convention, as established, for instance, in the Preamble of the Council Decisions 2003/93/CE and 2008/431/EC concerning the 1996 Hague Convention on the Protection of Children[14]. Declaration No. 36 annexed to the Final Act of the International Conference which adopted the Treaty of Lisbon, refers to Article 218 TFUE concerning the procedure of negotiation and conclusion of international agreements by the Union. The Declaration expressly acknowledges that Member States may negotiate and conclude international agreements with third countries or international organisations "in so far as such agreements comply with Union law".

2. *The EU in the international scene*

The expansion in recent years of the EU external competence in the field of private international law is connected to the increasing role of the Union as an actor in the negotiation and conclusion of international conventions concerning that field. This trend has become a critical element in the future development of EU Private International Law. For instance, the Action Plan Implementing the Stockholm Programme

---

[13] See S. Bariatti, *Cases and Materials on EU Private International Law*, Oxford, Hart Publishing, 2011, p. 39.

[14] See Council Decision 2003/93/CE of 19 December 2002 authorising the Member States, in the interest of the Community, to sign the 1996 Hague Convention on Jurisdiction, Applicable Law, Recognition, Enforcement and Cooperation in respect of Parental Responsibility and Measures for the Protection of Children (OJ L 48 of 21.2.2003, p. 1); and Council Decision 2008/431/EC of 5 June 2008 authorising certain Member States to ratify, or accede to, in the interest of the European Community, the 1996 Hague Convention on Jurisdiction, Applicable Law, Recognition, Enforcement and Cooperation in respect of Parental Responsibility and Measures for the Protection of Children and authorising certain Member States to make a declaration on the application of the relevant internal rules of Community law – Convention on Jurisdiction, Applicable Law, Recognition, Enforcement and Cooperation in respect of Parental Responsibility and Measures for the Protection of Children (OJ L 151 of 11.06.2008, p. 36).

detailed in the Commission Communication of 20 April 2010[15] includes as ongoing actions: continue to support the Hague Conference on Private International Law; and cooperate with the Council of Europe based on the Memorandum of Understanding signed in 2006 and continue to support the implementation of its important conventions including an express reference to the ones on data protection and protection of children. Additionally, the 2010 Action Plan envisages, among other initiatives, a Proposal on the conclusion by the EU of the 2005 Hague Choice of Court Convention in 2012; and a Proposal for the accession of the EU to UNIDROIT in 2014. Furthermore, the European Parliament has recently urged the Commission to use its best endeavours at the Hague Conference to revive the project for an international judgments convention[16].

A fundamental development in this context was the accession of the EC to the Hague Conference on Private International Law[17] without prejudice to the possible role of the EU in the framework of other international organisations, such as WTO, UNCITRAL, UNIDROIT and IMO, to the extent that they may create private international law rules[18]. Accession to the Hague conference was a necessary step to enable the Community to exercise its external competence regarding international cooperation in civil matters, since the new status granted to the Community gives it the means to participate as a full member in the negotiations of conventions by the Hague Conference in areas of its competence. Moreover, the practice of the Hague Conference has evolved in order to overcome the difficulties that result from the lack in the conventions of clauses on the position of an organisation such as the EU. In the absence of special provisions, only sovereign States may usually be party to a convention and hence the EU can not sign, ratify or accede to the relevant convention even though it falls entirely or partially within the exclusive external competence of the EU. In these situations, the EU needs to have recourse to a Decision authorising its Mem-

---

15 "Delivering an area of freedom, security and justice for Europe's citizens", COM (2010), 171 final.

16 Resolution of 23 November 2010 on civil law, commercial law, family law and private international law aspects of the Action Plan Implementing the Stockholm Programme (2010/2080(INI)).

17 For a comparison with the previous situation, see N. Hatzimihail, "General Report – Transnational Civil Litigation Between European Integration and Global Aspirations", in A. Nuyts and N. Watté (eds.), *International Civil Litigation in Europe and Relations with Third States*, Brussels, Bruylant, 2005, p. 595 at p. 615-617.

18 S. Marinari, *I valori comuni nel diritto internazionale private e processuale comunitario*, Turin, Giappichelli, 2007, p. 310-320.

ber States, by way of exception, to sign, ratify or accede the relevant convention in the interest of the Union[19].

In the recent practice of the Hague Conference it has become common that international conventions include among their final clauses specific provisions on Regional Economic Integration Organisations that make possible for the EU to become a party to those conventions[20]. Such clauses refer typically to organisations which are constituted solely by sovereign States and have competence over some or all of the matters governed by the relevant convention. Under this type of provisions Regional Economic Integration Organisations are equated with States to the extent that those organisations may similarly sign, accept, approve or accede to the conventions; organisations have the rights and obligations of a contracting State; and any reference to a "State" in the convention applies equally, where appropriate, to an organisation that is a party to the convention. However, consideration of organisations as contracting States is only possible to the extent that the relevant organisation has competence over matters governed by the convention. Therefore, such organisations are required to notify the matters governed by the convention in respect of which competence has been transferred to them by their member States. Given that international conventions in this field may fall entirely within the exclusive competence of the EU, the recent Hague conventions provide also for the possibility that regional organisations access the conventions without their Member States to the extent that the organisations exercise competence over all the matters governed by the convention and hence their Member States do not become parties to it but are bound by virtue of the accession of the organisation.

Developments in the field of maintenance obligations offer significant examples of conventions that the EU has decided to sing or conclude alone because it exercises competence over all the matters governed by the convention but also illustrate how due to the complexity of the Area of Freedom, Security and Justice even in these situations fragmentation may remain within the EU Member States. Indeed, even in the case of conventions falling completely within the scope of the external exclusive competence of the Union fragmentation may persist. In particular, because of the peculiar position of the UK, Ireland and Denmark in respect of the Area of Freedom, Security and Justice, it may happen that these countries are not bound by a EU

---

19 See in this regard the Council Decisions authorising EU Member States to sign, ratify or accede to the 1996 Hague Convention on the Protection of Children, already cited.

20 See, for instance, art. 29 and 30 of the Hague Convention on Choice of Court Agreements of 30 June 2005.

Decision concerning the signing or access to a Convention regardless of the exclusive external competence of the EU. Under Article 3 of the 2009 Decision on the 2007 Hague Protocol on the Law Applicable to Maintenance Obligations[21], since the EU exercises competence over all the matters governed by the Protocol its Members States are bound by the Protocol by virtue of its conclusion by the EU. However, for the purposes of this Decision and in regard to the Protocol, the EU does not include Denmark and the United Kingdom. The 2011 Council Decision on the signing of the 2007 Hague Convention on the International Recovery of Family Maintenance[22] offers a similar example. Although it is an international convention that the Union decided to sign alone declaring that it exercises competence over all the matters governed by it since such matters are also dealt with in Regulation (EC) No. 4/2009 on maintenance obligations[23], Denmark is not bound by the Decision nor subject to its application.

3. The position of EU Member States

Although traditionally EU Member States have concluded international conventions with third countries in some areas of Private International Law, now they only remain competent to conclude such agreements to the extent that the relevant convention does not fall within the exclusive external competence of the EU. In particular, Member States must abstain from entering into international agreements which may affect or alter the scope of EU legislation. Additionally, according to Article 351 TFEU Member States are required to take all appropriate steps to eliminate the incompatibilities between the agreements they have concluded with third countries and EU law. Therefore, although previous agreements between Member States and third countries are in principle not affected by EU law, such criterion applies only to the extent that agreements are compatible with EU law; moreover, as noted earlier, the possibility by Member States to conclude such agreements is limited by the scope of the exclusive competence of the EU.

---

21 Council Decision (2009/941/EC) of 30 November 2009 on the conclusion by the European Community of the Hague Protocol of 23 November 2007 on the Law Applicable to Maintenance Obligations (OJ L 331 of 16.12.2009, p. 17).

22 Council Decision (2011/220/EU) of 31 March 2011 on the signing, on behalf of the European Union, of the Hague Convention of 23 November 2007 on the International Recovery of Child Support and Other Forms of Family Maintenance (OJ L 93 of 7.4.2011, p. 9).

23 Regulation (EC) No. 4/2009 of 18 December 2008 on jurisdiction, applicable law, recognition and enforcement of decisions and cooperation in matters relating to maintenance obligations (OJ L 7 of 10.1.2009, p. 1).

This evolution poses significant challenges when considering that traditionally bilateral and other agreements have been established with third countries in situations in which special ties exist and with a view to meet particular needs of the Member State involved. In sharp contrast with the role played by such conventions in the Private International Law systems of some Member States, special ties or particular needs of a given country may not be significant from the perspective of the EU and in fact the EU has not been active in the negotiation of bilateral agreements. Hence, the progressive development of judicial cooperation in civil matters within the EU and the expansion of the external exclusive competence of the EU in this area decisively influence the position of Member States in the international scene. Two specific instruments have been adopted with a view to make possible the coordination between the special needs of Member States and the exclusive external competence of the Union: Regulation (EC) No. 662/2009 of 13 July 2009 establishing a procedure for the negotiation and conclusion of agreements between Member States and third countries on particular matters concerning the law applicable to contractual and non-contractual obligations[24]; and Regulation (EC) No. 664/2009 of 7 July 2009 establishing a procedure for the negotiation and conclusion of agreements between Member States and third countries concerning jurisdiction, recognition and enforcement of judgments and decisions in matrimonial matters, matters of parental responsibility and matters relating to maintenance obligations, and the law applicable to matters relating to maintenance obligations[25].

These two Regulations establish a procedure to authorise a Member State to amend an existing agreement or to negotiate and conclude a new agreement with third countries on certain specific civil justice issues falling within the exclusive competence of the EU. Under the procedure established in these two Regulations, the authorisation is subject to the control by the Commission that the envisaged convention does not undermine EU law or the EU external relations policy and that there is no sufficient interest by the EU itself in concluding a bilateral agreement with the third country concerned.

Both Regulations envisage the possibility to authorise agreements between Members States and third countries as an exceptional measure that is only available in specific matters and which also is limited in time. The agreements that may benefit from such an authorisation are restricted to those dealing with the specific subject matters of some of the EU instruments adopted in the area of judicial cooperation in civil

[24] (OJ L 200 of 31.7.2009, p. 25).

[25] (OJ L 200 of 31.7.2009, p. 46).

matters. Regulation (EC) No. 662/2009 (article 1.2) refers only to agreements on the particular matters covered by the Rome I and Rome II Regulations (the law applicable to contractual and non-contractual obligations); Regulation (EC) No. 664/2009 applies only (article 1.2) to agreements concerning matters falling within the scope of Regulation (EC) No. 2201/2003 (jurisdiction and recognition of judgments in matrimonial matters and the matters of parental responsibility) and Regulation (EC) No. 4/2009 (jurisdiction, applicable law, recognition of decisions and cooperation in matters relating to maintenance obligations)[26].

The introduction of the authorisation procedures established in these two Regulations seems a positive development inasmuch as it makes possible the conclusion of international agreements by Member States with third countries in matters falling within the exclusive external competence of the EU in situations in which such a possibility seems appropriate. Notwithstanding this, the scope and rationale of these Regulations raise also some uncertainties in connection with the delimitation of the external competence of the EU and the practice of Member States regarding international judicial cooperation in civil matters. Regulations (EC) 664/2009 and 662/2009 are based on a broad understanding of the exclusive external competence of the EU, that extends to areas where common rules do not exist within the EU, in particular with regard to the recognition and enforcement of third country judgments in the EU Member States. Such an interpretation can be founded on the idea that under the EU common provisions a judgment given in a Member State is not to be recognised if it is irreconcilable with an earlier judgment given in a third State involving the same cause of action and between the same parties, provided that the earlier judgment fulfils the conditions necessary for its recognition in the Member State in which recognition is sought[27]. Hence, it can be argued that the rules applicable to the recognition of third-country judgments in a Member State may affect the application of EU common rules on the recognition and enforcement of judgments given in other Member States. Although this approach can find support in the ECJ Opinion 1/03[28], it is also true that the reasoning of the Court was made

---

[26] See A. Borrás, "La celebración de convenios internacionales de Derecho internacional privado entre Estados miembros de la Unión Europea y terceros Estados", *AEDIPr*, t. IX, 2009, p. 83-96.

[27] See, for instance, Art. 22(d) Regulation (EC) No. 2201/2003 of 27 November 2003 concerning jurisdiction and the recognition and enforcement of judgments in matrimonial matters and the matters of parental responsibility (Brussels II*bis* Regulation) (OJ L 338 of 23.12.2003, p. 1) and Art. 34(4) Regulation 44/2001 (Brussels I).

[28] ECJ Opinion 1/03 of 7 February 2006, from par. 165.

with regard to two parallel instruments such as the Lugano Convention and Regulation 44/2001 ("Brussels I").

There is a remarkable contrast between the broad understanding of the EU exclusive external competence concerning international judicial cooperation in civil matters that prevails in the EU institutions and the restrictive scope of Regulations 662/2009 and 664/2009. These two instruments only envisage the possibility of Member States being authorised with respect to agreements on very specific matters. In this context, a number of questions arise with respect to the fact that in some Member States international agreements of a general scope with third States play a significant role in areas such as recognition and enforcement of judgments.

Firstly, some Member States have concluded such agreements with third States even after the adoption by the EU of common rules on the reciprocal recognition and enforcement of judgments. Among the most prominent examples are some bilateral conventions concluded by Member States with third countries. For instance, in the Italian practice reference can be made to the convention between Italy and Algeria regarding Legal Aid in Civil and Commercial Matters, signed at Algiers on 22 July 2003 (in force since 13 December 2006) that includes in Title III (arts. 15-20) provisions on the recognition and enforcement of judgments[29] or to the convention between Italy and Kuwait regarding Judicial Cooperation and the Recognition and Enforcement of Judgments in Civil and Commercial Matters, signed at Kuwait on 11 December 2002 (in force since 21 December 2004)[30]. Furthermore, in the Spanish practice reference can be made to the convention between Spain and Algeria regarding Judicial Aid in Civil and Commercial Matters, signed at Madrid on 24 February 2005 (in force since 24 April 2006)[31], and to the convention between Spain and Mauritania regarding Judicial Aid in Civil and Commercial Matters, signed at Madrid on 12 September 2006; both of them include in Title III (arts. 16-21) provisions on the recognition and enforcement of judgments[32].

Secondly, the restrictive position adopted with regard to the scope of Regulations 662/2009 and 664/2009 and the exceptional nature of the authorisation mechanisms produce the result that bilateral agreements as those previously referred to with regard to the recent practice of Italy and Spain can not be authorised. This is the result of the criterion laid down by the Commission at the time of the drafting of these two Regu-

---

29 Riv.dir.int.pr.proc., Vol. XLIII, 2007, p. 819-823.

30 Riv.dir.int.pr.proc., Vol. XLI, 2005, p. 846-850.

31 *AEDIPr*, Vol. VI, 2006, p. 776-780.

32 *AEDIPr*, Vol. VI, 2006, p. 780-783.

lations. Although it was acknowledged that Member States would have preferred a horizontal instrument which would take into account both bilateral agreements on specific matters and agreements concerning jurisdiction, recognition and enforcement of decisions in civil and commercial matters in general, and even broader agreements on legal cooperation, the Commission considered that this approach would be likely to undermine the Community legal framework in the area of judicial cooperation in civil and commercial matters, and excessively affect the existing *acquis*[33]. Hence, the scope of Regulations 662/2009 and 664/2009 and the procedure to authorise agreements is limited to a minimum in tune with the specific subject matters they cover.

Thirdly, the current situation does not seem optimal when considering all interests at stake. The limits of the exclusive external competence of the EU remain uncertain with regard to issues which have not been subject to common rules. In particular, it may be unclear the determination of when the existing rules on recognition and enforcement of decisions between Member States can be affected by a bilateral convention including provisions on the reciprocal recognition and enforcement of judgments between a EU Member State and a third State. However, Regulations 662/2009 and 664/2009 seem to have been drafted on the assumption that when such bilateral conventions deal with the recognition and enforcement of judgments in a matter that is regulated in a EU instrument, the exclusive external competence of the EU has to be affirmed even though the EU instrument does not apply to third State judgments. This approach in practice excludes the possibility by Member States to conclude such agreements and no authorisation is possible under Regulations 662/2009 and 664/2009 because of the limited subject-matter of these two Regulations. Furthermore, such an approach raises doubts about the possible incompatibilities between the agreements previously concluded by Member States and EU law. However, a more flexible approach seems to be preferable and in fact no action has been taken against the Member States that have concluded such bilateral agreements in the past and in more recent times, even after the adoption of Regulation 44/2001 or Regulation 2201/2003. Additionally, when

33 See Proposal for a Regulation establishing a procedure for the negotiation and conclusion of bilateral agreements between Member States and third countries concerning sectoral matters and covering applicable law in contractual and non-contractual obligations, COM (2008), 893 final of 23.12.2008, p. 4-5; and Proposal for a Regulation establishing a procedure for the negotiation and conclusion of bilateral agreements between Member States and third countries concerning sectoral matters and covering jurisdiction, recognition and enforcement of judgments and decisions in matrimonial matters, parental responsibility and maintenance obligations, and applicable law in matters relating to maintenance obligations, COM (2008), 894 final of 19.12.2008, p. 4-5.

considering the practice and the future plans of the Commission it seems clear that currently does not exist a sufficient EU interest to replace the bilateral agreements between Member States and third countries concerning the recognition and enforcement of judgments in general and that the EU does not seem ready to negotiate and conclude this kind of agreements. Moreover, the EU instruments have not been reviewed to include common rules on the recognition and enforcement of third country judgments. Under these circumstances doubts may be raised as to the extent in which Member States have been deprived of the possibility to conclude bilateral agreements with third countries concerning the reciprocal recognition and enforcement of judgments in general or at least as to the need to supplement the existing authorisation mechanisms to enable the conclusion of agreements that deal with matters others than those addressed by Regulations 662/2009 and 664/2009.

B. International conventions in the drafting of an EU regime

1. Agreements concluded by the EU

As laid down in Article 216(2) TFEU, agreements concluded by the European Union are binding upon the institutions of the Union and on its Member States. International treaties concluded by the EU with third-party countries take precedence over secondary EU law and are applicable in all Member States[34]. The text of such conventions is typically provided for in the annex of an EU decision[35]. Given that the EU has acquired exclusive competence for the negotiation and conclusion of international agreements with third countries governing most areas of judicial cooperation in civil and commercial matters, the criterion that the EU provisions apply without prejudice of the international conventions to which the EU is a party becomes of great importance in this field to ensure that international conventions concluded by the EU prevail over EU legislation. Therefore, it seems advisable that EU legislation on Private International Law include a reference to the priority of international conventions.

---

34 Although some flexibility concerning the notion of Member State may be needed given the peculiar position of the United Kingdom, Ireland and Denmark in the framework of the of the European area of freedom, security and justice. For instance, according to Art. 5 of the Agreement between the EC and Denmark on jurisdiction and the recognition and enforcement of judgments in civil and commercial matters (OJ L 299 of 16.11.2005, p. 62), international agreements entered into by the Community based on the rules of the Brussels I Regulation are not binding upon and are not applicable in Denmark.

35 See, e.g., Decision (2009/941/EC) of 30 November 2009 on the conclusion by the European Community of the Hague Protocol of 23 November 2007 on the Law Applicable to Maintenance Obligations (OJ L 331 of 16.12.2009, p. 17).

In practice, the prevalence of the international conventions concluded by the Union over EU law may find significant exceptions and not affect the relations between EU Member States that may continue to be governed by EU legislation regardless of the convention in tune with the special nature of EU Private International Law provisions as the product of an integration process. Such a result is typically attained by the inclusion in the international agreement of a so-called "disconnection clause" enabling EU Member States to apply *inter se* EU legislation and not the international convention including such a clause. Hence, under such circumstances conclusion by the EU of an international convention is compatible with the applicability of EU rules to certain relations covered by the convention concerned to the extent that such relations are "disconnected" from the convention. Examples of this type of clauses may be found in a significant number of international agreements concluded by the EU in this area. For instance, article 64 of the 2007 Lugano Convention[36] establishes that the convention does not prejudice the application by the EU Member States of the Brussels I Regulation.

The evolution in the EU has very much influenced the recent practice of the Hague Conference in this respect. In such practice examples may be found of specific clauses providing that the application of the rules of a Regional Economic Integration Organisation (such as the EU) remain unaffected when the organisation becomes a party to the convention concerned. The scope of such clauses determines the applicability of the EU rules after the EU becomes a party to the convention. For instance, under Article 26(6) of the 2005 Hague Convention on Choice of Court Agreements the jurisdictional provisions of the Brussels I Regulation remain unaffected where none of the parties is resident in a Contracting State to the convention that is not a Member State of the EU and the EU legislation remains also unaffected with regard to the recognition or enforcement of judgments as between Member States[37]. In the application of these provisions difficulties may appear. In this connection, it has been noted that provisions of the 2005 Hague Convention and of the Brussels I Regulation could conflict in certain situations in which their rules differ, in particular Article 6 of the convention provides for a different solution that Article 27 Brussels I Regulation regarding *lis pendens* and the obligations of a court not chosen, since the Hague

[36] Convention on jurisdiction and the recognition and enforcement of judgments in civil and commercial matters, done at Lugano on 30.10.2007 (OJ L 147 of 10.6.2009, p. 5).

[37] See A. Borrás, "La relation des textes de référence avec les textes internationaux", in M. Fallon, P. Lagarde and S. Poillot-Peruzzetto, *La matière civile et commerciale, socle d'un code européen de droit international privé?*, Paris, Dalloz, 2009, p. 141, p. 144.

Convention gives preference to the chosen court and not to the court first seized[38].

Due to the level of international cooperation existing in some areas, the adoption of special rules concerning the relations between international conventions and EU legislation could be appropriate in the framework of an eventual codification of Private International Law in Europe[39]. Indeed, provisions of this kind can already be found in the existing EU Regulations in order to coordinate their content with the existing international conventions. This sort of special provisions have been inserted to take account of the existence of agreements on special matters between some Member States that may contain a more favourable system that the one established at EU level. In this regard, Article 59(2) Regulation 2201/2003 left open the possibility to apply to the mutual relations between Finland and Sweden a convention between Nordic countries comprising international private law provisions on marriage, adoption and guardianship. Also Regulation 4/2009 allows Member States which are party to the 1962 Convention between Nordic countries on the recovery of maintenance to continue applying that convention in their mutual relations since it contains more favourable rules on recognition and enforcement than those in the Regulation.

Even more significant are special provisions that regulate the relations between EU legislation and multilateral conventions adopted at the Hague Conference or other international fora and that may be crucial to determine the limits of the application of the instruments involved. Such provisions in EU legislation have to be respectful with the provisions of the conventions concerned. For example, Article 61 Regulation 2201/2003 deals with the relation between the Regulation and the 1996 Hague Convention on Jurisdiction, Applicable law, Recognition, Enforcement and Cooperation in Respect of Parental Responsibility and Measures for the Protection of Children. According to Article 61, the Regulation applies: a) where the child concerned has his or her habitual residence on the territory of a Member State; and b) when the judgment whose recognition is sough in a Member State has been rendered in another Member State regardless of the habitual reference of the child. In this connection, Article 52 of the 1996 Hague Convention establishes that the convention does not affect the possibility for Contracting States to conclude agreements which contain, in respect of children habitually resident in any of the States, Parties to such agreements, provisions on

38 See "Report on the Application of Regulation Brussels I in the Member States" presented by B. Hess, T. Pfeiffer and P. Schlosser, Study JLS/C4/2005/03, Final Version September 2007, par. 391-397.

39 See P. Lagarde, "Rapport de synthèse", *La matière…*, *op. cit.*, p. 194.

matters governed by the convention. Article 52(4) acknowledges that such possibility applies to uniform laws adopted by organisations of regional integration.

From the perspective of a possible future codification, it is noteworthy that the conclusion by the EU of an international convention may under some circumstances render unnecessary the establishment of an EU regime, in particular in situations in which the agreement has universal application and hence the provisions of the international agreement are applicable with respect to all situations concerning the relevant subject-matter[40]. In these circumstances the inclusion in the EU legislation of a provision referring to the relevant international convention may be appropriate. Provisions incorporating by reference into EU legislation an international convention as the set of rules on conflict of laws to be applied in the EU are rare since it is unusual that international conventions adopted by the EU make redundant EU legislation. The most prominent example in this regard may currently be found in the provision on the determination of the applicable law in Regulation 4/2009[41] relating to maintenance obligations. Article 15 of Regulation 4/2009 provides that, for Member States bound by the Hague Protocol of 23 November 2007 on the law applicable to maintenance obligations, the rules on conflict of laws in respect of maintenance obligations will be those set out in that Protocol. This case provides also an example of some drawbacks and risks of this approach. First, some degree of fragmentation within the EU may remain to the extent that given the special position of some Member States not all of them are bound after the conclusion by the EU of the 2007 Hague Protocol[42]. Second, from the broader international or global perspective this approach does not attain harmony and uniformity with third States if the relevant convention has not achieved significant international acceptance and hence doubts may

40 See K. Kreuzer, "Gemeinschaftskollisionsrecht und universales Kollisionsrecht (Selbsisolation, Koordination oder Integration?)", *Die richtige Ordnung (FS J. Kropholler)*, Tübingen, 2008, p. 129, par. 147-148.

41 Regulation (EC) No. 4/2009 of 18 December 2008 on jurisdiction, applicable law, recognition and enforcement of decisions and cooperation in matters relating to maintenance obligations.

42 According to Art. 3 of 2009 Decision on the conclusion by the European Community of the Hague Protocol of 23 November 2007 on the Law Applicable to Maintenance Obligations (OJ L 331 of 16.12.2009, p. 17), the declaration that the Member States of the EC would be bound by the Protocol by virtue of its conclusion by the EC included a statement that for the purpose of such declaration the term "European Community" does not include Denmark and the United Kingdom.

be raised about the convenience of replacing in such cases EU legislation by an international convention[43].

2. Conventions to which Member States are parties

With regard to international conventions to which not the EU but its Member States are parties, article 351 TFEU is founded on the criterion that international commitments must be respected without prejudice of the obligation by Member States to act to eliminate incompatibilities between such conventions and EU law. In line with this approach, EU instruments concerning private international law usually establish that they do not affect any conventions between Member States and third countries provided that the external competences of the EU have been respected. In this regard, by contrast with the wording of Article 57(1) of the Brussels Convention, Article 71(1) Brussels I Regulation excludes that Member States introduce, by concluding new specialised conventions, rules which would prevail over those of the Regulation. Only conventions to which one or more Member States are parties at the time of the adoption of the regulation concerned prevail over those of the regulation, as established also, for example, in Article 28 Rome II Regulation, Article 25 Rome I Regulation, Article 59(1) Regulation 2201/2003 and Article 69(1) Regulation 4/2009. On the contrary, as between Member States EU instruments take precedence over conventions concluded exclusively between two or more Member States which are superseded by EU rules in so far as such conventions concern matters governed by the relevant EU instrument (e.g., Articles 69 Brussels I; 59.1 Brussels II*bis*; 28 Rome II; 25 Rome I; and 19 Reg. 1259/2010).

Although these solutions should also be accepted in principle in any future codification of Private International Law in the EU, some additional considerations may be relevant in this context. The specialised conventions prevail over the EU instruments only insofar as a Member State became a party before the adoption of the EU regulation and the conventions provide for specific provisions. In line with the wording of Article 71 Brussels I Regulation, the ECJ has held that the rules laid down in specialised conventions – such as the Convention on the Contract for the Carriage of International Goods by Road (CMR)[44] or the

[43] That conclusion seems especially appropriate with regard to the 2007 Hague Protocol on the Law Applicable to Maintenance Obligations.

[44] See ECJ Judgment of 28 October 2004, C-148/03, *Nürnberger Allgemeine Versicherung*, stating that Art. 57 Brussels Convention introduced an exception to the general rule that the Brussels Convention takes precedence over other conventions signed by the Contracting States on jurisdiction and the recognition of judgments (par. 14).

Warsaw Convention and of the Convention on Arrest in Seaships[45] – have the effect of precluding the application of the provisions of the Brussels I Regulation relating to the same question and that "the purpose of that exception is to ensure compliance with the rules of jurisdiction laid down by specialised conventions, since when those rules were enacted account was taken of the specific features of the matters to which they relate"[46]. Difficulties may arise in practice because the conventions on particular matters, such as those referred to in Article 71 Brussels I Regulation, only partly address the scope of the EU instrument concerned and delimitation between the scope of the particular convention and the subsidiary application of the Regulation may be a source of uncertainty, as pointed out in the 2007 Report on the Application of Regulation Brussels I in the Member States[47].

It is noteworthy that the case-law of the ECJ has established some additional restrictions to the prevalence of international conventions concluded by Member States with non-member countries. In *TNT Express Nederland*, when interpreting Article 71 Brussels I Regulation in connection with certain provisions of the CMR, the ECJ held that the application of the specialised conventions in the matters they cover "cannot compromise the principles which underlie judicial cooperation in civil and commercial matters in the European Union, such as the principles […] of free movement of judgments in civil and commercial matters, predictability as to the courts having jurisdiction and therefore legal certainty for litigants, sound administration of justice, minimisation of the risk of concurrent proceedings, and mutual trust in the administration of justice in the European Union"[48]. The result of the approach adopted in *TNT Express Nederland* is that in practice the criterion that jurisdiction and recognition rules of specialised conventions prevail over the rules of the Brussels I Regulation is to be applied with significant limitations to ensure that it does not conflict with the principles underlying the Regulation. These limitations are based on the view that conventions concluded by Member States with non-member countries cannot, in relations between the Member States, be applied to the detriment of the objectives of European Union law and cannot lead to results which may undermine the sound operation of the internal market[49]. Regarding

45 ECJ Judgment of 6 December 1994, C-406/92, *The Tatry*, par. 24.

46 See ECJ Judgment of 6 December 1994, C-406/92, *The Tatry*, par. 23; and ECJ Judgment of 28 October 2004, C-148/03, *Nürnberger Allgemeine Versicherung*, par. 14.

47 See "Report…", *cit.*, §139.

48 ECJ Judgment of 4 May 2010, C-533/08, *TNT Express Nederland*, par. 49.

49 See ECJ Judgment of 22 October 2009, C-301/08, *Bogiatzi*, par. 19; and ECJ Judgment of 4 May 2010, C-533/08, *TNT Express Nederland*, par. 49-56.

the jurisdiction provisions – including rules on *lis pendens* – the ECJ established in *TNT Express Nederland* that the rules of the specialised conventions can only be applied to the extent that "they are highly predictable, facilitate the sound administration of justice and enable the risk of concurrent proceedings to be minimised" (paragraphe 53). Moreover, in the area of the recognition and enforcement of judgments, the *favor executionis* principle and mutual trust in the administration of justice between Member States must be ensured and hence the rules of the specialised conventions cannot be applied if they require less favourable conditions for the recognition and enforcement than those provided for by the Brussels I Regulation (paragraphs 54-56).

The trend to limit the situations in which international conventions concluded by Member States with third States take precedence over EU law has also been reflected in the text of the recent EU instruments in this field. Provisions can be found that establish that such criterion does not apply to relations between Member States because with regard to such relations the relevant EU instrument prevail over the conventions concluded between Member States and third countries in so far as they concern matters governed by the instrument. Article 60 Regulation 2201/2003 and Article 69(2) Regulation 4/2009 on maintenance obligations are examples of this trend. The criterion that, in relations between Member States, EU instruments take precedence over the conventions which concern matters governed by the relevant instrument and to which Member States are party should also be adopted in principle in a future codification of Private International Law in the EU.

From the perspective of the unification of Private International Law within the EU it is remarkable that the current situation concerning international conventions concluded by Member States has made possible that significant fragmentation continues to exist even in some of the core areas governed by the EU regulations. Particularly noteworthy is the situation in the field of the law applicable to non-contractual obligations where the EU rules have universal application (Article 3 Rome II). The prevalence of the international conventions to which one or more Member States were parties at the time of the adoption of the Regulation – Article 28(1) – produces the result that (only) in some Member States central issues covered by the Regulation, such as the law applicable to product liability, or situations which fall entirely within the scope of the Regulation – such as non-contractual liability arising out of car accidents – are not governed by the Regulation. In particular, that is the situation in the Member States that are parties to the Hague Convention of 4 May 1971 on the law applicable to traffic accidents and the Hague Convention of 2 October 1973 on the law applicable to product liability. In the context of a possible future codification of Private International

Law such a level of fragmentation within the EU seems unacceptable and hence additional steps should be envisaged to safeguard uniformity between EU Member States, including an eventual denunciation of the conventions by the Member States that are parties to them.

II. European law and European instruments of Private International Law: systems and codification

European codification in the field of Private International Law not only concerns the issue of interaction with international conventions, but also deals with European law as a whole implying specific relations between the systems. Precisely, a European Code of Private International Law has to be fleshed out as a complete system gathering judicial methods and solutions. Nevertheless, this system copes with other systems as the European judicial system is specifically concerned[50].

The question then arises of how to build the relations between the European Code of Private International Law system and the European Union judicial system. The main difficulties of determining such relations must be presented before going through the solutions proposed.

---

[50] The Council of Europe, and above all the European Convention for the Protection of Human Rights and Fundamental Freedoms, could be also concerned. However, we will not enter into the details of the interactions between Private International Law and the European protection of Human Rights and focus on the study of the internal relations within the European Union. r/ the first topic, see L. Sinopoli, « Le droit à un procès équitable dans les rapports privés internationaux », these, Université de Paris 1 – Panthéon Sorbonne, 2000; D. Cohen, « La Convention européenne des droits de l'homme et le droit international privé français », *Rev. Crit. dip.*, 1989, p. 451; P. Mayer, « La Convention européenne des droits de l'homme et l'application des normes étrangères », *Rev. Crit. dip.*, 1991, p. 651; F. Marchadier, *Les objectifs généraux du droit international privé à l'épreuve de la Convention européenne des droits de l'homme*, Brussels, Bruylant, 2007; E. Guinchard, « Procès équitable (art. 6 CESDH) et droit international privé », in A. Huyts et N. Watté, *International Civil Litigation in Europe and Relations with the Third States*, Brussels, Bruylant, 2005, p. 199; P. Kinsch, « Droits de l'homme, droits fondamentaux et droit international privé », *RCADI*, 2005, t. 318, p. 11. Voir plus récemment, P. Kinsch, « Le droit international privé au risque de la hiérarchie des normes: l'exemple de la jurisprudence de la CEDH en matière de reconnaissance des jugements », *Annuaire de droit européen*, Brussels, Bruylant, 2010, vol. 2007, p. 957; F. Marchadier, « Charte des Droits Fondamentaux et droit international privé – aspects procéduraux », in B. Favreau (dir.), *La Charte des Droits Fondamentaux de l'Union européenne après le Traité de Lisbonne*, Brussels, Bruylant, 2010, p. 81 ; L. d'Avout, « Droits fondamentaux et coordination des ordres juridiques en droit privé », in E. Dubout et S. Touzé (dir.), *Les droits fondamentaux: charnières entre les ordres et systèmes juridiques*, Paris, Pedone, 2010, p. 165; J.-S. Bergé, « Le droit à un procès équitable au sens de la coopération judiciaire en matière civile et pénale: l'hypothèse d'un rapport de mise en œuvre », in F. Sudre et C. Picheral (dir.), *Le droit à un procès équitable au sens du droit de l'Union européenne*, Brussels, Bruylant-Némésis, collection « Droit et Justice », forthcoming.

A. Problems

1. The scope of the Code

The first difficulty to cope with is to identify the scope of the Code. Even if this issue has already been dealt with in that conference, I would like to emphasise some relevant points.

The exercise of defining the scope of a European Code in the field of Private International Law implies the following question: what exactly does Private International Law mean? Where does Private International Law start and finish? These are broad questions highlighted by the current debate on the role of the recognition mechanism in the field of traditional conflicts of laws and jurisdictions methods[51]. The outstanding mechanism in European Union law (recognition of judgements, acts and judicial situations) is not naturally integrated into a body of rules on conflicts of laws and conflicts of jurisdictions[52].

As a consequence, the question of the shape of the European Code in Private International Law still stands. In the European context, it appears very important to decide whether or not a European Code aims to gather all the European instruments of judicial cooperation in civil matters within the Freedom, security and Justice area[53].

---

51 See P. Lagarde, « Développements futurs du droit international privé dans une Europe en voie d'unification: quelques conjectures », *RabelsZ*, 2004, p. 225; P. Mayer, « La méthode de la reconnaissance en droit international privé », *Mélanges en l'honneur de Paul Lagarde*, Paris, Dalloz, 2005, p. 547; P. Lagarde, « La reconnaissance mode d'emploi », *Mélanges en l'honneur d'Hélène Gaudemet-Tallon. Vers de nouveaux équilibres entre ordres juridiques*, Paris, Dalloz, 2008, p. 481; C. Pamboukis, « La reconnaissance-métamorphose de la méthode de reconnaissance », *Rev. Crit. dip.*, 2008, p. 513.

52 See H. Muir Watt, « La nécessité de la division tripartite. Conflit de lois, de juridictions règles de reconnaissance et d'exécution », in this volume.

53 Council regulation (EC) No. 1346/2000 of 29 May 2000 on insolvency proceedings, Council Regulation (EC) No. 1348/2000 of 29 May 2000 on the service in the Member States of judicial and extrajudicial documents in civil or commercial matters, Council Regulation (EC) 44/2001 of 22 December 2000 on jurisdiction and the recognition and enforcement of judgements in civil and commercial matters (Brussels I), Council Regulation (EC) No. 1206/2001 of 28 May 2001 on cooperation between the Courts of the Member States in the taking of evidence in civil or commercial matters, Council Regulation (EC) No. 2201/2003 of 27 November 2003 concerning jurisdiction and the recognition and enforcement of judgements in matrimonial matters and the matters of parental responsability, repealing Regulation No. 1347/2000 (Brussels II), Regulation (EC) No. 805/2004 of the European Parliament and of the Council of 21 April 2004 creating a European Enforcement Order for uncontested claims, Regulation (EC) No. 1896/2006 of the European Parliament and of the Council of 12 December 2006 creating a European order for payment procedure, Regulation (EC) No. 861/2007 of the European Parliament and of the Council of 11 July 2007 establishing a European Small Claims Procedure,

A more selective way has already been proposed concerning European cooperation at the stage of service and evidences, enforcement of judgements (European enforcement order for uncontested claims and Small claims procedure)[54], and enhanced cooperation (divorce and legal separation)[55]. Most of the participants in the Conference would rather insert all of the new European regulations in the framework of the European Private International Law Code.

2. *Specific provisions*

The second difficulty emerging from the birth of a Code of Private International Law in the European judicial order has not been yet referred to by the other participants in the Conference. It is possible to ask if specific provision may lay out solutions about interactions between the European Code and the other European methods. On the one hand, specific provisions are necessary if it appears that problems in the integration process occur because of the European Private International Law Code. On the other hand, the European judicial order is sufficient and has the capacity to integrate properly the European Code as a part of it.

B. *The solutions*

1. *Established solutions*

The experience of the European Private International Law legislation in force[56] drives the insertion mode of the new European Code in the European order. Then, three interesting outcomes are relevant.

Firstly, it seems that references to European law have to be made in the frame of a European Private International Law Code. With regard to the judicial basis, the European Code, or before that, the European Private International Law legislation, are not self-sufficient. In other

---

Regulation (EC) No. 864/2007 of the European Parliament and of the Council of 11 July 2007 on the law applicable to non-contractual obligations (Rome II), Regulation (EC) No. 593/2008 of the European Parliament and of the Council of 17 June 2008 on the law applicable to contractual obligations (Rome I), Regulation (EC) No. 4/2009 of 18 December 2008 on jurisdiction, applicable law, recognition and enforcement of decisions and cooperation in matters relating to maintenance obligations, Regulation (EC) No. 1259/2010 of 20 December 2010 implementing enhanced cooperation in the area of the law applicable to divorce and legal separation (Rome III).

54 See in this volume B. Vilà et M. Atal, « La place de la procédure et de la coopération entre juges et acteurs nationaux », M.-L. Niboyet, « Les règles de procédure : l'acquis et les propositions », M. Wilderspin, « Règles de compétence et de reconnaissance et d'exécution ».

55 See C. Nourissat, *op. cit.*, p. 255.

56 See *supra*, note 50.

words, the European Code must rely on the European Treaties. Regardless of Article 21 TFEU (concerning European citizenship)[57], it is the Article 81 TFEU (concerning judicial cooperation in civil matters *lato sensu*) that has to be laid down. This text has set out a general judicial basis (§ 2) and also a specific one for International family law (§ 3). Thereby, the Article 81 TFEU would be more appropriate to ground the European Code of Private International Law.

Secondly, some usual references in European Private International Law remain. Despite the fact that each conflict of law or conflict of jurisdictions rules are based upon a specific European Regulation, cross references have to be made. For instance, the cross references exist in the Regulations in force, concerning financial products[58], Legal Aid or in the fields of protection of personal data[59]. Consequently, a consistent system explains that European Private International Law issues not included in the European Code, as consumer welfare policy[60], European patents[61], or the posting of workers in the framework of the provision of services[62], should also comply with the cross references method. The purpose is to avoid divergences that may occur[63] between external provisions and the European Code on common issues.

Thirdly, a current European legislative practise that applies to relations between the instruments of Private International Law should be avoided with the European Code as a unique body of rules. Specifically, numerous cross references in the Private International law instruments

---

57 We do not agree with the proposition to adopt that judicial basis in order to pass round the unanimity vote set out in Art. 81 TFEU in Family law matters. Firstly, the ECJ, ruling on a request for a preliminary ruling or on action for annulment, is unlikely to accept such a judicial basis since the primary law lays down a specific ground for Private International law issues. Specifically, Art. 21 TFEU sets out that it does apply except when the Treaties have provided the necessary powers. Secondly, we do not agree with a complicated theory that is based upon a will to "pass round" primary law provisions.

58 See Regulation Rome I, *cit.*

59 See Regulation relating to maintenance obligations, *cit.*

60 The Directives adopted in this matter may interfere with the Regulation Rome I.

61 The Regulations adopted in this matter may interfere with the Regulation Brussels 1.

62 The Directive 96/71/EC of the European Parliament and of the Council of 16 December 1996 concerning the posting of workers in the framework of the provision of services may interfere with Rome I.

63 Incoherence are important in the field of consumers protection. See M.-N. Jobard-Bachellier, « L'acquis communautaire du droit international privé des conflits de lois », in J.-S. Bergé et M.-L. Niboyet (dir.), *La réception du droit communautaire en droit privé des États-membres*, Brussels, Bruylant, 2003, p. 185. However, this incoherence are about to disappear throughout the review of secondary legislation in that matters.

aiming to modify each other[64] or to facilitate their interrelation[65] are no longer relevant in a codification context.

2. *Solutions still in debate*

A broad question arises concerning the interaction between Private International law methods and solutions, and the rules of European Union law which do interfere with the classical logic of traditional Private International law. More precisely, some European rules, such as the proper functioning of the internal market, European citizenship, or the right to a fair trial, undoubtedly modify the settlement of Private International law dispute. Therefore, it must be decided if specific provisions relating to interaction between those European rules provided mostly by the Treaties or the European Charter and the European Code have to be set out in the European Private International law Code.

It seems easier for the European legislator to handle such relations in a prospective way providing a framework throughout specific provisions. This legislative phenomenon appeared in the field of the internal market[66] and is now in debate concerning the right to a fair trial[67]. Moreover, the establishment of a European Code in Private International law

64 See Regulation on maintenance obligations modifying Regulation Brussels I.

65 See the interaction between the Regulation Brussels II*bis*, the Regulation on maintenance obligations, and the Regulation Rome III, *cit.*

66 Concerning Directive 2000/31/EC of the European Parliament and of the Council of 8 June 2000 on certain legal aspects of information society services, in particular electronic commerce, in the Internal Market, see Regulation Rome I, § 40: "A situation where conflicts of law are dispersed among several instruments and where there are differences between those rules should be avoided. This regulation, however, should not exclude the possibility of inclusion of conflict of law rules relating to contractual obligations in provisions of Community law with regard to particular matters. This Regulation should not prejudice the application of other instruments laying down provisions designed to contribute to the proper functioning of the internal market in so far as they cannot be applied in conjunction with the law designed by the rules of this Regulation. The application of provisions of the applicable law designated by the rules of this Regulation should not restrict the free movement of goods and services as regulated by Community instruments, such as Directive 2000/31/EC of the European Parliament and of the Council of 8 June 2000 on certain legal aspects of information society services, in particular electronic commerce, in the Internal Market".

67 In the perspective of the revision of the Regulation Brussels I, please note the increase of references to the right to a fair trial. See, Proposal for a Regulation of the European Parliament and of the Council on jurisdiction and the recognition and enforcement of judgements in civil and commercial matters (COM (2010), 748 final), § 46-1.

matters entails a debate on the role, for instance, of the European citizenship in the European judicial area[68].

Nevertheless, the absence of consensus on this prospective approach cannot be denied. Two of the main instruments in force of European Private International law do not foresee the terms of the relation between the rule of conflict of law and the material imperative of the Internal market whose purpose is to facilitate free movement[69].

Personally, I do approve of this approach since I consider the European Union system self-sufficient and it may be able to give options to resolve the existing problem without a transcription in a Code. Several issues, such as the relations between a European Code of Private International law and the Treaties, the European Charter, the construction of the Internal market and the FSJ area, the method of harmonization, the national procedural autonomy, are based upon the European Union system bringing down the necessity of specific provisions in the European Code.

Notwithstanding its originality, this position finds its roots in the specificity of the matters at stake. Although Private International law knows how to handle the distinction "national/foreigner", it has become more difficult to integrate a European judicial level in the reasoning. The scope of the European Union law, the assertion of an independent European public order, and the questioning on European policy law[70] are not easily included in the dynamic of conflict of law and conflict of jurisdictions.

But this European dimension does exist on its own remaining outside of Private International law issues. Consequently, a European Code in Private International law has no legitimacy in intending to solve, through specific provisions, the relationship between rules and the

---

68 See the prospective analysis of É. Pataut, « Citoyenneté communautaire et libre circulation des personnes – de la construction d'un marché à l'élaboration d'un statut », in S. Bollée, Y.-M. Laithier et C. Pérès (dir.), *L'efficacité économique en droit*, Paris, Economica, 2010, p. 147.

69 The two Regulations Rome I and Rome II set out that "the present Regulation shall not prejudice the application or adoption of acts of the institutions of the European Communities which lay down rules to promote the smooth operation of the internal market, where such rules cannot apply at the same time as the law designated by the rules of Private International law" (Art. 22 c) in fine). In the line of criticism of that provision, see our analysis, "Le droit du marché intérieur et le droit international privé communautaire: de l'incomplétude à la cohérence", in V. Michel (dir.), *Le droit, les institutions et les politiques de l'Union européenne face à l'impératif de cohérence*, Strasbourg, Presses universitaires de Strasbourg, 2009, p. 339.

70 Concerning that issue, see the debate with É. Pataut au Cejec, Nanterre University: "La distinction 'national – étranger – européen' et le droit international privé: question de vocabulaire ou problème arithmétique?", LPA 2008, No. 221, p. 5-12.

imperative rules binding the whole European Union system. The question of the protection of fundamental rights included in the shape of the new instruments of European Private International law[71] is a relevant illustration of the lack of legitimacy of those texts. The protection of fundamental rights is a European imperative and such provision in secondary legislation in the field of Private International law will not prevent Europe from respecting it[72].

Although a European Code in Private International law is a system, it is a part of a wider integrative system – the European Union judicial system. It appears unreasonable to argue that the European Union judicial system would rather be submitted to the imperatives of a European Private International law system than the contrary. To do so infers that the European context of the European Private International law Code is wrongly denied.

In conclusion, I would like to emphasise that including all the imperatives of the European Union judicial system in the shape of the Code is not necessary. It relies on the European Union system and its lawyers to implement solutions dealing with the interactions between the new European Code and other European Union rules. And the doctrinal School from Toulouse, with my colleague and friend S. Poillot-Peruzzetto, is amply participating in that work.

---

71 For instance, the Regulation on the European Enforcement Order, *cit.* See, the criticism of L. d'Avout in *Droits fondamentaux et coordination des ordres juridiques en droit privé*, *op. cit.*

72 See our analysis on the right to a fair trial, « Le droit à un procès équitable au sens de la coopération judiciaire en matière civile et pénale: l'hypothèse d'un rapport de mise en œuvre », *op. cit.*

La nécessité de la division tripartite

Conflit de lois, de juridiction, règles de reconnaissance et d'exécution ?

Horatia MUIR WATT

Professeur, Institut d'Études Politiques, Paris, France

La traditionnelle division tripartite du droit international privé – en trois grandes rubriques liées respectivement à la compétence judiciaire, au conflit de lois et à la circulation des jugements – est indissociablement liée à la vision libérale de l'ordre international qui a donné lieu vers la fin du XIXe siècle à la grande distinction théorique des sphères publique et privée qui fonde encore la pensée occidentale en matière de droit international. Alors que le droit international public avait servi le projet colonial des États européens en facilitant l'extension de leur empire dans le monde et a continué à en asseoir la suprématie dans l'ordre nouveau de la Société des Nations[1], le droit international privé a favorisé de son côté l'essor de l'économie capitaliste en mettant en place l'infrastructure du commerce international privé : on lui doit notamment l'autonomie du contrat international[2], la protection de l'activité extraterritoriale des sociétés commerciales[3], puis la généralisation de l'arbitrage et la sujétion de l'investissement étranger à des règles du jeu calquées

---

1 Sur le concept d'Empire, voir M. Hardt et A. Negri, *Empire*, Cambridge, Harvard University Press, 2000 ; et pour son utilisation dans le champ du droit international, voir M. Koskenniemi, « Empire and International law : The Real Spanish Contribution », *University of Toronto Law Journal*, 61, 2011.

2 Sur la façon dont le principe d'autonomie a servi la globalisation de l'économie, voir H. Muir Watt, « "Party Autonomy" in international contracts : from the makings of a myth to the requirements of global governance », *European Review of Contract Law*, 6 (3), 2010.

3 Le droit international privé a assuré la reconnaissance internationale de la personnalité morale sans pour autant laisser capturer les groupes. Pour la contribution sur ce dernier point du droit international public, voir nos obs. sur l'affaire *Kiobel, Rev. Crit. dip.*, 2010, p. 761.

sur le droit privé des États développés[4]. L'art libéral de la séparation[5] a permis à l'un et à l'autre volet du droit international de s'épanouir sans que l'égalité des États, ni la souveraineté des peuples sur leurs ressources naturelles, ni le monopole étatique de la production normative ne viennent gêner l'essor du commerce privé transfrontière, largement confisqué par les entreprises occidentales – assureurs, transporteurs maritimes, fabricants s'approvisionnant dans le tiers monde, fournisseurs de services en tout genre y compris juridictionnels – et se déployant progressivement en dehors du champ des impérativités qui tendaient à s'affirmer localement dans les États providence (de modèle nord-américain ou européen)[6].

Investi de la seule fonction de délimitation du champ du droit privé des grands États commerçants, en excluant soigneusement les zones de production situées en dehors du monde développé[7], le droit international privé s'est prêté à une épistémologie triplement contrainte par une distinction entre l'international et le « municipal », le public et le privé, le territorial et l'extra-territorial. Comme l'a si bien montré Alexander Mills, l'histoire « privée » du droit international – celle qu'occulte le récit officiel – a consisté à assimiler le privé au national, pour mieux l'isoler du domaine politique des rapports « publics » entre États souverains[8]. Ce rôle subordonné du droit international privé, cantonné aux affaires « domestiques » (*domestic law*)[9] et apolitiques[10], servait parfaitement l'expansion de l'empire du droit international public[11]. L'histoire intime et ancillaire de ce second corps de l'État[12] appellerait une analyse

---

4 V.A. Claire Cutler, *Private Power and Global Authority*, Cambridge, Cambridge University Press, 2003.

5 M. Walzer, « Liberalism and the art of separation », *Political Theory*, 12 (3), 1984, p. 315-330.

6 Sur la neutralisation des lois de police, voir « Aspects économiques du droit international privé », *RCADI*, 2004, t. 307, L.G. Radicati dui Brozolo, « Arbitrage, Juridiction, mondialisation », *Rev. Crit. dip.*, 2003, p. 1 ; D. Bureau et H. Muir Watt, *Droit international privé*, Paris, PUF, 2e éd. (ci-après, *Précis*), n° 556 et svts.

7 Pour cette critique du droit privé européen, voir U. Mattei, « Hard Code Now ! », in *Global Jurist Frontiers*, 1 (2), 2002, p. 1.

8 A. Mills, *The Confluence of Public and Private International law*, Cambridge, Cambridge University Press, 2009.

9 La terminologie anglaise est particulièrement significative : la sphère nationale est celle du foyer intime du for saisi.

10 H. Muir Watt, *La fonction de la règle de conflit*, thèse, Paris 2, 1985 ; *Précis*, *op. cit.*, n° 338 et svts.

11 M. Koskenniemi, *The Politics of International Law*, Oxford, Hart, 2011.

12 Sur les deux corps du Roi et leur utilisation par la théorie Queer, voir T. Ruskola, « Raping Like a State », *UCLA Law Rev*, 57, 1477, 2010.

propre, notamment en termes de théorie *Queer*[13]. En termes d'économie politique, le maintien de la distinction du public et du privé constitue très certainement l'un des moyens par lesquels l'État a contribué à son propre dépassement dans la globalisation[14].

Au sein du champ clos[15] et « pasteurisé »[16] du droit international privé ainsi dessiné sur fond de communauté juridique romano-germanique, il était possible de croire en la fongibilité des juridictions nationales et à l'équivalence fonctionnelle des lois[17]. La quête de l'harmonie internationale des décisions, placée en haut de l'échelle des valeurs recherchées, commandait de séparer la compétence du juge (fondée sur des considérations de souveraineté ou, peu à peu, de commodité procédurale) du conflit de lois, dont on s'évertuait à maintenir la fiction qu'il était résolu de la même façon partout, ou du moins qu'il était en mesure de mobiliser suffisamment de mécanismes de « coordination des systèmes » pour éviter le forum shopping[18]. Seul le contrôle de compatibilité des jugements à la frontière, progressivement libéralisé, rappelait que même dans la sphère du droit privé, le seuil de tolérance de l'étranger[19] pouvait être franchi. D'où le triptyque for/loi/jugement, qui portait parfaitement

13 Pour une analyse de la distinction des sphères publique et privée en termes de Queer Theory, voir notre article, « Private International Law as Global Governance : From Closet to Planet », repris d'une conférence à Harvard Law School (IGLP workshop) en juin 2011.

14 S. Sassen, *Losing Control ? Sovereignty in an Age of Globalization*, New York, Columbia University Press, 1996.

15 P. Gothot, « Le renouveau de la tendance unilatéraliste », *Rev. Crit. dip.* 1971, p. 1.

16 R. Michaels, « The European Pasteurization of French Law », (2005) 90 *Cornell LR* 995, p. 1068-69.

17 Ce sont les ingrédients de la recette du bilatéralisme qui a dominé la méthodologie du droit international privé en Europe au XXe siècle. Sur l'apparition de fêlures, dont plusieurs sont dues à l'essor du droit international privé européen (projection d'une fonction régulatrice dans la règle de conflit fédérale ; inflexion des approches traditionnelles sous l'impact des droits de l'homme).

18 Le forum shopping allait devenir la plaie du fonctionnalisme *lex foriste* américain, mais il est devenu très apparent aujourd'hui que sa généralisation n'est pas liée à tel choix méthodologique en matière de conflit de lois mais résulte de la multiplicité des fors disponibles et concurrents (sur la compétition juridictionnelle dans le marché des services de règlement des différends, voir H. Muir Watt, RCADI ; pour un exemple récent particulièrement spectaculaire de l'enchevêtrement des fors, voir nos obs. sur l'affaire Chevron, *Rev. Crit. dip.*, 2011, à paraître).

19 D. Boden, *L'ordre public : limite et condition de la tolérance. Recherches sur le pluralisme juridique*, thèse, Paris 1, 2002.

le projet moderne d'une régulation neutre et bien ordonnée de l'économie internationale privée[20].

L'érosion progressive de l'idéal universaliste a laissé en place le cadre méthodologique initial grâce au jeu d'une série de fictions ou de croyances, telles le dédoublement fonctionnel du législateur national (qui a conduit à investir la règle de conflit d'une fonction répartitrice des compétences) ; l'égalité des lois du for et étrangères devant le juge (qui a permis de séparer le conflit de lois et de juridictions) ; la communauté juridique (qui a justifié une présomption de cousinage entre traditions présumées civilisées) ; ou encore et toujours la distinction des sphères publique et privée (qui tient éloignée l'interférence du politique et de l'économique) ; le monopole normatif de l'État (qui assure le déni des nouveaux fors ainsi que de nouvelles sources de normativité d'ordre spontané ou privé issues de l'expansion de l'empire économique privé). Privé d'une grande partie de sa substance, ce modèle a perdu sa valeur descriptive de la réalité en même temps que sa raison d'être (I). Par ailleurs, l'orientation fédéraliste du droit européen commande inévitablement la disparition de cette distinction dans les rapports entre États-membres (II). En même temps, vis-à-vis des États tiers – ou plus exactement aujourd'hui, à l'égard du monde juridique en dehors du champ du droit européen – la méthodologie du droit international privé telle que développée au sein du modèle westphalien revêt une utilité très réduite (III).

I. Obsolescence du triptyque

Le déclin contemporain des catégories fondatrices du droit international privé tient à une série de facteurs : les normes internationales, notamment le droit (ex-)communautaire et les droits de l'homme, interviennent dans la sphère « domestique » ; la ligne de partage entre le politique et le privé est largement déviée de son tracé ancien ; le droit qui régit les rapports interindividuels recherche et produit des effets économiques qui démentent l'innocence politique de la matière et mettent en doute la priorité accordée à des objectifs « neutres » telle l'harmonie internationale relevant de la justice dite de droit international privé ; les outils fabriqués à l'aune du modèle étatiste sont inaptes à gérer les normativités transnationales et supranationales que secrète la globalisation de la société civile et de l'économie. Au regard de ces évolutions, le triptyque compétence/conflits de lois/reconnaissance des jugements tend à devenir obsolète, soit dans la distinction des trois axes,

[20] Dans une vision libérale, la famille est considérée comme se situant en dehors de la sphère économique, sauf en ce qui concerne « les rapports patrimoniaux de la famille ». Le néo-libéralisme l'y intègre en revanche.

soit dans leur articulation mutuelle, soit dans la vocation uniforme du modèle, soit dans leur exclusivité par rapport à d'autres méthodes.

1. **La distinction des trois axes** : Comme le montrent très bien les nouveaux règlements (aliments[21], divorce[22]), ou projets de règlement (successions[23]), la question de la reconnaissance des jugements étrangers est étroitement imbriquée dans celle des conflits de lois. De même, la détermination de l'autorité compétente va entraîner dans beaucoup de cas celle de la loi applicable, de façon à en faire une question unique. Ces corrélations ne sont pas forcément inédites, mais elles constituent incontestablement une rupture méthodologique par rapport au modèle continental moderne classique. On le voit également en dehors de l'acquis européen, par exemple, dans la pratique des choix conjugués du for et de la loi applicable, ou dans l'utilisation du *forum non conveniens* quand la loi applicable est étrangère, ou encore dans le surinvestissement des systèmes de common law dans la question juridictionnelle, pour négliger le conflit de lois. Quant à la reconnaissance des jugements, il tend soit à disparaître (dans le champ européen, conduisant à la remise en cause radicale de l'exequatur aujourd'hui) soit à perdre sa substance (dans le champ des jugements étrangers de droit commun, comme en témoigne l'évolution récente du droit commun français[24], et dans celui de la circulation des sentences arbitrales[25]).
2. **Leur articulation mutuelle** : Alors même que les trois questions restent distinctes, elles ne suivent pas nécessairement l'ordre perçu comme « logique » dans le modèle classique. Il en est ainsi de l'emprise croissante de la méthode de reconnaissance (parfois qualifiée de méthode de reconnaissance unilatérale des situations), qui implique un déplacement sensible de la frontière entre conflit de juridictions ou d'autorités et conflit de lois. Un mariage

---

[21] Règlement (CE) n° 4/2009 du Conseil du 18 décembre 2009 relatif à la compétence, la loi applicable, la reconnaissance et la coopération en matière d'obligations alimentaires.

[22] Règlement n° 1259/2010 du 20 décembre 2010 mettant en œuvre une coopération renforcée dans le domaine de la loi applicable au divorce et à la séparation de corps.

[23] Projet de règlement (approuvé, en France, par le Sénat le 16 décembre 2009).

[24] Voir l'arrêt Cornelissen, Cass. civ. 1re, 20 février 2007, *D.* 2007.115, note L. d'Avout et S. Bollée ; *D.* 2007, Pan. 1758, obs. F. Jault-Seseke ; cette *Revue* 2007.420, note B. Ancel et H. Muir Watt ; *LPA*, 22 mai 2007, n° 102, p. 15, note C. Lecuyer-Thieffry ; M.-L. Niboyet, « L'abandon du contrôle de la compétence législative indirecte », *Gaz. Pal.*, 29 avril-3 mai 2007, n° 119-123, p. 2 ; *JDI*, 2007.1195, note F.-X. Train.

[25] Voir sur la portée de la jurisprudence *Thalès-Cytec*, etc., *Précis*, *op. cit.*, n° 891.

ou un partenariat serait reconnu dès lors que sa validité est acquise devant l'autorité qui le prononce ou le reconnaît. Plus radicalement, on le décèle dans l'incidence des droits de l'homme dans leur composante « extraterritoriale » – laquelle s'occupe moins du respect d'une valeur de fond en soi que de la protection des situations mobiles[26]. La place ainsi faite à la reconnaissance – donc à l'obligation de s'abstenir de réguler des situations acquises ou en besoin de protection internationale – tend à s'accompagner de la méthode « d'anticipation », proche dans son inspiration de la théorie de l'ordre juridique compétent de P. Picone[27]. On la trouve aussi bien en matière d'adoption que sur le terrain de la certification des actions collectives.

3. **L'unicité du modèle** : Un trait marquant de l'évolution au sein du droit européen, qui approfondit sur ce point une tendance à la spécialisation venue du droit conventionnel de La Haye, est la diversité des champs spéciaux saisis par des instruments distincts (contrats, délits, divorce, aliments, successions, etc.). Les questions méthodologiques sont abordées matière par matière, de sorte que la relation entre les différentes questions (le triptyque) et leur dosage respectif (prédominance du conflit de juridictions ; emprise de la reconnaissance, etc.) sont réglés pour chaque champ de façon variable et en fonction de besoins (ou de compromis) spécifiques. Le brouillage est accentué par la place faite – de façon également diverse – à l'autonomie des parties. Cette tendance à la fragmentation et à la construction de champs spéciaux est le reflet d'une réalité également très présente et largement signalée en droit international (public), liée sans doute à l'architecture du savoir en général, qui semble épouser des champs d'expertise spécifiques[28].
4. **L'exhaustivité du modèle** : Secrété par une vision étatiste de l'ordre international, le trio traditionnel est impuissant à saisir les nouvelles configurations d'acteurs et de sources de normativité, qu'il laisse par conséquent en dehors du champ théorique du droit international privé. Celui-ci est né pourtant bien avant l'apparition de l'État et de l'affirmation du modèle westphalien et aurait sans doute beaucoup à offrir, pour peu qu'on accepte de dépasser le legs du bilatéralisme auquel les ressources de la discipline sont

---

26 *Précis*, *op. cit.*, n° 576.

27 P. Picone, « Les méthodes de coordination entre ordres juridiques en droit international privé », RCADI, 2000, t. 276, spécialement p. 211 ; *Précis*, *op. cit.*, n° 512.

28 M. Koskenniemi, *The Politics of International Law*, *op. cit.*, spécialement p. 67, sur la confiscation du droit international par la création d'aires spécialisés d'expertise ayant chacun leur parti pris structurel.

trop souvent réduites[29]. Cela impliquerait de regarder au-delà du droit privé, d'une part, et au-delà de l'État, d'autre part. La première voie conduirait à replacer les outils du droit international privé au sein de la gouvernance globale, et à reconnaître que derrière son apparente domesticité, cette matière a des conséquences économiques et politiques de toute première importance. La seconde conduirait à en envisager les ressources en matière de gestion du pluralisme, afin de mesurer sa vocation à légitimer et articuler des normes issues de pratiques non étatiques[30].

II. Force centrifuge du modèle fédéraliste

Les premiers textes de droit international privé européen – la Convention de Bruxelles de 1968 et ses avatars, sur la compétence et les jugements – transposaient encore l'architecture du droit international moderne dans l'espace européen. Ils visaient donc avant tout à assurer la circulation fluide des décisions et des actes publics, en allégeant les critères de droit commun alourdis (dans le droit des Six) par de laborieuses hésitations jurisprudentielles. Ils fonctionnaient donc selon un modèle de *Full Faith and Credit*, se concentrant sur l'élimination des obstacles à la reconnaissance intra-européenne des jugements. Pour bien faire, il fallait cependant franchir un pas de plus et uniformiser les règles de compétence juridictionnelles dans États, aussi bien pour neutraliser les critères exorbitants que pour favoriser l'intégration de l'espace judiciaire européen en s'assurant de l'unicité de principe du for compétent pour chaque litige. Ainsi naquit la galaxie juridictionnelle composée des Règlements Bruxelles I et II*bis* avec leurs suites et satellites.

Mais comme l'unicité des règles de compétence était nécessairement assortie d'exceptions répondant à d'autres impératifs notamment de bonne administration de la justice (notamment en raison de la géographie des preuves), il est devenu apparent alors que cette intégration ne pourrait se faire qu'en éliminant les différences entre les règles de conflit, génératrices d'une désharmonie des décisions qui était clairement en tension avec l'objectif de libre circulation des jugements. À ce stade, l'entreprise d'unification des règles de conflit a reçu l'impulsion de l'échec de celle de l'unification du droit substantiel – et au fond, le

---

29 Voir rejetant le droit international privé en tant que méta-théorie dans la nouvelle configuration normative du monde en raison du legs du bilatéralisme étato-centrique, J. Bomhoff, et A. Meuwese : « The Meta-regulation of Transnational Private Regulation », *Journal of Law and Society*, 38 (1), p. 138, 2011.

30 La littérature sur ces normes et la quête de mécanismes de gouvernance sont devenues très significatives. Voir par exemple, récemment, F. Cafaggi, « New Foundations of Transnational Private Regulation », *Journal of Law and Society*, 38, 2011, p. 20-49.

fédéralisme s'accommodait bien de cet équilibre, fondé sur la liberté de chacun et la reconnaissance mutuelle à partir de valeurs communes : la communauté juridique s'est transformée en « overlapping consensus » à la Rawls[31]. Si on intègre à ce stade la donne de l'intégration dans les droits substantiels et processuels des valeurs de la Convention européenne des droits de l'homme, l'équilibre atteint est grosso modo le même que celui des États-Unis : sous l'égide du droit constitutionnel, les États expriment leur diversité dans les choix de droit substantiel, bornés par les valeurs du *due process* (proximité et procès équitable) et tenus à la confiance mutuelle à travers l'obligation de *Full Faith & Credit* (reconnaissance mutuelle des jugements des États « sœurs » ou Sister States).

Les différences d'économie du projet fédéral de part et d'autre tiennent à l'histoire et au contexte politique de la fraternité des États[32] : le droit communautaire s'affirme progressivement plus unificateur et plus régulateur que ne le permettrait le fédéralisme américain. L'étape suivante du développement du droit international privé, qui contribue largement à bouleverser la division tripartite, est le fruit d'une nouvelle orientation politique dans le projet de construction du droit de l'Union européenne. La logique est désormais celle d'un espace intégré et non plus celle de la reconnaissance mutuelle[33]. Désormais, les nouveaux textes (aliments, divorce, succession) choisissent clairement d'instituer ce que la pratique avait déjà sans doute suggéré – en unifiant les compétences, et en favorisant l'exécution automatique des jugements, sans contrôle à la frontière. Quel besoin y a-t-il de ce dernier si, en toute hypothèse, le juge saisi selon des critères acceptables à tous, a appliqué la « bonne » loi ? La règle de conflit sert alors de véhicule de la circulation des jugements (selon le processus même qui a présidé à la construction de l'efficacité substantielle des jugements d'état il y a deux siècles !)[34]. Cependant, cette unification des compétences semble constituer ici le prélude du rapprochement des législations au fond. Pour que les États-membres renoncent complètement au contrôle à la frontière, la diversité doit être supprimée ou largement canalisée. La construction de

---

[31] Pour une utilisation très intéressante de cette notion dans le contexte européen, voir Ch. Sabel et O. Gerstenberg, « Constitutionalising an Overlapping Consensus : The ECJ and the Emergence of a Coordinate Constitutional Order », *European Law Journal*, 16 (5), 2010, p. 511-550.

[32] V.J. Heymann, *Le droit international privé à l'épreuve du fédéralisme européen*, Paris, Economica, 2010 ; Y.-E. Lebos, *Renouvellement de la théorie du conflit de lois dans un contexte fédéral*, Paris, Dalloz, 2010.

[33] V.J. Heymann, *op. cit.*, analysant l'apparition de conflits « diagonaux » issus des exigences de l'intégration.

[34] B. Ancel et H. Muir Watt, « Aliments sans frontières », *Rev. Crit. dip.*, 2010, p. 457.

la communauté juridique requiert une équivalence se rapprochant de plus en plus de l'identité. Ainsi, le fédéralisme à l'européenne progresse selon un jeu de bascule : d'abord, l'unification des règles de conflit remplace l'unification substantielle ; ensuite, elle l'entraîne. La mise en place de cette communauté juridique par champs spéciaux en occulte la portée, en même temps sans doute qu'elle reflète une évolution plus générale qui affecte l'ensemble du champ juridique global.

III. Nouvelle configuration du monde juridique extérieur

L'utilité du droit international privé moderne est plus que problématique aujourd'hui dans un monde qui est sorti du cadre conceptuel que ce droit présupposait. Deux défis apparaissent alors pour la construction du droit international privé européen, qui représentent autant d'obstacles à la pérennité de la division tripartite for-loi-jugement. D'une part, en effet, il est temps de prendre conscience des implications de la matière pour la gouvernance globale – de sortir en somme de son rôle ancillaire et d'assumer le rôle joué par le droit international privé dans le fonctionnement de l'économie globale. Après avoir largement contribué à ouvrir les vannes de la mondialisation et à déposséder l'État, le droit international privé détient sans doute les moyens non pas de rétrograder mais de se réveiller de sa lente dérive vers le néo-libéralisme et d'exercer un rôle régulateur des rapports de forces économiques qui – pendant que le droit international privé était relégué à la domesticité – ont porté le projet global. Concrètement, par exemple, le régime juridique des entreprises multinationales pourrait être sérieusement revu de fond en comble en investissant d'une fonction régulatrice les instruments du droit international privé ; le tabou du droit public pourrait être abandonné ; les codes de conduite pourraient accéder directement à la juridicité ; le droit privé du commerce international et l'OMC pourraient faire l'objet d'une articulation ; le conflit d'intérêts, la corruption, les ressources naturelles et la pollution pourraient constituer des catégories transversales de régulation, etc.

D'autre part, l'État ne détient plus un monopole de la normativité, ayant perdu le contrôle tant des canaux procéduraux que des sanctions[35]. Le droit international public s'interroge de son côté sur les critères mêmes de la juridicité dans son propre contexte changeant[36]. Les normes qui commandent le comportement des acteurs non étatiques émanent

---

35 Sur cette « perte de contrôle », voir encore Saskia Sassen, *op. cit.*

36 Benedict Kingsbury, « The Concept of "Law" in Global Administrative Law », *EJIL*, 20(1), 2009, p. 23-57.

soit d'entités publiques supra-étatiques[37] soit, selon le même mode multiple et variée, de « régimes transnationaux privés »[38]. Seuls ceux qui persistent à ne voir de droit que là où il y a État (ou agrégation d'États) peuvent encore considérer aujourd'hui le droit international privé, dans sa composition triadique ou non, comme le mode exclusif d'articulation de toutes ces normes. Ce monde de régulation sociale en dehors de l'État et dissocié du territoire est caractérisé par une fragmentation et une spécialisation donc par des collisions de normes[39]. Sur ce dernier terrain, le droit international privé offre les concepts de reconnaissance, de tolérance, de coordination, de relevance, du champ d'application, de pluralisme… qui pourraient être mobilisés au service de l'articulation des normes et des systèmes en dehors de l'État.

L'avenir du droit « international privé » est tributaire de sa capacité d'abord à laisser derrière lui l'« international » et le « privé », puis à se laisser reconstruire en assumant son rôle dans la gouvernance européenne et globale. En somme, s'il y a un message à faire passer au législateur, c'est de réfléchir – politiquement – deux fois avant de reproduire, comme s'il s'agissait de promouvoir une simple amélioration de technique juridique, des schémas dont l'économie politique n'est plus nécessairement en harmonie avec les valeurs affichées de l'Europe – du moins si celle-ci recherche réellement une meilleure régulation des marchés, un partage plus équitable des ressources dans le monde et une protection améliorée de la planète. Sinon, à quoi servirait un code ?

---

37 Sur la productive normative massive des organisations internationales, dotées ou non d'organes de règlement de différends, voir José Alvarez, *International Organisations as Law-Makers*, Oxford, Oxford University Press, 2005.

38 H. Schepel, *The Constitution of Private Governance*, Oxford, Hart, 2005.

39 G. Teubner et A. Fischer-Lescano, « Regime-Collisions : The Vain Search for Legal Unity in the Fragmentation of Global Law », *Michigan Journal of International Law*, 25 (4), 2004, p. 999.

La place de la matière administrative et des immunités au sein d'un code européen de droit international privé

Isabelle RUEDA

Assistant-chercheur, Université du Luxembourg, Luxembourg

1. Quelle place réserver à la matière administrative et aux immunités souveraines[1] dans un code européen de droit international privé ?

Avant de répondre à une telle question, quelques constats s'imposent.

2. En premier lieu, on relèvera que seule la matière administrative apparaît dans les instruments de droit international privé européen actuellement en vigueur.

Encore cette apparition n'a-t-elle pas été immédiate puisque ce n'est qu'en 1978[2] que la première disposition relative à la matière administrative a été introduite dans la Convention de Bruxelles du 27 septembre 1968. Jusque-là, les États-membres ne comptaient en effet que des systèmes de droit civil fondés sur la *summa divisio* droit public-droit privé. La simple référence à la matière civile et commerciale avait donc été jugée suffisante pour exclure les matières de droit public du champ de la convention. Avec l'adhésion du Royaume-Uni et de l'Irlande du Nord – systèmes de *common law* ignorant cette distinction – il est cependant devenu nécessaire de préciser les contours du champ matériel de la convention en en excluant expressément la matière administrative[3]. Ainsi la convention précise-t-elle désormais dans son article 1(1) qu'elle « *ne couvre notamment pas les matières fiscales, douanières ou administratives* ». Cette disposition a ensuite été reprise dans la quasi-totalité

---

[1] Expression générique couvrant à la fois immunité de juridiction et immunité d'exécution.

[2] Convention du 9 oct. 1978, *J.O. L 304 du 30.10.1978*, p. 1.

[3] Rapport « Schlosser » sur la Convention du 9 octobre 1978 relative à l'adhésion du Danemark, de l'Irlande et du Royaume-Uni, *J.O. C 59 du 05.03.1979*, n° 23-28.

des instruments ultérieurs, à l'exception notable de la Convention de Rome du 19 juin 1980[4].

3. En revanche, aucune mention n'est faite de la question des immunités juridictionnelles. Historiquement, ce silence s'explique par le fait que la Convention de Bruxelles a été élaborée à une époque où il semblait impensable qu'une hypothèse relevant de la matière civile et commerciale puisse également relever d'une immunité juridictionnelle. Par la suite, la mention expresse de l'exclusion de la matière administrative s'est faite dans le même esprit, à tel point qu'aujourd'hui encore, aucun instrument de droit international privé européen ne se réfère expressément à ces immunités. Pourtant, la concordance entre le domaine de la matière administrative au sens du droit international privé européen et celui des immunités juridictionnelles n'est pas en soi évidente. La négociation de la Convention des Nations unies du 17 janvier 2005 sur les immunités juridictionnelles a montré que les contours des immunités juridictionnelles sont susceptibles de varier d'un État à l'autre, y compris au sein de l'Union[5]. De même les contours de la matière administrative sont-ils parfois jugés incertains. Comment dès lors être sûr de la coïncidence de leurs domaines respectifs ?

4. Enfin, on relèvera que, en tant qu'elle se définit par opposition à la matière civile et commerciale, la matière administrative revêt une importance fondamentale dans la délimitation du champ d'application matériel du droit international privé européen.

Pourtant l'opposition entre matière administrative et matière civile et commerciale est aujourd'hui relativisée, sinon remise en cause. Après avoir étendu ses domaines d'activité au-delà des frontières classiques du droit public, l'État diversifie ses modes d'intervention. Corrélativement les méthodes du droit privé évoluent aussi, l'essor de la fonction régulatrice du droit privé européen contribuant à son tour à l'affaiblissement de la distinction cardinale droit public-droit privé[6].

5. Il n'est dès lors pas absurde de s'interroger sur l'incidence de telles évolutions sur une éventuelle redéfinition du périmètre du droit international privé européen. Dans cette perspective, on se demandera d'abord si l'exclusion de la matière administrative et le critère jurisprudentiel sur lequel elle repose restent adaptés au vu des évolutions des modes d'intervention de l'État et de ses émanations (I).

---

4 Convention sur la loi applicable aux obligations contractuelles, *J.O. L 266 du 09.10.1980*, p. 1.

5 Voir *infra*, par. 26.

6 Voir à ce sujet, les travaux de F. Cafaggi ; en dernier lieu, F. Cafaggi et H. Muir Watt (dir.), *The regulatory function of European private law*, Cheltenham, E. Elgar, 2009.

Pour autant que l'exclusion de la matière administrative reste ne serait-ce que partiellement d'actualité, se pose ensuite la question de la place éventuelle d'un régime européen des immunités dans un futur code européen de droit international privé. Les immunités juridictionnelles ont en effet déjà fait l'objet de plusieurs normes d'harmonisation, dont la dernière en date a d'ores et déjà éveillé l'intérêt d'un certain nombre d'États. Il reste cependant à déterminer si la matière est mûre pour une harmonisation à l'échelle de l'Union (II).

I. La teneur de l'*acquis :* l'exclusion de la matière administrative

6. À l'exception de la Convention de Rome et de textes relatifs au droit international privé de la famille et des faillites, tous les textes de droit international privé européen comprennent aujourd'hui une disposition excluant les « *matières fiscales, douanières ou administratives* ». À ces trois matières, les textes les plus récents ajoutent en outre « *la responsabilité de l'État pour des actes ou des omissions commis dans l'exercice de la puissance publique ("acta jure imperii")* »[7]. Cette mention supplémentaire constitue cependant moins un réel ajout qu'un éclaircissement issu de la jurisprudence de la Cour de justice.

Considérons d'abord comment cet acquis s'est formé et consolidé (A), avant d'envisager sa possible remise en cause (B).

*A. La consolidation de l'*acquis

7. La consolidation de l'acquis en la matière résulte de deux mouvements concomitants. Le premier résulte de l'activité interprétative de la Cour de justice, le second de l'activité normative prolifique du législateur communautaire.

8. La matière administrative fait l'objet d'une définition autonome par la Cour de justice depuis l'arrêt Eurocontrol du 14 octobre 1976[8]. Le critère déterminant réside dans le fait que le litige oppose une personne privée à une autorité publique agissant dans l'exercice de la puissance publique[9]. Ainsi le caractère automatique du critère organique est-il

---

[7] Voir art. 2(1) des Règlements n° 805/2004 (titre exécutoire européen), n° 1896/2006 (procédure européenne d'injonction de payer) et n° 861/2007 (procédure européenne de règlement des petits litiges), et art. 1(1) des Règlements n° 1393/2007 (signification et notification des actes) et n° 864/2007 (Rome II).

[8] CJCE, 14 oct. 1976, *L.T.U. c/ Eurocontrol*, aff. 29/76.

[9] Voir *LTU c/ Eurocontrol*, point 2 ; CJCE 16 déc. 1980, *Pays-Bas c/ Rüffer*, aff. 814/79, point 3 ; CJCE 21 avr. 1993, *Sonntag c/ Waidmann*, aff. C-172/91, point 20 ; CJCE, 1er oct. 2002, *Verein für Konsumenteninformation c/ Karl Heinz Henkel*, aff. C-167/00, point 26 ; CJCE, 14 nov. 2002, *Gemeente Steenbergen c/ Luc Baten*, aff.

tempéré par la prise en considération de la nature juridique de la relation existant entre les parties au litige. Le statut dérogatoire de la matière administrative ne se justifie donc qu'en lien avec l'exercice d'une fonction essentielle de l'État, c'est-à-dire dans le cadre de l'exercice de sa souveraineté. Par le critère qu'elle adopte, la Cour se réapproprie ainsi la distinction entre actes *jure imperii* et actes *jure gestionis*[10].

Si le critère est constant, sa mise en œuvre est parfois apparue comme quelque peu incertaine et difficile à systématiser. Cette mise en œuvre exige en effet de la Cour qu'elle analyse avec précision en quoi consiste l'activité litigieuse – ce qui requiert généralement de s'imprégner du droit national de l'autorité publique en cause – avant de déterminer si cette activité comporte l'exercice de prérogatives exorbitantes[11]. La Cour opère alors une interprétation autonome, par référence « *aux objectifs et au système* » du texte appliqué et « *aux principes généraux qui se dégagent de l'ensemble des systèmes de droit nationaux* »[12].

Quelques questions subsistent. Ainsi, aucune réponse certaine n'a été apportée à la question de savoir si relève de la matière administrative un litige opposant deux entités privées dont l'une agirait dans l'exercice de

---

C-271/00, point 30 ; CJCE, 15 mai 2003, *Préservatrice Foncière TIARD*, aff. C-266/01, point 22.

10 *LTU c/ Eurocontrol*, préc. ; sur ces questions, A. Raclet, *Droit communautaire des affaires et prérogatives de puissance publique nationales*, Paris, Dalloz, 2002, n° 310 et svts.

11 Ainsi a-t-il été jugé que ne relevaient pas du champ de la Convention de Bruxelles :

– l'action en recouvrement de redevances dues par une personne de droit privé à un organisme de droit public au titre de l'utilisation d'installations, lorsque cette utilisation est obligatoire et exclusive et que le taux des redevances est fixé unilatéralement par l'autorité publique (*Eurocontrol*), ou

– l'action en recouvrement des frais d'enlèvement d'une épave, frais engagés par le gestionnaire des voies d'eau publiques dans le cadre de ses tâches de police fluviale (*Rüfer*).

A en revanche été soumise à la convention l'action intentée par un organisme public à l'encontre d'une personne de droit privé, en recouvrement de sommes versées à titre d'aide sociale au conjoint divorcé et à l'enfant de cette personne. Au regard du droit néerlandais, l'autorité publique (néerlandaise) agissait en effet sur le fondement d'un droit relevant du droit privé et non d'une prérogative de puissance publique (*Batten*).

12 Ce mode de raisonnement n'est pas sans rappeler celui adopté par le juge national lorsqu'il lui faut qualifier *lege fori* une institution juridique qui n'a pas d'équivalent dans le droit du for. Dans le cadre de l'Union, le rôle de la *lex fori* est tenu par les « *objectifs et le système* » du texte appliqué et les « *principes généraux qui se dégagent de l'ensemble des systèmes de droit nationaux* ». Comp. M. Laazouzi, *Les contrats administratifs à caractère international*, Paris, Economica, 2008, n° 373 et svts.

la puissance publique. Dans ses conclusions sous l'arrêt Lechouritou[13], l'avocat général Colomer déduit de la jurisprudence antérieure de la Cour que l'une des parties doit être une entité publique[14]. Une telle solution n'apparaît cependant pas inéluctable si l'on considère l'évolution considérable des modalités d'intervention de l'État, y compris dans des domaines relevant de ses compétences régaliennes. À l'inverse, il n'est d'ailleurs déjà plus impensable qu'une juridiction administrative soit appelée à appliquer des règles de droit international privé européen[15].

En réalité, la mise en œuvre du critère adopté par les juges de Luxembourg relève nécessairement de la casuistique, ne serait-ce qu'au regard de la diversité des situations concrètes rencontrées. Il n'est donc pas étonnant qu'elle soit parfois présentée comme incertaine.

9. Le second facteur de consolidation de l'*acquis* réside dans la reprise du statut dérogatoire de la matière administrative dans la quasi-totalité des règlements et directive de droit international privé adoptés depuis l'entrée en vigueur du Traité d'Amsterdam[16]. Or nous avons vu que cette exclusion était absente de la Convention de Rome de 1980[17]. On peut dès lors se demander si l'extension de l'exclusion de la matière administrative au conflit de lois était utile et nécessaire.

D'un point de vue pratique, la question est de savoir si cela change quelque chose à la solution concrète retenue en cas de litige. L'adoption généralisée de l'exclusion de la matière administrative a pour conséquence que, lorsqu'un litige relève de la matière administrative, il échappe à l'application du droit international privé européen. Au contraire, sous l'empire de la Convention de Rome, un tel litige était en

---

13 CJCE, 15 fév. 2007, *Lechouritou c/ RFA*, aff. C-292/05, commenté par H. Muir Watt et É. Pataut in « Les actes *iure imperii* et le Règlement Bruxelles I. À propos de l'affaire *Lechouritou* », *Rev. Crit. dip.*, 2008, p. 61.

14 Conclusions du 8 nov. 2006, point 46 : « *Des arrêts mentionnés, il ressort que, pour déceler un acte* jure imperii... *il importe de tenir compte : 1) du caractère public de l'un des membres de la relation juridique...* »

15 À ce sujet, voir S. Lemaire, « Incompétence de la juridiction administrative pour connaître de la situation juridique des agents non titulaires recrutés à l'étranger », note sous CE, 19 nov. 1999, *Tegos*, *Rev. Crit. dip.*, 2000, p. 409 ; M. Audit, « L'incidence du droit international privé communautaire sur les contrats administratifs », *LPA*, 54, 2005, p. 4 ; également, L. Idot, « Le cas du droit de la concurrence dans les textes de référence », in M. Fallon, P. Lagarde et S. Peruzzetto (dir.), *La matière civile et commerciale, socle d'un code européen de droit international privé ?*, Paris, Dalloz, 2009, p. 177.

16 Seuls échappent à cette règle quelques règlements adoptés en matière de droit de la famille et de l'insolvabilité, à propos desquels aucune interférence avec la matière administrative n'était redoutée.

17 Sur l'ambiguïté de ce silence, M. Laazouzi, *op. cit.*, n° 366.

principe régi par les dispositions de la convention. Toutefois, la loi nationale de l'État de l'autorité publique défenderesse pouvait encore être déclarée applicable à titre de loi de police étrangère[18]. L'application d'un statut dérogatoire restait donc possible, mais de façon plus aléatoire. Dans cette perspective, la généralisation de l'exclusion de la matière administrative représente donc un gain en termes de sécurité juridique des parties.

D'un point de vue plus théorique, il pourrait paraître artificiel de transposer purement et simplement au conflit de lois une règle adoptée en matière de compétence juridictionnelle. Les enjeux propres au conflit de juridictions ne sont en effet pas systématiquement transposables au conflit de lois[19]. S'agissant de l'exclusion de la matière administrative, un tel argument n'apparaît cependant pas convaincant[20]. En effet, l'objet de l'exclusion n'est pas de résoudre un conflit de lois ou de juridictions mais de délimiter le champ d'application de règles européennes de droit international privé. La question est dès lors de savoir si le statut dérogatoire reconnu à la matière administrative se justifie moins en matière de conflit de lois qu'en matière de conflit de juridictions. Nous avons vu que la Cour de justice retenait de la matière administrative une définition fonctionnelle, étroitement liée à l'idée que – de par leur nature – les actes de souveraineté des États doivent pouvoir bénéficier d'un statut dérogatoire. À cet égard, l'extension de l'exclusion de la matière administrative au conflit de lois paraît donc justifiée. Dans la perspective d'un code européen de droit international privé, elle présente en outre l'avantage de la cohérence. Ce souci de cohérence résulte déjà clairement des préambules des Règlements n° 864/2007 (Rome II) et n° 593/2008 (Rome I), qui soulignent l'importance d'assurer la cohérence du champ d'application matériel des Règlements Bruxelles I, Rome I et Rome II[21]. Même si cohérence et identité sont deux choses distinctes, cela implique à tout le moins que la jurisprudence de la Cour de justice relative à la Convention de Bruxelles et au Règlement Bruxelles I soit mise à profit lors de l'interprétation des règlements ultérieurs.

---

18 En ce sens, voir M. Audit, *op. cit.* ; M. Laazouzi, *op. cit.* ; H. Muir Watt, *Rev. Crit. dip.*, 2008, p. 986.

19 À ce sujet, voir B. Haftel, « Entre "Rome II" et "Bruxelles I" : l'interprétation communautaire uniforme du Règlement "Rome I" », *JDI*, 3, 2010, par. 8 et svts ; voir également, la stimulante argumentation critique développée par M. Laazouzi, *op. cit.*, n° 377 et svts.

20 Également en ce sens, B. Haftel, *op. cit.*, n° 13.

21 Également en ce sens, S. Lemaire, « Le Règlement Rome I du 17 juin 2008 et les contrats internationaux de l'administration », *AJDA*, 2008, p. 2042.

10. En dépit de ce mouvement de consolidation de l'acquis relatif à la matière administrative, un certain nombre de voix se font entendre, appelant à sa remise en cause.

B. Vers une possible remise en cause ?

11. Dans un avis du 22 septembre 2010[22], le Comité économique et social européen (CESE) se déclare expressément favorable à « *l'élargissement du champ d'application du Règlement 44/2001 aux décisions administratives* » et, à cet effet, appelle la Commission à « *entamer les études nécessaires en vue de supprimer les obstacles existants en la matière* ».

Certes, il faut d'abord s'entendre sur ce que recouvre l'expression « *décisions administratives* ». En effet, toutes les décisions issues de juridictions ou d'organes administratifs ne relèvent pas de la *matière administrative* telle que définie par la Cour de justice. Cependant, ce sera nécessairement le cas de certaines d'entre elles.

12. Même si l'appel du CESE reste encore sans suite, la nécessité de réfléchir à une éventuelle remise en cause du statut dérogatoire de la matière administrative avait déjà été relevée par d'autres observateurs[23].

Une telle réflexion se justifie à au moins deux égards.

13. En premier lieu, on constate depuis quelques décennies à la fois une internationalisation et une certaine privatisation des modes d'intervention de l'État[24]. Justifié par la volonté d'améliorer la performance économique des activités publiques, ce double mouvement a été favorisé par la logique libérale et concurrentielle du Marché intérieur et

---

22 Avis du CESE sur le *Livre vert sur la révision du Règlement (CE) n° 44/2001* – COM (2009), 175 final, *J.O. C 255 du 22.09.2010*, p. 48.

Sur ce point, le CESE a donc changé de position puisque dans ses avis de 2003 et 2005, portant respectivement sur les propositions de Règlement Rome I (COM (2005), 650 final, § 3.1.1) et Rome II (COM (2003), 427 final, § 4.1) – le CESE considérait au contraire l'exclusion des matières fiscale, douanière et administrative comme allant tellement de soi que sa mention serait superflue.

23 H. Muir Watt et É. Pataut, « Les actes *jure imperii* et le Règlement Bruxelles I. À propos de l'affaire *Lechouritou* », *Rev. Crit. dip.*, 30, 2008, p. 61.

24 Voir Rapport public 2008 : *Le contrat, mode d'action publique et de production de normes, Études et documents*, Paris, La Documentation française (ECDCE n° 59), 2008 ; P. Zumbansen, « The Law of Society : Governance Through Contract », *Ind.J.Global Legal Stud.*, 2, 2007, p. 191 ; également, S. Lemaire, *Les contrats internationaux de l'administration*, Paris, LGDJ, 2005, n° 260 et 397 ; J.-B. Auby, *La globalisation, le droit et l'État*, Paris, LGDJ, 2010, p. 143.

a contribué à remettre en cause le caractère exorbitant du droit administratif[25].

En droit international privé européen, on en trouve une manifestation dans la définition de la matière administrative retenue par la Cour de justice, définition qui est fonctionnelle et restrictive par rapport notamment à celle retenue en France. Aller plus loin dans cette remise en cause impliquerait cependant de pouvoir justifier d'un obstacle au bon fonctionnement du marché intérieur, obstacle qui ne soit ni hypothétique, ni justifiable au regard du droit de l'Union.

14. La logique de l'Espace de Liberté, de Sécurité et de Justice pourrait également se révéler contraire au statut dérogatoire dont bénéficie la matière administrative. En effet, pour autant que ce statut dérogatoire soit associé à la mise en œuvre d'une immunité juridictionnelle, surgit un risque de déni de justice[26]. Ce sont alors des considérations de droit d'accès au juge qui peuvent être invoquées pour remettre en cause l'actuel statut de la matière administrative.

15. En pratique, la remise en cause du statut dérogatoire de la matière administrative pourrait *a priori* prendre trois formes. La première, radicale, consisterait à soumettre purement et simplement la matière administrative aux règles de conflit ordinaires. La seconde, médiane, impliquerait l'adoption de règles de conflit européennes propres à la matière administrative, en partant du postulat que les critères de rattachement ordinaire lui sont inadaptés. La troisième voie, enfin, opérerait *a minima* par l'interprétation de plus en plus restrictive du critère de délimitation de la matière administrative.

Quelle que soit l'option envisagée, les enjeux de la redéfinition du statut de la matière administrative sont éminemment politiques dès lors qu'ils touchent à la souveraineté des États.

Or on constate que le statut dérogatoire de la matière administrative défini dans la Convention de Bruxelles a été repris dans les instruments de droit international privé européen les plus récents. Cela traduit assez la faveur actuelle dont il bénéficie auprès des États-membres. En outre, si les avancées les plus récentes en matière de droit des immunités juridictionnelles se révèlent favorables à la généralisation de l'immunité restreinte, rien n'indique un abandon prochain du principe même de l'immunité. Corrélativement, la soumission pure et simple de la matière administrative aux règles ordinaires de conflit est donc peu vraisemblable dans un avenir proche. Toutefois, l'étude appelée de ses vœux par

---

25 J. Caillosse, « Le droit administratif contre la performance publique ? », *AJDA*, 1999, p. 195.

26 Sur cette question, voir l'analyse de L. Corbion, « Devoir juridictionnel et droit à la protection juridictionnelle », *J.-Cl. Civil Code*, Art. 4, n° 64.

le CESE aurait l'intérêt de faire un état des lieux des pratiques et des éventuels besoins en la matière au sein de l'Union.

16. Revenons maintenant sur la question des immunités juridictionnelles en nous demandant quelle peut être leur place au sein d'un code européen de droit international privé.

II. Considérations prospectives : la place éventuelle des immunités

17. Les immunités en cause sont les immunités de juridiction et d'exécution des États. Seront donc laissées de côté :

- les immunités des agents diplomatiques et consulaires, réglées pour l'essentiel par les Conventions des Nations unies des 18 avril 1961 et 24 avril 1963, sur les relations diplomatiques et consulaires, et
- les immunités des organisations internationales, qui sont en principe définies soit par le traité international instituant l'organisation, soit par son accord de siège.

18. Actuellement, les immunités juridictionnelles ne sont pas régies par les instruments de droit international privé européen. La raison en est que, liées à la protection de la souveraineté des États, les immunités ne relèvent pas à proprement parler du domaine de leur compétence juridictionnelle des États. Même l'immunité de juridiction, pourtant la plus liée aux questions de compétence, opère un peu à la manière des lois de police en matière de détermination de la loi applicable. Elle court-circuite purement et simplement le jeu de la règle de compétence normalement applicable. C'est en cela que la doctrine française a pu considérer que les immunités de juridiction relèvent moins de la compétence que du *pouvoir* du juge[27].

Il apparaît dès lors normal que l'immunité de juridiction ne soit pas abordée dans des instruments relatifs à la compétence juridictionnelle, à la reconnaissance et à l'exécution des décisions de justice. De même, la parenté des logiques animant immunité de juridiction et immunité d'exécution explique aussi l'absence de règles relatives à l'immunité d'exécution dans ces mêmes instruments.

19. Au-delà de ce silence gardé par les institutions de l'Union, la matière des immunités juridictionnelles n'est cependant pas vierge de toute tentative d'harmonisation, que ce soit à l'échelle européenne ou à l'échelle internationale. Nous envisagerons d'abord ces initiatives et leur

---

[27] M. Cosnard, *La soumission des États aux tribunaux internes*, Paris, Pedone, 1996 ; C. Kessedjian, V° « Immunités », *Encyclopédie Dalloz – Droit international*, n° 8 et 19 ; rappr. P. Schlosser, *EU-Zivilprozessrecht*, Munich, Beck, 2009, n° 2.

portée dans le contexte européen (A), avant de nous demander quels développements peuvent en être attendus à l'échelle de l'Union (B).

A. Portée des initiatives d'harmonisation contemporaines

20. À côté de conventions bilatérales ou multilatérales qui tantôt ne comportent que quelques dispositions relatives aux immunités, tantôt ne portent que sur des aspects spécifiques de leur régime[28], deux instruments de portée plus générale se détachent.

21. Le premier est la Convention européenne sur l'immunité des États, autrement appelée Convention de Bâle. Élaborée au sein du Conseil de l'Europe, elle a été adoptée le 16 mai 1972. Son succès reste cependant mitigé : entrée en vigueur dès 1976, elle n'a été ratifiée que par huit États, dont sept États-membres de l'Union[29].

22. Le second texte est la Convention des Nations unies de 2005 sur les immunités juridictionnelles des États et de leurs biens[30]. Contrairement à la Convention de Bâle dont l'entrée en vigueur ne nécessitait que trois ratifications, il faut ici en réunir trente. On se trouve ainsi dans la situation paradoxale où, bien qu'ayant rencontré un succès supérieur à son aînée[31], la Convention des Nations unies n'est pas encore en vigueur.

En outre, cette convention a récemment été utilisée par la Cour européenne des droits de l'homme, dans un arrêt Cudak c/ Lituanie du 23 mars 2010, en tant qu'expression du droit international coutumier[32] – et ce alors même que seules certaines de ses dispositions peuvent réellement revêtir une telle valeur.

23. La Convention des Nations unies serait-elle susceptible de devenir de droit positif au sein de l'Union ?

---

28 Sur l'intérêt d'une codification internationale et pour une présentation de ces initiatives, voir I. Pingel, *Les immunités des États en droit international*, Bruxelles, Bruylant, 1998, n° 220 et C. Kessedjian, *op. cit.*

29 L'Allemagne, l'Autriche, la Belgique, le Luxembourg, les Pays-Bas et le Royaume-Uni.

30 Voir I. Pingel, « Observations sur la Convention du 17 janvier 2005 sur les immunités juridictionnelles des États et de leurs biens », *JDI*, 2005, p. 1045 ; Ph. Leboulanger, « Présentation de la Convention des Nations unies du 17 janvier 2005 sur les immunités juridictionnelles des États et de leurs biens », *Rev. arb.*, 3, 2005, p. 803 ; voir également les articles commentant la convention dans le numéro d'avril 2006 de l'*ICLQ*.

31 Elle compte onze ratifications au 14 juillet 2011, même douze puisque la loi n° 2011-734 du 28 juin 2011 a autorisé la ratification de la convention (*JORF* n° 149 du 29.6.11, p. 10953).

32 CEDH, 23 mars 2010, n° 15869/02, *Cudak c/ Lituanie*, *JCP G* 2010-35.859, Chr.F. Sudre ; pour un exemple plus récent encore, voir CEDH, 29 juin 2011, n° 34869/05, *Sabeh El Leil c/ France*, *Recueil Dalloz*, 2011.1831.

L'Union européenne ne peut pas directement ratifier la convention. En effet, contrairement à d'autres conventions récentes, cette dernière ne comprend pas de disposition expresse permettant à une organisation régionale de procéder à une ratification. Pourtant, il peut être soutenu que les immunités relèvent désormais des compétences de l'Union au titre de l'article 81 TFUE[33].

Une solution *a minima* pourrait consister pour le Conseil à adopter une recommandation invitant les États-membres à ratifier la convention[34]. Une telle décision ne peut être que politique. Or, plus de six ans après l'adoption de la convention, seuls quatre États-membres (bientôt cinq)[35] ont ratifié la convention.

24. Outre les conventions de 1972 et 2004, une troisième convention est également susceptible de jouer un rôle en matière d'immunités : la Convention européenne des droits de l'homme.

Dans son article 6-1, cette convention consacre le droit à un procès équitable, droit en vertu duquel « *Toute personne a droit à ce que sa cause soit entendue équitablement, publiquement et dans un délai raisonnable, par un tribunal indépendant et impartial* ». Or, reposant sur la volonté de neutraliser toute entrave au bon fonctionnement et à l'indépendance des États qui en bénéficient, les immunités juridictionnelles sont de nature à porter atteinte aux droits des justiciables.

Face à cette « *irréductible contradiction* »[36], la Cour européenne tendait traditionnellement à reconnaître la légitimité des immunités juridictionnelles à protéger les États contre toute ingérence étrangère, se réclamant pour cela de « *la courtoisie et* [des] *bonnes relations entre États* »[37]. Ce faisant, la Cour privilégiait les obligations internationales de l'État du for vis-à-vis de l'État défendeur, au détriment des exigences du droit d'accès à la justice[38]. Par son arrêt Cudak précité, la juridiction strasbourgeoise vient cependant de nuancer sa position. Se référant à la Convention des Nations unies, elle accueille en effet la distinction entre

---

33 Voir *infra*, par. 26.

34 À titre d'exemple, voir la Proposition de recommandation du Conseil relative à la ratification par les États-membres de la Convention du 25 octobre 1980 tendant à faciliter l'accès international à la justice, COM (1986), 610 final, *J.O. C 320 du 13.12. 1986*, p. 9.

35 L'Autriche, la Portugal, la Roumanie, la Suède et récemment la France.

36 Selon l'expression de P. Lagarde, « Conclusions générales », in I. Pingel (dir.), *Droit des immunités et exigences du procès équitable*, *Droit des immunités et exigences du procès équitable*, Paris, Pedone, 2004, p. 149 ; voir également H. Chanteloup, « Les immunités de juridiction et le droit d'accès à la justice », *GP*, 15, 2005, p. 2.

37 CEDH, 21 nov. 2001, n° 35763/97, *Al Adsani c/ Royaume-Uni*, § 54.

38 Sur ces questions, voir les développements de L. Corbion, *op. cit.*, n° 65.

actes *jure imperii* et *jure gestionis* et limite la portée de l'immunité de juridiction aux premiers.

25. Pour autant, la jurisprudence de la Cour européenne des droits de l'homme n'est pas susceptible de constituer un régime européen des immunités. Parcellaire, concrète et évolutive, elle peut tout au plus fournir des éléments et des perspectives utiles à l'élaboration d'un régime plus structuré.

Mais alors, quelles perspectives d'évolution sont envisageables à l'échelle de l'Union européenne ?

B. Perspectives d'évolution à l'échelle de l'Union européenne

Trois possibilités seraient ici envisageables.

26. Une solution maximaliste consisterait à élaborer un régime des immunités unifié au sein de l'Union.

Pour une telle initiative, l'article 81 TFUE semble être le fondement le plus naturel. Désormais, il est en effet inséré dans un Titre V consacré à l'Espace de Liberté, de Sécurité et de Justice et dans un Chapitre III sur la coopération judiciaire en matière civile. Une initiative tendant à harmoniser le régime des immunités juridictionnelles semble en outre bien relever du domaine défini par l'article 81(1) et (2)(e) :

> *1. L'Union développe une* coopération judiciaire *dans les* matières civiles *ayant une* incidence transfrontière, *fondée sur le* principe de reconnaissance mutuelle *des décisions judiciaires et extrajudiciaires. Cette coopération peut inclure l'adoption de* mesures de rapprochement des dispositions législatives et réglementaires *des États-membres.*
> *2. Aux fins du paragraphe 1, le Parlement européen et le Conseil, statuant conformément à la procédure législative ordinaire, adoptent,* notamment *lorsque cela est* nécessaire au bon fonctionnement du marché intérieur, *des mesures visant à assurer : [...]*
> *e) un* accès effectif à la justice *; [...].*

Il ne saurait cependant être exclu que, arguant du fait que les immunités soulèvent une question de pouvoir, et non simplement de compétence, certains contestent l'utilisation de cet article 81. Le fait que la question soulevée soit une question de pouvoir du juge ne semble cependant pas pouvoir remettre en cause le fait qu'elle relève du domaine de coopération judiciaire tel que précédemment défini[39].

[39] En revanche, il est vrai que l'art. 81 TFUE s'appuie sur la procédure de codécision définie à l'art. 294 TFUE, laquelle use largement des décisions à la majorité qualifiée. De ce point de vue, l'invocation de l'art. 352 TFUE (ex-art. 308 CE mais de portée élargie) offrirait la garantie politique d'une décision du Conseil prise à l'unanimité.

Au-delà de la question du fondement textuel, l'élaboration d'un régime unifié des immunités pourrait se réclamer des considérations économiques invoquées à l'appui des réformes américaine et britannique du droit des immunités. Dans ces États, l'adoption d'un régime d'immunité relative avait en effet été utilisée pour attirer les investisseurs étrangers, notamment les banques, en leur assurant un niveau de sécurité juridique accru[40]. À l'échelle de l'Union, l'accroissement du niveau de sécurité juridique viendrait également de l'harmonisation de la portée des immunités d'un État-membre à l'autre. À ces considérations pourraient en outre s'ajouter celles liées au droit à un procès équitable, précédemment évoquées, pour autant que le régime harmonisé soit approprié.

La Convention des Nations unies pourrait-elle servir de modèle ? Si cette convention a été saluée comme une avancée importante sur la voie de l'harmonisation internationale du droit des immunités[41], il a également été relevé qu'elle adopte souvent des solutions de compromis. Bien que de nature à faciliter sa ratification par un plus grand nombre d'États, ces solutions permettent une mise en œuvre passablement différenciée d'un État contractant à l'autre[42]. Il existe une théorie selon laquelle la succession d'initiatives d'harmonisation portant sur le même objet peut permettre de repousser progressivement les limites du domaine harmonisable. Dans une telle perspective, l'élaboration d'un régime unifié à l'échelle européenne pourrait peut-être permettre d'aller plus loin que le résultat obtenu par la convention des Nations unies… mais dans quelques années.

27. Une solution médiane pourrait résulter de la transposition en matière d'immunité de juridiction du critère adopté en matière administrative, sous réserve de possibles aménagements[43]. Cela reviendrait à dire que seraient couverts par cette immunité les seuls actes accomplis par une autorité publique agissant dans l'exercice de la puissance publique. De la même manière, il pourrait être proposé que l'immunité d'exécution ne couvre que les biens nécessaires à l'autorité publique agissant dans l'exercice de la puissance publique.

Sur les « garde-fous » entourant l'utilisation de l'art. 352 TFUE en Allemagne, voir BVerfG, Urteil vom 30.6.2009, *NJW* 2009-31.2267 ; J. Basedow, « Ende des 28. Modells ? – Das Bundesverfassungsgericht und das europäische Wirtschaftsprivatrecht », *EuZW* 2010-2.41.

40 P. Lagarde, *op. cit.*, p. 152 ; H. Fox, *op. cit.*, p. 399-400.

41 H. Fox, « In Defence of State Immunity : Why the UN Convention on State Immunity is Important », *ICLQ*, 2, 2006, p. 399.

42 I. Pingel, « Observation sur la Convention du 17 janvier 2005 sur les immunités juridictionnelles des États et de leurs biens », *JDI*, 4, 2005, p. 1045, par. 5-8.

43 Not. pour permettre à l'État défendeur de renoncer à son immunité.

Une telle solution ne ferait cependant que transférer à la Cour de justice la charge de la définition du régime des immunités, ce qui ne semble guère réaliste au vu des divergences profondes que laisse subsister la Convention des Nations unies. Une telle solution ne contribuerait guère à lever les incertitudes des parties.

28. Enfin, une solution minimaliste consisterait à insérer, à la suite des dispositions relatives à la matière administrative, une phrase indiquant que les dispositions du code n'affectent pas « *les privilèges et immunités dont jouissent les États ou les organisations internationales, pour eux-mêmes et pour leurs biens* »[44]. Cette solution aurait l'avantage de rendre explicite une exclusion jusqu'ici implicite. L'articulation du code avec les conventions internationales en vigueur en matière d'immunités s'en trouverait *ipso facto* facilitée.

29. En conclusion, dans le cadre d'un code européen de droit international privé, une solution raisonnable à court terme pourrait être en matière administrative et d'immunités juridictionnelles :

– d'adopter en matière administrative une disposition reprenant la formulation actuellement utilisée dans les textes européens :

« *Le présent code ne s'applique pas, notamment, aux matières fiscales, douanières et administratives.* »

– de la faire suivre d'une disposition précisant que

« *Ses dispositions n'affectent pas les privilèges et immunités dont jouissent les États ou les organisations internationales, pour eux-mêmes et pour leurs biens.* »

---

44 Sur le modèle de l'art. 2(6) de la Convention de La Haye du 30 juin 2005 sur les accords d'élection de for ; déjà en ce sens, H. Muir Watt et É. Pataut, *op. cit.*, n° 13.

La place de la procédure et de la coopération entre juges et acteurs nationaux

Le périmètre de la codification

Blanca VILÀ et Michel ATTAL

Professeur, Université Autonome de Barcelone, Espagne
et
Maître de conférences, Université Toulouse 1 Capitole, Avocat, France

La question de la place de la procédure et de la coopération entre juges et acteurs nationaux dans une possible codification européenne du droit international privé nécessite d'énoncer plusieurs prémisses, afin de proposer des modalités de codification acceptables au regard des différents intérêts en présence.

I. Les prémisses : la *lex fori*, l'acquis européen et les principes

La question de la place de la procédure et de la coopération entre juges et acteurs nationaux dans une possible codification européenne du droit international privé s'inscrit dans la délimitation plus générale du périmètre de cette codification. À cet égard, le concept de procédure devra être compris dans son sens et de la manière la plus large possible.

Il conviendra également de se souvenir que le droit international privé actuel, sur lequel nous allons raisonner, est le fruit d'une longue et ancienne évolution, ainsi que de modifications substantielles plus récentes, dues à l'intervention de l'Union européenne dans le processus d'élaboration des normes.

Ainsi la compétence de la *lex fori* doit être appréhendée dans son contexte réel.

A. Sur la procédure et sa signification : une diversité juridique poussée pour un périmètre large

S'agissant des relations privées internationales, le domaine de la « procédure civile » (qu'il s'agisse des « actes » de procédure ou de la question de la preuve du droit étranger) est très précisément et profondément délimité par les législations nationales des États-membres de l'Union européenne – sans que d'ailleurs la doctrine s'y soit intéressée outre mesure.

Cette origine nationale des règles s'explique par le fait que les principes régissant la coopération entre acteurs, juges et parties, et avocats ou agents sont très variés, et s'avèrent donc propre à un pays, leur « exportation » étant partant délicate et ne trouvent sa cohérence qu'au sein du propre système, difficilement « importable » dans un autre pays.

Par exemple, les règles gouvernant la production d'informations ou de pièces dans le débat judiciaire varient très fortement d'un État à l'autre : ainsi, en Espagne, l'avocat est astreint à une obligation de production dès le début du procès, tandis que le droit français permet des communications de pièces ou d'écritures tout au long de la procédure. Des différences de même degré existent également s'agissant des règles de représentation en justice.

Néanmoins, dans l'optique d'une éventuelle codification, une conception large de la procédure civile paraît s'imposer, même si les tendances et règles de source nationale joueront toujours un rôle important, et subsisteront toujours au-delà de tout nouvel essai de codification européenne de droit international privé. À cet égard, les règlements européens de la dernière décennie constituent la base d'une expérience d'adaptation juridique et procédurale[1].

La procédure civile sera donc ici comprise comme englobant des questions centrales et périphériques.

Les questions procédurales centrales sont celles qui sont gouvernées par les règles de droit commun, c'est-à-dire : la compétence judiciaire internationale, la pluralité de parties, la litispendance et la connexité, la reconnaissance et l'exécution de décisions, les petites procédures transnationales, les mesures provisoires et la coopération judiciaire civile en Europe et aussi internationale. Nous plaiderons pour qu'une codification soit l'occasion d'une consolidation de ces règles, c'est-à-dire de l'instauration d'une plus grande cohérence *ad intra* et *ad extra* des règles existantes.

---

[1] Règlement (CE) n° 1206/2001 du Conseil du 28 mai 2001 relatif à la coopération entre les juridictions des États-membres dans le domaine de l'obtention des preuves en matière civile ou commerciale, *J.O. L 174 du 27.06.2001.*

Les questions procédurales périphériques recouvrent les actes d'entraide judiciaire, le statut des parties au procès, les règles de preuve (preuve du droit du for à l'étranger, et preuve du droit étranger devant le for local), ainsi que l'office du juge. Ces questions sont particulièrement soumises à la « tension », à la concurrence avec la compétence naturelle de la *lex fori*. Nous plaiderons pour qu'une codification soit l'occasion d'organiser une plus grande perméabilité des droits nationaux par le biais, soit d'une adaptation (procédurale ou substantielle), soit de l'opération de qualification.

B. Sur l'acquis européen et sur la signification des liens entre les questions procédurales et la **lex fori** *dans les États de l'Union européenne*

On le sait, les questions procédurales sont traditionnellement régies par la *lex fori*[2]. Elles restent donc fortement axées sur la compétence de chaque juridiction interne locale, et demeurent réfractaires aux influences internationales et européennes.

La compétence de la loi du for exprime traditionnellement la volonté étatique d'organiser une « tutelle judiciaire effective », naturellement régie par la *lex fori* en tant que règle organisatrice du déroulement du procès et de l'activité de ses tribunaux[3]. S'agissant de relations privées internationales, on présume habituellement que les règles de procédure civile dans les États européens au XXIe siècle jouissent d'une neutralité ouverte pour les contentieux de droit international privé, organisant en effet la tutelle judiciaire des parties dans des procès où, au préalable de la solution du fond, on réglera de manière ouverte quelle législation y est applicable. D'ailleurs, outre l'idée de « tutelle judiciaire effective », le principe *lex fori regit processum*[4] peut s'appuyer sur l'objectif d'efficacité procédurale.

---

2 Ce principe général fonde la majorité de réglementations de droit international privé, tant de *civil law* que de *common law* : G. Panagopoulos, « Substance and Procedure in Private International Law », *Journal of Private International Law*, 1 (1), 2005, p. 69-92, p. 69, ainsi que M. Illmer, « Neutrality Matters – Some Thoughts about the Rome Regulations and the So-Called Dichotomy of Substance and Procedure in European Private International Law », *Civil Justice Quarterly*, 28 (2), 2009, p. 237-260, p. 239-240.

3 En Espagne, l'art. 3 de la Loi de la procédure civile (2000) prévoit qu'à l'exception des règles prévues dans les traités et accords internationaux, les procès civils suivis en Espagne seront gouvernés par les règles de procédure espagnole.

4 Sur ce principe, Font i Segura, A., « Una lectura comunitaria del principio *lex fori regit processum* », *Anuario Español de Derecho Internacional Privado*, 2001, vol. I, p. 283-313, ainsi que Virgós Soriano, M. et Garcimartín Alférez, F.J., *Derecho procesal civil internacional. Litigación internacional*, 2ª ed., Madrid, Thomson Civitas, 2007, p. 401-407.

Mais ces fondements sont clairement d'essence nationale. S'agissant des États de l'Union européenne, nous pouvons nous poser la question suivante : existe-t-il parmi eux un fondement *spécifique* pour l'application de la *lex fori* aux questions de procédure dans les contentieux de droit international ?

Tel qu'on le sait, en vertu du principe d'autonomie procédurale[5] et sous la pression – qui est à la fois son correctif et sa limite – du principe de la coopération loyale[6], le droit de l'Union européenne renvoie aux procédures nationales pour la mise en œuvre de ses dispositions, s'intégrant et touchant ainsi au cœur du système juridique commun. De plus, dans le domaine du droit international privé, le juge compétent est le juge ordinaire de droit civil ou commercial. Ainsi, dès lors que des règlements se sont développés sur la base juridique de l'ancien article 65 TCE (actuel article 81 TFUE), le juge national est devenu aussi dans ce domaine *juge européen*. Conséquemment, dans le contexte européen, la *lex fori* est appliquée en vertu de l'autonomie institutionnelle naturelle prévue par le système de l'Union.

Ce constat nécessite plusieurs précisions.

Au contraire des règles internes, fortement axées sur la logique de chacun des systèmes, les instruments juridiques européens qu'il s'agit de mettre en œuvre sont des *règlements* de droit international privé, dont l'effet unificateur est toujours relatif et limité (sauf certaines exceptions dont l'intensité normative serait plus poussée)[7]. Cela veut dire que nos

---

5 Sur l'autonomie institutionnelle et de la procédure, Rewe Zentrale 33/76, Preston C-781/98, Kühne C-153/00, Köbler, C-224/01 ; Com.c Italia C-129/2000, cette dernière d'une grande transcendance. Parmi la doctrine la plus significative, R. Kovar, « Le droit national d'exécution du droit communautaire : essai d'une théorie de l'écran communautaire », in *L'Europe et le droit, Mélanges en hommage à J. Boulouis*, Paris, Dalloz, 1991, p. 341 et svtes. R. Mehdi, « L'exécution nationale du droit communautaire. Essai d'actualisation d'une problématique au cœur des rapports des systèmes », in *50 ans de droit communautaire, Mélanges en hommage à Guy Isaac*, Toulouse, Presses de l'Université des sciences sociales de Toulouse, 2004, p. 615 et svtes. J. Temple Lang, « Developments, Issues, and New Remedies – The Duties of National Authorities and Courts Under Article 10 of the EC Treaty », *Fordham International Law Journal*, 6, 2004, p. 1904-1939 Le-Barbier Le Bris, M., « Les principes d'autonomie procédurale et de coopération loyale », in *Liber Amicorum Jean Raux,* Rennes, Apogée, 2006.

6 Blanquet, M., « Acceptation et consécration d'un concept communautaire : la fidélité communautaire », in Poillot-Peruzzetto, S. (dir.), « Vers une culture juridique européenne ? », Paris, Montchrestien, 1998, p. 145-158.

7 Voir le Règlement 1896/2006 du Parlement européen et du Conseil du 12 décembre instituant une procédure européenne d'injonction de payer, ainsi que le Règlement 861/2007 du Parlement européen et du Conseil du 11 juillet 2007 instituant une procédure européenne de règlement des petits litiges, en tout cas aussi fortement axés sur les spécificités procédurales internes.

règlements exigent, et même présupposent, une forte articulation procédurale et substantielle avec les droits internes sur lesquels ils reposent, devenus parties du système commun.

La mise en place de l'autonomie procédurale génère diverses difficultés. Par exemple, dans le domaine de la *prescription*, des délais de prescription ou de répétition de l'indu, la CJUE accepte (avec des nuances) la disparité des délais « raisonnables» existant dans les droits internes administratifs ou de la procédure, pour autant que les principes d'*équivalence* et d'*efficacité* soient respectés. De son côté, la Cour européenne des droits de l'homme a retenu une violation de l'article 1 du Protocole numéro 1 de la CEDH, dans la mesure où il s'agissait d'un délai spécial de prescription contre l'État à portée discriminatoire[8].

Sans entrer dans les détails, il faut ici relever que la CJUE ne se risque pas à analyser la figure aux fins de la qualifier, mais se borne à l'appréciation de la prescription sur le plan du point de départ du délai (donc de l'action) prévu. Les seules limites seraient donc, comme toujours, l'existence d'une tutelle judiciaire et la non-discrimination, principes de l'*acquis*.

Un autre exemple réside en ce que la CJUE s'est toujours abstenue d'aborder clairement la question des effets *erga omnes* des arrêts qu'elle rend sur renvoi préjudiciel, c'est-à-dire la question de la possible autorité de chose jugée de tels arrêts en droit interne. Ainsi, la CJUE dans son récent arrêt du 12 mai 2011, Affaire. C-144/10, *Berliner Verkehrsbetriebe*[9], suite à sa jurisprudence GAT[10], essaie à nouveau de trancher par le biais d'une interprétation qui n'aborde pas le cœur de la question, se bornant à énoncer une solution interprétative peu réaliste sur les problèmes causés par la disparité des législations nationales sur les effets des résolutions tranchant des renvois préjudiciels. La Cour continue de négliger – probablement par crainte d'excès – de porter ses conclusions sur le terrain des procédures internes mettant en œuvre le droit de l'UE, sauf bien sûr dans ses appréciations concernant les deux limites de la tutelle judiciaire effective et du principe de non-discrimination[11].

En tout cas, la Cour semble ne pas tirer toutes les conséquences possibles du principe d'autonomie institutionnelle et de la procédure dans

---

8 CEDH, Affaire *Zouboulidis c. Grèce,* 25.6.2009.

9 Affaire C-144/10, *Berliner Verkehrsbetriebe (BVG), Anstalt des öffentlichen Rechts et JPMorgan Chase Bank NA, Frankfurt Branch.*

10 Affaire *GAT* C-4/03 du 13 juillet 2006.

11 Cette question a été soulevée récemment par R. Arenas Garcia, « Reglamentos Europeos y Derecho procesal nacional : delimitación e interacción », contribution au débat *Nuevos Reglamentos Comunitarios y su Impacto en el Derecho Catalán* (Universitat Abat Oliba, Barcelone, 30 juin et 1 juillet 2011).

une Union dans laquelle le nombre des législations nationales différentes est allé croissant, au fur et à mesure des élargissements.

Puisque nos règlements de droit international privé sont conçus comme devant s'appuyer sur des règles internes d'application[12], par l'effet utile et le devoir de coopération loyale, leurs procédures nationales de mise en œuvre doivent s'inscrire dans la logique commune. En conséquence, la Cour devrait non seulement accomplir une tâche interprétative minimale et renvoyer au juge interne la mise en œuvre de ses jugements mais, en absence d'une souhaitable intervention du législateur, elle devrait accomplir une tâche non seulement de qualification mais d'*adaptation procédurale* plus large, précisément en vertu dudit principe.

Une éventuelle codification de droit international privé comprenant les questions de procédure civile ne peut être élaborée que sur la base des prémisses qui viennent d'être abordés. Leur pleine compréhension permet d'envisager les modalités d'une telle codification.

II. Les modalités d'une codification procédurale

Il est aisément visible qu'à un degré ou un autre, l'Union européenne s'empare progressivement des questions procédurales les plus diverses. En fait, en moins d'une décennie, elle aura absorbé des matières extrêmement hétérogènes, de façon asystématique en un grand désordre, suivant une production normative en cascade et adoptant tout simplement des reprises **presque littérales** de textes conventionnels. Il en est résulté des règlements dont l'utilité est incontestable, mais dont la portée

---

[12] L'existence d'une grande *interaction* entre les règlements de droit international privé et les règles internes de procédure est incontestable, ce qui provoque une vraie nécessité d'articulation entre ces règles, phénomène connu aussi dans d'autres domaines, par exemple dans le domaine de la nullité ou des sanctions au droit de la concurrence. Cela peut se constater même dans les règlements les plus précis : par exemple, l'art. 26 du règlement instituant une procédure européenne d'injonction de payer établit que « toute question procédurale non expressément réglée par le présent règlement est régie par le droit national ». L'art. 19 du règlement instituant une procédure européenne de règlement des petits litiges, quant à lui, prévoit que « sous réserve des dispositions du présent règlement, la procédure européenne de règlement des petits litiges est régie par le droit procédural de l'État-membre dans lequel la procédure se déroule ». Suivant cette logique, le législateur espagnol a récemment adopté la Loi 4/2011, du 24 mars (*BOE*, 72, 25 mars 2011), qui modifie la loi espagnole de la procédure civile pour faciliter l'application en Espagne des procédures européennes instituées par les deux règlements cités. De leur côté, les règlements les plus généraux, par exemple les Règlements 44/2001 ou 2201/2003, établissent aussi ses règles sur le « soutien » des procédures internes applicables : par exemple, les art. 40 et 42 du Règlement 44/2001, ou 21 et 47 du Règlement 2201/2003.

unificatrice en termes d'articulation avec les procédures internes demeure mince[13].

On a vu, toutefois, sur le plan des principes, que cette disparité procédurale, résultant des principes d'autonomie procédurale et de coopération loyale, trouve sa limite dans la nécessité d'organiser concrètement une tutelle judiciaire effective, même dans les rapports transnationaux, par l'ensemble des juridictions des États-membres. Il s'agit là d'une nécessité majeure dans l'optique de la réalisation des objectifs du marché intérieur, mais également de la construction d'un Espace de Liberté, de Sécurité et de Justice.

En posant que toute codification procédurale doit être entrevue avec prudence, deux types d'intervention, pleine ou relative, sont concevables. L'inclusion pleine des règles européennes dans les législations procédurales nationales se rencontre dans les matières soumises à des règles communes de procédure, où l'absorption de la matière est plutôt institutionnelle (R. 44/2001, en incluant tout un ensemble de figures à côté des axes « structurants » de sa logique, compétence judiciaire et reconnaissance) ou de toute une procédure (chez le règlement sur le titre exécutoire européen pour les créances incontestées, ou chez le règlement instituant une procédure européenne d'injonction de payer). L'inclusion relative, ou indirecte, se rencontrera à travers le principe d'autonomie institutionnelle et les autres limites de l'*acquis* examinés plus haut.

Mais finalement, et assez curieusement, cette inclusion indirecte par les principes s'avère assez complète, dans la mesure où elle envahit proprement le système ou l'ensemble des règles. À l'inverse, pour les instruments d'inclusion pleine par codification, les règlements existants, tel qu'on l'a vu, ont besoin de « pièces » d'articulation avec les droits nationaux de la procédure pour être proprement perçus et mis en œuvre[14], et ils s'avèrent particulièrement incomplets dans toutes les hypothèses.

La question de l'intégration de règles procédurales dans une éventuelle codification européenne nécessite de déterminer la place fonda-

---

13 Comme le signale Guzmán Zapater, M., « Cooperación judicial civil y Tratado de Lisboa : entre consolidación e innovación », *Revista General de Derecho Europeo*, 21, 2010, p. 23-24, par rapport aux règlements communautaires, la portée de l'harmonisation procédurale est certainement limitée, étant donnés les nombreux renvois au droit interne des États-membres.

14 On n'envisage pas ici les règles de conflit de lois ou les problèmes de l'articulation matérielle avec le droit applicable, caractéristiques du droit international privé, mais seulement les problèmes des règles de procédure. Ces « pièces » d'articulation pourraient-elles mêmes faire l'objet d'une codification plus poussée : par exemple du devoir d'adaptation ou du devoir d'une qualification commune et non pas basée sur la *lex fori*.

mentale de ces questions (centrales ou périphériques). Une fois ce point réglé, il sera possible de s'intéresser à leur place technique.

A. La **place fondamentale** *de la procédure dans une codification européenne du Droit international privé*

Le caractère spontané et asymétrique des matières régies par les instruments européens dessine une autonomie procédurale à la géographie diverse selon le domaine et le degré d'intensité normative utilisé. En effet, l'Union ne s'est pas intéressée à toutes les questions avec des objectifs similaires. On peut ainsi relever des disparités d'urgence, de rythme, de degré d'hétérogénéité matérielle, de travaux préalables.

Dans la lignée de la classification posée plus haut, nous allons distinguer le cas des questions procédurales centrales (A) de celui des questions procédurales périphériques (B).

1. Les questions procédurales centrales

Il s'agit des questions à forte dominante institutionnelle, pour lesquelles l'action codificatrice de l'Union a été poussée et souvent assez aboutie : règles de compétence internationale ; pluralité de demandeurs et fors procéduraux ; règles de litispendance et de connexité ; reconnaissance et l'exécution de décisions judiciaires ; compétence pour des mesures provisoires ; ainsi que certains éléments de la coopération judiciaire civile (les réseaux judiciaires européens, les réseaux professionnels officieux)[15].

Un deuxième **noyau** « dur » relève de *l'entraide judiciaire liée au procès* : obtention de preuves et **notification/signification**. Ce dernier cas constitue en effet la colonne vertébrale des droits de la défense et de l'accès au procès ; en outre, l'Union européenne a recueilli, avec des nuances fondamentales, l'héritage des Conventions de La Haye initialement dans son Règlement 1348/2000 sur la notification et la signification, puis avec le nouveau Règlement 1393/2007.

S'agissant des *petites procédures* (titre exécutoire, procédure d'injonction de payer…) même si elles supposent un embryon procédural proprement européen, sa position collatérale et son soutien nécessaire sur des larges formules procédurales internes nous permet un classement central dans un deuxième échelon : celui de la spécialité.

Pour l'ensemble de ces questions, une plus grande systématisation peut être souhaitée. Mais *a minima*, il convient de réclamer une consolidation de ces règles, passant par leur révision sous l'angle d'une plus

[15] Voir Affaire Van Uden C-391/95 du 17 novembre 1998, Affaire Purrucker C-296/10 du 9 novembre 2010, Affaire Roche Nederland BV du 13 juillet 2006, Affaire Freeport C-981/06 du 10 octobre 2007.

grande cohérence entre celles-ci, les règles internes de la procédure et même les règles substantielles applicables au fond. Les vides à combler, à cet égard, sont souvent mis en lumière par la jurisprudence de la CJUE.

2. Les questions procédurales périphériques

En ces matières, la codification n'est que partielle et parcellaire. Qu'il s'agisse des *principes*[16], ou de la question des procédures internes dans le cadre du *renvoi préjudiciel*, l'inclusion des règles de source européenne, sous la pression de l'acquis européen, est indéniable.

Entrons plus avant dans le détail des règles visées.

- S'agissant en général des « actes de procédure » dans le procès civil, on a déjà rappelé que la *lex fori* a un domaine étendu et qu'elle dispose ici d'un double titre de légitimité, une fois de plus sous l'angle de l'autonomie institutionnelle. Le droit de l'Union ne devrait les inclure qu'à travers ce que nous appelons une « inclusion relative », à travers ses principes et son acquis. Ces actes ne sont pas propres à être en soi codifiés. Néanmoins, rappelons-nous des limites existantes sur le plan de la tutelle judiciaire effective.
- S'agissant du statut des parties au procès et du principe d'égalité, la *lex fori* dispose également d'un titre d'application, notamment sur la base du respect des droits fondamentaux (en ce compris les droits de la défense). Il n'est donc point besoin ici d'une codification, si ce n'est des principes de procédure.
- Les grands « axes » substantiels du procès équitable : l'action en justice doit être régie par la *lex fori*, « même la *qualification* des actions "disponibles" sur le droit du for »[17]. Cela implique notamment que lorsque l'action en justice exige l'assistance d'un avocat et le demandeur porte plainte sur une quantité inférieure au prix d'une défense (cette configuration peut se rencontrer assez régulièrement devant une juridiction britannique) il faut inter-

[16] Principes structurels, autonomie procédurale, avec ses conditions d'équivalence et d'effectivité minimale (par exemple par rapport à la *chose jugée* et aux effets *erga omnes* des décisions préjudicielles) de coopération loyale, ou de confiance mutuelle. Ou les principes systémiques, telle la tutelle judiciaire effective et l'égalité d'armes ou de l'efficacité procédurale et la coopération entre juridictions dans les affaires civiles et commerciales.

[17] Niboyet, M.L., *L'action en justice en droit international privé*, Paris, Economica, 1986. Voir Affaire *GAT* C-4/03 du 13 juillet 2006, Affaires Test Claimants C-446/04 du 12 décembre 2006 et C-524/2004 du 13 mars 2007, Affaire Purrucker C-296/10 de 9 novembre 2010.

préter cet obstacle comme un déni de justice et de tutelle de la partie intéressée, même civile[18].

- S'agissant des petites procédures (titre exécutoire, procédure d'injonction de payer…) même si elles supposent un embryon procédural proprement européen et une grande virtualité possible, leur position collatérale et leur nécessaire appui sur des procédures internes permettent de les qualifier de périphérique.

Mais les deux figures-clés du droit de la procédure, constitutives de véritables régimes spéciaux au sein des contentieux de droit international privé, demeurent le régime de la preuve (A) et l'office du juge (B) dans le cadre de l'introduction du droit étranger au sein de la procédure nationale. Il s'agit ici d'un territoire « sacré », touchant le vif de l'équilibre procédural et de l'égalité des armes au sein du contentieux, pratiquement imperméable à tout essai de codification (sauf bien sûr la question connue de l'accès aux preuves).

A. S'agissant des règles de preuve[19], il nous faudra en tout premier lieu inclure sous l'emprise de la codification européenne l'ensemble des expériences de droit international privé dans le cadre de la mise en œuvre de la Convention de La Haye sur l'accès aux preuves, reprise par le Règlement 1206/2001 sur la coopération entre les juridictions des États-membres dans le domaine de *l'obtention des preuves* à l'étranger en matière civile et commerciale[20]. Il s'agit ici de faciliter cet accès sous l'emprise de la *lex fori* mais avec un devoir de coopération des juridictions et avec un souci d'adaptation entre la procédure de la juridiction requérante et celle du loi d'exécution de celle-là, en utilisant, soit l'exécution directe d'une preuve par le juge requérant, soit la demande à la juridiction compétente aux fins d'exécution d'un acte d'instruction, ainsi que les conditions de refus y établies[21].

Sur les questions relevant du *régime de la preuve* il nous faut procéder à la distinction classique entre les moyens et la charge de la preuve.

En effet, les *moyens* de preuve dans les contentieux transnationaux, ainsi que le régime d'*administration* de la preuve, sont réglés par la *lex*

---

18 Pour le domaine de la prescription, voir *supra* pour les exemples d'autonomie procédurale.

19 Voir Forner Delaygua, J.J., *La prueba de los hechos en el proceso. Aspectos de ley aplicable*, Barcelona, Bosch, 2005.

20 Règlement (CE) n° 1206/2001 du Conseil du 28 mai 2001 relatif à la coopération entre les juridictions des États-membres dans le domaine de l'obtention des preuves en matière civile ou commerciale.

21 Les conditions de refus sont établies de manière restrictive dans le *numerus clausus* prévu par l'art. 14 du Règlement 1206/2001 s'agissant de la modalité de demande à la juridiction compétente, et par l'art. 17.5 en ce qui concerne la modalité d'exécution directe.

fori avec les adaptations nécessaires dans les cas de la première modalité prévue dans le Règlement 1206/2001, celle de l'exécution directe par l'autorité requérante.

D'ailleurs, on sait que la *charge* de la preuve dans le procès civil et en conséquence les présomptions, sont régis par la *lex causae* en vertu d'une *qualification* matérielle qui nécessitera à son tour une adaptation entre la loi de la procédure et l'éventuelle loi étrangère applicable. Là encore, la protection des droits fondamentaux dans l'Union peut induire des correctifs de certaines règles non protectrices sur ce plan. Les jurisprudences des États-membres, notamment dans le cadre des contentieux en responsabilité extracontractuelle, ont tendance à renverser la charge de la preuve en faveur des victimes, ouvrant le pas à des actions collectives.

B. La question de l'*office du juge* et de l'application du droit étranger inclut notamment le problème de la preuve du contenu du droit étranger éventuellement applicable, ou le problème de l'accès à l'information sur ce droit étranger. Cette question est source de débats qui paraissent sans fin. La Conférence de La Haye, à travers M. Pauknerova et H. van Loon, a récemment établi un « état des lieux » de la question[22], qui a fait l'objet d'un rapport écrit et annexé au compte rendu de la dernière séance du GEDIP de décembre 2010. Ce rapport conclut à la difficulté, voire à l'impossibilité d'harmoniser les législations procédurales nationales en la matière. Il est vrai, toutefois, que ce travail vise surtout la question de l'accès à l'information et l'éventuelle amélioration – par voie de rénovation – de la Convention de Londres ou l'exploitation d'une panoplie d'outils à la disposition des acteurs en justice (notamment l'exploitation des bases de données sur internet déjà existantes).

Plus centré sur les questions se rapportant proprement à l'office du juge, le *Rapport Iglesias* (de son auteur, J.L. Iglesias Buigues)[23], ainsi que les principes directeurs dits de Madrid, ont fait usage d'une classification ordinaire en Espagne, tout en distinguant les questions suivantes, à savoir : (1) l'applicabilité d'office d'une loi étrangère (2) la preuve du contenu de la loi étrangère, (3) les alternatives en absence de preuve du droit étranger, et (4) les voies de recours ouvertes en cas de non-application par méconnaissance du droit étranger applicable.

---

22 GEDIP, séance de Copenhague déc-2010. http://www.gedip egpil.eu/reunions travail/gedip-reunions-20-fr.htm.

23 Rapport dit de Valence, ou Rapport J.L. Iglesias Buigues : *The Application of Foreign Law by Judicial and Non-Judicial Authorities in Europe : Final General Report*. Voir aussi « Basic Principles for a Future EU Regulation on the Application of Foreign Law », Madrid, Colegio de Registradores, 2010.

Rappelons que dès 1996, T. Hartley disait déjà que :

> as far as the pleading and proof of foreign law are concerned, the legal systems of Europe may best be represented as a continuum, with Germany at one end and England at the other. Though the contrast between each country and its successor along the line may not be great, there is nevertheless a significant difference between countries at opposite ends of the scale. ...Nevertheless, the practical difficulties, even between England and Germany, should not be exaggerated. Parties do not take part in legal proceedings unless they hope to be successful, and litigants in English proceedings will usually plead and prove foreign law if its application would be in their interests. They will normally omit to do so only where they believe it to be the same as English law. The main exceptions occur where a party is unaware that foreign law is applicable, ignorant of its content or unable to prove it. Except where these circumstances exist, the English system will produce the same result as the German. Differences of outcome are most likely to occur, therefore, where the parties lack the resources to obtain good-quality legal advice and representation.

Il ne faut pas mépriser les liens de fait existants entre ces deux questions, l'accès au droit étranger (ici il ne nous concerne pas) et l'office du juge, dans la pratique quotidienne. En améliorant une voie de facile accès, une certaine et nécessaire « normalisation » de celui-ci s'avérerait possible.

En tout cas, du point de vue d'une éventuelle inclusion de ces questions dans une future codification, on pourrait reprendre l'avis du rapport selon lequel les données actuelles montrent une énorme disparité des principes et des règles internes en la matière, compromettant l'objectif d'harmonisation du droit international privé. En d'autres mots, nous plaidons pour l'inclusion dans une possible codification d'une règle de base établissant l'application d'office du droit étranger – au moins des États de l'UE – par le juge national dans l'UE, ouvrant en parallèle des voies de normalisation par l'accès à l'information sur le contenu et les principes du droit étranger.

B. La **place technique** *de la procédure dans une codification européenne du droit international privé*

Une fois tracées les limites de la codification procédurale, la dernière question à résoudre consiste à déterminer quelle devrait être la place matérielle, ou technique, des règles procédurales à l'intérieur de la codification européenne de droit international privé. Doivent-elles être couplées aux autres règles de droit international privé (règles de conflit de lois ou règles de droit matériel) codifiées ?

La réponse nous paraît négative, pour autant que la correspondance *forum-ius* soit parfaitement établie et saisie.

D'un point de vue technique, nous avons vu que les règles procédurales européennes applicables aux contentieux privés internationaux correspondent à des degrés, à des régimes et à des limites divers, le point commun résidant dans la place toujours prépondérante des procédures nationales matérialisée par l'autonomie institutionnelle et la compétence de la *lex fori*.

Au-delà de ces distinctions, un acquis commun s'impose déjà au niveau des *principes structurels* (autonomie et coopération loyale, confiance mutuelle) et des principes systémiques, plus concrètement *le plein respect des droits fondamentaux*. L'objectif commun réside dans le plein respect de la tutelle judiciaire effective dans les relations transnationales européennes, même internationales, dans toutes ses manifestations.

En somme, pour le moment, et même si le principe de cohérence matérielle et technique dans notre codification européenne du droit international privé semble un impératif, un couplage de règles de la procédure et des règles sur la loi applicable ou des règles sur le fond – quoique soit la technique utilisée – ne nous paraît pas souhaitable, si l'on veut maintenir l'équilibre entre les objectifs de l'Union et les intérêts étatiques.

Quatrième partie

La structure et la teneur d'une codification

Some Nordic Reflections on the Desirability of an EU Code of Private International Law

Michael BOGDAN

Professeur, Université de Lund, Suède

Out of the five Nordic countries, only two – Finland and Sweden – participate fully in the European integration process regarding private international law (including international civil procedure). Iceland and Norway are not Member States of the EU and Denmark, albeit an EU Member State, is due to a special protocol in principle excluded from membership as far as the judicial cooperation in civil matters is concerned.

None of the Nordic countries has a comprehensive civil code similar to the French *Code civil* or the German *Bürgerliches Gesetzbuch*. Some foreign observers believe therefore that the Nordic countries prefer judge-made law to statutory law. This is, however, incorrect; the Nordic legal systems are preponderantly based on written statutes and do not consider judicial precedents to constitute a formally binding source of legal rules (even though in practice such precedents are published, studied and normally followed, especially in those areas where statutory rules are missing or unclear). The principal difference between the Nordic legal systems and the law of the rest of the continental European countries is that the private law of the Nordic countries is highly fragmented and found in a multitude of statutes of different sizes and variable age, such as separate statutes on marriage, successions, contracts, sales, immoveable property, torts, etc. The Nordic countries have no comprehensive statutes on private international law; there are some statutory provisions but many issues are left to be governed by case law and the situation is further complicated by the existence of special provisions concerning certain intra-Nordic situations.

The fact that the private law has never been codified by one logical and internally consistent piece of legislation using uniform concept and terminology is not merely an issue of legislative technique. It affects, to a significant degree, the legal thinking of the Nordic jurists, because it allows them more flexibility. In Sweden, for example, a piece of property can be owned by a certain person for the purposes of one statute, while not being owned by the same person for the purposes of another statute. The positive effect of this fragmentation is that it protects the Nordic jurists from the dangers of conceptualism (*Begriffsjurisprudenz*), but it also can be seen as a sign of underdevelopment, demonstrated by the lack of clear juridical terms and concepts.

In view of the above, the present state of the private international law of the EU, characterized by a relatively large number of seemingly mutually independent and often uncoordinated regulations (occasionally directives) might seem familiar to a Nordic lawyer. However, even Nordic lawyers are aware of the disadvantages of the situation. There are now hundreds of pages in the Official Journal dealing with private international law issues, which is many times more than the size of an average national codification of private international law (such comprehensive national codifications exist in several Member States). In addition to the voluminous instruments focusing on private international law, there are isolated provisions of private international law relevance in many other regulations and directives. The relationship between these sources is sometimes unclear, the best example being the enigmatic rules in Directive No. 2000/31 on Electronic Commerce. It is difficult to get a general picture of the whole field, in particular for practicing lawyers who are not specialists and for law students who complain that the size and nature of the material make it impossible for them to master the subject within the time frame reserved for it in the curriculum of their law school.

Nevertheless, it can be doubted whether an enactment of a single European code of private international law, presumably in the form of an EU regulation, would provide the optimal solution to the problem. To begin with, a meaningful single code should if possible be comprehensive, *i.e.* it should aspire to cover all parts of the subject, including those parts that have not yet been successfully unified or harmonized by EU law. It should also deal with the general part of private international law, where the approaches in the various Member States are far from uniform. This means that a single code would be a very ambitious project requiring decades rather than years of preparations. In addition, recent experiences concerning the Rome III Regulation No. 1259/2010 on the Law Applicable to Divorce and Legal Separation show that some parts of EU private international law may be found inaceptable by certain Member States, demanding a special treatment that would negatively affect the whole idea behind a single code.

Even in alliance with the common-law Member States, the Nordic scepticism towards large-scale codifications will remain a minority view within the EU. Nevertheless, it is submitted that it would be better to rationalize the present and forthcoming sources of EU private international law by means other than by pressing them into one single piece of EU legislation just for the sake of having a single code. Much can be achieved by a few simple measures to be contemplated by the EU legislator.

For example, unnecessary duplication of texts should normally be avoided and replaced with cross-references. Thus, most (albeit not all) of the jurisdictional provisions in Regulation No. 4/2009 on Matters Relating to Maintenance Obligations could be replaced with references to the jurisdictional rules in the Brussels I Regulation No. 44/2001. Some such cross-references can already be found in existing instruments, but they could be used much more often.

Another method of avoiding unnecessary duplication of texts is to amalgamate parallel identical provisions. Is it really optimal to simultaneously propose, as the Commission has done, two separate regulations with almost the same rules on jurisdiction and recognition/enforcement of judgment in matters of matrimonial property regimes (COM (2011), 126) and the property consequences of registered partnerships (COM (2011), 127)? Would it not be better with only one set of rules, if necessary with the addition of minor exceptions or modifications required by the nature of one or the other of the two related institutions? The proposed conflict rule on the property consequences of registered partnership could then consist of one short sentence, corresponding to the proposal's Article 15, without the rather irritating repetitions of stipulations on the universal nature of the conflict rule, overriding mandatory provisions, public policy, the exclusion of *renvoi*, and states with two or more legal systems. With a relatively limited additional editing effort, one might achieve substantial space savings and make the material more user-friendly.

In the light of these considerations, I do not think that most Nordic lawyers would consider an attempt to establish a single EU code of private international law to be directly harmful, but they would probably be sceptical about its usefulness and prospects. Most of the potential advantages of a single code can be achieved with less cost and effort by alternative means.

Quelle structure pour un code européen de droit international privé ?

Sabine CORNELOUP et Cyril NOURISSAT

Professeur, Université de Bourgogne, France
et
Professeur, Vice-Président de l'Université Lyon 3, France

Réfléchir à la structure d'un code européen de droit international privé constitue un exercice à la fois passionnant et redoutable : passionnant, parce que cette réflexion permet d'embrasser l'intégralité de la matière et confère la liberté d'imaginer les différentes possibilités de son agencement ; redoutable en même temps, dans la mesure où la conception de la structure du code dépend fondamentalement d'un certain nombre de choix qui doivent être faits sur le terrain du contenu. En particulier, la structure du code ne sera pas la même, selon que l'on s'oriente vers une codification à droit constant ou vers une codification intégrant des nouvelles règles[1]. De même, la structure du code dépend du périmètre de la codification. Est-il nécessaire de codifier à la fois des règles de conflits de lois, de conflits de juridictions et de reconnaissance et d'exécution des jugements étrangers[2] ? Quelles sont les matières qui vont être codifiées ? La codification doit-elle englober les questions de procédure[3], ainsi que la matière administrative et des immunités[4] ? Comment sont définies les règles qui relèvent précisément de ces matières ? S'agit-il uniquement des règles qui figurent dans les règlements actuels, ou convient-il de codifier également certaines dispositions qui figurent dans des directives d'harmonisation mais qui ont une incidence directe sur la compétence et la loi applicable[5] ? Quels éléments doivent

---

1 Voir *supra*, A. Mac Eleavy Fiorini.

2 Voir *supra*, H. Muir Watt.

3 Voir *supra*, B. Vila Costa et M. Attal.

4 Voir *supra*, I. Rueda.

5 On peut penser ici à l'exemple de la directive n° 96/71 relative au détachement de travailleurs dans le cadre d'une prestation de service. Sur cette question, voir *infra*, sous-partie II, B, point 1 « Obligations, biens et entreprises ».

être retenus pour former la partie générale du code[6] ? De plus, la matière du droit international privé européen est particulièrement mouvante. Son périmètre se trouve dans un processus continu de réforme et il est ainsi difficile de s'arrêter un temps donné pour ordonner l'œuvre européenne dans une certaine structure. Par exemple, convient-il d'intégrer dans les propositions de modèles de structure les projets actuellement en discussion sur l'extension du Règlement Bruxelles I aux situations externes[7] ou les propositions de règlements relatifs aux régimes matrimoniaux et aux partenariats enregistrés ?

Notre travail se présente comme une première réflexion sur les modèles de structure possibles. Il devra être ajusté en fonction des différentes variables qui appellent un choix de la part du législateur européen. Dans notre réflexion, nous sommes partis des modèles existants, que l'on trouve dans les codifications nationales du droit international privé ainsi que dans les ouvrages doctrinaux, pour nous demander si ces modèles peuvent être transposés, totalement ou au moins partiellement, à une codification européenne. Le parti pris ici est celui d'un certain pragmatisme et d'un certain réalisme quant à la faisabilité politique du code. Le code idéal serait sans doute un code-corpus, à l'image des codes civils nationaux, intégrant à la fois des règles anciennes et un apport significatif de règles nouvelles, présentées selon une structure cohérente. Toutefois, un tel modèle idéal supposerait une très forte volonté politique ainsi qu'une grande hauteur de vue des rédacteurs, exigences difficilement conciliables avec les contraintes de la procédure législative au sein de l'Union européenne, comme l'attestent plusieurs projets législatifs ambitieux actuellement bloqués[8].

Notre réflexion sera progressive et se déroulera en deux temps. Dans un premier temps, il convient de présenter les questions générales que suscite la structure du code dans son ensemble. Dans un second temps seront abordées les questions spéciales que chacune des parties du code soulève plus particulièrement.

I. La structure du code : questions générales

Les réflexions sur la structure d'un possible code de droit international privé sont multiples et certaines se sont déjà portées sur la figure

---

6 Voir *infra*, M.-L. Niboyet, M. Wilderspin, A. Marmisse-d'Abbadie d'Arrast, M.-P. Weller, S. Bariatti et É. Pataut, et P. Lagarde.

7 La position adoptée par le groupe de travail du Parlement européen le 28 juin 2011 semble marquer, sur ce terrain, un certain recul par rapport à la proposition de la Commission européenne.

8 On pense, par exemple, à la Proposition de directive du 8 octobre 2008 relative aux droits des consommateurs, visant une harmonisation totale des droits nationaux.

d'un code européen de droit international privé[9]. L'œuvre de la doctrine est donc foisonnante sans oublier pour autant que le phénomène de codification est aussi scruté par certains groupes *ad hoc* comme, en France, la Commission supérieure de codification. La lecture de ses rapports annuels est en ce sens enrichissante sous un angle de technique de codification. De l'analyse et de la synthèse de ces différentes sources, nous retirons deux enseignements essentiels qui nous paraissent devoir, à titre général, commander la structure du futur code européen de droit international privé. Et dès lors que l'on se situe dans une sorte d'« étude de faisabilité » de ce code, il paraît possible d'identifier quelques enjeux mais aussi quelques contraintes.

Les enjeux mis en lumière dans les lignes qui vont suivre le sont tous dans une perspective résolument européenne même si elle pourra sembler manquer d'une certaine originalité. Il est vrai que les ordres juridiques européen ou national souffrent aujourd'hui des mêmes maux auxquels le code européen ici envisagé se propose de répondre. Un double défi se profile alors, quand bien même il s'avère possible de considérer qu'il existe un certain lien de subordination de l'un à l'autre. Ces défis sont ceux de la cohérence – nécessairement à rechercher dans le contexte d'une construction par strates successives (la fameuse « méthode des petits pas »…) – et, au-delà, de l'accessibilité des règles européennes de droit international privé.

Les contraintes décelées dans une perspective d'élaboration de la structure d'un futur code européen de droit international privé peuvent se résumer au constat que le « terreau » d'action se caractérise par le fait qu'il s'agit d'un droit en train de se faire, mais encore, une fois « fait », d'un droit appeler à évoluer dans un souci (affiché ?) de « coller » au plus près des préoccupations des citoyens, notamment révélées à la faveur de la pratique interprétative de la Cour de justice de l'Union européenne. Le mouvement est donc au rendez-vous ! Et ce ne sont là que quelques occurrences de ce qu'il convient bien d'appeler l'instabilité des règles européennes de droit international privé dont il importe alors de mesurer l'impact sur la structure du futur code.

Dès lors, réfléchir à titre général sur la structure du code emporte la nécessité d'examiner successivement l'impact tant de l'exigence d'accessibilité des règles que de la contrainte de l'instabilité de ces mêmes règles européennes de droit international privé.

---

9 On se permettra de renvoyer, ici, à la bibliographie exhaustive mentionnée par M. Fallon dans sa contribution intitulée « Les conditions d'un code européen de droit international privé », in M. Fallon, P. Lagarde, S. Poillot-Peruzzetto (dir.), *La matière civile et commerciale, socle d'un code européen de droit international privé ?*, Paris, Dalloz, 2009.

A. L'exigence tenant à l'accessibilité des règles et son impact sur la structure

Dans la classification tripartite de B. Oppetit des exigences auxquelles une codification peut répondre (exigences d'ordre politique, social ou technique)[10], ce sont les considérations techniques qui paraissent prédominer pour la codification européenne du droit international privé. L'accès des destinataires et des usagers des règles à la connaissance du droit doit être assuré. La codification se fait pour les justiciables et les praticiens du droit. Ce sont, au cas précis, eux le « public » du code, pour reprendre le vocabulaire de la commission supérieure de codification.

Il s'agit alors de remédier à la dispersion et à l'émiettement du droit international privé européen, ce qui implique de rassembler un corps de règles éclaté et d'assurer la mise en cohérence des normes. Il convient, ici, de prendre en compte une donnée propre aux justiciables et praticiens qui conduit à rapprocher l'exercice davantage de celui d'une œuvre internationale (les conventions) que d'une œuvre nationale (la codification). En l'état de la construction de l'UE, il est difficile d'identifier une communauté homogène des justiciables et des praticiens aguerris. Hormis lorsque ces derniers sont des spécialistes, c'est-à-dire ceux qui n'ont précisément pas besoin d'un code… Le vocabulaire commun existe probablement. La pensée commune est encore en voie d'élaboration. On ne peut alors qu'insister sur le fait que cette dernière se dessine, à en croire le TFUE, autour de l'idée clef selon laquelle il convient d'assurer le respect de la tradition et de la diversité des systèmes juridiques. Cette observation est d'autant plus essentielle qu'il importe de rappeler que les instruments européens, contrairement aux conventions internationales, se caractérisent par une absence de rapport explicatif que se doit (ou se devrait) de pallier l'existence d'un interprète authentiques – la Cour de justice de l'Union européenne –, interprète au sujet duquel il y a beaucoup à dire[11]…

Les objectifs d'accessibilité et de cohérence du droit international privé européen sont ainsi essentiels[12]. Ils emportent des conséquences

---

10 B. Oppetit, *Essai sur la codification*, Paris, PUF, 1998, p. 8 et svtes.

11 On se permettra de renvoyer à notre communication, « La Cour de justice face aux règlements de coopération judiciaire en matière civile et commerciale : quelques interrogations, dix ans après… », in *Travaux du CFDIP*, séance du 17.12.2010, à paraître.

12 Résolution du Parlement européen du 7 septembre 2010 sur la mise en œuvre et la révision du Règlement (CE) n° 44/2001 du Conseil concernant la compétence judiciaire, la reconnaissance et l'exécution des décisions en matière civile et commerciale, point 1 sur le concept général du droit international privé : le Parlement euro-

sur la structure générale du code. Certaines peuvent être mises en lumière dès maintenant. On en retiendra quatre essentielles.

En premier lieu, est posée la question du périmètre de la codification. L'objectif d'accessibilité suppose une codification aussi exhaustive que possible pour que le justiciable n'ait pas à chercher les règles applicables à différents endroits.

En deuxième lieu, convient-il d'insérer, lorsque cela est possible, une partie générale dans certaines parties spéciales du code ? En répondant positivement, nous sommes conduits à assurer une meilleure cohérence des normes. Mais cette approche emporte peut-être une moindre accessibilité des règles pour les justiciables. Où il est mesuré de manière concrète que les deux objectifs qui, comme nous l'avons dit, procèdent pour partie l'un de l'autre sont aussi, à un certain stade, susceptibles d'entrer en contradiction…

En troisième lieu, et c'est là une source d'interrogation majeure, convient-il de sortir les dispositions de leur cadre actuel afin de constituer des sous-catégories par matières (par exemple, regrouper toutes les règles spécifiques aux contrats), ou vaut-il mieux garder les dispositions dans leur contexte actuel (par exemple, conserver le regroupement des règles de conflit de juridictions du Règlement Bruxelles I) ? Par exemple, faut-il envisager de regrouper toutes les règles spécifiques au contrat énumérées dans les différents Règlements (Bruxelles I et Rome I) ou, au contraire, doit-on conserver la distinction fondatrice du Règlement Bruxelles I, et ainsi continuer à connaître la distinction fondamentale entre règles de compétence spéciale et règles de compétence particulière ? L'objectif d'accessibilité conduit à privilégier la première solution, alors que l'objectif de cohérence milite en faveur de la seconde. Il suffit en effet de rappeler que, dans le cadre du Règlement Bruxelles I, les articles 5 et suivants sont conçus comme des dérogations à l'article 2 devant faire l'objet d'une interprétation stricte, ce qui n'apparaîtra pas dans une structure fondée sur un regroupement autour de la matière contractuelle.

En quatrième et dernier lieu, quelle technique convient-il d'adopter pour les renvois d'une disposition du code à une autre ? Les renvois peuvent paraître indispensables pour créer des liens entre les différentes parties du code et, ainsi, garantir la nécessaire cohérence de l'instrument. Mais leur emploi peut rendre le code d'un accès plus difficile ce qui contrevient, au moins partiellement, à l'objectif d'accessibilité. Nul n'ignore que cette question a été au cœur des débats menés lors de la réforme récente du droit français de l'arbitrage et que le nouvel article

---

péen « *considère que l'objectif général poursuivi doit être la mise en place d'un cadre juridique à la structure cohérente et facilement accessible* ».

1506 CPC offre un exemple de solution intermédiaire, combinant à la fois les exigences de cohérence et d'accessibilité en matière d'arbitrage international.

B. La contrainte tenant à l'instabilité des règles et son impact sur la structure

Le droit international privé européen est toujours dans sa phase de construction et emporte avec lui l'image bien connue de l'inflation législative. Si ce colloque avait eu lieu, par exemple, en novembre 2010, le visage du code que nous aurions dessiné aurait été très différent. Et depuis la tenue de ce colloque, d'autres évolutions peuvent être relevées[13]. Il suffit ici de renvoyer aux différents programmes que concocte la Commission européenne (en dernier lieu le programme de La Haye) pour comprendre que la complétude éventuellement recherchée est loin d'être encore atteinte.

Par ailleurs, le caractère évolutif de la législation est un élément constitutif de la méthode législative de l'UE. L'accent est mis par les institutions européennes sur l'observation de la mise en œuvre de la législation afin d'y apporter les révisions requises sur le fondement de l'expérience acquise[14]. La clause de réexamen figurant dans tous les instruments récents témoigne de cette démarche. Chacun sait que cette clause n'est pas que de style. Si, parfois, le réexamen est un non-événement – cas du réexamen du règlement sur l'obtention des preuves en matière civile et commerciale –, parfois plutôt limité – cas du réexamen du règlement sur la signification et la notification des actes –, il peut aussi être l'occasion d'une réécriture d'ampleur – cas de la refonte du Règlement Bruxelles I.

Observons, au passage, que cette instabilité « dans le temps » peut aussi se doubler d'une instabilité « dans l'espace ». Sans développer plus avant cette question sur laquelle nous reviendrons, le mécanisme d'*opting in* peut avoir son importance. Là encore, l'hypothèse n'est pas que d'école et il suffit ici de se rappeler que la liste des États-membres liés par le Règlement Rome I a pu changer très rapidement, le Royaume-Uni ayant finalement fait le choix d'être lié par le règlement une fois ce dernier adopté (mais pas encore entré en application).

---

13 On pense par exemple aux deux propositions de règlement concernant les régimes matrimoniaux et les régimes patrimoniaux ou encore aux nouvelles versions de la proposition de règlement sur les successions.

14 Voir par exemple, la Communication, adoptée par la Commission européenne dans le cadre du programme « Mieux légiférer », le 8 octobre 2010 : « Une réglementation intelligente au sein de l'Union européenne », COM (2010), 543 final.

Il est donc clair que cette instabilité constitue donc une donnée, une contrainte dont il convient de tenir compte lors de l'élaboration de la structure du code. Là encore, il importe d'envisager les conséquences qui en découleront. Trois séries de conséquences peuvent à ce stade être mises en avant.

En premier lieu, il est souhaitable que la structure du code soit fondée sur de grandes catégories ouvertes pouvant accueillir de nouveaux instruments sans nécessiter un bouleversement de l'architecture générale. C'est ainsi que l'on pourra intégrer des questions aussi différentes, et pour s'appuyer sur l'actualité, que la circulation des actes de l'état civil, les successions, les régimes matrimoniaux ou les régimes patrimoniaux.

En deuxième lieu, toute révision ultérieure d'une règle codifiée doit elle-même être systématiquement et immédiatement intégrée dans le code (logique de codification ouverte). Les nouveaux textes, même spécifiques, ne doivent pas être laissés en dehors du code, sauf à oublier l'exigence d'accessibilité du fait du morcellement dans le temps de la matière.

En troisième et dernier lieu, et c'est à nouveau toucher du doigt la question la plus délicate de l'exercice de détermination de la structure optimale du futur code européen de droit international privé, concernant l'option entre un regroupement des règles en sous-catégories par matières et leur maintien dans le contexte normatif actuel, il convient de se demander laquelle des deux approches résiste le mieux aux révisions ultérieures. C'est alors, en définitive, rejoindre le second volet de la réflexion, les questions spéciales, la partie spéciale.

II. La structure du code : questions spéciales

Différents modèles de structure sont envisageables et méritent de faire l'objet d'une discussion. La plus-value de chaque modèle devra être évaluée par rapport à l'existant, en termes d'accessibilité pour le justiciable et de cohérence des normes entre elles. Avant d'entrer dans les particularités de chacun d'entre eux, il convient d'exposer les points qui leur sont communs.

Tout d'abord, tous les modèles proposés ici comportent une partie générale intitulée « Dispositions communes » et une dernière partie consacrée aux dispositions transitoires et finales.

Ensuite, pour tous les modèles se pose la question du préambule. Quel sort convient-il de réserver aux préambules des instruments actuels ? Le code doit-il lui-même comporter un préambule ? Un préambule s'impose si l'adoption du code passe formellement par un règlement européen[15]. Dans ce cas, il semble exclu de reproduire dans le préambule du code l'intégralité des considérants introductifs qui figurent actuellement dans les règlements existants. Ce serait trop long et ne présenterait guère d'intérêt. Une reformulation paraît nécessaire qui serait divisée, selon le schéma traditionnel, en visas et en considérants. La meilleure approche, nous semble-t-il, serait de consacrer le préambule à un exposé des grands principes du droit international privé européen : les liens avec le marché intérieur, avec l'Espace de Liberté, de Sécurité et de Justice et avec la citoyenneté européenne, le postulat de la confiance mutuelle, l'objectif d'accessibilité du droit, l'autonomie de la volonté, le principe de proximité, etc. Il reste toutefois la question de savoir ce qu'il convient de faire des éléments de motivation des instruments actuels qui ne seront pas repris. L'inconvénient de cette approche est, en effet, de ne plus disposer d'endroit où pourraient être présentées les différentes explications et précisions qui figurent actuellement dans les préambules des règlements et qui ont souvent fait l'objet de négociations politiques importantes au moment de l'adoption des textes. Bien que dépourvus de force obligatoire[16], ces considérants ne sont toutefois pas dépourvus de tout intérêt. Ils peuvent guider la pratique dans l'application des textes, dans la mesure où les règlements, à la différence des conventions internationales adoptées dans le cadre de la Conférence de La Haye, ne sont pas accompagnés d'un rapport explicatif.

Pour tous les modèles se pose également la question du sort des annexes qui accompagnent les instruments européens actuels, et qui contiennent notamment les formulaires indispensables au fonctionnement de certains règlements. L'objectif d'accessibilité du droit suppose que ces annexes soient également intégrées dans le code. On pourrait les reproduire ensemble, à la fin du code, en les classant selon le même plan que la partie normative du code. Le code se composerait ainsi d'une partie normative, reproduisant le dispositif des différents instruments codifiés, et d'une partie contenant les annexes.

Enfin, concernant la numérotation des articles du code, il pourrait être intéressant de s'inspirer de la technique adoptée par le législateur français dans les codifications nationales récentes. Cette numérotation possède, à première vue, un caractère déroutant et difficile à manier, mais elle présente l'avantage de permettre des révisions ultérieures et notamment d'insérer de nouvelles dispositions dans le code, sans boule-

---

15 Voir les *Règles de technique législative à l'usage de la Commission*, point 5.1, http://ec.europa.eu/governance/better_regulation/documents/guide_de_la_comm_pour_la_redaction_fr.pdf.

16 Voir sur la valeur des préambules, à propos du Règlement Rome I, S. Lemaire, « Interrogations sur la portée juridique du préambule du Règlement Rome I », *Recueil Dalloz*, 2008, p. 2157.

verser l'intégralité de la numérotation. Le « Guide de Légistique » figurant sur le site officiel du droit français *Legifrance* recommande une division habituelle des codes en livres, titres, chapitres, etc., qui ne doit pas dépasser neuf, en raison de la numérotation décimale[17]. En effet, l'organisation du code commande la numérotation des articles : par exemple, un article figurant dans le chapitre III du titre II du livre Ier portera un numéro commençant par 123, chaque chiffre correspondant à une subdivision, suivi éventuellement d'un tiret et d'une numérotation séquentielle. Ainsi, la quatrième disposition au sein de ce chapitre III portera le numéro 1234 ou 123-4[18].

Au-delà de ces quelques orientations générales, la structure du code soulève un certain nombre de questions spéciales qui concernent, d'une part, la partie générale du code, et d'autre part, ses parties spéciales.

A. Questions spéciales sur la partie générale

Dans la mesure où il paraît aujourd'hui prématuré de parler d'une « théorie générale » du droit international privé européen, il semble préférable d'intituler cette première partie du code plus modestement « Dispositions communes », à l'instar de certaines codifications nationales[19]. À cet égard, nous préférons l'expression « dispositions communes » à celle de « dispositions générales », employée notamment dans les codifications belge et québécoise ainsi que dans le projet néerlandais, parce qu'elle exprime plus clairement l'idée d'une application combinée des règles des parties spéciales avec celles de la partie générale.

Bien entendu, la structure intérieure de la partie générale dépend des éléments qui y seront placés[20]. Si l'on retient une approche minimaliste, à droit constant, cette partie générale pourrait être divisée en deux chapitres regroupant les quelques règles qui sont totalement communes à tous les instruments existants, d'une part, sur le terrain des conflits de juridictions et, d'autre part, sur le terrain des conflits de lois. En ce qui concerne les règles de conflits de juridictions du Règlement Bruxelles I, il convient de tenir compte de la proposition de la Commission européenne d'étendre le règlement aux situations externes[21]. Cette réforme

---

17 *Guide de Légistique*, point 1.4.2, disponible sur : http://www.legifrance.gouv.fr.

18 Pour cette technique de numérotation, voir aussi, *infra*, P. Lagarde.

19 Voir notamment la Loi fédérale suisse sur le droit international privé.

20 Voir notamment C. Heinze, « Bausteine eines Allgemeinen Teils des europäischen Internationalen Privatrechts », in *Die richtige Ordnung, Mélanges J. Kropholler*, Tübingen, Mohr Siebeck, 2008, p. 105 ; H. J. Sonnenberger, « Randbemerkungen zum Allgemeinen Teil eines europäisierten IPR », in *Die richtige Ordnung, Mélanges J. Kropholler, op. cit.*, p. 227.

21 Proposition de la Commission du 14 décembre 2010, COM (2010), 748 final.

impliquera un bouleversement qui se traduira inévitablement sur le terrain de la structure du code. Il sera nécessaire de distinguer clairement les situations internes des situations externes, en particulier sur le terrain des règles de compétence et de litispendance, ainsi qu'éventuellement sur celui de la reconnaissance et d'exécution des décisions. Il nous semble que, compte tenu de l'état actuel de la proposition, ne pourront figurer dans la partie générale que les règles régissant les situations internes. Les principes spécifiques aux relations externes devront être insérés dans le titre consacré aux obligations et aux biens.

Dans une approche minimaliste, à droit constant, la première partie pourrait se présenter, par exemple, ainsi :

Partie 1 : Dispositions communes
<u>Chapitre 1 : Compétence judiciaire et reconnaissance des décisions étrangères</u>
Demandes reconventionnelles
Litispendance
Connexité
Date de saisine d'une juridiction
Vérification de la compétence (assortie éventuellement de dérogations dans les parties spéciales)
Vérification de la recevabilité lorsque le défendeur ne comparaît pas
Reconnaissance de plein droit des décisions prononcées dans un autre État-membre
Interdiction de la révision au fond
<u>Chapitre 2 : Loi applicable</u>
Caractère universel de la règle de conflit de lois
Exclusion du renvoi (assortie le cas échéant de dérogations dans les parties spéciales, voir not. article 7 du Règlement Rome I)
Exception d'ordre public
Systèmes non unifiés

Si l'on retient, au contraire, une approche plus ambitieuse, qui implique une mise en cohérence de l'acquis ainsi que quelques modifications sur le fond afin d'harmoniser certaines règles éparpillées portant sur une même question, cette première partie pourrait être beaucoup plus développée et se présenter, par exemple, ainsi :

Partie 1 : Dispositions communes
CHAPITRE 1 : DÉFINITIONS
Il est possible de regrouper ici certaines des définitions données dans les différents instruments. Toutefois, deux éléments doivent être pris en considération. D'une part, certaines définitions méritent de figurer plutôt dans les parties spéciales. D'autre part, il est important de laisser une certaine marge de manœuvre aux juges lors de l'application des règles et il peut ainsi être préférable de ne pas codifier certaines notions, notamment lorsqu'elles correspondent à des catégories de rattachement.

Section 1 : Définitions générales

État-membre (si rien de spécifique n'est prévu)
État-membre participant
État-membre d'origine
État-membre d'exécution
Juridiction
Juge
Décision
Transaction
Acte authentique
.../...

Section 2 : Domicile, résidence habituelle, nationalité (principaux critères utilisés par les règles de conflit de lois et de juridictions)

Domicile

Personnes physiques
Personnes morales

Résidence habituelle

Personnes physiques

Personnes agissant dans le cadre de leur activité professionnelle
Personnes agissant en dehors du cadre de leur activité professionnelle

Personnes morales

Nationalité

Pour la détermination de la nationalité d'une personne : renvoi aux droits nationaux

Pour les cas de double nationalité : codification sur la base de la jurisprudence de la CJUE

Chapitre 2 : Rapports de systèmes

Section 1 : Droit de l'Union européenne

Rapports avec les traités et le droit dérivé (il n'est pas sûr que ce soit nécessaire, ni utile)

Énoncé de principes propres à l'ordre juridique de l'UE (voir notamment la question de la codification d'une clause générale de reconnaissance mutuelle, ou d'une exception de reconnaissance mutuelle)

Section 2 : Conventions internationales

Section 3 : Droits nationaux des États-membres

Compétences résiduelles

Il est envisageable de prévoir ici une règle générale de renvoi aux dispositions nationales (avec une assimilation des ressortissants des États-membres résidant habituellement dans un autre État-membre aux nationaux de ce dernier). Il serait alors nécessaire de compléter cette disposition générale par des dérogations dans les parties spéciales, notamment en matière de successions (article 6 de la proposition de règlement), en matière d'obligations alimentaires (article 6), ainsi que dans le cadre de la future révision du Règlement Bruxelles I.

Il serait également envisageable d'adopter l'approche inverse : exclure dans la partie générale l'application des droits nationaux et y déroger ponctuellement dans les parties spéciales.

Autonomie procédurale

CHAPITRE 3 : COMPÉTENCE JUDICIAIRE ET PROCÉDURE

Il a été suggéré d'ordonner les règles de compétence et de procédure selon un schéma procédural national, en commençant par les principes fondamentaux, puis en exposant les règles de compétence, les règles relatives à l'action et aux modes alternatifs de règlement des conflits, celles relatives au commencement de la procédure, celles relatives à l'instance, celles relatives au jugement, en terminant avec les règles relatives aux voies d'exécution[22]. L'approche est très ambitieuse et suppose un important travail de mise en cohérence de l'acquis. Par ailleurs, compte tenu du principe de l'autonomie procédurale des États-membres, elle risque de donner une image trompeuse de l'état du droit, même si ce principe tend à se vider progressivement de son contenu. En effet, bien que le droit européen de la procédure se développe rapidement, il reste parcellaire. Pour l'ensemble de ces éléments, il peut paraître préférable d'ordonner les règles européennes selon une distinction plus simple entre la compétence et la procédure.

<u>Section 1 : Compétence</u>

Compétences dérivées (au moins la compétence pour les demandes reconventionnelles, voir article 6-3° du Règlement Bruxelles I ; article 4 du Règlement Bruxelles II*bis* en matière de divorce ; article 7 de la proposition de règlement sur les successions)

Litispendance

Connexité

Date de saisine d'une juridiction

Mesures provisoires et conservatoires

Vérification de la compétence (éventuellement assorti de dérogations dans les parties spéciales)

Vérification de la recevabilité lorsque le défendeur ne comparaît pas

<u>Section 2 : Procédure</u>

Signification et notification des actes. Il serait souhaitable d'entreprendre un travail de mise en cohérence, c'est-à-dire de regrouper et d'harmoniser ici toutes les règles existant en la matière et de supprimer les règles spécifiques qui figurent actuellement dans différents règlements[23].

Règles communes sur les frais de procédure, la légalisation des documents, et sur la traduction

Obtention des preuves

CHAPITRE 4 : LOI APPLICABLE

Caractère universel de la règle de conflit de lois

Qualification (méthode de la qualification autonome)

Exception d'ordre public

Lois de police

---

22 Voir la proposition de E. Jeuland, « Les lacunes du droit judiciaire européen », in A.-M. Leroyer, E. Jeuland (dir.), *Quelle cohérence pour l'espace judiciaire européen ?*, Paris, Dalloz, 2004, p. 105.

23 É. Pataut, « Notifications internationales et Règlement Bruxelles I », in *Mélanges en l'honneur d'Hélène Gaudemet-Tallon. Vers de nouveaux équilibres entre ordres juridiques*, Paris, Dalloz, 2008, p. 377 ; F. Cornette, « La notification des actes à l'étranger : l'état du droit communautaire » ; *Gaz. Pal.*, 52, 21.2.2009, p. 11.

Exclusion du renvoi (assortie de dérogations dans les parties spéciales. V. not. article 7 du Règlement Rome I)
Systèmes non unifiés
Certaines codifications nationales, comme la codification suisse[24], la codification belge[25] ou encore le projet néerlandais[26], font figurer ici également la clause d'exception. Or, il nous semble préférable de la placer plutôt dans le titre relatif aux « Obligations et biens » dans la mesure où, en droit international privé européen, cette clause ne joue ni en matière d'insolvabilité, ni en matière de divorce, de responsabilité parentale ou de successions.
CHAPITRE 5 : RECONNAISSANCE DES DÉCISIONS ÉTRANGÈRES
Reconnaissance de plein droit des décisions prononcées dans un autre État-membre
Interdiction de la révision au fond
Sur le terrain de l'exequatur, les solutions adoptées par les règlements existants et les propositions de règlements actuellement en discussion sont pour l'instant trop divergentes pour pouvoir faire l'objet d'une règle commune. Peut-être dans quelques années, si le processus de suppression progressive de l'exequatur se poursuit, il deviendra envisageable de poser dans la partie générale du code le principe, selon lequel un jugement rendu dans un État-membre est exécutoire dans les autres États-membres sans nécessiter une déclaration constatant sa force exécutoire, qu'il conviendrait le cas échéant d'assortir de dérogations dans les parties spéciales.

B. Questions spéciales sur la partie spéciale

Concernant l'agencement des matières spéciales, l'on peut, tout d'abord, se demander s'il est possible de s'inspirer de la structure de certaines codifications nationales ou de certains ouvrages doctrinaux. À cet égard, une codification européenne présente deux particularités. D'un côté, il existe ici un acquis, dont il convient de tenir compte. Il semble ainsi difficile d'adopter une structure qui ignore l'actuel regroupement des matières au sein des règlements existants. De l'autre côté, cet acquis européen n'est que partiel : il ne couvre pas la totalité des matières composant le droit international privé, à la différence des codifications nationales et des ouvrages doctrinaux. En particulier, aucune disposition européenne n'est consacrée à la filiation, et il existe seulement quelques règles isolées dans le domaine du statut personnel, du statut réel ou encore en matière de mariage. Dans la mesure où ces vides ne seront certainement pas comblés lors d'une codification, le code aura nécessairement une structure originale. Le droit des biens constitue, à cet égard, un bon exemple. Il existe ici un acquis, que l'on trouve notamment dans le Règlement Bruxelles I, avec les compétences

[24] Art. 15 de la Loi fédérale sur le droit international privé.
[25] Art. 18 du Code belge de droit international privé.
[26] Art. 8 du projet de Livre 10 du Code civil néerlandais.

exclusives relatives aux immeubles[27] et à la propriété intellectuelle[28], et dans le règlement sur les procédures d'insolvabilité[29]. En revanche, cet acquis ne couvre pas toutes les questions que les biens soulèvent en droit international privé. Il ne semble pas opportun de sortir ces dispositions isolées de leur contexte actuel pour consacrer un chapitre spécifique du code au droit des biens. Les modèles nationaux de codification ne peuvent donc pas être transposés ici. Mieux vaut conserver dans ce domaine l'agencement actuel des matières.

Sur le terrain de la codification de l'acquis, une option se présente entre, d'une part, une pure compilation des textes existants et, d'autre part, une restructuration de l'acquis en vue d'un agencement ordonné. Une simple compilation des textes existants, lesquels seraient amputés uniquement des dispositions communes qui seraient placées dans la partie générale, présenterait l'avantage de la simplicité. Le processus institutionnel d'adoption du code s'en trouverait facilité, ce qui constitue un avantage non négligeable au regard de la faisabilité politique du projet. De plus, les difficultés qui pourraient surgir si des dispositions étaient sorties de leur contexte normatif initial, seraient évitées et la cohérence d'ensemble des textes actuels serait sauvegardée. Par exemple, les règles des articles 5 et suivants du Règlement Bruxelles I se comprennent comme des dérogations à l'article 2 et doivent faire l'objet d'une interprétation stricte selon une jurisprudence constante de la Cour de justice. Si ces dispositions étaient insérées dans différents chapitres du code, le lien de principe à exception pourrait être perdu de vue. Le maintien de l'intégrité des ensembles normatifs semble donc souhaitable. En revanche, un tel maintien ne permettrait d'assurer aucune cohérence entre les dispositions régissant, de façon divergente, une même question dans des matières différentes. On peut penser notamment à l'exemple des significations et notifications d'actes dont le régime mériterait un très important travail de clarification[30]. Le vœu du Parlement européen que « *tous les concepts et exigences concernant les mêmes règles dans les différentes matières [soient] unifiés et harmonisés* »[31] ne serait donc pas exaucé.

Quelle que soit l'option retenue – simple compilation ou restructuration –, il semble opportun de retenir une partition des matières spéciales

---

27 Art. 22-1° du Règlement Bruxelles I.

28 Art. 22-4° du Règlement Bruxelles I.

29 Le règlement traite non seulement du patrimoine du débiteur, considéré dans son universalité, mais comporte également des dispositions spécifiques relatives à certains droits réels (voir par exemple art. 5, 7, 11 ou encore 14).

30 Voir les auteurs précités *supra* note 23.

31 Voir Résolution du Parlement européen du 7 septembre 2010 précité, point 1.

en deux grands blocs : d'un côté, les règles relatives aux obligations, biens et entreprises et, de l'autre, les règles relatives aux personnes et aux familles. En effet, sur le fondement de l'histoire des Conventions de Bruxelles et de Rome, le droit international privé européen s'est construit d'abord autour de la matière civile et commerciale, au sens des Règlements Bruxelles I, Rome I et Rome II, dont peut être rapproché aujourd'hui le Règlement « insolvabilité » qui renvoie partiellement au Règlement Bruxelles I. Le précédent colloque de Toulouse a montré que la matière civile et commerciale constitue le socle du droit international privé européen[32]. Il nous paraît souhaitable de conserver ce bloc comme catégorie apparente dans le code. Par ailleurs, c'est ici que le lien avec le fonctionnement du marché intérieur est le plus présent, ce qui donne à cet ensemble une certaine cohérence, par rapport aux règles relatives aux personnes et aux familles qui sont davantage liées à la citoyenneté européenne. En outre, l'avantage de telles catégories très générales est de faciliter une intégration ultérieure de nouvelles matières. En effet, une structure fondée sur une division plus précise des matières spéciales, à l'image de certaines codifications nationales, risque de conduire à des bouleversements plus importants de l'architecture globale en cas de révision ultérieure du code. À titre d'illustration, on peut prendre cet exemple, construit selon les modèles nationaux[33] :

Partie 1 : Dispositions communes

Partie 2 : Familles (responsabilité parentale, divorce, régimes matrimoniaux au sens large)

Partie 3 : Obligations alimentaires

Partie 4 : Successions

Partie 5 : Obligations et biens

Partie 6 : Personnes morales

Partie 7 : Procédures d'insolvabilité

Partie 8 : Dispositions transitoires et finales

Une telle structure nous paraît moins adaptée à une codification européenne, puisqu'il serait plus difficile d'y insérer à l'avenir de nouvelles matières, comme par exemple la matière de l'état civil qui est

---

32 M. Fallon, P. Lagarde, S. Poillot-Peruzzetto (dir.), *La matière civile et commerciale, socle d'un code européen de droit international privé ?*, *op. cit.*

33 Lorsqu'on examine la structure fondée sur un enchaînement plus précis des matières spéciales, on est amené à s'interroger aussi sur l'ordre de présentation des matières spéciales. Les modèles nationaux débutent avec les personnes physiques pour terminer avec les aspects concernant les activités économiques. En raison des compétences législatives de l'UE, la construction du droit international privé européen s'est faite en sens inverse. De plus, les personnes et la famille ne font l'objet aujourd'hui que d'une réglementation parcellaire. Cette donnée pourrait conduire à une inversion de l'ordre traditionnel de présentation des matières spéciales.

actuellement en discussion[34]. En effet, l'insertion d'une partie sur le statut personnel risque de tout décaler. Un agencement en deux grands blocs nous semble donc préférable.

1. Obligations, biens et entreprises

Une première possibilité serait d'adopter, dans cette deuxième partie du code, une structure fondée sur la distinction entre conflits de juridictions et conflits de lois. Le plan conviendrait bien pour l'actuel triptyque Bruxelles I – Rome I – Rome II. En revanche, il conviendrait beaucoup moins bien aux procédures d'insolvabilité. Le Règlement n° 1346/2000 contient notamment des dispositions matérielles pour lesquelles il pourrait s'avérer difficile de trouver une place adéquate dans une telle structure. Pour cette raison, il nous semble préférable d'adopter une séparation entre, d'une part, les obligations et les biens, et d'autre part, les entreprises.

Concernant, tout d'abord, le titre relatif aux obligations et aux biens, il serait possible de retenir la distinction entre les conflits de juridictions et les conflits de lois. Une telle structure présenterait l'avantage de rester très proche de l'agencement actuel et de conserver ainsi la cohérence interne des Règlements Bruxelles I, Rome I et Rome II. Elle pourrait se présenter ainsi :

Partie 2 : Obligations, biens et entreprises
Titre 1 : Obligations et biens
CHAPITRE 1 : CHAMP D'APPLICATION
CHAPITRE 2 : COMPÉTENCE JUDICIAIRE, PROCÉDURE, RECONNAISSANCE ET EXÉCUTION DES DÉCISIONS ÉTRANGÈRES
Règlement Bruxelles I
Règlement petits litiges
Règlement injonction de payer
Règlement titre exécutoire européen
CHAPITRE 3 : LOI APPLICABLE
Section 1 : Loi applicable aux obligations contractuelles
Règlement Rome I
Section 2 : Loi applicable aux obligations non contractuelles
Règlement Rome II
Titre 2 : Entreprises
...

Une autre possibilité serait de diviser le titre sur les obligations et les biens en une partie générale et des parties spéciales par matières. À notre avis, la matière civile et commerciale, entendu comme défini *supra*, non seulement constitue le socle du droit international privé

[34] Voir le Livre vert de la Commission européenne du 14 décembre 2010, COM (2010), 747 final.

européen, mais doit également constituer le socle de la codification. Pour cette raison, nous pensons que les dispositions communes à ces trois règlements méritent, en grande partie, d'être généralisées et d'être placées dans la partie générale du code (voir *supra*). En fonction de l'ampleur que prendrait une telle généralisation, le nombre de dispositions à placer dans le titre sur les obligations et les biens pourrait être plus ou moins important. Si l'essentiel des dispositions communes du triptyque Bruxelles I – Rome I – Rome II n'est pas placé dans la partie générale du code, il nous paraît souhaitable de diviser le titre sur les obligations et les biens en deux parties : d'un côté, les dispositions communes et, de l'autre, les dispositions spécifiques aux différentes matières composant ce bloc. Cela permettrait de faire ressortir la base commune sur laquelle repose ce bloc. Il y aurait donc une partie générale dans cette partie spéciale, suivie d'une partie spéciale qui serait ordonnée par matières constituant des sous-catégories, regroupant pour chacune les règles de conflits de juridictions et de conflits de lois. La structure pourrait alors se présenter, par exemple, ainsi :

Partie 2 : Obligations, biens et entreprises

Titre 1 : Obligations et biens

CHAPITRE 1 : DISPOSITIONS COMMUNES (dans l'hypothèse où ces dispositions ne seraient pas placées dans la première partie du code consacrée aux dispositions communes).

Section 1 : Champ d'application

A. Champ d'application *ratione materiae*
   Reprendre ici les articles des Règlements Bruxelles I, Rome I, Rome II
   Clarifier quelques questions de frontière avec d'autres matières, comme par exemple la frontière entre les obligations contractuelles et les successions (notamment au sujet des libéralités et du rapport des libéralités) ou encore la frontière entre les obligations contractuelles, les régimes matrimoniaux et les successions (notamment au sujet des donations entre époux), …
B. Relations avec les autres instruments (il pourrait s'agir d'un doublon avec d'autres parties du code) : Conventions de La Haye, Convention de Lugano, etc. Convient-il de codifier un article de renvoi à ces conventions pour les relations qui sont à définir dans le code ?

Section 2 : Compétence judiciaire

Les dispositions du Règlement Bruxelles I communes aux obligations et aux biens

   Articles 2 et 3, avenir de l'article 4 ? / proposition d'extension aux situations externes
   Compétences dérivées : articles 6-1°, 6-2°, 65 (l'article 6-3° devrait être placé dans la partie générale du code ; faut-il séparer l'article 6-4° pour le placer avec les obligations contractuelles ?)
   5-5 (contestation relative à l'exploitation d'une succursale, agence ou autre établissement)

22 (compétences exclusives)[35]
24 (comparution volontaire)
Proposition d'une règle de litispendance spécifique aux situations externes
Proposition d'une compétence subsidiaire fondée sur la situation des biens
Proposition d'un *forum necessitatis*

Section 3 : Loi applicable

Choix de loi (expression du choix, modalités du choix, limites du choix dans les situations purement internes ou purement intra-européennes : article 14 du Règlement Rome II et article 3 du Règlement Rome I)
Clause d'exception
Quelques questions relevant du régime des obligations : pluralité de responsables, subrogation légale, compensation légale, preuve des obligations (présomptions légales et modes de preuve : cette question pourrait éventuellement être remontée dans la partie générale du code)

Section 4 : Procédure[36]*, reconnaissance et exécution des décisions étrangères*

Règles sur la reconnaissance et l'exécution figurant dans Bruxelles I
Petits litiges
Injonctions de payer
Titre exécutoire européen

CHAPITRE 2 : OBLIGATIONS CONTRACTUELLES

Section 1 : Champ d'application[37]

Section 2 : Contrats en général

A) Tribunal compétent
1. Rappel de l'article 2 du Règlement Bruxelles I, puis option de compétence de l'article 5-1°
2. Option de l'article 6-4, si jonction de la demande à une action en matière de droits réels immobiliers
3. Article 23 du Règlement Bruxelles I

B) Loi applicable

---

35 L'emplacement des compétences exclusives dans ce premier chapitre n'est pas idéal, mais il n'y a pas non plus de meilleure place pour elles dans les chapitres suivants. Par ailleurs, l'on peut se demander ici s'il convient de codifier également les règles de compétence qui figurent dans les règlements spécifiques en matière d'obtentions végétales (Règlement n° 2100/94), de marques communautaires (Règlement n° 40/94) ou encore de dessins et modèles (Règlement n° 6/2002). Sur ces dispositions, voir not. M. Bogdan, *Concise Introduction to EU Private International Law*, Groningen, Europa Law Publishing, 2006 ; É. Pataut, « L'espace judiciaire européen : un espace cohérent ? », in A.-M. Leroyer, E. Jeuland (dir.), *Quelle cohérence pour l'espace judiciaire européen ?*, Paris, Dalloz, 2004. 31.

36 Pour respecter la chronologie du procès, on pourrait être tenté de placer la procédure avec la compétence, avant d'exposer les règles sur la loi applicable. Toutefois, pour les règlements sur les petits litiges et l'injonction de payer européenne, une telle structure impliquerait de découper ces instruments en deux parties, puisqu'ils comportent à la fois des règles de procédure et des règles de reconnaissance et exécution. Or, il nous semble préférable de conserver leur unité.

37 Il serait souhaitable de clarifier certaines difficultés de qualification qui sont apparues dans la pratique concernant, par exemple, la *culpa in contrahendo* ou les restitutions après l'annulation d'un contrat.

1. Rappel de l'autonomie de la volonté
2. Loi applicable en l'absence de choix
3. Contrats de transport
4. Domaine de la loi applicable (y compris incapacité, consentement et validité au fond)
5. Forme des actes
6. Cession de créance, subrogation conventionnelle

Section 3 : Contrats spéciaux

A) Trust : article 5-6° du Règlement Bruxelles I (option à l'article 2) (ou à placer plutôt complètement à part ?)

B) Contrats d'assurance
   1. Tribunal compétent
   2. Loi applicable

C) Contrats de consommation
   1. Tribunal compétent
   2. Loi applicable

D) Contrat de travail
   1. Tribunal compétent
      a- Règlement Bruxelles I
      b- Directive n° 96/71, article 6
   2. Loi applicable
      a- Rome I
      b- Directive n° 96/71, article 3

CHAPITRE 3 : OBLIGATIONS NON CONTRACTUELLES

Section 1 : Champ d'application

Section2 : Tribunal compétent et reconnaissance des décisions étrangères

Rappel de l'article 2 du Règlement Bruxelles I, puis les options des articles 5-3 et 5-4

Action directe de la victime contre l'assureur

Article 61 du Règlement Bruxelles I

Section3 : Loi applicable

Rappel de l'autonomie de la volonté

Loi applicable en l'absence de choix

Délits et quasi-contrats spéciaux

Règles de sécurité et de comportement

Action directe de la victime contre l'assureur

Validité formelle d'un acte juridique unilatéral

Domaine de la loi applicable

CHAPITRE 4 : MATIÈRE MARITIME

Rappel de l'article 2 du Règlement Bruxelles I,
puis les options des articles 5-7 et 7
Article 64

Titre 2 : Entreprises

…

Ce type de structure pourrait permettre une approche horizontale très fine qui regrouperait systématiquement les règles de compétence et de loi applicable sur une même question précisément identifiée. Prenons un exemple. Au sein des obligations contractuelles, il y aurait une section sur les contrats en général et une section sur les contrats spéciaux. Au sein de cette dernière figureraient les dispositions relatives au contrat de travail. Il serait possible de regrouper ici les règles de compétence judiciaire, issues du Règlement Bruxelles I, et les règles sur la loi applicable posées par le Règlement Rome I. Dans un souci d'accessibilité du droit, il pourrait être souhaitable de faire figurer ici en outre les règles spécifiques relatives à la compétence et à la loi applicable posées par la directive n° 96/71 sur le détachement de travailleurs dans le cadre d'une prestation de services. En effet, ces dernières dérogent aux principes posés par les Règlements Bruxelles I et Rome I, afin d'assurer l'application du noyau dur de règles impératives de protection de l'État du lieu de détachement. L'absence de codification de ces dernières risquerait d'induire l'utilisateur du code en erreur.

En termes d'accessibilité, ce modèle de structure paraît *a priori* très séduisant. Toutefois, il comporte aussi des inconvénients. Il impliquerait de découper complètement les instruments existants. Il n'est pas sûr que cela facilite, pour l'utilisateur du code, la vue d'ensemble des règles applicables. Des renvois d'une disposition à une autre seront nécessaires pour assurer la cohérence d'ensemble, ce qui rend le code d'un maniement difficile. De plus, certaines dispositions se retrouveraient isolées et difficiles à intégrer. Tel est notamment le cas de l'option de compétence posée par le Règlement Bruxelles I en matière de trust ou encore des quelques articles relatifs à la matière maritime. Le modèle précédent, fondé sur la distinction entre les conflits de lois et de juridictions, nous paraît préférable, surtout si l'on parvient à déplacer les règles communes dans la 1re partie du code. En effet, la meilleure solution, selon nous, est de faire un réel effort d'uniformisation sur le terrain des règles communes et de codifier ensuite les instruments actuels dans le cadre d'un plan thématique, sans découpage des règlements en différents éléments.

Concernant le titre relatif aux entreprises, il pourrait contenir, tout d'abord, les règles sur les procédures d'insolvabilité. Ensuite, il se pose ici la question de la codification de l'acquis européen, législatif et jurisprudentiel, en matière de personnes morales. On peut penser notamment aux principes fondés sur la reconnaissance mutuelle en matière de transfert de siège, d'exploitation d'une succursale, et aux règles relatives aux fusions et scissions transfrontières. Certes, une codification de la jurisprudence de la Cour de justice relative aux personnes morales semble particulièrement difficile, mais il ne serait pas satisfaisant de faire l'impasse sur cette matière simplement parce qu'elle est une matière problématique[38]. Le *Deutscher Rat für Internationales Privatrecht*

---

[38] Voir pour une réflexion sur la méthode consistant à ne légiférer que sur les possibles, M. Fallon, « Les conditions d'un code européen de droit international privé », in *La*

a élaboré une proposition très ambitieuse dont il est possible de s'inspirer, sans nécessairement aller aussi loin dans la codification[39].

En revanche, il ne semble pas indiqué de placer ici également les règles du Règlement Bruxelles I relatives aux personnes morales. Un simple renvoi à ces dispositions semble préférable, pour éviter de sortir des dispositions isolées de leur contexte normatif.

Partie 2 : Obligations, biens et entreprises
<u>Titre 2 : Entreprises</u>
CHAPITRE 1 : PROCÉDURES D'INSOLVABILITÉ

Règlement insolvabilité

Il serait souhaitable de régler ici le sort des demandes qui se situent à cheval entre le règlement insolvabilité et le Règlement Bruxelles I[40].

Convient-il de codifier les règles issues des directives n° 2001/2017 et 2001/1924 relatives aux entreprises d'assurance et établissements de crédit ?

CHAPITRE 2 : PERSONNES MORALES

Loi applicable
Domaine de la loi
Transfert de siège
Exploitation de succursales
Fusion transfrontière
Scission transfrontière

Bien entendu, l'ensemble de ces pistes méritent d'être vérifiées et approfondies. De notre part, il s'agissait simplement d'ouvrir la réflexion et de proposer de premiers éléments à la discussion.

Il convient maintenant d'examiner l'autre grand bloc de matières spéciales, les personnes et la famille, qui soulève, lui aussi, d'importantes interrogations sur le terrain de la structure.

2. *Personnes et familles*

Le second bloc est donc construit autour de ce qu'il convient de désigner par le vocable « personnes et famille ». Ce bloc emporte différentes questions qui lui sont propres et constitue, dès lors, probablement le terrain où la construction de la structure est la plus délicate, ne serait-ce que parce que la frontière avec le droit substantiel est perçue comme davantage perméable. Au surplus, comme nous le verrons ultérieurement, l'incomplétude de ce bloc est manifeste et impose de prendre parti

---

matière civile et commerciale, socle d'un code européen de droit international privé ?, *op. cit.*, spécialement p. 26.

39 H.J. Sonnenberger, F. Bauer, « Proposition du Deutscher Rat für Internationales Privatrecht en vue de l'adoption d'une réglementation du droit international des sociétés au niveau européen/national », *Rev. Crit. dip.*, 2006, p. 712.

40 V.S. Bariatti, « Filling in the gaps of EC conflicts of laws instruments : the case of jurisdiction over actions related to insolvency proceedings », in *Mélanges Fausto Pocar*, Milan, Giuffrè, 2009, p. 23.

résolument sur la question d'une codification « compilation » ou non. Quatre questions essentielles retiennent alors l'attention dont les réponses apportées – ou susceptibles d'être apportées – commandent la structure.

Une première question – si ce n'est préalable au sens du droit international privé – est celle de savoir comment comprendre cette catégorie. Doit-on s'attacher à une définition stricte s'appuyant sur le traité lui-même et les conséquences tirées en termes de droit dérivé ou doit-on aller au-delà ? Chacun sait que le droit de la famille est « isolé » dans l'ELSJ avec un statut « législatif » propre, fondé sur l'unanimité. Nul n'ignore que certains instruments n'ont pas été rattachés au droit de la famille pour lever l'obstacle de l'unanimité (cas par exemple de la proposition de règlement succession). Tel n'est pas, en revanche, le cas de la proposition de règlement sur les régimes matrimoniaux. L'accessibilité invoquée en première partie commande de dépasser probablement ce strict aspect institutionnel. On en veut pour preuve que la recherche de cohérence qui a animé le « législateur » européen lui-même l'a déjà amené à ne pas surévaluer cette distinction purement institutionnelle dans un souci de bonne articulation des instruments entre eux. Par exemple, la toute nouvelle proposition de règlement sur les régimes matrimoniaux opère à de nombreuses occasions des liens avec la proposition de règlement succession ou encore le Règlement Bruxelles II*bis*. Il convient donc de retenir une approche accueillante du bloc « personnes et famille ».

<u>Titre 1 : Matière matrimoniale et responsabilité parentale</u>
CHAPITRE 1 : COMPÉTENCE JUDICIAIRE, RECONNAISSANCE ET EXÉCUTION DES DÉCISIONS ÉTRANGÈRES
Règlement Bruxelles II bis
Règlement régimes matrimoniaux
Règlement régimes patrimoniaux
CHAPITRE 2 : LOI APPLICABLE
Section 1 : Loi applicable au divorce
Règlement Rome III
Section 2 : Loi applicable au régime matrimonial
Règlement régimes matrimoniaux
Section 3 : Loi applicable au régime patrimonial
Règlement régimes patrimoniaux
<u>Titre 2 : Obligations alimentaires</u>
Règlement 4/2009
<u>Titre 3 : Successions</u>
Règlement successions

Une deuxième question est celle de la prise en compte d'une originalité toujours de nature institutionnelle : le recours à la coopération renforcée qu'illustre le Règlement Rome III. Comment préciser le champ d'application du Règlement Rome III. Doit-on purement et simplement exclure ces dispositions du futur code européen de droit international privé européen car ne concernant pas l'ensemble des États-membres de l'Union européenne ? Si nous décidons de l'inclure, doit-on privilégier un énoncé *a priori* de la restriction, sachant qu'il est susceptible d'évoluer dans le temps, comme ce fût en son temps le cas pour le Règlement Rome I ? Doit-on envisager un renvoi aux dispositions d'un éventuel préambule ou, à l'inverse, à des dispositions finales ? Il nous apparaît que l'inclusion d'un tel instrument de coopération renforcée s'impose comme s'impose le fait que l'on prenne en compte le double « couloir » du règlement sur les obligations alimentaires. En termes d'accessibilité, il apparaît qu'il y aurait davantage d'inconvénients pour le « public » à exclure le Règlement Rome III qu'à l'inclure. Et comme nous l'avions suggéré dans les réflexions relatives à la partie générale, si nous retenons que l'exercice attendu est plus proche d'une œuvre internationale (la convention) que d'une œuvre nationale (le code napoléonien), une leçon de la pratique doit être retenue : celles des réserves. Dans une logique assez proche des réserves que les États parties peuvent déclarées à la faveur d'une convention internationale, la coopération renforcée doit être vue comme une simple précision du champ d'application spatiale du code européen de droit international privé.

Une troisième question est celle d'une matière tributaire de la méthode des « petits pas » avec une succession d'instruments globaux, c'est-à-dire unissant règles de conflit de lois et règles de conflit de juridiction. Tel est le style législatif inauguré avec le règlement relatif aux obligations alimentaires et retenu depuis par les propositions de règlement successions, régimes matrimoniaux, régimes patrimoniaux. Il n'existe pas ou peu de dispositions générales à cette partie « très spéciale ». La cohérence recherchée de chacun des instruments globaux fait-elle une cohérence globale de la partie « personnes et familles » ? La question mérite d'être posée. Elle peut être illustrée, en ce sens, par celle – amplement débattue – du critère de rattachement *a priori* commun qu'est la résidence habituelle. Si le terme est bien commun, recouvre-t-il un contenu commun ? Rien n'est moins certain en l'état actuel du développement de la matière et nombreux sont ceux qui soutiennent que cette résidence habituelle suppose peut-être davantage une approche fonctionnelle instrument par instrument. En tout état de cause, nous ne pouvons ignorer que c'est le message que semble vouloir délivrer la CJUE dans quelques arrêts récents prononcés à propos du Règlement Bruxelles II*bis*. En effet, la Cour distingue nettement la résidence habituelle des époux dans le cadre du divorce et la résidence habituelle des enfants dans le cadre de la responsabilité parentale, appréhendant la première selon une logique faite de volonté (donc très proche du domicile) ce qui n'est pas le cas de la seconde.

Une quatrième et dernière question que nous ne ferons qu'esquisser est celle de l'absence de règles de statut personnel. Doit-on intégrer dans le futur code européen de droit international privé la citoyenneté européenne avec toutes les incertitudes qui la marquent ? Par exemple, peut-on à ce stade tirer des règles des arrêts prononcés directement ou indirectement en ce domaine par la Cour de justice : *Garcia Avello*, *Grunkin Paul*, *Hadadi*, *Zambrano*… ? Peut-on répondre aux questions comme la double nationalité ? Rien n'est moins certain tant en ce domaine l'accessibilité de la jurisprudence est problématique, la cohérence de celle-ci parfois énigmatique et son instabilité chronique ! Ne serait-il pas, alors, plus prudent de renvoyer à un éventuel préambule ou, mieux encore, car en définitive beaucoup plus simple – au moins en apparence – renvoyer au TUE lui-même ? Où l'on voit que tenter de répondre à la question de la structure pour un code européen de droit international privé, c'est aborder d'autres interrogations tout aussi fondamentales…

Les règles de procédure : l'acquis et les propositions

Les interactions entre les règles nationales de procédure et les « règles judiciaires européennes »[1]

Marie-Laure NIBOYET

Professeur, Université Paris Ouest-Nanterre La Défense, France

1. Les interactions entre les règles nationales de procédure et celles du droit judiciaire européen sont multiples quoiqu'encore assez peu étudiées[2]. Elles sont mêmes occultées par la référence trompeuse[3] au concept de « l'autonomie procédurale » des États-membres qui invite à penser que les deux disciplines se déploieraient en toute indépendance, chacune dans leur sphère propre, au mépris de la primauté que réclame le droit européen.

Réfléchir sur une codification européenne du droit international privé est donc une excellente opportunité d'étudier la marge de manœuvre ainsi laissée aux États-membres en matière procédurale pour mesurer l'aptitude des règles européennes (de droit international privé et de procédure internationale) à s'intégrer à une structure articulée comme celle d'un code.

2. Pour autant, il ne s'agit pas de reprendre les excellentes analyses de mes collègues, Blanca Vila Costa et Michel Attal, qui ont déjà démontré que la procédure était incluse, au moins de manière relative,

---

1 C'est ainsi que nous désignerons les règles européennes de conflits de juridictions incluant les règles de procédure internationale, les règles de compétence et de reconnaissance des jugements.

2 Voir cependant. Ch. Althammer, « The impact of Brussels I on National Procedural Law » et R. Hausmann « The Impact of National Law of the Member States on the Brussels I Practice », in « Brussels I in the European Practice », Symposium, Munich, 10 décembre 2010.

3 Voir J.-S. Bergé et S. Robin, *Droit européen. Union européenne et Conseil de l'Europe*, Paris, PUF, 2e éd. 2011, n° 690.

dans le périmètre du code[4]. L'objet de cette contribution est de rechercher comment, dans ce périmètre, se réalise concrètement la jonction entre les règles nationales de procédure et les règles européennes de droit international privé. Il sera ainsi vérifié que cette inclusion pour relative qu'elle soit est néanmoins très prégnante.

3. Trois constats permettent de résumer l'acquis européen en la matière.

4. En premier lieu, si le renvoi au droit procédural national est bien systématiquement opéré, expressément ou implicitement, par les instruments de droit judiciaire européens – ne serait-ce que pour la désignation des autorités compétentes et le choix des mesures de contrainte[5] – la Cour de justice a eu l'occasion de rappeler que ce renvoi au droit national ne pouvait s'exercer que dans la limite de l'effet utile de ces instruments[6]. C'est le principe de l'encadrement de l'autonomie procédurale qui impose aux États-membres de conférer aux justiciables la protection juridique découlant des dispositions du droit communautaire[7].

En vertu de cet encadrement européen des règles nationales de procédure, toute entrave à la bonne application du droit judiciaire européen (par une réglementation trop stricte du droit d'agir en justice ou par une mauvaise efficacité des voies de recours par exemple) oblige les États-membres à procéder à l'adaptation de leur droit procédural aux nécessités européennes.

5. En deuxième lieu, on ne peut manquer de constater le rétrécissement de l'autonomie procédurale des États-membres au fur et à mesure de la construction de l'Espace de Liberté, de Sécurité et de Justice, sous l'effet de plusieurs facteurs.

6. Le premier facteur tient à la floraison de normes européennes directement processuelles et non plus seulement de normes processuelles accompagnatrices des normes substantielles[8]. Le phénomène se manifes-

---

4 Voir B. Vilà et M. Attal, « La place de la procédure et de la coopération entre juges et acteurs nationaux » dans ce volume.

5 Pour un exemple caractéristique, voir le Règlement n° 1206/ 2001 du Conseil du 28 mai 2001 relatif à la coopération entre les juridictions des États-membres dans le domaine de l'obtention des preuves en matière civile et commerciale.

6 Voir CJCE 30 nov. 1976, *de Wolf c. Cox*, aff. C-42/76 et CJCE 15 mars 1990, *Kongress Angentur Hagen*, aff. C 365/88.

7 Voir CJCE, 16 déc. 1976, *Rewe et Comet*, aff C-33/76 et 45/76 ; 14 déc. 1995, *Peterbroeck*, aff. C-312/93 et 13 mars 2007, *Unibet* aff. 45/76 ; pour une étude approfondie de l'encadrement européen des normes judiciaires voir M. Roccati, *Du marché intérieur à la coopération civile : le rôle du juge national dans l'espace judiciaire européen*, thèse à soutenir prochainement à Paris Ouest-Nanterre La Défense.

8 Sur cette distinction voir M. Audit, « La compatibilité du principe de l'autonomie procédurale avec l'édification de l'espace judiciaire européen », in J. Dutheil de la

tait déjà dans le cadre de l'interprétation de la Convention de Bruxelles avec l'élaboration de notions autonomes de procédure[9]. Mais l'instauration de nouvelles procédures européennes uniformes l'a considérablement accentué[10].

7. Le deuxième facteur provient de la tendance de la Cour de justice à solliciter de manière récurrente le principe de confiance mutuelle, dont la plasticité, pour ne pas dire l'élasticité, lui permet d'avoir une conception très extensive de l'effet utile des instruments européens de droit international privé[11]. L'autonomie procédurale s'en trouve d'autant comprimée.

8. Le troisième facteur d'évolution est l'apparition de mécanismes de droit international privé ayant un impact sur les règles de procédure nationale. Ainsi, fleurissent des règles européennes de compétence plus flexibles prenant appui sur une coopération judiciaire transfrontière renforcée[12]. Or, le succès de ces techniques coopératives est grandement conditionné aux habitudes judiciaires nationales. Elles requièrent, en outre, un accompagnement procédural, sous forme notamment de principes processuels uniformes. De même, la suppression progressive de la ligne de démarcation entre la phase de l'exequatur et la phase de l'exécution des jugements européens[13] place le juge de l'exécution en première ligne et oblige à préciser ses pouvoirs.

Rochère (dir.), *L'exécution du droit de l'Union, entre mécanismes communautaires et droits nationaux*, Bruxelles, Bruylant, 2009, p. 253-364.

9 Voir, par exemple, les notions d'objet et de cause au sens de la litispendance, CJCE 9 déc. 1987, *Gubisch*, aff. 144/86 ; 6 déc. 1994, *The shipTatry*, aff. C-406/92 ; la notion de litige CJCE 15 nov. 1983, Duijnstee C-288/82.

10 Voir tous les règlements élaborés sur la base de l'art. 61 point c du Traité CE, simultanément ou après le Règlement n° 44/2001 du 22 décembre 2000, dit Règlement Bruxelles I, spécialement les règlements instituant des règles minimales de procédure, le Règlement n° 805/2004 du Parlement européen et du Conseil du 21 avril 2004 portant création d'un titre exécutoire européen pour les créances incontestées, le Règlement n° 1896/2006 du Parlement européen et du Conseil du 12 décembre 2006 instituant une procédure européenne d'injonction de payer et le Règlement n° 861/2007 du Parlement européen et du Conseil du 11 juillet 2007 instituant une procédure européenne de règlement des petits litiges.

11 Voir par exemple CJCE 27 avril 2004, *Turner*, aff. C-159/02.

12 Voir par exemple l'art. 15 du Règlement n° 2301/2003 du Conseil du 27 novembre 2003, Bruxelles II*bis* ou plus modestement l'échange d'informations en cas de situation de litispendance, CJUE 9 nov. 2010, *Purrucker*, aff. C-296/10.

13 Voir la proposition d'abolir l'exequatur en matière civile et commerciale, proposition publiée le 14 décembre 2010 de Règlement du Parlement européen et du Conseil, concernant la compétence, la reconnaissance et l'exécution des décisions en matière civile et commerciale (refonte), COM (2010), 748/4 ; pour une suppression plus circonscrite, voir déjà le Règlement n° 805/2004 du Parlement européen et du Conseil du 21 avril 2004 portant création d'un titre exécutoire européen pour les créances

9. Ces constats débouchent sur la nécessité d'analyser les deux formes d'encadrement que pourraient prendre à l'avenir l'autonomie procédurale des États-membres : l'adaptation des règles nationales de procédure aux règles judiciaires européennes, d'une part, et l'édiction de nouvelles normes procédurales uniformes, d'autre part. Ces deux formes d'encadrement correspondent à deux types d'intervention européenne : une intervention implicite pour la première (I), une intervention explicite pour la seconde (II).

I. L'adaptation des règles nationales de procédure (l'implicite)

10. Raisonnons successivement sur le terrain de la compétence du juge européen (A) puis sur celui de l'exécution des jugements européens (B).

A. L'exemple des incidents de compétence

11. Classiquement, il est considéré que le droit national définit le régime procédural des incidents de compétence[14], sauf sur les points où le droit de l'Union a précisé le régime procédural des règles judiciaires européennes, telle l'obligation pour le juge de se déclarer d'office incompétent[15], ou de contrôler la loyauté de l'assignation[16]. L'emprise du droit européen devrait néanmoins s'avérer plus grande avec la mobilisation des techniques de coopération judiciaire qui nécessitent à plusieurs égards une adaptation du droit national.

12. En revanche, à condition de veiller au respect des droits processuels fondamentaux, il me semble que la jurisprudence actuelle de la Cour de justice est trop rigide sur la question de l'encadrement du droit national au nom du principe de confiance mutuelle. Il serait opportun de libérer le droit national du carcan de l'encadrement européen, de laisser jouer une saine concurrence entre les droits procéduraux nationaux et de stimuler ainsi la promotion des règles procédurales plus performantes.

1. Les règles nationales à encadrer

13. Sans les développer, quelques exemples, puisés dans l'expérience française, illustreront le propos.

---

incontestées et le Règlement n° 4/2009 du Conseil du 18 décembre 2008 relatif à la compétence, la loi applicable, la reconnaissance et l'exécution des décisions et la coopération en matière d'obligations alimentaires.

14 Voir H. Gaudemet-Tallon, *Compétence et exécution des jugements en Europe, Règlement 44/2001, Convention de Bruxelles (1968) et de Lugano (1988 et 2007)*, Paris, LGDJ, 4e éd. 2010, n° 133.

15 Voir les art. 25 et 26-1 du Règlement Bruxelles I.

16 Voir l'art. 26-2.

14. En droit interne français, les parties ont l'obligation de soulever *in limine litis* l'exception d'incompétence (article 75 CPC). La règle est étendue à la matière internationale. L'exception d'incompétence ne saurait en conséquence est invoquée après le premier échange de conclusions sur le fond. Or, l'article 15 du Règlement Bruxelles II*bis*, qui instaure un mécanisme de renvoi du litige à un juge mieux placé dans certaines circonstances – par exemple quand l'enfant a changé de résidence habituelle après la saisine de la juridiction (article 15-3 a) – est très difficilement compatible avec la rigueur des exceptions d'incompétence. Si l'on ne veut pas priver la règle européenne de son effet utile, il paraîtrait pertinent d'autoriser les parties à solliciter le renvoi de compétence dès que la circonstance de fait qui le motive est apparue, même si le débat s'est déjà engagé sur le fond.

15. Plus largement, cette adaptation serait nécessaire toutes les fois que l'on voudrait faire jouer une technique coopérative entre les juges au stade de la détermination de la juridiction compétente. C'est important à l'aube de leur développement[17].

16. Ces mêmes techniques coopératives supposent d'infléchir l'office du juge national pour lui permettre – comme le prévoit le texte – de prendre l'initiative d'un renvoi de compétence à la juridiction d'un autre État-membre qu'il estime mieux placé que lui. Or ces initiatives ne sont clairement pas dans les habitudes des juges français. La saisine d'office est en effet exceptionnelle en droit français. Le dialogue transfrontière ne l'est pas davantage. Ainsi, les premières applications en France de l'article 15 du Règlement Bruxelles II*bis* ne mentionnent pas l'existence d'un dialogue entre le juge saisi d'une demande de renvoi et celui auquel ce juge accepte de renvoyer l'affaire. Rien ne laisse supposer qu'une telle concertation entre les juges concernés ait eu lieu[18]. Pour respecter l'esprit du droit judiciaire européen, il faudrait donc que les juges nationaux acceptent plus facilement de nouer des échanges directs avec les juges des autres États-membres à l'occasion du traitement d'une affaire, sous peine de voir ces techniques dégénérer en un exercice unilatéral de mesures, prises de chaque côté de la frontière, chacune isolément sans concertation préalable : un juge décidant de son dessaisissement et l'autre acceptant la compétence. Le renvoi européen de compétence n'aurait dès lors plus aucune singularité par rapport à la technique de l'exception de *forum non conveniens*. Les mêmes dérives

---

[17] Sur les nombreux auteurs préconisant l'utilisation de ces techniques pour résoudre les conflits de procédures, voir M.-L. Niboyet et G. de La Pradelle, *Droit international privé*, Paris, LGDJ, 3e éd. 2011, n° 500.

[18] Voir TGI Bernay 26 janvier 2006, *Procédures* 2006, comm. 275 ; pour d'autres applications voir TGI Strasbourg, ord. 18 août 2009, *A.J.Fam*. 2010, p. 82 et CA Reims 28 juil. 2009 cité par F. Jault-Seseke, *Recueil Dalloz,* 2010, pan. juil. 2010.

seraient à redouter : encouragement des stratégies procédurales et instrumentalisation du juge au service des intérêts de la partie économiquement la plus forte et donc la plus habile. Un tel dialogue implique aussi un accompagnement procédural sur lequel je reviendrai[19].

2. *Les règles nationales à libérer*

17. La jurisprudence *Turner*[20] a notoirement illustré l'hypothèse où l'une des parties assigne son adversaire devant une juridiction d'un État-membre dans le but évident d'entraver le déroulement d'une procédure que ce dernier a précédemment enclenchée dans un autre État, hypothèse d'abus processuel caractérisé. L'employeur, défendeur à l'action introduite par son salarié au Royaume-Uni avait en effet répliqué par une action en Espagne dans le seul but d'intimer ce dernier et de le contraindre à abandonner ses poursuites.

18. La sanction des abus processuels relève en principe de l'autonomie procédurale des États-membres. Pourtant, dans l'affaire *Turner*, la Cour de justice a dénié au juge britannique le pouvoir d'user de son droit national, à savoir la possibilité de délivrer une injonction de ne pas poursuivre, dans une hypothèse où l'injonction avait précisément pour but de renforcer l'effet utile des dispositions européennes, en l'espèce celles sur la litispendance européenne.

19. La Cour a invoqué le principe de confiance mutuelle. Mais la lecture des motifs de l'arrêt fait penser que la Cour a été choquée de ce que les juridictions d'un État-membre puissent user d'une technique dont les juridictions des autres États-membres seraient dépourvues. La Cour a estimé en effet que la pratique des injonctions *anti-suit* serait contraire au principe de l'application uniforme de la Convention de Bruxelles[21].

20. Mais, ce faisant, les juges européens n'ont-ils pas oublié que les États-membres sont libres d'adapter leur droit procédural national. Si, actuellement, seuls les systèmes de *common law* pratiquent les injonctions *anti-suit*, rien n'empêche les systèmes continentaux d'adapter leurs procédures pour parvenir aux mêmes fins.

21. Il est tout à fait possible en effet de transposer dans tous les systèmes judiciaires la technique des injonctions *anti-suit* sous la forme d'une action en responsabilité pour *forum shopping* abusif, sanctionnée par une injonction sous astreinte de faire cesser le préjudice, c'est-à-dire de se désister de la procédure étrangère.

---

19 Voir *infra*, n° 45.

20 Voir par exemple CJCE 27 avril 2004, *Turner*, aff. C-159/02.

21 Arrêt point 25.

22. Une telle action a été récemment entreprise en France par la société *Vivendi Universal*. En réplique à la *class action* intentée contre elle aux USA, à laquelle des investisseurs français s'étaient joints, la société *Vivendi* a tenté d'agir en responsabilité pour abus de procédure pour obtenir une injonction délivrée sous astreinte aux investisseurs français de se désister de la procédure américaine. Certes, l'action n'a pas prospéré devant la Cour de Paris dans cette affaire, parce que l'abus n'a pas été jugé constitué. Mais la recevabilité d'une telle action semble bien avoir été admise[22].

23. En réalité, le principe de l'autonomie procédurale devrait jouer. Chaque système devrait être libre du choix de la sanction de l'abus processuel, soit par une exception d'abus de droit, soit par l'allocation de dommages-intérêts, soit encore par la délivrance d'une injonction de ne pas poursuivre. La concurrence des systèmes procéduraux nationaux aurait pour avantage d'encourager les États-membres à promouvoir les instruments procéduraux les plus efficaces. Cette concurrence ne me paraît pas contraire aux principes de l'Espace de Liberté, de Sécurité et de Justice, à la condition toutefois de respecter scrupuleusement les droits processuels fondamentaux. Or, c'est peut-être sur ce point que les injonctions *anti-suit* britanniques posent problème. Leurs sanctions (peines d'emprisonnement, privation du droit d'agir en justice) ne sont-elles pas en effet disproportionnées ? Ne sont-elles pas, à ce titre, contraires à l'ordre public procédural européen[23] ?

24. On pourrait suivre le même raisonnement à propos des actions préventives. En matière délictuelle, l'article 5-3 du Règlement Bruxelles I édicte un chef de compétence ouvert aux actions visant à empêcher que le dommage ne se produise. Mais cette règle de compétence ne préjuge pas de la recevabilité des actions préventives (sous leur forme positive ou négative[24]) qui relève de l'autonomie procédurale des États-membres. Ici encore, un encadrement européen trop rigide ne me semble pas nécessaire.

---

22 Voir CA Paris 28 avril 2010, sur cette affaire, voir M. Audit et M.-L. Niboyet, « L'affaire Vivendi Universal SA ou comment une class action diligentée aux États-Unis renouvelle le droit du contentieux international en France », *Gaz. Pal.*, 149, 2010, p. 11-22.

23 Voir CJCE, 2 avril 2009, *Gambazzi*, aff. C-394/07 ; sur cet arrêt voir M. Nioche et L. Sinopoli, « La cour de justice et les jugements par défaut anglais », *Gaz. Pal.*, 332, 2009, p. 22 et G. Cuniberti, « La reconnaissance en France des jugements par défaut anglais, à propos de l'affaire Gambazzi-Stolzenberg », *Rev. Crit. dip.*, 2009, p. 685.

24 Sur cette question, voir la question préjudicielle nouvellement posée à la Cour de justice, aff. C-133/11.

B. L'exemple des pouvoirs du juge de l'exécution

25. S'il y a une matière qui relève sans conteste de l'autonomie des États-membres, c'est bien celle des pouvoirs du juge national. On touche ici au noyau dur de l'autonomie procédurale, les institutions judiciaires.

26. Mais, tout encadrement des institutions judiciaires nationales n'est pas pour autant inconcevable. L'effet utile du droit judiciaire européen peut exiger ici encore une certaine adaptation du droit national, spécialement dans la perspective d'une généralisation de la suppression de l'exequatur.

27. Un principe devrait guider l'interprète : un jugement européen, déclaré exécutoire dans l'État-membre requis (après son exequatur par le juge requis ou après sa certification par le juge d'origine) doit être exécuté dans les mêmes conditions qu'un jugement national, sous réserve que les règles procédurales nationales ne conduisent pas à remettre en cause sa force exécutoire[25] ni ne heurtent un droit fondamental[26].

Ainsi, reviendrait-il au droit national de définir les incidents d'exécution, à l'exception des recours qui sont expressément prévus par le droit judiciaire européen, comme le refus ou le sursis à exécution[27].

Ce principe est apte à résoudre certaines difficultés, susceptibles d'être amplifiées par la suppression des formalités d'exequatur : les difficultés à circonscrire les incidents d'exécution et celles de l'adjonction d'une astreinte au jugement prononcé dans un autre État-membre.

1. La délimitation des incidents d'exécution

28. L'affaire *Prism investment*[28] soulève l'intéressante question – qui n'a pas encore été jugée – de savoir s'il est permis d'obtenir l'exequatur d'un jugement relatif à une dette qui a déjà été payée.

29. Une réponse instinctive pourrait faire douter de l'opportunité d'un tel exequatur. Mais, en application du principe précédemment dégagé, la réponse raisonnée devrait être positive.

30. Au stade de l'exequatur, le contrôle n'opère en effet que sur les conditions de régularité du jugement que le paiement laisse intactes. Le

---

[25] Voir l'art. 41 de la proposition de Règlement Bruxelles I révisé de la Commission.

[26] Voir les arrêts CEDH 6 juillet 2010 *Neulinger et Shuruk*. Req. n° 41615/07 et le problème de sa compatibilité avec CJUE 22 décembre 2010, *Zarraga*, aff. C-491/10 PPU. Sur ce point voir la contribution de M. Wilderspin.

[27] Recours prévus aux art. 41 al. 2, 43 (refus d'exécution), 44 (sursis à l'exécution) et 46 (recours en cas de violation d'un droit fondamental) de la proposition.

[28] Aff. C-139/10.

paiement ne produit d'effet qu'au cours de la phase de l'exécution du jugement, sous la forme d'un incident de paiement devant le juge d'exécution. L'incident – qui n'a pas fait l'objet d'une harmonisation européenne – devrait donc être tranché par application du droit national.

31. L'autonomie procédurale de l'État-membre d'exécution ne devrait pas, en revanche, autoriser, de quelque manière que ce soit, le juge requis à revenir sur la force exécutoire du jugement. C'est à ce niveau que la suppression de l'exequatur pourrait influer. En effet, si un droit national autorisait le juge de l'exécution à exercer un contrôle sur l'opportunité d'un jugement européen exécutoire, ce droit national devrait nécessairement être amendé pour respecter l'effet utile des titres exécutoires, sous la seule réserve que l'exécution n'aboutisse pas à la violation d'un droit fondamental.

2. L'adjonction d'une astreinte

32. Les droits procéduraux nationaux sont assez divergents sur la possibilité d'adjoindre ou non une astreinte au prononcé d'un jugement pour en favoriser l'exécution[29].

33. La question est différente de celle de savoir si le juge d'un État-membre peut liquider l'astreinte, prononcée à titre provisoire par le juge d'un autre État-membre, avec le risque de double astreinte[30].

34. Lorsque le droit national du jugement d'origine ne prévoit pas la possibilité d'adjoindre une astreinte, le principe dégagé précédemment devrait autoriser le juge de l'État-membre requis à compléter le jugement par une astreinte.

En effet, le juge requis n'ajouterait rien au contenu de ce jugement. Il se contenterait de se servir d'une technique nationale pour favoriser l'exécution dudit jugement dans les mêmes conditions que celles dans lesquelles les jugements nationaux sont exécutés. L'autonomie procédurale y jouerait pleinement, au service de l'effet utile du droit judiciaire européen. La saisine concurrence des systèmes procéduraux y trouverait une nouvelle illustration.

35. Mais, dans d'autres occurrences, l'adaptation du droit national ne peut suppléer un véritable manque de norme processuelle européenne. Il faut envisager la création de nouvelles normes.

---

[29] À comp. avec l'art. 67 de la proposition de Règlement Bruxelles I révisé.

[30] À comp. avec l'art. 68 de la proposition de Règlement Bruxelles I révisé.

II. La création de nouvelles normes procédurales uniformes (l'explicite)

36. Il est déjà curieux d'observer qu'il n'a jamais été imposé aux États-membres d'instaurer un règlement accéléré des incidents de compétence européenne.

Tous les systèmes nationaux ne prévoient pas en effet que les incidents de compétence internationale puissent être tranchés au moyen d'une procédure indépendante de celle qui gouverne le fond du litige. Ces distorsions entre les droits procéduraux nationaux provoquent des stratégies de *forum shopping*, lorsque la durée variable de la procédure d'un État-membre devient l'enjeu du choix de la juridiction. La Cour de cassation française en a eu récemment conscience et elle a procédé en conséquence à une adaptation spontanée du droit français afin que le pourvoi en cassation soit immédiatement recevable contre les décisions ayant statué sur une exception d'incompétence internationale[31].

37. De nombreuses autres difficultés peuvent être dénombrées. Certaines assombrissent le régime des mesures provisoires (A), d'autres celui des actions en reconnaissance (B) tandis que l'élaboration de principes processuels uniformes fait cruellement défaut (C).

A. Les vicissitudes du régime des mesures provisoires

38. L'absence de hiérarchie entre les mesures provisoires et les mesures définitives est génératrice de conflits de procédures et de conflits de décisions.

1. Le conflit de procédures

39. Dans le système du Règlement Bruxelles II*bis*, les mesures provisoires urgentes, prises par une autre juridiction que celle qui est compétente pour connaître du fond, cessent aussitôt que cette seconde a pris les mesures appropriées (article 20-2). Cette hiérarchie des compétences au provisoire et au fond retentit sur le régime de la litispendance. La Cour de justice a en effet estimé qu'il ne pouvait pas y avoir de litispendance entre une demande formée dans un État-membre au provisoire et une demande introduite dans un autre État-membre aux fins d'obtenir un jugement sur le fond[32].

40. En revanche, dans le système actuel de Bruxelles 1, les mesures provisoires et les mesures prononcées au fond sont totalement indépendantes, tout au plus est-il envisagé dans la proposition publiée par la

---

[31] Cass. 1re civ. 7 mai 2010, 3 arrêts, n° 09-11177, 09-11178 et 09-14324, *Rev. Crit. dip.*, 2010, p. 558, note H. Gaudement-Tallon.

[32] Arrêt Purrucker précité.

Commission de procéder à un échange de vues entre les tribunaux concernés : « *En particulier la juridiction saisie d'une demande de mesure provisoire ou conservatoire cherche à s'informer auprès de l'autre juridiction de toutes les circonstances pertinentes de l'espèce, telles que le caractère urgent de la mesure sollicitée ou un éventuel refus d'une mesure similaire prononcée par la juridiction saisie sur le fond* » (article 31).

41. Est-ce suffisant ? Ne conviendrait-il pas d'oser une coopération plus active en attribuant au juge compétent au fond un rôle de pilotage des mesures provisoires[33] ? En effet, tant qu'aucun juge n'est saisi sur le fond, il est légitime d'offrir aux parties une protection juridictionnelle provisoire dans tous les États-membres. Mais, dans l'hypothèse où la juridiction d'un État-membre a été saisie sur le fond[34], pourquoi ne pas confier à cette juridiction le pouvoir de décider si elle est en mesure d'ordonner la mesure utile ou bien, au contraire, de déléguer cette tâche au juge d'un autre État-membre, mieux placé pour y pourvoir ? Certes, en matière provisoire et conservatoire, l'efficacité rime souvent avec célérité. Mais l'organisation en amont d'une meilleure coopération judiciaire transfrontière aurait l'avantage d'éviter les initiatives contradictoires.

2. Le conflit de décisions

42. Il a déjà été relevé que dans le Règlement Bruxelles II*bis*, la compétence du juge du provisoire est dérogatoire et éphémère._Actuellement, dans le Règlement Bruxelles I, aucune disposition spécifique n'est édictée concernant l'exécution des décisions provisoires. La jurisprudence de la Cour de justice a interprété cette lacune en jugeant que rien ne s'oppose à cette reconnaissance dès lors que la procédure a été contradictoire, ou du moins que le défendeur a disposé d'une voie de recours pour contester la mesure. Les mesures provisoires sont donc susceptibles d'une circulation transfrontière.

43. Dans l'hypothèse d'une décision provisoire contraire à un jugement prononcé sur le fond, l'application stricte des règles actuelles conduit à faire prévaloir la mesure première en date et non celle qui a été prononcée sur le fond. Il convient même de privilégier la mesure prise par le juge du for sur la mesure prise par le juge d'un autre État-membre, le premier fût-il saisi au provisoire et le second sur le fond, et

---

[33] En ce sens, M. Nioche, *La décision provisoire, Nature et régime juridique dans l'espace judiciaire européen*, thèse Paris I 2007 ; voir les propositions de la délégation française en réponse au Livre vert sur la révision du Règlement Bruxelles I.

[34] Sur la difficulté de savoir s'il y a bien une saisine en vue d'une décision au fond, voir encore l'arrêt Purrucker précité.

ce quel que soit l'ordre des saisines[35]. Cette conséquence inéluctable en l'état des textes peut pousser la partie perdante à tenter d'obtenir du juge des référés d'un autre État-membre une mesure provisoire afin de s'opposer à l'exécution du jugement sur le fond. Le remède à ce désordre pourrait être d'édicter la caducité des mesures provisoires ordonnées dans un autre État-membre par le juge d'appui dès que le juge du fond s'est prononcé, à l'instar des solutions du Règlement Bruxelles II*bis*.

B. Les non-dits du régime de la reconnaissance des jugements européens

44. Le Règlement Bruxelles I est silencieux sur deux points, pourtant d'une grande importance pratique : l'autorité de chose jugée des jugements européens et la possibilité d'exercer une action déclaratoire en inopposabilité du jugement rendu dans un autre État-membre.

1. L'autorité de chose jugée

45. Aucune convention internationale, aucun règlement européen ne comporte d'indication relative à l'autorité de chose jugée des jugements dont il favorise la reconnaissance, qu'il s'agisse de l'autorité négative (obstacle au renouvellement du procès) ou de l'autorité positive de chose jugée (obligation de tirer les conséquences juridiques du jugement et résolution des contradictions de jugements). C'est une lacune classique que l'on peut expliquer par l'idée que l'autorité de chose jugée est incluse dans la reconnaissance du jugement et protégée des motifs de refus d'exécution tirés d'une incompatibilité avec un autre jugement. En droit européen, la reconnaissance de plein droit des jugements des États frères emporterait donc leur autorité de chose jugée de plein droit dans les autres États-membres. La Cour de justice l'a d'ailleurs jugé en énonçant que cette reconnaissance empêche le renouvellement du procès dans un autre État-membre[36].

46. Toutefois, cette reconnaissance ne précise ni le moment auquel s'opère l'autorité de chose jugée ni la portée qu'il convient de lui assigner. L'autonomie procédurale des États-membres devrait prendre le relais, dans les limites habituelles, à savoir ne pas remettre en cause l'effet utile de la reconnaissance. Il n'en demeure pas moins que des règles matérielles fixant le moment auquel se produit l'autorité positive (ou la force de chose jugée) seraient bien venues[37]. Il serait également pertinent dans un code de droit international privé de veiller à une bonne

---

35 Voir Cass. 1re civ., 20 juin 2006, *Gaz. Pal.*, 123, 2007, p. 19, note Ph. Guez ; l'arrêt a fait prévaloir une ordonnance française de référé sur un jugement grec définitif.

36 Voir CJCE 30 nov. 1976, *Wolf c. Cox*, aff. C-42/76.

37 À comparer avec l'art. 21-2 du Règlement Bruxelles II*bis* sur l'autorité positive de chose jugée des décisions de divorce.

articulation entre les divers instruments quand un même litige fait l'objet d'un dépeçage juridictionnel, comme en matière de divorce. La décision rendue risque en effet de suivre un régime de reconnaissance différent selon les chefs de la décision concernés[38]. Quant à la portée de l'autorité négative de la chose jugée, elle devrait être tranchée au regard de la délimitation des notions d'objet et de cause du litige, telles que définies par la Cour de justice à propos du jeu de l'exception de litispendance[39].

2. L'action en inopposabilité

47. La possibilité d'exercer une action préventive en non-reconnaissance d'un jugement obtenu dans un autre État-membre a été expressément prévue en matière matrimoniale et de responsabilité parentale[40].

48. Malgré le silence gardé à cet égard par le Règlement Bruxelles I – et auparavant par la Convention de Bruxelles – la jurisprudence française[41] avait admis l'exercice d'une telle action en estimant que la recevabilité de cette action devait être déduite des textes autorisant l'action en reconnaissance, qui en est le pendant procédural. Le projet de suppression des formalités d'exequatur ne devrait pas interdire cette action mais seulement en réduire le champ. En effet, selon la proposition de la Commission, le recours en violation du droit au procès équitable pourrait être exercé non seulement pour s'opposer à l'exécution d'un jugement mais aussi pour demander la non-reconnaissance d'un tel jugement[42]. La précision est intéressante.

C. La coopération judiciaire en quête de principes processuels

49. Tout le monde s'accorde à reconnaître que les techniques de coopération judiciaire transfrontière requièrent un accompagnement procédural. Des règles très précises sont nécessaires, comme la dispense pour le demandeur d'avoir à réitérer les actes de procédures déjà accomplis, en cas de renvoi du litige devant un autre juge, pour ne pas l'exposer à l'acquisition d'une prescription. Ces techniques coopératives justifient plus largement l'élaboration d'un code de principes processuels européens, spécialement si l'on milite pour leur développement[43].

---

38 La dissolution du mariage relève de Bruxelles II*bis*, la pension alimentaire du Règlement n° 4/ 2009, et la dissolution du régime matrimonial du droit commun en attendant l'adoption d'un prochain règlement.

39 Voir *supra*, note 8.

40 Art. 21-3 du Règlement Bruxelles II*bis*.

41 TGI Paris 10 fév. 1993, *JDI*, 1993, p. 599, note C. Kessedjian.

42 Art. 46.

43 Voir *supra*, note 11.

Il est néanmoins dommage d'avoir introduit les mécanismes avant l'adoption de ces principes.

De quels principes serait-il question ?

1. Le principe du dispositif

50. En matière civile et commerciale, les parties sont maîtresses des termes du litige que le juge ne peut modifier de sa propre initiative. Ce principe interdit, à mon sens, de faire jouer le renvoi de compétence sans qu'au moins l'une des parties ne l'ait demandé. Il pourrait en aller de même dans les matières familiales patrimoniales (successions et régimes matrimoniaux) si le dispositif devait y être introduit.

En matière de responsabilité parentale, le Règlement Bruxelles II*bis* permet au juge de déclencher le renvoi de compétence, sous réserve de l'accord ultérieur de l'un des parents[44]. L'impérativité de la matière justifie cet office renforcé[45].

2. Le principe du contradictoire

51. C'est un principe essentiel. Toute forme de concertation entre juges d'États-membres différents, tout échange de vues ou d'informations devrait respecter le principe du contradictoire. La plus grande transparence s'impose, notamment sous la forme de relevés de conversations téléphoniques et de transfert des emails communiqués aux parties[46]. Les techniques modernes de la télé (ou visio) conférence sont propices à l'instauration d'un véritable débat contradictoire entre les parties sur les mesures co-décidées par les juges. Toutes ces sages précautions éviteraient que la coopération judiciaire ne se transforme en arrangements entre juges à l'insu des parties.

Pourtant, le principe n'est mentionné dans aucun texte et ne figure pas davantage dans la proposition de révision du Règlement Bruxelles I publiée par la Commission. C'est une lacune qu'il est urgent de combler.

3. Le principe de collaboration

52. Le principe de collaboration est impliqué par l'idée même de coopération judiciaire, au cœur de la compétence de l'union[47] et sous-jacente à tous les instruments de droit international privé de l'Union

---

44 Art. 15.

45 C'est le cas en droit interne français en matière d'assistance éducative, et en droit européen de la concurrence et en droit pénal.

46 Voir préconisations de l'ILA, résolution 1/2008 consacrée aux actions de groupe transnationales adoptée lors de la 73e conférence de Rio de Janeiro, disponible sur le site de l'association, www.ila-hq.org.

47 Voir art. 81 et ex-art. 61.

européenne. Le principe est conceptualisé dans certains ouvrages de droit processuel[48] comme l'existence d'un principe de l'écoute de l'Autre ou principe du dialogue qui s'applique tant aux relations entre juridictions différentes, qu'aux relations entre juge et parties, qu'aux rapports entre les parties. Le principe du dialogue est particulièrement adapté aux relations transfrontières.

4. Le principe de célérité

53. Il affleure dans certains instruments[49] mais pas dans le Règlement Bruxelles I. Pourtant, il a déjà été remarqué qu'il y aurait tout intérêt à le consacrer en posant l'exigence d'un règlement accéléré des incidents de compétence, pour enrayer les stratégies de *forum shopping* au sein de l'Union.

54. En conclusion, la structure d'un code européen de droit international privé devrait certainement prendre en compte la donne procédurale, de manière à agir aux niveaux national et européen. Le législateur national serait bien inspiré de renforcer l'accompagnement procédural nécessaire à l'introduction d'un nouvel instrument pour canaliser l'adaptation du droit procédural national au droit de l'UE. Le législateur européen devrait forger quelques règles processuelles nouvelles, à tout le moins mentionner dans les instruments existants la nécessité de respecter les principes de contradiction et de célérité.

---

48 Voir S. Guinchard *et al.*, *Droit processuel, droits fondamentaux du procès*, 6e éd., Paris, Dalloz, 2011, n° 546.

49 Dans le Règlement n° 1206/2001 du Conseil du 28 mai 2001 relatif à la coopération entre les juridictions des États-membres dans le domaine de l'obtention des preuves en matière civile et commerciale et dans le Règlement Bruxelles II*bis*.

Règles de compétence et de reconnaissance et d'exécution

L'acquis et les propositions

Michael WILDERSPIN[1]

Commission européenne

Introduction

> [Private International Law]… is not overloaded with detailed rules, it has only been lightly touched by the paralysing hand of the Parliamentary draftsman[2]…

Cette constatation célèbre n'est plus vraie, même pour ce qui concerne le domaine du droit international privé anglais, mais elle exprime implicitement une opinion partagée par maints juristes formés dans la tradition de la Common Law, à savoir que les juges, lesquels traitent des problèmes concrets qui surgissent dans la pratique, sont en vertu de leur expérience mieux placés que les fonctionnaires ou les professeurs de droit pour y trouver des solutions[3].

---

1 Un juriste formé dans la tradition de la *common law* et au service de la Commission européenne. Les avis exprimés dans le présent sont exprimés à titre personnel et ne sont pas nécessairement concordants avec ceux de cette institution.

2 G. Cheshire, Private International Law (Préface à la 1re édition 1935), cité dans P. North, « Private International Law : Change or Decay ? », 50 (2001) ICLQ 477.

3 À cet égard, voir le commentaire du Professeur Cheshire : « It is perhaps the last opportunity for the judiciary to show that a homogeneous and scientifically constructed body of law, suitable to the changing needs of society, can be constructed without the aid of the legislature », *ibid.*

Pour une explication plus détaillée des raisons de la supériorité de la Common Law, voir la publication de la Law Society of England and Wales intitulée « England and Wales : The jurisdiction of choice ». Sous la rubrique, « Why choose English law ? », nous pouvons lire que « English law gives guidance on almost every issue. Parties (especially commercial parties) can predict, with greater certainty than in many civil law systems, whether a proposed course of action is likely to be lawful or unlawful… English law is based on the principle of freedom of contract which is more flexible

En revanche, le juriste formé dans les traditions du droit continental a, peut-être, tendance à riposter que le système de la *common law* est, d'une part, critiquable en ce qu'il délègue trop de pouvoir aux juges et, d'autre part, est trop opaque, étant basé sur une masse de précédents. À cet égard, il est instructif de lire la publication « Le droit continental-mondial-sûr-flexible-économique », une publication parrainée par plusieurs organisations juridiques et associations professionnelles en France et en Allemagne, avalisée par la garde des Sceaux et la ministre fédérale de la Justice allemande dans laquelle il est affirmé que

> La codification du droit constitue un grand avantage compétitif pour nos entreprises… Le droit codifié est prévisible, finançable et peut être mis à exécution. Nos codes garantissent la sécurité juridique… Le droit continental est un droit écrit marqué par le concept de codification. La codification est le regroupement systématique des règles de droit dans des recueils officiels, tels un code civil ou un code de commerce. Loin d'être rigide, ce regroupement ordonné facilite au contraire la modernisation du droit en fonction des besoins… Dans les pays de common law, la recherche du droit applicable oblige souvent à consulter de longues séries de décisions de justice pour y trouver un précédent approprié – pour autant qu'il en existe. Comprendre l'ensemble de ces décisions judiciaires s'avère souvent difficile pour le non-juriste, qui doit faire appel à un juriste professionnel. Cette assistance augmente considérablement la facture de ceux qui cherchent à faire valoir leurs droits…

Si ces affirmations frôlent la propagande (et témoignent d'une vaste ignorance du *modus operandi* de la *common law*), elles servent néanmoins à éclaircir la notion de « codification ». À en croire le texte, celle-ci doit comporter le regroupement des règles pertinentes dans des recueils officiels, de sorte que ces règles peuvent être appliquées et revendiquées devant une juridiction même par un non-juriste. Une vraie merveille ! Dans cette Utopie qu'est la « Codiphonie », même le droit international privé, considéré traditionnellement comme inaccessible pour des juristes[4], est à la portée de tout le monde.

---

than many civil law systems, which rely on a more rigid and prescriptive civil code…A common law legal system means that the law can evolve more quickly than statute based law in order to adapt to current practices and behaviour as demanded in a modern society ».

À noter que, dans les pays de la Common Law, les juges ne sont nommés qu'après un minimum de quinze ans d'expérience professionnelle comme avocat.

4 « The realm of the conflict of laws is a dismal swamp, filled with quaking quagmires, and inhabited by learned but eccentric professors who theorize about mysterious matters in a strange and incomprehensible jargon. The ordinary court, or lawyer, is quite lost when engulfed and entangled in it ». W.L. Prosser, « Interstate publication », *Mich. L. Rev.*, 51, 1953, p. 959, 971.

Quels que soient les mérites de l'une ou l'autre approche, force est de constater que, dans les domaines du droit international privé dans lesquels le législateur communautaire a exercé les compétences que les traités lui confèrent, et surtout les régimes de compétence internationale ainsi que de reconnaissance et exécution des décisions la situation résultant des instruments adoptés jusqu'à ce jour se caractérise justement par sa complexité (voire son opacité, voir *infra*, section 1).

Certes, cette complexité s'explique, au moins en partie, par le fait que, pendant une certaine période au début du XXIe siècle, le législateur communautaire s'est précipité pour adopter le plus d'instruments possibles dans le moins de temps possible, sans trop réfléchir ni à leur utilité pratique ni à leur articulation l'un avec l'autre. Ce problème a été aggravé par le fait que parfois les approches ont changé au fil du temps sans que les instruments plus anciens aient été adaptés au nouvel environnement.

Mais elle s'explique également par le fait qu'une approche qui peut s'avérer parfaitement appropriée dans un domaine particulier (par exemple la matière civile et commerciale) n'est pas nécessairement transposable à d'autres domaines, peut-être plus sensibles, tels que le droit de la famille ou les successions. Une approche uniforme semble, de plus en plus, irréaliste au fur et à mesure que le législateur étend ses champs d'activité.

Par ailleurs, l'un des principes directeurs de toute action dans le domaine du droit international est la reconnaissance mutuelle des décisions judiciaires et extrajudiciaires (Article 81(1) TFUE), ce qui implique entre autres une évolution menant à la libre circulation complète des jugements. Ce principe directeur est également entériné dans le « programme de Stockholm »[5] du Conseil européen, adopté en 2010, où il est constaté que « le processus de suppression de toutes les mesures intermédiaires (l'exequatur) devrait se poursuivre pendant la période couverte par le programme de Stockholm »[6].

Mais la reconnaissance mutuelle pure et dure ne peut pas être imposée du jour au lendemain. En effet, tout d'abord, en l'absence d'une résistance de principe au niveau national, elle se doit d'être précédée par l'établissement de conditions permettant l'instauration d'une vraie confiance mutuelle, laquelle ne peut se développer que graduellement. Il est donc naturel que la question de la reconnaissance soit plus pressante dans les secteurs qui faisaient l'objet d'une coopération judiciaire même avant la communautarisation du droit international privé déclenchée par

---

5 Le programme de Stockholm-une Europe ouverte et sûre qui sert et protège les citoyens, *J.O. C 115 du 04.05.2010*, p. 1.

6 Point 3.1.2.

l'entrée en vigueur du Traité d'Amsterdam en 1999, et ce, notamment, dans le domaine civil et commercial. Par ailleurs, il ne faut pas perdre de vue que, au moment de l'entrée en vigueur du Traité de Lisbonne, la Charte des Droits Fondamentaux de l'Union européenne a acquis le statut de droit primaire[7].

Face à cette situation, le juriste doit se demander si un code européen de droit international privé peut apporter une réelle valeur ajoutée (par opposition à une valeur purement symbolique). En d'autres termes, pourrait-il rendre le droit meilleur, plus rationnel, plus accessible plutôt que simplement plus « européen » ? À cette fin, dans le domaine qui nous concerne, nous devons examiner dans un premier temps l'acquis (1), ensuite les propositions (2), avant de passer à l'impact de la Charte des Droits Fondamentaux (3).

I. L'acquis

Les instruments établissant des régimes de compétence internationale et de reconnaissance et exécutions des décisions peuvent être divisés en deux grands groupes, à savoir d'une part le groupe civil et commercial et d'autre part le groupe du droit de la famille.

A. En matière civile et commerciale

Le groupe civil et commercial est composé de plusieurs instruments, à savoir le Règlement n° 44/2001 concernant la compétence judiciaire, la reconnaissance et l'exécution des décisions en matière civile et commerciale (Bruxelles I)[8], le Règlement n° 805/2004 portant création d'un titre exécutoire européen pour es créances incontestées (« le Règlement titre exécutoire »)[9], le Règlement n° 1896/2006 instituant une procédure européenne d'injonction de payer (« le Règlement injonction de payer »)[10] et, enfin, le Règlement n° 861/2007 instituant une procédure européenne de règlement des petits litiges (« le Règlement petits litiges »)[11]. Ces trois derniers instruments établissent des procédures spécialisées qui s'appliquent dans le domaine civil et commercial et donc dans les limites de la compétence judiciaire établie par le Règlement Bruxelles I.

---

7 TUE, art. 6, voir *infra*, sous 3.

8 *J.O. L 12/1 2001.*

9 *J.O. L 143/15 2004.*

10 *J.O. L 399/1 2006.*

11 *J.O. L 199/1 2007.*

1. Le Règlement Bruxelles I

Les règles de compétence du Règlement Bruxelles I se caractérisent par les éléments suivants. D'abord, (et comme c'était le cas de son prédécesseur, la Convention de Bruxelles de 1968) le Règlement Bruxelles I établit deux régimes distincts selon que le défendeur est domicilié dans un État-membre (application des règles harmonisées[12]) ou un pays tiers (renvoi au droit national du for saisi[13]). Ensuite, le lien de rattachement principal retenu en vue de déterminer la compétence est le domicile du défendeur[14] (par opposition à la nationalité ou la résidence habituelle). En outre, le règlement prévoit une trentaine d'exceptions[15] à ce principe, que la Cour de justice persiste à qualifier de « dérogations »[16].

Pour ce qui est du régime de reconnaissance et d'exécution des décisions relevant du Règlement Bruxelles I, ce même instrument contient un régime d'exequatur[17] fondé sur les principes suivants. En effet, d'une part, la procédure par laquelle une décision rendue dans un État-membre est déclarée exécutoire dans un autre État-membre est relativement légère[18] (examen de la demande en première instance dans le cadre d'une procédure *ex parte* sommaire[19], sous réserve de la possibilité d'un appel[20]) et, d'autre part, les motifs de refus de reconnaissance ou de déclaration de force exécutoire, énumérés limitativement aux articles 34 et 35, sont très peu nombreux, excluant notamment la possibilité de

---

12 Art. 2, sections 2 à 7 du chapitre II du Règlement 44/2001.

13 Art. 4. Cet article permet, à l'égard d'un tel défendeur, l'invocation des règles nationales de compétence, y compris les règles exorbitantes.

14 Art. 2.

15 Ces exceptions se divisent *grosso modo* en quatre catégories. Les règles de la première catégorie (art. 5 et 6) offrent des fors alternatifs lesquels coexistent avec le for du défendeur. La deuxième catégorie (art. 8 à 21) vise à protéger des parties censées être plus faibles par le biais de règles asymétriques plus favorables à celles-ci qu'à la partie adverse. La troisième catégorie (art. 22) est composée de règles de compétence exclusive applicables quelle que soit le domicile du défendeur et indépendamment de la volonté des parties. Enfin, la quatrième (art. 23 et 24) accorde un rôle déterminant à la volonté des parties.

16 Voir, parmi de nombreux exemples, l'arrêt du 16 juillet 2009 dans l'affaire C-189/08, *Zuid Chemie*, Rec. p. I-6917, au point 21 « ce n'est que par dérogation à ce principe fondamental de la compétence des juridictions du domicile du défendeur que [le règlement] prévoit un certain nombre d'attributions de compétences spéciales ».

17 En revanche, le règlement ne touche pas à l'exécution proprement dite laquelle reste soumise au droit procédural national du juge requis, arrêt du 2 juillet 1985, affaire 148/84, *Deutsche Genossenschaftsbank*, Rec. p. 1981.

18 Art. 38-56.

19 Art. 41.

20 Art. 43.

réexaminer la décision sur le fond[21] et même, à quelques exceptions près[22], la compétence du juge de l'État d'origine[23]. Dans la pratique, les motifs de refus sont le plus souvent invoqués afin soit de protéger le défendeur défaillant[24] soit, de manière plus générale, de remédier, par le biais de l'exception d'ordre public[25], à d'éventuelles violations, dans l'État d'origine, du principe général selon lequel toute personne a droit à un procès équitable[26]. L'allègement de la procédure d'exequatur entériné par le Règlement Bruxelles I constitue en effet l'avance majeure réalisée par l'exercice de révision de la Convention de Bruxelles entamé en 1998.

Les instruments spécialisés énumérés ci-dessus constituent des *leges speciales* par rapport au Règlement Bruxelles I en ce sens qu'ils établissent des procédures particulières dans le domaine civil et commercial visant à ce que les décisions rendues sous l'empire de l'instrument en question puissent circuler dans tous les États-membres sans la nécessité d'un exequatur[27].

2. *Le Règlement titre exécutoire européen*

L'objectif du Règlement titre exécutoire[28] est de permettre que les décisions, rendues dans un État-membre, relatives à des créances incontestées en matière civile et commerciale et certifiées en tant que titre exécutoire puissent circuler dans les autres États-membres sans la

---

21 Art. 36.

22 Art. 35, par. 1.

23 Art. 35, par. 3.

24 Cette possibilité est prévue explicitement par l'art. 34, par. 2.

25 L'art. 34, par. 1, dispose qu'une décision n'est pas reconnue « si la décision est manifestement contraire à l'ordre public de l'État-membre requis ».

26 Voir en particulier, l'arrêt du 28 mars 2000 dans l'affaire C-7/98, *Krombach v. Bamberski*, Rec. p. I-1935 et l'arrêt du 2 avril 2009 dans l'affaire C-394/07, *Gambazzi*, Rec. p. I-2563.

27 Sur ces instruments en général, voir K. Vandekerckhove, « Een Europees labyrint : het geographisch toepassingsgebied van de Brussel-I Verordening en aan verwante Europese wetgeving van internationaal privaat- en burgerlijk procesrecht », *Nederlands tijdschrift voor Europees recht*, 2009, p. 90 ; K. Vandekerckhove, « Créances incontestées, injonction de payer et demandes de faible importance : procédures européennes », *L'Observateur de Bruxelles*, 2006, p. 5.

28 Pour des explications sur l'opération de ce règlement, que l'auteur qualifie de « Kafkaesque », voir L. d'Avout, « La circulation automatique des titres exécutoires imposée par le Règlement 805/2004 du 21 avril 2004 », [2006] *Rev. Crit. dip.*, p. 1 ; H. Péroz, « Le Règlement CE n° 805/2004 portant création d'un titre exécutoire européen pour les créances incontestées », *JDI*, 2005, v. 132, p. 637 ; C. Baker, « Le titre exécutoire européen une avancée pour la libre circulation des décisions ? », *La semaine juridique - édition générale*, 2003, p. 985 ; E. Jeuland, « Le titre exécutoire européen : un château en Espagne ? », *Gazette du Palais*, mai-juin 2005, p. 1634.

nécessité de les exéquaturer. Afin de pouvoir être certifiée en tant que titre exécutoire européen (TTE), la créance constatée par la décision doit, tout d'abord, être réputée incontestée[29]. Le « péché original » de cet instrument est qu'il qualifie une créance d'incontestée même lorsque le défendeur n'a pas comparu[30], ce qui entraîne la nécessité d'établir un grand nombre de sauvegardes, dans l'État-membre d'origine, comme condition préalable à la certification d'une décision en tant que TTE. En particulier, en cas d'absence d'opposition à la créance pendant la procédure judiciaire ou de non-comparution du défendeur[31], une décision ne peut être certifiée que si la procédure judiciaire dans l'État-membre d'origine a satisfait à un certain nombre d'exigences procédurales visant à renforcer la probabilité que le défendeur a bien reçu la signification ou notification[32]. En outre, le certificat ne peut être émis que si le droit national garantit que le défendeur qui ne s'est pas opposé à la créance ou qui n'a pas comparu a le droit, dans certains cas, de demander, dans l'État d'origine, le réexamen de la décision[33]. Si, au bout de cette course d'obstacles, le créancier réussit à obtenir le certificat, la décision peut dès lors être exécutée dans les autres États-membres sans exequatur. Mais l'exécution de celle-ci n'est pas pour autant garantie dans la mesure où l'article 21 dispose que l'exécution est refusée (sur demande du débiteur) s'il s'avère qu'elle est incompatible avec une décision antérieure de n'importe quel pays si cette décision a été rendue entre les parties dans un litige ayant la même cause.

Il en résulte une situation extrêmement complexe. D'une part, au moment de l'introduction de l'action, et même si celle-ci porte sur une « créance », au sens de l'article 4, point 2, du règlement, le requérant ne peut pas compter sur la certitude de pouvoir exécuter la décision (à condition bien entendu qu'il remporte l'affaire) dans un autre État-membre sans la nécessité de la faire exéquaturer car il ne peut jamais être sûr à l'avance que la décision qu'il obtiendra puisse être certifiée en tant que titre exécutoire. C'est uniquement s'il s'avère, après que la décision aura été rendue, qu'il a été satisfait à toutes les conditions énumérées à l'article 6 du règlement, que la décision bénéficie de la force exécutoire dans les autres États-membres. L'on peut dès lors douter de la valeur et l'utilité réelle de cet instrument.

Toujours est-il que le modèle adopté, à savoir la suppression de l'exequatur assortie du déplacement de sauvegardes en vue de protéger

---

29 Art. 3.

30 Art. 3, par. 1, points b) et c).

31 Art. 6, par. 1, point c).

32 Art. 12 à 17.

33 Art. 19.

le débiteur vers l'État-membre d'origine, sert de précurseur dans ce domaine et, en réalité, fut conçu comme un projet pilote d'une politique tendant à la suppression généralisée de l'exequatur[34].

En revanche, le Règlement (CE) n° 1896/2006 instituant une procédure européenne d'injonction de payer et le Règlement n° 861/2007 instituant une procédure européenne de règlement des petits litiges établissent des procédures distinctes lesquelles devraient permettre au requérant de savoir à l'avance si la décision qu'il obtiendra sera susceptible de bénéficier de la force exécutoire dans les autres États-membres.

3. Le Règlement injonction de payer

Le Règlement injonction de payer[35] vise surtout à établir une procédure légère et peu coûteuse permettant à un créancier de recouvrer des créances qui ne font pas l'objet d'une contestation juridique, basée sur le Mahnverfahren allemand et l'injonction de payer française[36]. Dans cette optique la proposition de la Commission prévoyait une procédure généralisée et applicable à tous les litiges portant sur le recouvrement d'une créance pécuniaire incontestée, liquide et exigible[37]. Toutefois, pour des raisons tendant surtout à la base juridique, le règlement est limité aux seuls « litiges transfrontaliers »[38], cette notion s'étendant toutefois à tous les litiges dans lesquels au moins une des parties a son domicile ou sa résidence habituelle dans un État-membre autre que l'État de la juridiction saisie[39]. Dès lors, la procédure s'applique à une situation dans laquelle le seul élément étranger est la résidence ou le domicile du créancier. De cette manière, dans les États-membres qui décident de ne pas étendre la procédure aux litiges purement internes, les créanciers ayant leur résidence dans un autre État-membre sont avantagés par rapport aux créanciers domestiques.

Si un certain nombre de conditions sont remplies, la juridiction délivre l'injonction de payer[40]. Ensuite, celle-ci, comportant un certain nombre d'informations destinées au défendeur[41], est signifiée ou notifiée

---

34 J.-F. van Drooghenbroeck/S. Brijs, « La pratique judiciaire du défi du titre exécutoire européen », ERA Forum (2007) 49, p. 53.

35 M. Lopez de Tejada, L. d'Avout, « Les non-dits de la procédure européenne d'injonction de payer : Règlement (CE) n° 1896/2000 du 12 décembre 2006 », *Rev. Crit. dip.*, 2007, p. 717.

36 Proposition de la Commission, COM (2004), 173 final, point 2.1.2.

37 *Ibid.*

38 Règlement injonction de payer, article premier, par. 1), point a).

39 *Ibid.*, art. 3, par. 1.

40 Art. 12, par. 1.

41 Art. 12, par. 2.

au défendeur[42]. Si ce dernier omet de former opposition dans un délai de 30 jours[43], l'injonction de payer est déclarée exécutoire[44], ce qui lui permet d'être exécutée dans les autres états-membres sans exequatur[45] (mais toujours sous réserve de l'article 22, lequel exige que l'exécution soit refusée pour des motifs d'incompatibilité[46] ou parce que le défendeur a payé au demandeur le montant fixé dans l'injonction de payer). Et même après l'expiration du délai de 20 jours, le défendeur peut dans certains cas demander le réexamen de l'injonction de payer[47]. Si, par contre, le défendeur forme opposition à l'injonction de payer, la procédure suit son cours devant les juridictions compétentes, selon les règles de procédure civile ordinaire[48].

4. Le Règlement petits litiges

Enfin, le Règlement petits litiges établit une procédure simplifiée applicable en matière civile et commerciale dans les litiges transfrontaliers lorsque le montant de la demande ne dépasse pas 2 000 euros[49]. Le fonctionnement de ce règlement est très similaire à celui du Règlement injonction de payer.

B. En matière du droit de la famille

En matière du droit de la famille, la situation est encore plus compliquée. En premier lieu, le Règlement (CE) n° 2201/2003 relatif à la compétence, la reconnaissance et l'exécution des décisions en matière matrimoniale et en matière de responsabilité parentale[50] (Bruxelles II*bis*) régit, les questions de responsabilité parentale, de compétence, de reconnaissance et d'exécution des décisions en matière de divorce, de la séparation de corps et de l'annulation du mariage. En second lieu, la compétence, la reconnaissance et l'exécution en matière d'obligations alimentaires sont régies, jusqu'à l'entrée en application du Règlement n° 4/2009 relatif à la compétence, la loi applicable, la reconnaissance et

---

42 Art. 13 et 14.

43 Art. 16, par. 2.

44 Art. 18.

45 Art. 19.

46 À l'instar de l'art. 21 du Règlement 805/2004, voir *supra*.

47 Art. 20.

48 Art. 17.

49 Art. 2. L'expression « litige transfrontalier » a le même sens que dans le Règlement injonction de payer, voir *supra*.

50 *J.O. L 338 du 23.12.2003*, p. 1. En vertu de l'art. 76 du règlement, celui-ci s'applique à compter du 18 juin 2011, à condition que le protocole de La Haye du 23 novembre 2007 sur la loi applicable aux obligations alimentaires soit déjà applicable (ce qui n'est pas encore le cas).

l'exécution des décisions et la coopération en matière d'obligations alimentaires[51], continuent à relever du Règlement Bruxelles I[52] (*supra*). Enfin, la compétence, la reconnaissance et l'exécution en matière de régimes matrimoniaux et de partenariats enregistrés ne font, à l'heure actuelle, l'objet d'aucune règle uniforme, la Commission européenne n'ayant présenté deux propositions de règlement dans ce domaine que le 16 mars 2011[53].

*1. Le Règlement Bruxelles II*bis

Le Règlement Bruxelles II*bis*, touchent deux aspects du droit de la famille lesquels sont étroitement liés mais qui sont néanmoins traités de manière distincte, à savoir d'une part le divorce, la séparation de corps et l'annulation du mariage[54] et d'autre part l'attribution, l'exercice, la délégation et le retrait total ou partiel de la responsabilité parentale[55] (laquelle comprend notamment le droit de garde et le droit de visite[56]). Par ailleurs, pour chacun de ces aspects, le règlement, comme son homologue en matière civile et commerciale, contient des règles de compétence, de reconnaissance et d'exécution des décisions.

Pour ce qui concerne les règles de compétence en matière de divorce, etc., le Règlement Bruxelles II*bis* prévoit plusieurs possibilités basées sur la résidence habituelle et la nationalité des époux. En effet, la compétence est attribuée (à l'option du demandeur, et sans ordre hiérarchique) aux juridictions de l'État-membre de, la résidence habituelle du défendeur, la résidence habituelle de l'un ou l'autre des époux (en cas de demande conjointe), la résidence habituelle du demandeur s'il y a résidé depuis au moins une année (période réduite à six mois s'il possède la nationalité de l'état du for) et sur la nationalité commune des deux époux[57]. Pour ce qui concerne la compétence en matière de responsabili-

---

51 *J.O. L du 10.01.2009*, p. 1.

52 Les demandes peuvent être portées soit devant les tribunaux de l'État-membre où le défendeur est domicilié (art. 2) soit devant le tribunal du lieu du domicile ou, s'il s'agit d'une demande accessoire à une action relative à l'état des personnes, devant le tribunal compétent pour en connaître (art. 5, par. 2).

53 Proposition de règlement du Conseil relatif à la compétence, la loi applicable, la reconnaissance et l'exécution des décisions en matière de régimes matrimoniaux (COM (2011), 126 final), ainsi que la proposition, adoptée le même jour, de règlement relatif à la compétence, la loi applicable, la reconnaissance et l'exécution des décisions en matière d'effets patrimoniaux des partenariats enregistrés (COM (2011), 127 final).

54 Article premier, par. 1 a).

55 Article premier, par. 1 b).

56 Art. 2, point 7).

57 Art. 3. La nationalité commune est remplacée par le « domicile » dans le cas du Royaume-Uni et de l'Irlande. Ceci s'explique par le fait que dans les pays de la

té parentale, l'État-membre compétent est en principe celui dans lequel l'enfant a sa résidence habituelle au moment de la saisine de la juridiction[58], sous réserve de quelques aménagements prévus afin de permettre le maintien de la compétence de cet État-membre en cas de déménagement licite de l'enfant[59] ou de son enlèvement[60]. À cette compétence de base s'ajoute la possibilité pour les parties de proroger la compétence des juridictions saisies pour statuer sur une demande de divorce[61]. Enfin, l'article 15 introduit une application limitée de la théorie du *forum non conveniens* permettant à une juridiction compétente de se dessaisir au profit d'une juridiction d'un autre État-membre mieux placée pour connaître de l'affaire[62].

Pour ce qui concerne la reconnaissance des décisions, le système du Règlement Bruxelles II*bis* est très similaire à celui établi par le Règlement Bruxelles I, en ce sens qu'aucune procédure n'est nécessaire[63], le contrôle de la compétence de la juridiction d'origine[64], ainsi que la révision au fond de la décision[65], sont interdits. Les motifs de non-reconnaissance (y compris la contrariété avec l'ordre public de l'État requis) sont énumérés exhaustivement[66].

La problématique de l'exécution, par opposition à la simple reconnaissance, ne se posant pas pour les décisions de divorce, le règlement se limite à prévoir un régime d'exequatur pour les seules décisions sur l'exercice de la responsabilité parentale[67]. De nouveau, le système est très similaire à celui établi, pour les décisions en matière civile et commerciale, par le Règlement Bruxelles I.

Common Law la nationalité n'est pas retenue comme critère de rattachement. Le domicile au sens de ces systèmes implique un lien de rattachement plus étroit que celui envisagé par le domicile au sens du Règlement Bruxelles I. Sur le domicile en général voir Dicey, Morris & Collins, The Conflict of Laws, 14e édition (Londres, Sweet & Maxwell, 2006).

58 Art. 8. Toutefois, lorsque la résidence ne peut pas être déterminée, les juridictions de l'État-membre où l'enfant est présent sont compétentes.

59 Art. 9.

60 Art. 10.

61 Art. 14.

62 Art. 15.

63 Art. 21, par. 1.

64 Art. 24.

65 Art. 26.

66 L'art. 22, en cas des décisions de divorce et l'art. 23, en cas de décisions en matière de responsabilité parentale.

67 Art. 28.

Toutefois, le chapitre III, section 4, du règlement établit, pour les seules décisions accordant le droit de visite et certaines décisions[68] ordonnant le retour d'un enfant enlevé, un régime radical en vertu duquel la décision du juge de l'État d'origine jouit de la force exécutoire dans un autre État-membre sans qu'il soit possible de s'opposer à sa reconnaissance. Ce régime, entraînant la suppression totale de l'exequatur de telles décisions est encore plus radical que celui établi, en matière civile et commerciale, par le Règlement « titre exécutoire » et ses congénères.

Les circonstances dans lesquelles une décision ordonnant le retour d'un enfant enlevé est exonérée de la procédure d'exequatur sont circonscrites par les articles 11 et 42 du règlement. En effet, l'article 11 ne s'applique que lorsqu'un enfant a été enlevé d'un État-membre A vers l'État-membre B, et que les juridictions de l'État-membre B ont été saisies en vertu de la Convention de La Haye du 25 octobre 1980 sur les aspects civils de l'enlèvement international d'enfants. En vertu de cette convention, les autorités de l'État contractant vers lequel l'enfant a été enlevé ordonnent son retour immédiat. Toutefois, l'article 13 point b) ces autorités ne sont pas obligées d'ordonner le retour de l'enfant « s'il existe un risque grave que le retour de l'enfant ne l'expose à un danger physique ou psychique ». Or, l'article 11 du Règlement Bruxelles II*bis* vise d'une part à réduire, pour les États-membres, la possibilité de se prévaloir de cette faculté et d'autre part à permettre aux juridictions de l'État-membre dans lequel l'enfant avait sa résidence habituelle avant l'enlèvement de « passer outre » une décision de non-retour rendue en vertu de l'article 13 de la Convention de La Haye. En effet, l'article 11, paragraphe 8, du règlement prévoit que « nonobstant une décision de non-retour rendue en application de l'article 13 de la Convention de La Haye de 1980, toute décision ultérieure ordonnant le retour de l'enfant rendue par une juridiction compétente en vertu du présent règlement est exécutoire conformément au chapitre III, section 4, en vue d'assurer le retour de l'enfant ». L'article 42, à son tour, dispose qu'une telle décision jouit de la force exécutoire dans un autre État-membre si la décision a été certifiée dans l'État-membre d'origine ; le juge d'origine ne peut délivrer le certificat que si a) l'enfant a eu la possibilité d'être entendu, à moins qu'une telle audition n'ait été jugée inappropriée, b) les parties ont eu la possibilité d'être entendues et que c) la juridiction a dûment tenu compte des motifs justifiant la décision de non-retour en vertu de l'article 13 de la Convention de La Haye de 1980.

Ce système de « full faith and credit », extrêmement radical, pousse l'opération du principe de reconnaissance mutuelle à l'extrême. Il

[68] À savoir les décisions visées à l'art. 11, par. 8, voir *infra*.

semble à première vue paradoxal qu'un tel modèle ait été adopté dans le domaine du droit de la famille, où les États-membres sont normalement plus frileux. Ceci s'explique toutefois par le souci particulier de trouver une solution au problème épineux posé par l'enlèvement d'un enfant, par l'un ou l'autre parent, surtout dans le cas de couples mixtes, problème exacerbé par la réticence des autorités dans certains États-membres d'ordonner le retour en vertu de l'article 12 de la Convention de La Haye de 1980. L'objectif principal du système établi par le règlement est en effet de décourager les enlèvements et d'assurer le retour expéditif de l'enfant vers l'État d'origine. Pour ces raisons, il est, à notre sens, peu probable qu'un tel modèle puisse être étendu de manière généralisée dans un avenir proche. Néanmoins, l'existence de ce système a donné à la Cour de justice maintes occasions d'explorer les limites de la légitimité du principe de reconnaissance mutuelle, et notamment son articulation avec la protection des droits fondamentaux dans l'Union européenne entérinée par la Charte des Droits Fondamentaux et la Convention européenne des droits de l'homme. Cette problématique fait l'objet de la section 3 *infra.*

2. *Le Règlement obligations alimentaires*

Enfin, il convient de mentionner brièvement le Règlement n° 4/2009 relatif à la compétence, la loi applicable, la reconnaissance et l'exécution des décisions et la coopération en matière d'obligations alimentaires (le « Règlement obligations alimentaires »[69]). Ce règlement, dont l'implémentation est compliquée du fait de son articulation avec la Convention de La Haye de 2007 sur le recouvrement international des aliments destinés aux enfants et à d'autres membres de la famille et le protocole de La Haye de 2007 sur la loi applicable aux obligations alimentaires, se situe dans la vague des instruments plus modernes en ce sens qu'il contient un *forum necessitatis*[70] et, au moins pour les États-membres liés par le protocole sur la loi applicable aux obligations alimentaires, prévoit la suppression de l'exequatur[71].

C. *Résumé de la situation actuelle*

Si nous essayons à résumer la situation actuelle en identifiant les éléments communs qui sous-tendent les régimes en vigueur, nous voyons que ce n'est pas une tâche aisée. D'un côté, nous pouvons constater quelques similitudes communes à tous les instruments. D'un autre côté, nous sommes frappés non seulement par certaines différences entre les régimes, mais aussi par leur complexité. Et si quelques-unes de

---

69 *J.O. L 7 du 10.12. 2009*, p. 1.

70 Art. 7.

71 Art. 17.

ces différences s'expliquent par la nature de la matière en cause (par exemple le maintien d'un niveau plus élevé de contrôle au stade de l'exequatur dans des domaines plus sensibles), les raisons pour d'autres divergences sont plus difficiles à cerner (par exemple le maintien du domicile comme critère de rattachement principal dans le Règlement Bruxelles I et sa progéniture alors que tous les autres instruments sont basés sur la résidence habituelle[72]).

1. Règles de compétence

Les seuls éléments vraiment communs à tous les régimes sont l'existence de règles de compétence directes et harmonisées couvrant des situations spécifiques tout en prévoyant l'application résiduelle des règles nationales pour des situations tombant en dehors du champ d'application des règles harmonisées ainsi que des régimes concernant la litispendance, etc.

Pour ce qui concerne les différences, nous constatons tout d'abord des divergences assez radicales entre le groupe civil et commercial et le groupe droit de la famille. Dans ce premier groupe, la règle de base est constituée par l'attribution de compétence à l'État-membre du domicile du défendeur, assortie d'un grand nombre de « dérogations » (fors alternatifs, fors exclusifs, fors protecteurs, prorogation par le choix des parties).

Dans le groupe droit de la famille, mis à part le fait que le critère de rattachement principal est la résidence habituelle, par opposition au domicile, des parties, nous constatons des approches assez différentes. En effet, pour le divorce, plusieurs choix (sans aucune hiérarchie) basés sur la résidence habituelle de l'une ou l'autre partie ou sur la nationalité commune s'offrent aux parties alors qu'en matière de responsabilité parentale la compétence est basée sur la résidence habituelle de l'enfant, sans aucun rôle ni pour le domicile ni pour la nationalité. Quant à la matière d'obligations alimentaires, la compétence est basée sur la résidence habituelle du demandeur ou du défendeur, un rôle limité par ailleurs étant accordé à un choix éventuel opéré par les parties.

Enfin, on constate une tendance générale qui consiste à réduire le rôle résiduaire accordé aux règles nationales non harmonisées en étendant le champ d'application des règles harmonisées complétées, le cas échéant, par l'ajout d'un *forum necessitatis*.

---

72 Comme c'est le cas, même dans le domaine civil et commercial, pour les instruments portant sur le choix de la loi applicable (les Règlements Rome I et Rome II).

2. Règles de reconnaissance et d'exécution

De manière générale, il ne faut pas perdre de vue que toutes les décisions relevant du champ matériel de l'instrument en cause peuvent être exécutées en vertu du mécanisme établi par l'instrument, et ce que la compétence du juge ait été basée sur les règles harmonisées ou sur les règles – résiduaires – de droit national. Cet aspect est un élément fondateur du système de la libre circulation des décisions, déjà présent dès la conclusion de la Convention de Bruxelles en 1968.

L'autre aspect fondamental de la libre circulation des décisions tient à la « réception » de celles-ci dans l'ordre juridique des États-membres autres que l'État d'origine. À l'égard de cet aspect, il est aisé de constater que, depuis l'entrée en vigueur du Traité d'Amsterdam, le fil rouge dans ce domaine a été un processus d'extension de la portée du principe de « reconnaissance mutuelle », concomitamment avec la réduction, voire la suppression du contrôle exercé par l'État requis à l'égard des décisions rendues dans les autres États-membres tout en laissant inchangé les mécanismes nationaux et conventionnels pour ce qui concerne la reconnaissance et l'exécution des décisions rendues dans les États tiers

À cet égard, plusieurs modèles peuvent être identifiés.

Tout d'abord, il y a le modèle i) classique, à savoir l'allègement du processus de l'exequatur au fil du temps, au fur et à mesure que la confiance mutuelle s'accroît. Ce modèle est entériné par le Règlement Bruxelles I et par le régime général du Règlement Bruxelles II*bis* (régime général).

Ensuite, nous constatons le modèle ii) comportant la suppression de l'exequatur, assortie de certaines garanties procédurales dans l'État d'origine ainsi que le déplacement de certains motifs de refus vers le stade de l'exécution dans l'État requis. Ce modèle se trouve notamment dans les Règlements titre exécutoire, créances incontestées et petits litiges.

Enfin, nous trouvons, à titre exceptionnel, le modèle iii) comportant la suppression pure et simple de l'exequatur[73] dans les dispositions du Règlement Bruxelles II*bis* (articles 41 et 42) ayant trait au droit de visite et les ordonnances de retour d'un enfant visées à l'article 11 de ce même règlement.

Dans les deuxième et troisième modèles le recours à l'ordre public de l'État requis est supprimé.

---

[73] Il est vrai que les conditions de certification, nécessaires pour conférer la force exécutoire à la décision, exigent le respect de certaines garanties procédurales et, à ce titre, font que ce modèle s'apparente au deuxième modèle.

II. Les propositions

La proposition de révision du Règlement Bruxelles I (COM (2010), 748 final) envisage deux changements majeurs par rapport au régime du Règlement Bruxelles I actuel.

En effet, pour ce qui concerne la compétence internationale, la proposition prévoit l'application des règles harmonisées et ce même lorsque le défendeur est domicilié hors Union[74] (quoique, dans ce cas, les règles harmonisées sont complétées par l'ajout de fors subsidiaires et de nécessité)[75].

Pour ce qui concerne la reconnaissance et l'exécution, la proposition est assez complexe. En effet, tout en maintenant le système actuel pour les décisions concernant les atteintes à la vie privée et au droit de la personnalité[76] et celles rendues dans les actions collectives[77], il prévoit la suppression de l'exequatur (selon une version du modèle ii) *supra*), et du recours à l'ordre public du for. Afin de garantir le respect notamment des droits de la défense, l'article 45 prévoit une procédure de réexamen *dans l'État-membre d'origine* de la décision par le défendeur défaillant alors que l'article 46 permet à une partie de demander dans *l'État-membre d'exécution* le refus de la reconnaissance ou de l'exécution d'une décision lorsque celle-ci serait prohibée par les « principes fondamentaux qui sous-tendent le droit à un procès équitable ».

Pour ce qui concerne la compatibilité avec l'obligation de respecter les droits fondamentaux de ce régime, et en particulier la suppression de la procédure d'exequatur et le recours à l'ordre public, il semble que le droit à un procès équitable, entériné notamment par l'article 6 de la Convention européenne des droits de l'homme et l'article 47 de la Charte des Droits Fondamentaux de l'Union européenne[78], soit suffisamment bien protégé par le système établi par les articles 45 et 46.

Pour ce qui concerne l'obligation implicite de reconnaître ou d'exécuter des décisions qui seraient entachées par une violation éventuelle d'autres droits fondamentaux commise par la juridiction d'origine, il convient de souligner que, dans la pratique, sous l'empire du régime actuel, l'exception d'ordre public n'est, à notre connaissance, presque jamais invoquée aux fins de refuser la reconnaissance ou l'exequatur d'une telle décision, alors que cela reste théoriquement possible. Il est

---

[74] Par la suppression de l'art. 4 du règlement actuel.

[75] L'art. 25 (compétence basée sur la présence de biens appartenant au défendeur) et l'art. 26 (compétence par la nécessité d'éviter un déni de justice).

[76] Art. 37, par. 3, point a).

[77] Art. 37, par. 3, point b).

[78] Sur la pertinence de celle-ci, voir *infra*, sous 3.

donc un peu surprenant que la Commission propose de retenir le système d'exequatur actuel pour les décisions concernant les obligations non contractuelles découlant d'atteintes à la vie privée et aux droits de la personnalité au motif notamment que « ces affaires sont particulièrement sensibles, et les États-membres ont adopté des approches divergentes pour faire respecter les divers droits fondamentaux concernés tels que la dignité humaine, le respect de la vie privée et de la vie familiale, la protection des données à caractère personnel, ou encore la liberté d'expression et d'information »[79]. En effet, d'une part, les États-membres sont tous liés par l'obligation de respecter le niveau minimal de protection des droits fondamentaux garantis notamment par la Charte et sont présumés de respecter cette obligation. D'autre part, ils peuvent tous aller au-delà de ce niveau minimal, et ainsi trancher un litige dans un sens différent du résultat qui serait atteint dans un autre État-membre qui ne fait que respecter le niveau minimal, à condition de ne pas enfreindre d'autres normes éventuellement applicables. Or, ce double principe vaut, au moins potentiellement, pour tous les domaines de droit civil et commercial, et il n'est pas du tout limité au domaine de la protection de la vie privée. Dans cette optique, on se demande pourquoi les États-membres seront, en devant renoncer à l'exception d'ordre public, obligés d'en tirer les conséquences pour toutes les décisions relevant du champ d'application du règlement, sauf ces deux cas particuliers.

Les autres propositions adoptées par la Commission qui sont toujours pendantes devant les instances législatives de l'Union sont i) la proposition de Règlement relatif à la compétence, la reconnaissance et l'exécution des décisions et des actes authentiques en matière de successions et à la création d'un certificat successoral européen[80] (« Règlement sur les successions », adopté le 14 décembre 2009), ii) la proposition de Règlement relatif à la compétence, la reconnaissance et l'exécution des décisions en matière des régimes matrimoniaux[81] (« Règlement sur les régimes matrimoniaux », adopté le 16 mars 2011) et iii) la proposition de Règlement relatif à la compétence, la reconnaissance et l'exécution des décisions en matière patrimoniale des partenariats enregistrés[82] (« Règlement sur les partenariats enregistrés », adopté le 16 mars 2011). Toutes ces propositions, à la différence de l'acquis existant[83], visent à établir un « code » dans le secteur en cause, en ce sens qu'elles établis-

[79] Exposé des motifs, point 3.1.1.

[80] COM (2009), 154 final.

[81] COM (2011), 126 final.

[82] COM (2011), 127 final.

[83] À l'exception du Règlement 4/2009 sur les obligations alimentaires.

sent non seulement le régime de compétence et de reconnaissance et exécution mais également celui de désignation de la loi applicable dans le domaine.

En termes très généraux, nous pouvons constater que, en matière de reconnaissance et d'exécution des décisions, ces trois propositions maintiennent non seulement la procédure d'exequatur mais également l'exception d'ordre public.

III. L'impact de la Charte des Droits Fondamentaux

En même temps que l'Union est en passe de démanteler les mécanismes d'exequatur, y compris le recours à l'ordre public de l'État requis, elle a renforcé la protection des droits fondamentaux en conférant à la Charte des Droits Fondamentaux de l'Union européenne (« Charte ») la même valeur juridique que les traités[84]. S'il est vrai que la Charte ne vise qu'à concrétiser la jurisprudence de la Cour de justice sur la protection des droits fondamentaux, il n'est guère surprenant que le fait de lui conférer le statut de droit primaire augmente son importance pour ce qui concerne l'interprétation, ainsi que de l'examen de la légalité, du droit dérivé[85].

En effet, la Cour de justice a déjà annulé certaines dispositions de droit dérivé au motif que celles-ci n'étaient pas en conformité avec la Charte, alors que l'instrument de droit dérivé en cause avait été adopté avant l'entrée en vigueur du Traité de Lisbonne[86].

Plus spécifiquement dans le domaine qui nous concerne, la Cour n'a pas hésité à examiner si l'interprétation littérale d'une disposition de droit dérivé ne devait pas être modulée afin de la rendre conforme avec les dispositions de la Charte. En effet, dans l'affaire *McB*[87] la Cour examine les dispositions de l'article 2, point 11 du Règlement Bruxelles II*bis* en vertu desquelles la question de savoir si le déplacement d'un enfant est illicite est résolue par un renvoi pur et simple au droit de l'État-membre dans lequel l'enfant avait sa résidence avant son

---

84 Art. 6, 1er alinéa, TUE.

85 Sur ce point, voir la Communication commune des juges Costa et Skouris, présidents de la Cour européenne des droits de l'homme et de la Cour de justice de l'EU respectivement, dans laquelle il est constaté que « la Charte est devenue le texte de référence et le point de départ pour l'appréciation par la CJUE des droits fondamentaux que cet instrument juridique reconnaît ». Par ailleurs, du fait de l'adhésion envisagée de l'Union à la Convention des droits de l'homme, les actes de l'Union seront soumis au contrôle exercé par la Cour des droits de l'homme.

86 Arrêt du 9 novembre 2010 dans aff. jtes. C-92 et 93/09, *Schecke et Eifert* (non encore publié).

87 Arrêt du 5 octobre 2010 dans l'affaire C-400/10 PPU, *McB*.

déplacement était en conformité avec la Charte, et notamment son article 7 sur le respect de la vie privée et familiale.

Mais la décision qui nous intéresse le plus est probablement l'arrêt Zarraga[88], dans lequel la Cour de justice se prononce sur l'interprétation de l'article 42, paragraphe 1, du Règlement Bruxelles II*bis*, lequel supprime l'exequatur, ainsi que toute possibilité d'opposition, dans l'État requis, de toute décision ordonnant le retour d'un enfant nonobstant une décision de non-retour rendue en application de l'article 13 de la Convention de La Haye du 25 octobre 1980 sur les aspects civils de l'enlèvement international d'enfants.

La Cour de justice juge que l'État-membre requis ne peut pas s'opposer à l'exécution d'une telle décision au motif que la décision aurait violé ledit article 42, interprété conformément à l'article 24 de la Charte (relatif au droit de l'enfant d'être entendu), car l'appréciation d'une telle violation relève exclusivement de la compétence des juridictions de l'État-membre d'origine.

Ce faisant, la Cour reconnaît la licéité, au regard des principes fondamentaux du droit de l'Union, de la suppression de l'exequatur et de la possibilité d'exciper de l'ordre public dans l'État requis, à condition que les voies de recours disponibles dans l'État d'origine permettent de remédier à d'éventuelles violations des droits fondamentaux.

Dès lors, la Cour semble donner, au moins implicitement, le feu vert au mécanisme de suppression de l'exequatur retenu entre autres dans les Règlements titre exécutoire européen, injonction de payer et petits litiges[89] et proposé par la Commission européenne dans la proposition de révision du Règlement Bruxelles I[90], lequel est nettement moins radical que celui mis en place par l'article 42 du Règlement Bruxelles II*bis*[91].

---

88 Arrêt du 22 décembre 2010, C-491/10 PPU, *Zarraga*.

89 Voir *supra*, 1.1.

90 Voir *supra*, sous 2.

91 L'examen des relations entre les dispositions de la Charte et la Convention européenne des droits de l'homme ne figure pas parmi les objectifs de la présente contribution. Toutefois, cette question revêt une importance croissante. En particulier, sur l'application de l'art. 8 de la convention (correspondant grosso modo à l'art. 7 de la Charte à une ordonnance de retour, adoptée conformément aux art. 12 et 13 de la Convention de La Haye de 1980), d'un enfant vers un État contractant, voir l'arrêt du 6 juillet 2010, *Neulinger et Shuruk c. Suisse.* Sur la position privilégiée dont jouissent les États-membres de l'Union au vu de la convention lorsqu'ils remplissent leurs obligations imposées par le droit de l'Union, voir l'arrêt du 30 juin 2005, Bosphorus. Enfin, sur les limites de la licéité à l'égard de la Convention des droits de l'homme du principe communautaire de reconnaissance mutuelle voir l'arrêt du 21 janvier 2011, *M.S.S. c. Belgique et Grèce* et sur les relations entre ce principe et la Charte voir aff. jtes. C-411/10 et C-493/10, *N.S. et M.E. et autres*, pendantes.

IV. Conclusion

Le droit international privé européen reste très fragmentaire, plusieurs domaines étant toujours régis par le droit national. En effet, si nous prenons comme point de repère le Code belge de droit international privé pour avoir une idée de ce qui pourrait relever d'un code européen, nous constatons qu'il contient 13 chapitres portant sur les dispositions générales, les personnes physiques, les relations matrimoniales, la relation de vie commune, la filiation, les obligations alimentaires, les successions, les biens, les obligations, les personnes morales, l'insolvabilité, les trusts et les dispositions finales. Certains de ces chapitres restent complètement intouchés par le droit européen et certains autres en sont affectés seulement en partie. Par ailleurs, certaines dispositions seraient considérées, dans les pays de la Common Law, comme n'appartenant même pas au domaine des conflits de lois, telles que les articles 36 à 41 sur les nom et prénoms.

Compte tenu de l'état lacunaire du droit international privé européen, il serait, à nos yeux, prématuré d'envisager un code complet de droit international privé à l'instar du Code belge.

En revanche, l'examen de l'acquis communautaire et des propositions pendantes dans ce domaine démontre que les règles contenues dans les instruments en vigueur et en cours de négociation actuelles sont extrêmement complexes et difficilement accessibles pour les juges, les praticiens et les justiciables. Par conséquent, une certaine rationalisation en vue de remédier à ce défaut s'impose. Pour ne citer qu'un exemple, si la proposition de révision du Règlement Bruxelles I est acceptée, le Règlement sur le titre exécutoire européen n'aura, à nos yeux, aucune valeur ajoutée et pourra être abrogé. Les deux autres instruments spécialisés (les Règlements injonction de payer et petits litiges) pourraient être consolidés dans un seul règlement.

Par ailleurs, compte tenu de l'évolution perpétuelle de certains principes directeurs dans ce domaine[92], il est inévitable que les divers instruments, adoptés à des moments différents, reflètent le contenu du principe au moment de l'adoption de l'instrument, ce qui mène à une certaine incohérence d'approche. À l'heure actuelle, il serait dès lors souhaitable, en vue de garantir la cohérence de l'acquis, de privilégier la consolidation de l'acquis actuel, le cas échéant en reportant le lancement de nouvelles initiatives.

---

92 Notamment la suppression de l'exequatur et l'adoption de règles de compétence « universelles », voir *supra*.

Définitions autonomes et rattachements

Propos introductifs

Anne MARMISSE-D'ABBADIE D'ARRAST
et Marc-Philippe WELLER

Maître de conférences, Université Toulouse 1 Capitole, France
et
Professeur, Université de Mannheim, Allemagne

L'intitulé même du thème de recherche qui nous a été confié ainsi que la méthode de travail, la constitution d'un binôme, nous conduisent à présenter, à la faveur de ces propos introductifs sommaires, les choix opérés.

Définitions autonomes et rattachements – donc qualification et rattachements – constituent les deux temps forts, les éléments directeurs dans la recherche de la loi applicable.

Une approche binaire, reposant sur une répartition nette et scindée des thématiques d'étude s'est imposée à nous. L'autonomie des concepts, la recherche d'une qualification harmonieuse et unitaire constitue le premier volet des contributions.

Le second volet, reposant sur l'étude des critères de rattachement retenus dans l'élaboration du droit international privé européen, conduit à une appréciation des choix effectués et à la suggestion d'aménagements potentiels.

Ces deux contributions, complémentaires, attestent d'une volonté commune de conférer à un éventuel Code de droit international privé européen, une lisibilité et une structure claire.

Au service des justiciables et des praticiens de l'Union, le Code ne peut être envisagé et justifié que par un souci d'accessibilité des règles, de prévisibilité et de sécurité juridique.

Tels sont nos vœux, formulés au fil des deux contributions ci-dessous proposées.

Qualification et concepts autonomes dans l'élaboration d'un code européen de droit international privé

Anne MARMISSE-D'ABBADIE D'ARRAST

Maître de conférences, Université Toulouse 1 Capitole, France

Première étape du processus de recherche du juge compétent ou de la loi applicable, la qualification revêt, dans la perspective aujourd'hui évoquée d'élaboration d'une codification, une place importante.

Processus permettant de classer un problème de droit dans une catégorie juridique, la qualification doit répondre à un objectif de sécurité et de prévisibilité[1].

À la faveur des *Fleurs du Mal*, Charles Baudelaire écrivait, dans un poème intitulé « Correspondances » :

Comme de longs échos qui de loin se confondent (...)
Les parfums, les couleurs et les sons se répondent.

Ce jeu d'échos et cette harmonie, célébrés par le poète, peuvent à l'identique être transposés dans l'univers de la codification et plus particulièrement dans la sphère de la qualification.

Une qualification unitaire[2], reposant sur une méthode moniste, garantit la cohésion du procès, depuis la détermination du juge compétent jusqu'à l'identification du critère de rattachement, étroit compagnon des catégories juridiques.

Cette unité de qualification trouve un important point d'ancrage dans la technique des définitions autonomes, initiée par la Cour de justice et relayée par le législateur européen.

1 F. Pocar, « Quelques réflexions sur le choix des sous-catégories et des éléments de rattachement dans les textes de référence », in *La matière civile et commerciale, socle d'un code européen de droit international privé*, Paris, Dalloz, 2009, p. 70.

2 T. Azzi, « Bruxelles I, Rome I, Rome II : regard sur la qualification en droit international privé communautaire », *Recueil Dalloz*, 24, 2009, p. 1621 et svtes.

Étudier la qualification et la place des définitions autonomes dans un possible Code européen impose de relever les dangers d'une dissonance des concepts essentiels (I) avant de rechercher les fondements d'une harmonie de ces mêmes concepts (II).

I. Les dangers d'une dissonance des concepts essentiels

Divers arrêts, rendus par la Cour de justice mais également par les juridictions des États-membres attestent des difficultés liées à l'absence de définition claire, autonome des concepts directeurs insérés dans les instruments portant règles de coopération judiciaire civile.

La première difficulté n'est autre que l'étonnante discordance pouvant exister entre la méthode de qualification utilisée au stade du conflit de juridictions et celle servant lors du conflit de lois.

Les juristes français connaissent la difficulté posée par la solution découlant de l'arrêt Jacob Handte[3]. Dans cette affaire, la Cour de justice a décidé que l'action en garantie des vices cachés intentée par le sous-acquéreur contre le fabriquant était de nature délictuelle et relevait donc de l'article 5-3 de la Convention de Bruxelles. Cette qualification s'oppose à celle retenue en France et faisant entrer les litiges de ce type dans la sphère contractuelle.

Lié par la jurisprudence Handte[4], un juge français devra donc, au stade de la vérification de compétence, considérer que le litige aux extrémités de la chaîne contractuelle est de nature délictuelle. Une logique distincte peut, à l'inverse, soumettre le processus de qualification à une analyse opposée au stade du conflit de lois et générer une qualification de nature contractuelle.

L'absence de règles directrices européennes en la matière conduit donc à un dualisme de qualification nuisible à la sécurité juridique des plaideurs[5].

---

3 CJCE, Jakob Handte c. T.M.C.S., 17 juin 1992, aff. C.2/91, Recueil I.3697 ; H. Gaudemet Tallon, *Rev. Crit. dip.*, 1992, p. 730.

4 La Cour a en effet affirmé que « l'article 5, point 1, de la Convention du 27 septembre 1968 concernant la compétence judiciaire et l'exécution des décisions en matière civile et commerciale doit être interprété en ce sens qu'il ne s'applique pas à un litige opposant le sous-acquéreur d'une chose au fabricant, qui n'est pas le vendeur, en raison des défauts de la chose ou de l'impropriété de celle-ci à l'usage auquel elle est destinée. »

5 Pour une qualification unitaire, voyez notamment H. Gaudemet-Tallon, Compétence et exécution des jugements en Europe, 3e édition, 2002, n° 183 : « Il est souhaitable que les textes qui sont à base d'un véritable droit international privé européen soient, aussi souvent que possible, interprétés de façon convergente et, en particulier, que la notion de matière contractuelle ait la même signification pour les conflits de lois et les conflits de juridictions ».

Cette affaire illustre bien la première problématique à résoudre au sein de l'espace de coopération judiciaire de l'Union, affirmer et afficher une qualification unitaire aux divers stades de la procédure, du conflit de juridictions au conflit de lois.

La seconde difficulté découle de l'absence de définition autonome pour un nombre important de notions clés. L'évocation de ce nouvel écueil impose deux remarques liminaires. Le concept même de définition autonome doit être précisé avant de présenter les entraves liées à l'absence de définition autonome quant à certaines notions fondamentales.

La technique des définitions autonomes a été développée par la Cour pour assurer au système de la Convention de Bruxelles une unité et une cohérence d'ensemble des dispositions au sein des divers États concernés.

Soucieuse de justifier ce choix, la Cour indique dans plusieurs décisions les raisons directrices imposant le recours à une définition autonome. L'idée générale, systématisée à la faveur de l'arrêt Bertrand[6], est de doter un concept « d'un contenu matériel uniforme » qui soit « rattaché à l'ordre communautaire ».

Ces deux expressions révèlent les enjeux de l'interprétation autonome[7]. Les concepts seront désormais définis, non par référence aux droits nationaux avec les facteurs de diversité qu'une telle option aurait indéniablement engendrés, mais au contraire en se référant aux définitions retenues par la Cour dans ses arrêts interprétatifs.

La technique de l'interprétation autonome tend donc à pallier les effets négatifs d'une approche discordante des concepts dans les divers États liés par un texte de coopération civile.

Plusieurs difficultés, sans volonté d'exhaustivité, peuvent ici être rappelées.

L'article 24 de la Convention de Bruxelles, aujourd'hui article 31 du Règlement 44-2001, pose des règles de compétence dans le domaine particulier des mesures provisoires et conservatoires. L'appréhension même des contours des mesures provisoires et conservatoires a généré

6 CJCE, Bertrand c. Ott, 21 juin 1978, Aff. 150/77, Rec. 1978, p. 1431. La Cour, concernant la définition d'un contrat de vente à tempérament, indique dans cet arrêt que : « Étant donné que la notion de contrat de vente à tempérament diffère d'un État-membre à l'autre selon les finalités poursuivies par les législations respectives, il est nécessaire dans le cadre de la convention de considérer cette notion comme autonome et de lui donner par conséquent un contenu matériel uniforme rattaché à l'ordre communautaire ».

7 A. Marmisse, *La libre circulation des décisions de justice en Europe*, Limoges, PULIM, 2000, n° 74.

de nombreuses difficultés, notamment quand ces mesures étaient demandées sur le territoire d'États dont les législations connaissent des dispositions spécifiques proches d'un jugement au fond.

Afin d'éviter que l'article 24, aujourd'hui 31, ne conduise à contourner le système général des textes européens, la CJCE a posé, à la faveur des arrêts Van Uden[8] et Mietz[9] une définition des dispositions pouvant être considérées comme mesures provisoires et conservatoires. Cette définition repose sur le cumul de deux éléments destinés à ne faire entrer dans le champ de la compétence alternative que des mesures correspondant à une étape préalable à un jugement au fond.

Ainsi, en requérant la possibilité d'une restitution de la somme versée par provision et la présence d'un lien significatif de rattachement entre le for saisi et la demande, la Cour a cherché à revenir à la définition initiale, à l'essence des mesures provisoires et conservatoires, qui devront être suivies d'une décision sur le fond du litige.

Une autre difficulté, non encore résolue, découle de la définition des contrats de prestation de services. La Cour ne s'est pas engagée dans un processus de définition générale de ce concept essentiel à la mise en œuvre de l'article 5-1b/ du Règlement Bruxelles I.

Les juridictions nationales se heurtent aujourd'hui aux contrats de distribution. Les juges français[10] considèrent qu'il ne s'agit « ni d'un contrat de vente, ni d'un contrat de fournitures de services ».

La Cour de justice quant à elle est au prise, en atteste l'arrêt Falco du 23 avril 2009, avec les contrats « par lesquels le titulaire d'un droit de propriété intellectuelle concède à son cocontractant le droit de l'exploiter en contrepartie du versement d'une rémunération ». Elle ne les fait pas entrer dans la catégorie générale des contrats de prestation de services.

L'exemple spécifique des contrats de prestations de services[11] illustre les enjeux d'une définition des concepts clés. Ces contrats sont, comme

---

8 CJCE, Van Uden Maritime BV, 17 novembre 1998, aff. C 391/95, Rec., 1998, pI-7091 : « Le paiement à titre de provision d'une contre-prestation contractuelle ne constitue pas une mesure provisoire au sens de l'article 24 de la Convention du 27 septembre 1968 à moins que, d'une part, le remboursement au défendeur de la somme allouée soit garanti dans l'hypothèse où le demandeur n'obtiendrait pas gain de cause au fond de l'affaire et que, d'autre part, la mesure sollicitée ne porte que sur des avoirs déterminés du défendeur se situant, ou devant se situer, dans la sphère de la compétence territoriale du juge saisi. »

9 CJCE, Mietz, 27 avril 1999, aff. C99/96, voyez ici M. Wilderspin et A. Marmisse, « Le régime des mesures provisoires et conservatoires à la lumière des arrêts Mietz et Van Uden », *Rev. Crit. dip.*, 1999, n° 4.

10 Cass. civ. 1re, 23 janvier 2007, JCPG 2007, II, 10074, note T. Azzi et Cass. civ. 1re, 5 mars 2008.

les contrats de ventes, au centre de l'article 5-1 du Règlement 44, lequel ne les définit pas. L'absence de qualification d'un contrat, en contrat de vente ou en contrat de prestations de service, impose le recours à la règle générale de l'article 5-1 a) et renvoie à des difficultés connues de tous[12].

Soulignons également la délicate mise en œuvre de certaines expressions, tel le contrat conclu avec un professionnel qui « dirige son activité » vers l'État du domicile du consommateur. Les récentes affaires jointes Pammer et Hôtel Halpenhof[13], objet d'un arrêt rendu le 7 décembre 2010, conduisent en effet à la Cour à poser les premières pierres à la construction et à la délimitation de « l'activité dirigée ». La nécessité de donner à cette expression un contenu et une autonomie de principe ressort clairement du point 55 de l'arrêt :

> *Cette notion, comme celle de l'article 13 de la Convention de Bruxelles que cet article 15 remplace, doit être interprétée de façon autonome, en se référant principalement au système et aux objectifs de ce règlement, en vue d'assurer à celui-ci sa pleine efficacité.*

La structuration de cette autonomie de l'expression « d'activité dirigée vers l'État du domicile du consommateur » passe par l'identification d'indices pertinents, localisateurs de l'activité en question et témoins de son extension hors des frontières de l'État de localisation du professionnel offrant.

La Cour propose ainsi, au titre des indices identificateurs et localisateurs de recourir au système suivant :

> *Afin de déterminer si un commerçant, dont l'activité est présentée sur son site Internet ou sur celui d'un intermédiaire, peut être considéré comme "dirigeant" son activité vers l'État-membre sur le territoire duquel le consommateur a son domicile, au sens de l'article 15, paragraphe 1, sous c), du Règlement n° 44/2001, il convient de vérifier si, avant la conclusion éventuelle d'un contrat avec le consommateur, il ressort de ces sites Internet et de l'activité globale du commerçant que ce dernier envisageait de commercer avec des consommateurs domiciliés dans un ou plusieurs États-membres, dont celui dans lequel ce consommateur a son domicile, en ce sens qu'il était disposé à conclure un contrat avec eux.*

Pourront dans cette détermination être pris en compte un certain nombre d'indices, notamment la nature internationale de l'activité, la

---

11 P. Berlioz, « La notion de fournitures de services au sens de l'article 5-1b) du Règlement Bruxelles I », JDI, juillet 2008, n° 3, doctrine p. 6 et svtes.

12 CJCE, Tessili c. Dunlop, 6 octobre 1976, aff. 12/76, Rec. 1976 p. 1473. Notes : P. Gothot/D. Holleaux, *Rev. Crit.*, 1977, p. 761 ; G. Droz, D. 1977, Chr. p. 287 ; J.M. Bischoff/A. Huet, *JDI*, 1977, p. 704.

13 CJUE, Pammer c. Reederi Karl Schluter Gmbh (aff. C-585/08), et Hôtel Halpenhof c. Olivier Heller (C-144/09), 7 décembre 2010.

mention d'itinéraires à partir d'autres États-membres pour se rendre au lieu où le commerçant est établi, l'utilisation d'une langue ou d'une monnaie autres que la langue ou la monnaie habituellement utilisées dans l'État-membre dans lequel est établi le commerçant.

Seront en revanche des indices insuffisants : la simple accessibilité du site Internet du commerçant ou de celui de l'intermédiaire dans l'État-membre sur le territoire duquel le consommateur est domicilié, la mention d'une adresse électronique et d'autres coordonnées ou encore l'emploi d'une langue ou d'une monnaie qui sont la langue et/ou la monnaie habituellement utilisées dans l'État-membre dans lequel le commerçant est établi.

Les affaires jointes Pammer et Hôtel Halpenhof apparaissent donc comme une pertinente illustration de l'encadrement et de l'accompagnement, par la Cour de justice, d'un concept à délimiter. Des précisions complémentaires seront probablement rendues nécessaires par des situations juridiques spécifiques. Cette souplesse du recours interprétatif, cette faculté de façonner dans le temps les contours des concepts par le jeu des définitions autonomes constituent donc de précieux instruments au service d'un droit international privé européen en constant développement. Les définitions autonomes, affinées par la Cour, au fil des besoins émergeant de la vie des justiciables apparaissent donc comme un puissant vecteur d'affinement et de modelage des notions essentielles à la mise en jeu des règles de conflit, de juridictions comme de lois.

Ces quelques exemples attestent de la nécessité de rechercher et d'amplifier une harmonie des concepts essentiels.

Une logique identique imposera également de rechercher une approche autonome des éléments de rattachement, en atteste notamment la question de la résidence dans le Règlement Bruxelles II*bis*[14].

II. La recherche d'une harmonie des concepts essentiels

L'intérêt d'un recours aux définitions autonomes n'a pas échappé au législateur européen mais la technique n'a pas été systématisée. Certains instruments communautaires, règlements en vigueur ou textes en préparation, se réfèrent expressément à cette technique harmonisatrice.

---

[14] CJUE, Barbara Mercredi c. Richard Chaffe, 22 décembre 2010, aff. C497/10, « La notion de "résidence habituelle", au sens des articles 8 et 10 du Règlement (CE) n° 2201/2003 du Conseil, du 27 novembre 2003, relatif à la compétence, la reconnaissance et l'exécution des décisions en matière matrimoniale et en matière de responsabilité parentale abrogeant le Règlement (CE) n° 1347/2000, doit être interprétée en ce sens que cette résidence correspond au lieu qui traduit une certaine intégration de l'enfant dans un environnement social et familial. »

Citons notamment le Règlement Rome II[15] sur la loi applicable aux obligations extracontractuelles ou encore les projets de règlements sur les successions internationales[16] et les régimes matrimoniaux[17].

Après l'état des lieux réalisé précédemment, se pose la question d'une organisation de cette autonomie ou de cette « autonomisation » des concepts.

La réflexion sur une codification générale impose de s'interroger sur la place et la portée de ce mécanisme mais également sur les acteurs de sa mise en œuvre. Seront donc ici soulevées des questions, proposés des éléments d'organisation, dans l'optique d'un éventuel Code européen.

Préalablement, nous tenons à préciser que l'idée même d'une codification devrait avoir pour objectif la prévisibilité, la simplification et l'accessibilité des règles de conflits au service des justiciables européens.

L'ensemble des instruments communautaires assurant la mise en place d'un DIP de l'Union rappelle cet enjeu essentiel de sécurité juridique[18].

Inscrite dans l'étude de la structure et du contenu de la partie générale du Code, la réflexion sur la qualification impliquerait que soit posée clairement, en principe directeur, la logique d'autonomie des concepts

15 Règlement (CE) n° 864/2007 du Parlement européen et du Conseil du 11 juillet 2007, attendu n° 11 : « Le concept d'obligation non contractuelle varie d'un État-membre à l'autre. Il devrait donc être entendu, aux fins du présent règlement, comme un concept autonome »

16 Proposition de règlement relatif à la compétence, la loi applicable, la reconnaissance et l'exécution des décisions et des actes authentiques en matière de successions et à la création d'un certificat successoral européen, 14.10.2009, COM (2009), 154 final. L'exposé des motifs précise que : « Le concept de "succession" doit être interprété d'une manière autonome et inclut tous les aspects d'une succession, en particulier la dévolution, l'administration et la liquidation. »

17 Proposition de règlement du conseil relatif à la compétence, la loi applicable, la reconnaissance et l'exécution des décisions en matière de régimes matrimoniaux, 16 mars 2011, COM (2011), 126 final. L'exposé des motifs mentionne, en sa partie consacrée au commentaire des articles que « Le concept de régime matrimonial doit être interprété de manière autonome, et couvrir à la fois les aspects relatifs à la gestion quotidienne des biens des époux, et ceux liés à sa liquidation, du fait de la séparation du couple ou du décès de l'un de ses membres.

18 Les divers règlements portant règles de conflit de juridictions et de lois intègrent en effet les concepts de prévisibilité, de sécurité juridique et de prévisibilité. Le Règlement Rome II mentionne ainsi, dans son attendu n° 6 : « Le bon fonctionnement du marché intérieur exige, afin de favoriser la prévisibilité de l'issue des litiges, la sécurité quant au droit applicable et la libre circulation des jugements, que les règles de conflits de lois en vigueur dans les États-membres désignent la même loi nationale, quel que soit le pays dans lequel l'action est introduite ».

face aux divergentes approches nationales. Cette inscription du principe permettrait également de rappeler la nécessaire unité de qualification, au stade de la recherche du juge et en phase de détermination de la loi applicable. De l'unité dépendent en effet la cohésion du droit international privé européen et donc son efficacité et sa crédibilité.

Demeurent les délicates questions entourant la mise en œuvre effective de l'autonomie des concepts. Plusieurs schémas sont ici envisageables.

Il est d'abord, dans une approche probablement très utopiste et assurément difficile à mettre en œuvre, d'envisager de donner une définition des concepts en jeu dans le code, notamment du contrat en général[19] et de contrats en particulier, tel le contrat de prestation de services. Cette première suggestion se heurtera en pratique à la difficulté, au moment de la fixation des éléments de la définition, d'en envisager la portée réelle et les conséquences futures. Trop de fixité et donc trop de définitions risquent de nuire à l'objectif poursuivi.

À l'opposé, il est possible de suggérer une grande souplesse et de laisser à la Cour, au cas par cas, le soin de trancher par le biais des recours en interprétation préjudicielle, les problèmes de définition comme elle le fait aujourd'hui.

Le Code comprendrait donc un article général rappelant l'exigence de définitions autonomes et la CJUE en assurerait la mise en œuvre.

La dernière solution repose sur un mélange des deux techniques précédentes. Certaines définitions ayant fait leurs preuves pourraient être consacrées dans un Code, les autres concepts étant enrichis au fil des besoins et interprétations de la Cour.

Par cette dernière voie peut-être, médiane et nuancée, les notions et concepts se répondront et se fondront dans un harmonieux jeu d'échos.

---

19 Rappelons ici que la Cour de justice ne s'est jamais engagée dans cette voie. Elle s'est contentée, à ce jour, d'affirmer l'autonomie du concept (CJCE, Peters c. ZNAV, aff. 34/82, 22 mars 1983, Rec. p. 987) et de préciser, à la faveur de l'arrêt Arcado qu'une demande en matière contractuelle « a pour fondement même un contrat » et « trouve sa base dans le non-respect d'une obligation contractuelle » (CJCE, Arcado c. Haviland, 8 mars 1988, aff. 9/87, Rec. p. 1539. Notes : H. Gaudemet-Tallon, *Rev. Crit. dip*. 1988, p. 605 ; A. Huet, JDI 1989, p. 449.

Les rattachements dans les conflits des lois

Marc-Philippe WELLER

Professeur, Université de Fribourg, Allemagne

I. Introduction

Les règles de conflit en droit international privé ont une structure *dualiste*[1] : elles se composent d'une *catégorie* de rattachement et d'un *point* ou *facteur* de rattachement[2].

Quant à la conception des règles de conflit, le législateur est confronté à deux défis :

- Premièrement, il doit définir les *catégories* de rattachement, qui sont le point de départ pour la qualification. La qualification sert à lier les rapports juridiques avec une catégorie de rattachement et ainsi avec une règle de conflit.
- Deuxièmement, le législateur doit déterminer pour chaque catégorie un *point* de rattachement approprié[3]. Les points de rattachement relient le rapport juridique avec une loi étatique.

II. Le droit international privé classique

A. *Les principes de rattachement classiques*

Pour une juste détermination des différentes catégories et points de rattachement, on s'est reporté longtemps aux principes classiques du

---

[1] Plus détaillé sur la structure des règles de conflit, Schinkels, *Normsatzstruktur des IPR*, Tübingen, Mohr Siebeck, 2007, p. 31 et svtes, p. 169 et svtes.

[2] Plus détaillé sur la méthode de rattachement, voir v. Bar/Mankowski, *IPR*, Munich, Beck, Bd. I, 2e éd., 2003, § 7, Rn. p. 3 et svtes.

[3] Voir par exemple Basedow, « Le rattachement à la nationalité et les conflits de nationalité en droit de l'Union européenne », in *Rev. Crit. dip.*, 99, 2010, p. 427 et svtes.

droit international privé[4]. Ces principes ont fortement été inspirés par *Friedrich Carl v. Savigny*[5].

1. L'équivalence des ordres juridiques

La « méthode savignienne »[6] se caractérise premièrement par l'équivalence de tous les ordres juridiques[7]. Ce point de vue a aidé à surmonter l'ancienne théorie des statuts ainsi que le territorialisme privilégiant le droit interne[8]. La méthode savignienne s'oppose donc à un favoritisme systématique du droit interne.

2. L'uniformité des solutions

L'égalité des ordres juridiques est associée à l'idéal de l'uniformité des solutions[9]. Cet idéal est réalisé si les règles de conflit de lois désignent la même loi nationale quel que soit le pays dans lequel l'action est introduite. *Erik Jayme* écrit dans son Cours général de La Haye en vue de cet idéal : « L'égalité est ainsi garantie ; la justice n'a pas un contenu différent au-delà de la frontière. »[10]

3. La neutralité de la règle de conflit

a. Savigny : le « siège » du rapport juridique

L'équivalence des ordres juridiques et l'uniformité des solutions conditionnent la neutralité des règles de conflit. La loi applicable doit être déterminée par des points de rattachement qui sont indépendants des

---

4 Audit/d'Avout, *Droit international privé*, Paris, Dalloz, 6e éd., 2010, Rn. p. 92 et svtes ; voir v. Bar/Mankowski, *IPR*, *op. cit.*, Bd. I, § 6, Rn. p. 53 et svtes.

5 Voir Audit/d'Avout, *Droit international privé*, *op. cit.*, Rn. p. 92 et svtes ; Lagarde, « Le principe de proximité dans le droit international privé contemporain », in *Recueil des cours*, 196 (I), 1986, p. 27 ; Lehmann, in *FS Spellenberg*, Munich, Sellier, 2010, p. 245 et svtes ; voir v. Hoffmann/Thorn, *IPR*, Munich, Beck, 9e éd., 2007, § 1 Rn. p. 12 et svtes, § 2, Rn. p. 29 et svtes.

6 Voir Bureau/Muir Watt, *Droit international privé*, Paris, Dalloz, 2e éd., 2010, tome I, Rn. p. 343, 347 et svtes, p. 357.

7 Savigny, *System des heutigen römischen Rechts*, Aalen, Scientia-Verlag, 1849, Band VIII, p. 24 et svtes : « Das heutige Recht (…) hat zu (…) vollständiger Rechtsgleichheit zwischen Einheimischen und Fremden hingeführt. »

8 Audit/d'Avout, *Droit international privé*, *op. cit.*, Rn. p. 94 : « tournant copernicien » ; Neuhaus, « Savigny und die Rechtsfindung aus der Natur der Sache », *RabelsZ*, (15) 1949/50, p. 364, 366.

9 Voir v. Bar/Mankowski, *IPR*, *op. cit.*, Bd. I, § 6, Rn. p. 56 ; voir v. Hoffmann/Thorn, *IPR*, *op. cit.*, § 1 Rn. p. 13 ; Neuhaus, « Abschied von Savigny ? », in *RabelsZ*, 46, 1982, p. 4, 9.

10 Jayme, « Identité culturelle et intégration : le droit international privé postmoderne (Cours général) », in *Recueil des cours*, 251, 1995, p. 42 et svtes.

valeurs du droit matériel[11]. Pour obtenir cette neutralité, Savigny propose de recourir au siège de chaque rapport juridique[12].

b. Doctrine moderne : le principe de proximité

La doctrine moderne a développé la théorie du siège ; aujourd'hui on parle du principe de proximité[13]. Le rapport de droit est régi par la loi du pays avec lequel il présente les liens les plus étroits[14].

B. Tripartition de la règle de conflit

1. Clause générale : principe de proximité

Quant à la formulation concrète des règles de conflit, la doctrine de rattachement classique se manifeste d'une manière tripartite. L'article 4 de la Convention de Rome de 1980 sur la loi applicable aux obligations contractuelles est un exemple parfait d'application de la doctrine traditionnelle. Premièrement, le principe de proximité est placé en tête dans l'alinéa 1.

2. Présomptions

Or, le principe de proximité n'en est pas réduit à la fonction d'une clause générale. Dans un second temps, il est encadré par des présomptions basées sur des catégories et points de rattachement *typés*[15]. Ceux-ci aident à déterminer les liens les plus étroits, par exemple en faisant référence à la résidence habituelle de la partie qui doit fournir la prestation caractéristique[16].

3. Correction des présomptions : clauses d'exception

Dans un troisième temps, la primauté du principe de proximité est de nouveau assurée. Le moyen technique pour achever cette primauté est

---

11 Kegel/Schurig, *IPR*, Munich, Beck, 2004, § 2 I, p. 133 ; Lehmann, in *FS Spellenberg*, *op. cit.*, p. 245, 259 et svtes ; Rauscher, *IPR*, Munich, Beck, 2009, § 1 D II.

12 Savigny, *System des heutigen Römischen Rechts*, *op. cit.*, Bd. VIII, p. 28, 108.

13 Bureau/Muir Watt, *Droit international privé*, *op. cit.*, tome I, Rn. p. 518 ; voir v. Hoffmann/Thorn, *IPR*, *op. cit.*, § 1 Rn. p. 12, 14 ; Lagarde, « Le principe de proximité dans le droit international privé contemporain », *op. cit.*, p. 9 et svtes.

14 V. Bar/Mankowski, *IPR*, *op. cit.*, Bd. I, § 6, Rn. p. 55.

15 V. Hoffmann/Thorn, *IPR*, *op. cit.*, § 1 Rn. p. 14 ; Savigny, *System des heutigen Römischen Rechts*, *op. cit.*, Bd. VIII, p. 108, parle de « Klassen von Rechtsverhältnissen ».

16 Art. 4 alinéa 2 de la Convention de Rome : « Sous réserve du paragraphe 5, il est présumé que le contrat présente *les liens les plus étroits* avec le pays où la partie qui doit fournir *la prestation caractéristique* a, au moment de la conclusion du contrat, sa résidence habituelle ou, s'il s'agit d'une société, association ou personne morale, son administration centrale. »

l'utilisation des clauses d'exception[17]. Celles-ci corrigent les présomptions si le siège réel d'un rapport juridique ne coïncide pas avec la présomption prévue par la loi[18].

III. Principes communautaires de rattachement

À l'instar de la neutralité de la doctrine classique, les principes de rattachement en droit international privé européen sont dominés par des buts et valeurs matériels du droit communautaire[19]. Parmi ces buts comptent :

(A.) le marché intérieur,

(B.) l'Espace de Liberté, de Sécurité et de Justice et

(C.) la protection sociale.

L'exemple du Règlement Rome I illustre ces principes de rattachement communautaires.

A. Marché intérieur

Depuis le Traité d'Amsterdam (1997), l'harmonisation en droit international privé dépend de la progression du marché intérieur[20]. Les principes du marché intérieur ont eu ainsi grande influence sur les règles de rattachement dans les Règlements Rome I et Rome II.

---

17 Art. 4 alinéa 5 phrase 2 de la Convention de Rome : « Les présomptions des paragraphes 2, 3 et 4 sont écartées lorsqu'il résulte de l'ensemble des circonstances que le contrat présente des *liens plus étroits avec un autre pays.* »
Sur l'idée d'une clause d'exception générale Schurig, *Kollisionsnorm und Sachrecht*, 1981, p. 46 et svtes, 338 et svtes. L'art. 15 de la loi suisse sur le droit international privé contient une clause d'exception générale : « Das Recht, auf das dieses Gesetz verweist, ist ausnahmsweise nicht anwendbar, wenn nach den gesamten Umständen offensichtlich ist, dass der Sachverhalt mit diesem Recht in nur geringem, mit einem anderen Recht jedoch in viel engerem Zusammenhang steht. »

18 Lagarde, « Le principe de proximité dans le droit international privé contemporain », *op. cit.*, p. 97 et svtes ; Leible, « Rom I und Rom II : Neue Perspektiven im Europäischen Kollisionsrecht », in Zentrum für Europäisches Wirtschaftsrecht Bonn (dir.), *Vortrag*, n° 173, Zentrum für Europäisches Wirtschaftsrecht, Bonn, 2009, p. 15.

19 Voir Basedow, « Spécificité et coordination du droit international privé communautaire », in *Travaux du comité français de droit international privé. Années 2002-2003 et 2003-2004*, Paris, Dalloz, 2005, p. 275 et svtes.

20 Voir EG-Kommission, Vorschlag Rom-I-VO, KOM(2005) 650 endgültig, p. 4 ; Kessedjian, « La relation des textes de référence avec le droit primaire », in Fallon/Lagarde/Poillot-Peruzzetto (dir.), *La matière civile et commerciale, socle d'un Code européen de droit international privé ?*, Paris, Dalloz, 2009, p. 119 et svtes.

Le marché intérieur englobe surtout le principe d'efficacité[21] et le principe de libre concurrence. Les deux favorisent des décisions basées sur l'autonomie de la volonté[22]. D'après le théorème de Coase[23], les libres négociations des parties ont pour conséquence un résultat pareto-optimal[24]. Il est donc normal que la liberté de choix constitue l'une des pierres angulaires du droit international privé européen[25].

B. Espace de Liberté, de Sécurité et de Justice

1. Idée directrice : sécurité juridique

En parallèle du marché intérieur, c'est la création d'un « Espace de Liberté, de Sécurité et de Justice » qui constitue un des objectifs fondamentaux de l'Union européenne (Article 3 alinéa 2 TUE). Un des principes qui en découle est celui de la sécurité juridique.

2. Rattachements stricts (article 4 alinéa 1 du Règlement Rome I)

En vue de rattachements objectifs, le principe de sécurité juridique se manifeste sous forme de règles strictes, réduisant l'appréciation du juge au minimum[26]. Ainsi, l'article 4 du Règlement Rome I n'a plus de structure tripartite comme dans la Convention de Rome, mais plutôt une structure dualiste : au premier plan nous voyons la sécurité juridique, tandis que le principe de proximité est réduit à une exception mineure[27].

---

21 Müller-Graff, « Die Marktfreiheiten als Herzstück der europäischen Wettbewerbsidee », in Blanke/Scherzberg/Wegner (dir.), *Dimensionen des Wettbewerbs*, Tübingen, Mohr Siebeck, 2010, p. 329, 332 et svtes.

22 *Ibid.*, p. 333.

23 Voir sur cette théorie Assmann/Kirchner/Schanze (dir.), *Ökonomische Analyse des Rechts*, Tübingen, Mohr Siebeck, 1993, p. 129 et svtes ; Schäfer/Ott, *Lehrbuch der ökonomischen Analyse des Zivilrechts*, Berlin, Heidelberg, Springer, 2005, p. 100 et svtes.

24 Eidenmüller, *Effizienz als Rechtsprinzip*, Tübingen, Mohr Siebeck, 1995, p. 59 et svtes.

25 Se consacrant en détail à la liberté de choix Basedow, « Theorie der Rechtswahl oder Parteiautonomie als Grundlage des Internationalen Privatrechts », in *RabelsZ*, 75, 2011, p. 32 et svtes ; Kroll-Ludwigs, *Die Rolle der Parteiautonomie im europäischen Kollisionsrecht,* in Basedow/Fleischer/Zimmermann (dir.), *Beiträge zum ausländischen und internationalen Privatrecht*, Tübingen, Mohr Siebeck, 2012, p. 44 et svtes.

26 Magnus, « Article 4 Rome I Regulation : The Applicable Law in the Absence of Choice », in Ferrari/Leible (dir.), *Rome I Regulation*, Munich, Sellier, 2009, p. 29.

27 Leible/Lehmann, *Die Rom I-Verordnung*, RIW 2008, 528, 536 (ils pensent que désormais le principe de proximité n'est qu'un bouche-trou) ; en ce sens aussi Lehmann, *FS Spellenberg*, *op. cit.*, p. 245, 253 et svtes.

C. La protection de la partie faible : résultat de la politique sociale de l'Union européenne

Enfin, le principe de proximité est souvent écarté par la protection de la partie faible. Les buts sociaux du droit communautaire se manifestent dans des rattachements spéciaux visant à protéger les employés[28], les consommateurs passifs[29] ou les franchisés[30] non pas seulement par le droit matériel, mais déjà au niveau du droit international privé[31].

D. Bilan

Au niveau européen, les règles de conflit ne sont donc pas inspirées par la neutralité du droit international privé classique[32]. Elles visent plutôt à réaliser les valeurs du droit matériel européen. Les règles de conflits sont ainsi matérialisées. Cette matérialisation est conséquente, car l'article 3 alinéa 5 du Traité sur l'Union européenne stipule : « l'Union affirme et promeut ses valeurs et ses intérêts (…) dans les relations avec le reste du monde ».

IV. Proposition : Renaissance du droit international privé classique

A. Primauté des principes classiques

Néanmoins, pour la future harmonisation du droit international privé, l'Union européenne devrait à mon avis recourir plus fortement aux principes classiques. L'équivalence des ordres juridiques et la neutralité

---

28 Voir Erwägungsgrund n° 35 Rom I-VO; plus détaillé Mankowski, « Employment Contracts under Article 8 of the Rome I Regulation », in Ferrari/Leible (dir.), *Rome I Regulation, op. cit.*, p. 171 et svtes.

29 Plus détaillé Pfeiffer, in Grabitz/Hilf, *Das Recht der Europäischen Union*, Munich, Beck, 40e éd. 2009, Art. 153, Rn. p. 1 ; voir aussi Tonner, « Zur Rolle des Verbrauchervertragsrechts im europäischen Vertragsrecht », *EuZW*, 2010, p. 767, 768 et svtes ; Wichard, in Callies/Ruffert, *Verfassungsrecht der EU*, Munich, Beck, 3e éd., 2007, Art. 153 EGV, Rn. p. 5.

30 Les contrats de franchisage et les contrats de distribution sont rattachés au droit de l'état dans lequel le franchisé/le revendeur a sa résidence habituelle, art. 4 alinéa 1 (e), (f) du Règlement Rome I ; voir EG-Kommission, Vorschlag Rom-I-VO, KOM(2005) 650 endgültig, pS. 6 ; Bonomi, « The Rome I Regulation on the law applicable to contractual obligations », in *Yearbook of Private International Law*, Munich, Sellier, 2008, p. 165, 174 ; Lehmann, *FS Spellenberg, op. cit.*, p. 245, 255.

31 Voir Lehmann, *FS Spellenberg, op. cit.*, p. 245, 250 et svtes.

32 En ce sens Lehmann, « Auf der Suche nach dem Sitz des Rechtsverhältnisses : Savigny und die Rom I-Verordnung », in *FS Spellenberg, op. cit.*, p. 245, 259 f. ; autre opinion Magnus, Die Rom I-VO, IPRax 2010, 27, 33, 35, qui ne constate guère une différence entre le Règlement Rome I et la situation antérieure.

des règles de conflit doivent primer sur la matérialisation[33] et l'économisation du droit international privé. Pourquoi ?

Premièrement, les règles de conflit inspirées par les objectifs du droit matériel constituent un frein à l'harmonisation internationale des solutions et provoquent le forum shopping. Ainsi, dans son cours général de La Haye, Paul Lagarde[34] les a fortement déconseillées.

Deuxièmement, le recours aux principes classiques de rattachement est justifié par le droit international public et les droits de l'homme. Ceux-ci imposent l'équivalence de tous les ordres juridiques et le respect des identités culturelles différentes[35]. Ces buts ne peuvent être atteints que par des règles de conflit neutres.

B. Chance d'une renaissance des principes classiques

La renaissance de la doctrine classique n'est pas seulement souhaitable, elle est aussi juridiquement réalisable.

1. Lisbonne : découplage du droit international privé du marché intérieur

Premièrement, depuis le Traité de Lisbonne (2009)[36], l'interdépendance entre le droit international privé et le marché intérieur s'est manifestement relâché[37]. À cause de ce détachement, le principe d'efficacité économique perd de son importance. Le droit de l'Union permet désormais la mise en jeu plus fréquente des clauses d'exception.

---

33 Sur les différents aspects de la matérialisation du droit international privé, Bureau/Muir Watt, *Droit international privé*, *op. cit.*, tome I, Rn. p. 524 et svtes ; Lagarde, « Le principe de proximité dans le droit international privé contemporain », *op. cit.*, p. 56 et svtes.

34 Lagarde, « Le principe de proximité dans le droit international privé contemporain », *op. cit.*, p. 58, 60.

35 Jayme, « Identité culturelle et intégration : le droit international privé postmoderne (Cours général) », *op. cit.*, p. 89 et svtes.

36 Art. 81 alinéa 2 du Traité sur le fonctionnement de l'Union européenne.

37 Mansel/Thorn/Wagner, *Europäisches Kollisionsrecht* 2009 : Hoffnungen durch den Vertrag von Lissabon, Gieseking, Bielefeld, IPRax 2010, 1, 25 ; Kessedjian, « La relation des textes de référence avec le droit primaire », in Fallon/Lagarde/Poillot-Peruzzetto (dir.), *La matière civile et commerciale, socle d'un Code européen de droit international privé ?*, *op. cit.*, p. 119, 124.

2. « *Espace de justice* » : *ouverture pour les traditions juridiques des États-membres*

Deuxièmement, dans le Traité de Lisbonne, l'espace de justice est accompagné d'une clause d'ouverture[38]. Elle ouvre l'accès aux traditions juridiques des États-membres. Parmi ces traditions compte la doctrine classique du droit international privé.

Ainsi, le Traité de Lisbonne offre une chance : la chance d'une renaissance des principes de rattachement classiques. C'est à la Commission européenne de saisir cette chance.

[38] D'après l'art. 67 alinéa 1 du Traité sur le fonctionnement de l'Union européenne les droits fondamentaux et les différents systèmes et traditions juridiques des États-membres doivent être respectés.

Cinquième partie

Les éléments d'une partie générale

Codification et théorie générale du droit international privé[1]

Stefania BARIATTI et Étienne PATAUT

Professeur, Université de Milan, Italie
et
Professeur, Université Paris I, France

I. Questions générales

Les codifications étatiques contemporaines du droit international privé contiennent toutes des règles de théorie générale. Il y a ainsi dans les différentes lois nationales de droit international privé (DIP) de Belgique, de Suisse, d'Allemagne ou d'Italie, des réponses relatives aux quelques grandes questions légales posées par le droit international privé. Même si les solutions apportées varient[2], les interrogations fondamentales qui figurent dans les théories générales sont toujours les mêmes.

Le modèle qui peut servir de référence est celui de la dernière codification en date qui fût adoptée en Belgique 2004. Des questions de théorie générale y sont en effet directement abordées dans une section spécifique, comprenant les articles 15 à 21, qui traitent successivement de l'office du juge, des systèmes pluri législatifs, du renvoi, de la fraude, de la clause d'exception, des lois de police et de l'ordre public. La loi belge prévoit ainsi des règles générales et des solutions de principe, qui parfois sont adaptables à des cas particuliers (ainsi, par exemple, en matière de renvoi). Une telle solution pourrait servir de modèle, même lointain, pour une éventuelle codification européenne[3].

---

1 La forme orale de l'exposé a été conservée.

2 Pour une étude détaillée et comparative des différentes codifications du droit international privé, voir E. Vassilakakis, *Orientations méthodologiques dans les codifications récentes du droit international privé en Europe*, Paris, LGDJ, 1987.

3 Conformément à l'esprit du présent colloque, la question de la compétence de l'Union européenne pour adopter une telle codification n'a pas été soulevée dans cette communication. La discussion, encore ouverte, devra pourtant être menée, en raison des termes passablement ambigus de l'art. 81 TFUE.

L'intérêt d'une telle solution en termes de prévisibilité et de simplicité des solutions est évident. Les avantages bien connus qui sont attachés à toute codification se retrouvent ici, ce constat peut-être encore accentué par le fait qu'il s'agit de questions complexes, d'un maniement technique délicat, rendant particulièrement impérieuses les exigences de simplicité et d'accessibilité.

Transposée au droit de l'Union européenne, toutefois, la question prend une dimension particulière.

A. Forme

Plusieurs solutions sont envisageables. La première, la plus ambitieuse mais peut-être pas la plus réaliste, serait celle d'un texte général de codification de l'ensemble du droit international privé, sur le modèle des lois nationales. Dans une telle situation, l'intérêt d'une section ou d'un chapitre spécifiquement consacré aux questions de théorie générale apparaîtrait particulièrement justifié. Cela permettrait en effet de donner une cohérence systématique aux règles de conflit de lois (et, éventuellement, de conflit de juridictions) en Europe. Une telle option présenterait les avantages habituels de toute codification : prévisibilité, unicité des solutions, uniformité d'interprétation.

La deuxième solution, qui correspond à la situation actuelle, consiste à insérer au sein de chacun des textes particuliers de droit international privé des dispositions de théorie générale. Telle est bien l'option qui est actuellement retenue par les autorités de l'Union européenne, puisque chacun des règlements adoptés ou prévus prévoit quelques règles, sur l'ordre public, le renvoi ou encore les lois de police. Une telle solution a l'avantage d'adapter précisément chaque question à la matière considérée. Il est ainsi possible de prévoir des règles particulières sur l'ordre public, comme la clause spéciale d'ordre public contenue dans l'article 10 du nouveau Règlement sur le divorce[4], qui vient compléter la solution générale et habituelle relative à l'exception d'ordre public. Symétriquement, elle a le défaut de rompre l'unité, sans que la nécessité de solutions propres à chacun des règlements apparaisse toujours avec beaucoup de clarté. L'exemple le plus frappant est peut-être ici celui du hiatus, notamment terminologique, entre les dispositions des Règlements Rome I et Rome II concernant les lois de police. L'article 9 du premier texte les qualifie de lois de police, en donne une définition et permet leur application qu'elles soient d'origine nationale ou étrangères ; l'article 16 du second texte les qualifie de « dispositions impéra-

---

4 Règlement 1259/2010 du 20 décembre 2010 mettant en œuvre une coopération renforcée dans le domaine de la loi applicable au divorce et à la séparation de corps, *JOUE*. L. 343 du 29 décembre 2010, p. 10.

tives dérogatoires », mais ne les définit pas et n'en autorise l'application que lorsqu'elles sont celles du for. Il est possible que cette divergence puisse être justifiée, peut être uniquement sur la base du facteur temporel dans l'adoption des deux textes. Le contraste n'en est pas moins saisissant.

Dès lors, une troisième solution intermédiaire pourrait se dessiner, celui d'un acte général portant spécifiquement sur les questions de théorie générale. Une telle solution pourrait présenter les avantages d'uniformité et de prévisibilité de la codification d'ensemble. Elle pourrait aussi permettre de résoudre certaines questions qui, jusqu'ici, ne font pas l'objet de règles spécifiques, comme celle de l'application d'office ou de la preuve de la loi étrangère. Pour autant, il ne semble pas qu'une telle solution soit parfaitement satisfaisante. Les règles de théorie générale, en effet, ne sont jamais des solutions abstraites et systématiques, indistinctement applicables. Si certaines tendances peuvent être dégagées (refus du renvoi, application de l'ordre public du for, par exemple), ces tendances peuvent faire l'objet de modifications particulières pour des matières spécifiques (mise en œuvre exceptionnelle du renvoi pour certaines matières particulières, clauses spéciales d'ordre public). Dès lors, l'adoption d'un texte spécifique à la théorie générale risque en réalité de n'ajouter qu'un élément malvenu de complexité, sous la forme d'un texte inutilement abstrait et insuffisant en lui-même.

L'alternative se réduit de ce fait à une hésitation entre une codification générale uniforme, mais improbable, et une codification parcellaire, réalisable mais aux risques d'incohérences des solutions de théorie générale. La seconde solution, en toute hypothèse la plus réaliste, ne paraît pas inacceptable. Elle supposerait toutefois un travail de mise en cohérence des différents règlements qui n'est pas systématiquement réalisé. Peut-être est-il permis, pour le passé, de le regretter et, pour l'avenir, d'espérer qu'il soit plus fréquent. Ce n'est qu'à cette condition que se réalisera l'unité du droit international privé de source européenne.

B. Qualification

La difficulté de la réalisation de cette unité transparaît de façon très claire en matière de qualification. De nombreuses divergences quant à la qualification légale sont en effet apparues, il est aujourd'hui crucial de tenter de les résorber. On sait que c'est notamment pour les règles de droit international privé que la Cour de justice a construit le concept de « notion autonome », qui lui permet de donner un sens propre aux concepts juridiques des textes de droit dérivé[5]. Dans ce cadre, l'autonomie revendiquée est celle qui distingue le droit européen du droit national. Cette interprétation autonome, permettra par exemple à la Cour de justice de donner au mot « contrat » contenu dans l'article 5-1 du Règlement Bruxelles 1 un sens différent de celui des différents droits de tradition civiliste de l'Union européenne, excluant ainsi l'action directe en responsabilité ou la *culpa in contrahendo*[6]. Cette autonomie de qualification, même si elle pose quelques difficultés pratiques, n'est guère contestable. L'unification réalisée par les textes de droit dérivé serait en effet gravement remise en cause si le fonctionnement de ceux-ci était subordonné à un renvoi systématique aux concepts du droit national. Dès lors, accepter l'élaboration d'un droit international privé européen, c'est nécessairement accepter que la *lex fori*, loi de la qualification, soit le droit européen lui-même, quitte à l'élaborer grâce aux cas d'espèces se présentant successivement à la Cour de justice.

Cette divergence de qualification n'est pourtant plus ni la seule ni même, aujourd'hui, la plus importante. La multiplication des textes de droit international privé et des arrêts de la Cour a en effet montré que d'autres risques existaient : divergences de qualification entre le droit international privé et le droit matériel de l'Union européenne[7], divergences de qualification entre les règles de conflit de juridictions et les règles de conflit de lois[8], enfin, divergences de qualification entre les différentes règles de conflit de lois elles-mêmes. Ces interprétations différentes, trop aisément qualifiées de « fonctionnelles », font peser sur le droit international privé de source communautaire un important risque de parcellisation.

Ce risque est aujourd'hui bien identifié, et de nombreux considérants des règlements européens attirent l'attention sur la nécessité d'une interprétation uniforme des concepts du droit international privé. Ainsi par exemple, les considérants 7, 17 et 24 du Règlement Rome 1 ou le 7e considérant du Règlement Rome 2 incitent tous à une interprétation

---

5 M. Audit, « L'interprétation autonome du droit international privé communautaire », *Clunet*, 2004, p. 789.

6 CJCE, 17 juin 1992, aff. C-26/91, *Jakob Handte*, CJCE, 17 septembre 2002, aff. C-334/00, Tacconi.

7 Sur ce point, voir par exemple la discussion ouverte par l'arrêt CJCE, 23 avril 2009, aff. C-533/07, *Falco* qui consacre une interprétation de la notion de fourniture de service dans le Règlement Bruxelles I indépendante de la notion de services retenue dans le cadre des libertés de circulation.

8 Voir T. Azzi, « Bruxelles I, Rome I, Rome II : regards sur la qualification en droit international privé communautaire », *Recueil Dalloz*, 2009, p. 1621 ; sur l'ensemble, A. Henry, *Qualifications et conflits de juridictions*, Thèse dactylographiée, Reims, 2005.

cohérente des différents règlements entre eux. La Cour de justice a d'ailleurs récemment repris cette injonction à son compte, en transposant pour les besoins du Règlement Rome 1 la notion de lieu d'exécution habituel du travail utilisée dans le Règlement Bruxelles 1[9]. De la même façon, de nombreux renvois internes, ou de définitions communes, sont fréquemment utilisés dans les règlements pour parvenir à une unité d'application. La notion de domicile de l'article 59 de Bruxelles 1 est par exemple utilisée pour définir la notion de « litige transfrontière » dans la directive sur l'accès à la justice ou dans le Règlement sur l'injonction de payer[10]. Les exemples pourraient être multipliés, qui montrent que la difficulté est désormais prise au sérieux par le législateur européen. Il n'en reste pas moins que la multiplication des textes sectoriels augmente le risque de mettre en place des solutions divergentes. En l'état actuel de la construction du droit international privé de l'Union européenne, sans doute est-ce là une difficulté inévitable ; il n'en demeure pas moins qu'il est essentiel que l'élaboration d'un Espace de Liberté, de Sécurité et de Justice ne se fasse pas au détriment de la cohérence juridique d'ensemble[11].

C. Contenu

Il reste à s'interroger sur le fond de la question : quelle théorie générale pour le droit international privé européen ? Cette question doit en effet être résolue quel que soit le type de droit international privé adopté et quelle que soit la forme par laquelle passe cette adoption. Tous les systèmes de droit international privé doivent affronter et résoudre la question du renvoi ou de l'ordre public d'une façon ou d'une autre, ne serait-ce que par prétérition. Le droit international privé de l'Union européenne n'échappe pas à la règle et il doit – ou devra – affronter chacune des questions qui sont classiquement rangées sous la bannière de « théorie générale ». Idéalement, on vient de le voir, elles doivent être résolues de la façon la plus uniforme possible, sans exclure des adaptations propres à chacune des matières concernées. Il y va de la cohérence et de l'uniformité de la construction en cours. Mais, en, en dehors de cette exigence de cohérence et d'uniformité, une théorie générale du droit international privé est-elle susceptible d'être spécifique à l'Union

[9] CJUE, 15 mars 2011, aff. C-29/10, *Koelzsch.*

[10] Resp. Art. 2 de la Directive 2003/8 du 27 janvier 2003 visant à améliorer l'accès à la justice dans les affaires transfrontalières par l'établissement de règles minimales communes relatives à l'aide judiciaire accordée dans le cadre de telles affaires, *JOCE* n° L 26 du 31 janvier 2003, p. 41, et 3 du Règlement n° 1896/2006 du 12 décembre 2006 instituant une procédure européenne d'injonction de payer, *JOCE* n° L 399, p. 1.

[11] E. Jeuland et A.-M. Leroyer (dir.), *La cohérence de l'espace judiciaire européen*, Dalloz, Collection « Thèmes et Commentaires », 2004.

européenne ? En d'autres termes, le particularisme du droit européen et, plus généralement, des objectifs de la construction européenne, justifierait-il une théorie générale du droit international privé qui serait différente d'une théorie générale de source nationale ou internationale ?

Une telle interrogation recoupe deux questions différentes, selon l'angle que l'on envisage. D'une part : existe-t-il des questions de théorie générale du droit international privé propre à l'Union européenne ? ; d'autre part : le droit de l'Union européenne doit-il traiter différemment les questions classiques de théorie générale ?

La réponse à ces questions ne peut pas être univoque. Elle suppose en effet de s'interroger sur chacun des problèmes de la théorie générale et de les confronter aux exigences du droit de l'Union européenne. Le droit international privé classique, toutefois, ne peut en sortir indemne. La construction européenne, en effet, est une construction orientée vers un objectif particulier : celui de construire un espace intégré, économique, au départ, auquel est venu désormais s'ajouter l'Espace de Liberté, de Sécurité et de Justice. Dès lors, toutes les règles du droit de l'Union européenne participent, d'une façon ou d'une autre, à la réalisation de cet objectif fondamental, les règles de droit international privé, comme les autres. La subordination du droit international aux exigences propres à la construction européenne modifie en profondeur les objectifs habituels du droit international privé. Originellement, en effet, celui-ci vise à assurer une coordination de différents systèmes nationaux, dans un objectif particulier : l'harmonie internationale des solutions. Coordination et harmonie internationale des solutions prennent un relief tout à fait particulier dans un espace économique intégré, qui a déjà fait l'objet d'une importante harmonisation matérielle.

Le constat, dès lors, ne peut être que nuancé. Il semble en effet que, selon que l'on envisage la question sous l'angle du statut de la loi ou du statut du territoire, les solutions qui doivent être apportées s'écartent plus ou moins des solutions traditionnelles du droit international privé.

II. Statut de la loi

L'une des particularités les plus grandes du droit international privé de l'Union européenne tient à la profonde remise en cause du *statut de la loi*. Le droit international privé classique traite la règle de conflit comme une règle unique et ne distingue pas selon la loi applicable. En adoptant des règles de conflit de lois unifiées, le droit de l'Union introduit une distinction nouvelle, entre les règles de conflit de source européennes et les règles de conflit de source nationale. Sous l'angle du droit applicable, ensuite, la distinction oppose cette fois l'hypothèse où la loi applicable est celle d'un État-membre ou d'un État tiers. Cette double distinction, inconnue du droit international privé traditionnel, a d'importantes conséquences sur la mise en œuvre des mécanismes du droit international privé.

L'origine désormais européenne du droit international privé a une importante influence sur la détermination de l'office du juge : la modification de la source change ici la nature des obligations en cause (A). La mise en œuvre des règles de conflit, ensuite, conduit à l'application de règles nationales, dont l'impérativité est modifiée en profondeur par le droit de l'Union européenne (B).

A. *Office du juge*

1. La question de l'office du juge dans l'application du Règlement des conflits de lois fait partie des discussions récurrentes de la doctrine de droit international privé, nourrie, il est vrai, par une jurisprudence longtemps très hésitante, en tout cas en France[12]. Le droit de l'Union européenne, au contraire, semble ne professer aucune religion particulière sur le sujet. Les Règlements de conflit de lois sont muets sur cette question, dont, pour le moment, la Cour de justice n'a pas été saisie.

Conceptuellement, la question de l'applicabilité d'office de la règle de conflit de lois semble se poser exactement de la même manière que celle-ci soit de source nationale ou de source européenne. Il s'agit en effet d'une règle qui est, dans sa structure, identique, et dès lors il semble au premier abord que la question de l'applicabilité d'office de la règle de conflit puisse se résoudre exactement de la même façon, quelle qu'en soit la source. Il se pourrait bien, même, que la question ne relève pas du tout du droit de l'Union européenne. Il s'agit, après tout, d'une question qui est fondamentalement une question de procédure, et, au nom de l'autonomie procédurale des États, il pourrait être soutenu qu'une telle difficulté ne relèverait *a priori* pas du droit de l'Union. Une telle solution conduirait à s'accommoder des actuelles divergences entre États-membres quant à l'application d'office.

Il n'est pas certain, pourtant, que tel soit le chemin qu'emprunte le droit de l'Union. La marge exacte à donner au principe d'autonomie procédurale, quant à la question de l'application d'office, est assez imprécise. Envisagés sous l'angle voisin de la compétence, on sait que les articles 25 et 26 du Règlement Bruxelles I prévoient une application d'office de la compétence réservée à certaines règles, les règles de compétence exclusive à raison de la matière, ou à certaines situations, le défendeur défaillant[13]. Ce simple rappel montre combien il est difficile

---

12 D. Bureau et H. Muir Watt, *Droit International Privé*, Paris, PUF, 2e éd., 2010, n° 382.

13 Une telle solution pose des problèmes de mise en œuvre, notamment en présence d'une règle de compétence protectrice de la partie faible, comme l'a montré la juris-

de tirer du principe d'autonomie procédurale une règle opératoire relative à l'applicabilité d'office de la règle de conflit de lois.

Il faut, dès lors, se tourner vers d'autres principes du droit européen. La primauté, tout particulièrement, semble pouvoir modifier en profondeur les solutions en la matière. Il est vrai qu'en soi, le principe de primauté ne suffit pas à justifier de l'applicabilité d'office. Comme il a déjà été montré à propos des traités internationaux, il y a là deux questions différentes : la supériorité du traité sur la loi n'implique nullement que les règles de conflit conventionnelles doivent être appliquées d'office[14]. Mais il n'en reste pas moins que, lorsqu'elles trouvent leur source dans un règlement européen, les règles de conflit de lois deviennent des règles européennes comme les autres. Dès lors, elles suivent le régime juridique de toutes les normes de droit dérivé.

Sous l'angle de l'application d'office, ce régime juridique a été progressivement élaboré par la Cour au fil d'une jurisprudence ancienne[15] et toujours abondante[16]. Il en résulte, au moins dans certaines situations, une obligation pour le juge national de procéder à une application d'office de la règle de droit dérivé. Une telle solution pourrait bien évidemment être transposée à l'hypothèse de la règle de conflit de source européenne. La transposition, pourtant, pose quelques difficultés. Il n'est pas certain, en effet, que la solution élaborée par la Cour soit tellement plus aisée à synthétiser que celle de la Cour de cassation française. C'est en prenant appui sur l'impérativité propre des règles de protection du consommateur ainsi que sur l'effet utile des directives que la Cour de justice impose au juge national l'application d'office. Un tel raisonnement est-il transposable aux règles de conflit de lois ?

La discussion sur l'impérativité de la règle de conflit semble bien difficile à mener, tant elle ramène aux hésitations jurisprudentielles et doctrinales qui ont accompagné, en France, l'utilisation du critère de la libre disposition des droits. L'effet utile, en revanche, pourrait être plus

---

prudence de la Cour, CJCE, 20 mai 2010, aff. C-111/09, *Bilas*, *Europe*. 2010. Com. 261, obs. L. Idot, *Rev. Crit. dip.*, 2010, p. 575, note É. Pataut, aussi est-il aujourd'hui proposé de la modifier.

14 M.L. Niboyet, « La mise en œuvre du droit international privé conventionnel », *Mélanges R. Perrot*, Paris, Dalloz, 1996, p. 313.

15 G. Canivet, J.G. Huglo, « L'obligation, pour le juge judiciaire national, d'appliquer d'office le droit communautaire au regard des arrêts Jeroen Van Schijndel et Peterbroeck », *Europe*, 4, 1996, p. 1.

16 Voir not. à propos de la directive clauses abusives, CJCE, 26 octobre 2006, aff. C-168/05, *Mostaza Claro*, *Clunet*, 2007, p. 581, note A. Mourre, *D.* 2006. Act. 2910, obs. V. Avena-Robardet et 2006, p. 3027, obs. T. Clay ; CJCE, 4 juin 2009, aff. C-243/08 *Pannon*, *RTDCiv*. 2009, p. 684, obs. P. Rémy-Corlay CJCE, 6 octobre 2009, aff. C-40/08, *Asturcom telecomunicaciones*, *RTDCiv*. 2009, p. 684, obs. P. Rémy-Corlay.

maniable : refuser d'appliquer d'office la règle de conflit de source européenne, c'est en effet ne pas appliquer la règle de source européenne ; c'est, dès lors, priver d'effet utile le texte de droit dérivé. Il y a là en réalité une nouvelle manifestation de l'ancienne objection de Motulsky : la règle de conflit de lois doit être appliquée d'office non pas en raison d'une nature particulière, mais simplement parce qu'elle est une règle de droit[17].

Une telle solution pourrait dès lors conduire à étendre l'application d'office à toutes les hypothèses, au moins lorsque la règle de conflit est de source européenne. Cette solution satisferait aussi les vœux d'une partie importante de la doctrine en Europe, même si elle supposerait un travail d'adaptation de certains systèmes nationaux[18].

Reste à résoudre une difficulté pratique non négligeable : celle de l'éventuelle divergence entre le régime de l'applicabilité d'office de la règle de conflit de source nationale (ou conventionnelle) et de la règle de conflit de source communautaire[19]. Une telle divergence serait très difficilement justifiable. Elle s'explique, bien entendu, par le statut différent au regard des pouvoirs du juge de la règle nationale et de la règle européenne. S'agissant des règles de conflit, toutefois, qui sont identiques dans leur structure, la différence de régime semble bien peu justifiable. La dynamique de la communautarisation du droit international privé semble ici condamner, à plus ou moins brève échéance, les solutions nationales. Il semble bien, dès lors qu'une obligation générale d'application d'office de la règle de conflit se dessine aujourd'hui. Une telle solution aurait le mérite de la clarté et de la simplicité.

2. Une fois tranchée la question de l'application d'office, reste à s'interroger sur le rôle du juge quant à la mise en pratique du contenu même de la loi étrangère. En matière de preuve comme en matière d'application d'office, le droit international privé des États-membres connaît des solutions divergentes qui auront probablement vocation à se raréfier avec la progressive unification européenne du droit international

---

17 Sur cette discussion, voir D. Bureau et H. Muir Watt, *op. cit.*

18 Voir par exemple, sur les solutions en Angleterre : R. Fentiman, *Foreign Law in English Courts : Pleading, Proof and Choice of Law*, Oxford, Clarendon Press, 1998. Pour une étude comparative d'ensemble, M. Jäntera-Järeborg, « Foreign law in national courts : a comparative perspective », *Rec. Cours Acad. Droit Int. La Haye*, 304, 2003, p. 181.

19 Auxquelles il faut encore ajouter les situations intermédiaires : celle des règles de conflit de conventionnelles intégrées dans le droit de l'Union par un règlement européen. Tel est le cas en matière d'obligation alimentaire, puisqu'on sait que le Règlement n° 4/2009 relatif à la compétence, la loi applicable, la reconnaissance et l'exécution des décisions et la coopération en matière d'obligations alimentaires, *JOCE* n° L. 7, du 10 janvier 2009, p. 1 renvoie quant aux règles de conflit au protocole du 23 novembre 2007 sur la loi applicable aux obligations alimentaires.

privé[20]. Ce rapprochement reste toutefois aujourd'hui encore largement du domaine de la conjecture, et s'intègre dans une discussion plus vaste, celle du statut du droit national en droit de l'Union européenne[21]. Quelques pistes de réflexions, néanmoins, semblent pouvoir être esquissées.

Tout particulièrement, la distinction principale semble devoir opposer le cas où la loi applicable est celle d'un État-membre et celui où il s'agit de celle d'un État tiers. S'il s'agit d'une règle d'un État-membre, en effet, il est probable que des règles du droit de l'Union européenne pourraient conduire à renforcer les mesures de coopération en matière de preuve. Notamment, l'obligation de coopération loyale pourrait être invoquée pour inciter à un rôle actif quant à l'application du contenu du droit étranger. Dans le cadre de l'Union européenne, il paraîtrait très difficile de justifier la non-application du droit de la preuve d'un État-membre. En pratique, une telle connaissance pourrait s'appuyer sur les réseaux existants, notamment le réseau judiciaire européen et le portail d'information mis en place par la Commission, qui nécessiteraient d'être encore renforcés. Par ailleurs, la question de la preuve se posera nécessairement de façon différente selon que la question en cause a fait ou pas l'objet d'une harmonisation matérielle. Si tel est le cas, en effet, l'enjeu de la preuve est sans doute moins important, permettant dès lors d'envisager plus aisément une application plus importante de la théorie de l'équivalence[22].

Deuxième hypothèse, celle où le droit applicable est celui d'un État tiers. Dans ce cas, l'obligation de preuve ne résulte pas des obligations particulières du droit de l'Union européenne. En revanche, il pourrait être soutenu que le refus de participer à l'élaboration de la preuve du contenu de la loi étrangère serait une violation de la règle de conflit de lois de source européenne et donc, indirectement, du droit de l'Union. L'argument a déjà été utilisé à propos du droit national, il pourrait être ici réutilisé au profit d'une nécessité de transférer sur le juge la charge de la preuve de la loi étrangère pour toutes les règles de conflit de lois de source européenne. Il est vrai, toutefois, que l'argument n'a guère convaincu, tant il semble englober en un même raisonnement la question, substantielle, de l'application d'une règle et celle, plutôt procédurale, du rôle du juge dans cette application. Dès lors, les particularismes nationaux semblent ici s'imposer avec beaucoup plus de netteté et le

20 Sur ces divergences, voir Maarit Jänterä-Jareborg, *cours précité*, p. 236 et svtes.

21 Sur l'ensemble de la question, voir not. H. Chanteloup, « La prise en considération du droit national par le juge communautaire », *Rev. Crit. dip.*, 2007, p. 539.

22 H. Gaudemet-Tallon, « De nouvelles fonctions pour l'équivalence en droit international privé ? », *Mélanges P. Lagarde*, Paris, Dalloz, 2005, p. 303.

rôle du droit de l'Union européenne, au contraire, ne semble pas avoir de rôle significatif à jouer.

Dès lors, lorsque la loi étrangère est celle d'un État tiers, il semble nécessaire de mobiliser les ressources du droit international privé classique. La preuve du contenu de la loi étrangère pourrait résulter d'une coopération internationale qui pour l'instant, faute de fonctionnement satisfaisant de la Convention de Londres, est encore bien défaillante. Aussi faut-il se féliciter que la question de la preuve de la loi étrangère figure au programme de la conférence de La Haye[23].

On le voit, les règles nationales relatives à l'office du juge ne ressortiront pas indemnes de l'européanisation du droit international privé. Le passage d'une source à l'autre n'a pas pour conséquence uniquement de modifier l'origine de la règle. Il en modifie aussi en profondeur le régime juridique.

De telles solutions devraient figurer dans une éventuelle codification. Tant en effet que des règles européennes ne sont pas adoptées en la matière, la question de savoir si l'office du juge relève du droit national ou du droit européen n'est pas résolue. Un éventuel texte en la matière permettrait donc d'adopter des règles claires et univoques pour cette question dont l'importance pratique a été déjà maintes fois démontrée.

B. L'impérativité de la règle

La règle de conflit de lois bilatérale classique ne fait pas de distinction selon la loi désignée. Elle met sur un pied d'égalité la loi du for et la loi étrangère, et toutes les lois étrangères les unes par rapport aux autres. Le contenu comme l'origine de la loi sont en principe indifférents, sauf bien entendu à mettre en place des règles de défenses des valeurs du for, dont l'ordre public international est l'exemple le plus connu. Dès lors, la question de l'impérativité internationale de la loi ne se pose que dans des cas assez bien identifiés.

Deux, tout particulièrement, peuvent être isolés. Le premier, celui des lois de police, correspond à l'hypothèse où, en raison de son contenu propre, la loi du for serait d'une impérativité particulière, propre à lui donner un champ d'application particulier. Le second, celui de la fraude à la loi, correspond à la volonté de ne pas accepter la manipulation par les parties de l'élément de rattachement de la règle de conflit, manipulation qui conduirait à rendre applicable une autre loi que celle qui aurait dû l'être. Dans l'un et l'autre cas, les mécanismes du droit de l'Union

[23] Sur l'avancement des travaux, qui en sont encore à une phase très préliminaire, voir les « Conclusions et recommandations » du Conseil sur les affaires générales et la politique de la Conférence de La Haye, réuni les 5-7 avril 2011, disponibles sur le site de la conférence (hcch.net).

européenne ont conduit à de profondes remises en cause, au point qu'il est aujourd'hui très difficile de connaître exactement l'état du droit positif en la matière.

1. Lois de police

La théorie des lois de police est aujourd'hui en profond renouvellement, et pas uniquement du fait de la construction européenne. Plus généralement, en effet, la mondialisation, et son corollaire qui est l'extraordinaire développement de l'autonomie de la volonté, a conduit à une évolution en profondeur de la théorie des lois de police[24]. Tout à la fois, celles-ci se sont multipliées dans les ordres juridiques nationaux, tout en voyant leur impérativité s'atténuer, notamment en raison des exigences de circulation des décisions ou des sentences arbitrales[25].

Mais cette évolution est sans nul doute encore plus sensible au sein même de l'ordre juridique européen. Curieusement, cette modification ne s'aperçoit pas à la seule lecture des textes, et notamment des Règlements Rome I et II, qui ne diffèrent guère de règles générales adoptées dès la Convention de Rome. L'évolution, encore bien difficile à systématiser, résulte plutôt de la jurisprudence de la Cour.

Sans aucun conteste, l'exemple le plus frappant en la matière est celui du détachement des travailleurs salariés. Cette célèbre question a fait l'objet d'un nombre important de décisions de justice et est sans aucun doute l'un des points de rencontre les plus frappants entre droit des libertés de circulation et droit international privé. Dans plusieurs arrêts successifs, la Cour a en effet eu à contrôler la compatibilité au droit communautaire de l'application de la loi de l'État-membre vers lequel était détaché le travailleur salarié[26]. La difficulté venait de ce que la loi applicable normalement au contrat était la loi d'un autre État-membre, celle, en principe, dans lequel le travailleur effectuait habituellement son travail avant le détachement. L'impérativité de la loi nationale risquait donc de perturber la libre prestation de services de l'entreprise procédant au détachement. Il a donc bien fallu confronter le mécanisme de l'impérativité des lois en cause, justifiées par les impératifs de protection des travailleurs et de respect des conditions de concurrence, aux exigences propres des libertés de circulation.

---

[24] Sur cette évolution en général, voir en particulier D. Bureau et H. Muir Watt, *op. cit.*, p. 592 et svtes.

[25] Sur ce point, voir L. Radicati di Brozolo, « Mondialisation, juridiction, arbitrage : vers des lois « semi-nécessaires » », *Rev. Crit. dip.*, 2003, p. 1.

[26] Pour se limiter aux quelques arrêts les plus saillants, voir CJCE, 23 novembre 1999, *Arblade*, aff. C. 369/96, ; CJCE, 15 mars 2001 *Mazzoleni*, aff. C. 165/98 ; CJCE, 25 octobre 2001, *Finalarte*, aff. C. 49/98, 50/98 à 68/98, CJCE, 24 janvier 2002, *Portugaia*, aff. C-164/99 ; CJCE, 3 avril 2008, *Rüffert*, aff. C-346/06.

Dans l'ensemble, la Cour de justice a accepté les justifications données par les États-membres, et, partant, validé le recours aux règles impératives. Elle a toutefois au passage modifié en profondeur leur mécanisme de mis en œuvre, en en contrôlant très strictement les conditions d'application. En d'autres termes, ce n'est qu'à la suite d'un contrôle étroit de la Cour qu'un État-membre pourra effectivement imposer l'application impérative de sa propre loi.

Plus précisément, l'État devra apporter deux justifications principales. La première est que la loi en cause véhicule bien une raison impérieuse d'intérêt général[27], susceptible de justifier une atteinte aux libertés de circulation garanties par le traité. La seconde est que cette atteinte est bien proportionnelle à l'objectif visé et qu'elle n'aurait pas pu être mise en œuvre par d'autres méthodes ou par une application différente de la règle[28].

Dès lors, le mécanisme même des lois de police sort profondément bouleversé de sa confrontation avec le droit primaire. Une telle modification devrait-elle être intégrée dans un texte codifiant le droit international privé ? L'exemple du Règlement Rome I tend à montrer qu'un texte particulier n'est pas forcément nécessaire. Le législateur européen, en effet, n'a pas repris à son compte la proposition du GEDIP d'insérer une disposition particulière sur les LP de source européenne[29]. Il s'est contenté de reprendre, en la modifiant légèrement, la règle qui était déjà contenue dans la Convention de Rome de 1980.

---

27 La qualification même peut en effet être contestée, ainsi en matière de droit des sociétés : CJCE, 30 septembre 2003, *Kamer van Koophandel en Fabrieken voor Amsterdam c. Inspire Art Ltd*, aff. C-167/01, dans lequel a été considérée comme contraire au droit primaire la règle néerlandaise imposant aux « pseudo-foreign companies », sociétés fictivement immatriculées à l'étranger, le respect d'un certain nombre d'obligations relevant du droit néerlandais.

28 Là encore, le contrôle pourra conduire à faire prévaloir le droit de l'Union (ou, en tout cas, une certaine interprétation de celui-ci), comme l'ont montré de façon contestable les célèbres arrêts Laval et Viking : CJCE, 11 décembre 2007, aff. C-488/05 *International Transport Workers' Federation, Finnish Seamen's Union c. Viking Line ABP, OÜ Viking Line Eesti* (*Viking*) et CJCE, aff. 18 décembre 2007, aff. C-341/05, *Laval und Partneri Ltd c. Svenska Byggnadsarbetareförbundet Svenska Byggnadsarbetareförbundets avdelning 1, Byggettan, Svenska Elektrikerförbundet* (*Laval*), ou l'arrêt Rüffert, précité. Sur ce dernier, voir S. Robin-Olivier, « Libre prestation de services, marchés publics et régulation sociale : le droit européen privilégie la concurrence fondée sur le coût du travail », *RTDE*, 2008, p. 485.

29 Le Groupe avait en effet proposé d'ajouter un troisième paragraphe à ce qui était alors l'art. 7, formulé de la façon suivante : « Il ne peut être donné effet aux dispositions impératives de la loi d'un État-membre que dans la mesure où leur application ne constitue pas une entrave injustifiée aux libertés de circulation instituées par le traité », GEDIP, Sessions de Rome (2000) et de Lund (2001), *Version consolidée des propositions de modifications des articles 3, 5, 6, 7 et 9 de la Convention de Rome du 19 juin 1980*, disponible sur le site internet : www.gedip-egpil.eu.

Même si elle n'est pas de nature à simplifier les solutions et à assurer la prévisibilité des solutions, cette solution d'abstention n'est peut-être pas déraisonnable. Après tout, la modification de la mise en œuvre du mécanisme des lois de police ne résulte pas tant du changement de la fonction de ces lois, qui reste identique, que de l'effet mécanique du principe de primauté. La primauté du droit de l'Union européenne, en effet, s'exerce à l'encontre de toute règle nationale, quelle qu'elle soit. Une disposition nationale qui véhicule un intérêt national particulièrement pressant n'échappe pas à la règle. Il n'y a là après tout que l'ultime conséquence du principe de primauté : l'intérêt national véhiculé par une règle de droit interne doit, dans le cadre européen, être apprécié à l'aune de l'intérêt de l'Europe tout entière. Qu'il y ait là une modification en profondeur des lois de police, nul ne le conteste. Que cette modification doive être codifiée, en revanche, est peut-être plus douteux.

On notera, enfin, que l'application des lois de police étrangères, en revanche, semble pour l'instant rester indemne de la construction européenne. Il est vrai que, malgré l'importance théorique de la question, le manque d'applications pratiques a rendu moins brûlante cette question. Pour autant, il est probable qu'une distinction pourrait ici apparaître, selon que la loi de police étrangère est celle d'un État tiers ou celle d'un État-membre. Les exigences de la coopération loyale résultant de la construction européenne pourraient en effet conduire à considérer que l'application des lois de police des États étrangères s'impose avec plus de force lorsque la loi est celle d'un État-membre. Il ne s'agit toutefois que d'un constat relatif à la mise en œuvre des lois de police, et non d'une règle figée. Dès lors, il n'est sans doute pas nécessaire, ici non plus, qu'une telle solution figure explicitement dans une éventuelle codification.

2. *Fraude à la loi*

Le dernier exemple qui mérite quelque attention est celui de la fraude à la loi. La fraude à la loi consiste à se placer volontairement sous l'empire d'une loi quelconque, qui n'est pas celle qui aurait dû normalement être applicable, dans le but de profiter de ses dispositions. Comme la théorie des lois de police, celle de la fraude ne sort pas indemne de l'extension de l'autonomie de la volonté. Celle-ci, en effet, est incompatible avec la fraude : comment sanctionner des parties pour avoir choisi la loi qui les avantageait lorsqu'un tel choix leur est ouvert ? Une telle remarque explique que la théorie de la fraude à la loi fasse aujourd'hui l'objet d'un certain renouveau doctrinal, visant essentiellement à en redessiner les contours[30].

[30] Voir E. Cornut, *Théorie critique de la fraude à la loi (Étude de droit international privé de la famille)*, Paris, Defrénois, 2006.

Ce déclin est peut-être encore plus frappant dans le cadre de l'Union européenne. À de très nombreuses reprises, en effet, la Cour a montré qu'elle était très réticente à sanctionner une personne qui se serait volontairement placée sous l'empire d'un droit étranger, même dans des hypothèses où la manipulation semblait pourtant acquise. L'exemple le plus fameux, et sans doute le plus discuté, est incontestablement celui de l'arrêt Centros[31], qui a obligé un État-membre à reconnaître la validité d'une société créée dans un autre État-membre, alors même qu'elle exerçait l'intégralité de son activité économique dans l'État d'accueil. Tout a sans doute déjà été dit sur les conséquences de cette jurisprudence sur les règles de conflit en matière de sociétés[32]. Au-delà, pourtant, de cette seule solution, la Cour a montré à plusieurs reprises de façon ferme qu'elle entendait refuser qu'une solution constituée dans un État soit refusée dans un autre, que la question concerne le droit des sociétés, le droit de la famille[33], ou encore le droit à la libre circulation des citoyens européens[34]. Toutes ces hypothèses sont fort différentes les unes des autres et ne relèvent pas toutes de la fraude. Il n'en reste pas moins qu'elles sont traitées de façon très proche par la Cour de justice : sauf circonstances exceptionnelles (tellement exceptionnelles qu'elles semblent bien difficiles à réunir), l'on ne saurait reprocher à une personne de se placer sous l'empire de la loi d'un État-membre, et de chercher à en jouir dans un autre État-membre.

Une telle solution pose d'assez importantes difficultés. Elle est parfois critiquée en raison précisément de la fraude qu'elle permet. Incontestablement, cette jurisprudence est très libérale, et conduit à une certaine concurrence entre lois du même ordre juridique, concurrence qu'il peut être permis de regretter[35]. Il n'en demeure pas moins que la construction d'un espace européen intégré ne peut guère se satisfaire d'une conception trop rigide de la fraude. L'élaboration d'un espace économique commun, d'un Espace de Liberté, de Sécurité et de Justice et l'harmonisation des lois par laquelle passe cette élaboration suppose nécessairement d'admettre une certaine équivalence des lois en présence. Une telle équivalence, sans rendre les lois de chacun des États-membres strictement fongibles, rend délicate la sanction d'un compor-

---

31 CJCE, 9 mars 1999, *Centros*, aff. C-212/97, *JDI.* 2000. 482, note Luby, *D.* 1999. 550, note Menjucq, *Rev. Soc.* 1999. 386, note Parléani, *Rec.* 1-1459.

32 Voir not. T. Ballarino, « Les règles de conflit sur les sociétés commerciales à l'épreuve du droit communautaire d'établissement », *Rev. Crit. dip.*, 2003.

33 CJCE, 14 octobre 2008, *Grunkin-Paul*, aff. C-353/06.

34 CJCE, 19 octobre 2004, aff. C-200/02, *Zhu et Chen*, *Rec.* 2004, p. I-9925.

35 Sur cette problématique en général, voir H. Muir Watt, « Aspects économiques du droit international privé », *RCADI*, 307, 2005, p. 29, sur les liens entre harmonisation substantielle et concurrence législative.

tement individuel consistant à se placer sous l'empire de la loi de tel État-membre plutôt que de tel autre. Il est vrai que, en pratique, la persistante différence des règles substantielles rend les hypothèses de fraude plus vraisemblables, comme le montre l'exemple du droit des sociétés. Mais dans ce cas-là, la résolution de cette difficulté est sans doute à trouver dans la recherche d'une meilleure harmonisation substantielle, plutôt que d'une sanction trop rigoureuse de la fraude[36].

Dès lors, se dessine une conception très différente de la fraude, selon que la loi sous l'empire de laquelle s'est placé le fraudeur est ou n'est pas celle d'un État-membre. Dans le premier cas, les hypothèses de sanction de la fraude sont sans doute appelées à être très fortement marginalisées. Il est sans doute difficile de traduire cette solution dans une règle générale. Il n'en reste pas moins que, dans la perspective d'une codification, il semble qu'il ne faille non plus une, mais bien deux règles sur la fraude, selon que la loi applicable après la manœuvre est celle d'un État-membre ou celle d'un État tiers.

Même s'il y a une importante part de fiction dans cette affirmation, l'équivalence qui affecte le droit de chacun des États-membres a pour conséquence que, du point de vue de la fraude, l'ensemble de l'Union est presque un territoire unique.

Mais c'est déjà parler là du statut du territoire.

III. Statut du territoire

D'autres spécificités du droit international privé européen résultent de la particularité du *statut du territoire européen*. Le droit international privé classique traite de rapports entre systèmes juridiques différents, avec la difficulté particulière des États à systèmes pluri-législatifs. La situation en Europe est rendue beaucoup plus complexe, en raison de l'enchevêtrement entre espace national et espace européen, l'un et l'autre source de droit. Cet enchevêtrement explique que les liens entre droit de l'Union européenne et droit international privé aient été scrutés avec tant d'attention ces dernières années. Les relations entre systèmes nationaux différents et indépendants, qui sont le cœur du droit international privé, sont profondément remises en cause par la construction d'un espace européen qui n'est pas encore un espace national ou fédéral[37], mais plus non plus un simple espace d'accord conventionnel. On a

36 Sur cette question, voir J.-S. Bergé et S. Harnay, « Concurrence entre règles juridiques et construction européenne : à propos de l'analyse économique du droit », *Mélanges Bazex*, Paris, Litec, 2009, p. 15.

37 Même s'il s'en rapproche, ce qui justifie l'étude comparative avec d'autres systèmes fédéraux, au premier rang desquels celui des États-Unis. Sur ce point, voir not. J. Heymann, *Le droit international privé à l'épreuve du fédéralisme européen*, Paris,

parlé, avec beaucoup de justesse, de « double internationalité » pour qualifier cette situation intermédiaire dans laquelle se trouvait le droit international privé : il est en effet aujourd'hui nécessaire de distinguer deux types de relations inter-étatiques : celles qui concernent les relations des États-membres entre eux, celles qui concernent les relations entre États-membres et États tiers[38]. L'impact de ce mouvement sur le droit international privé est devenu aujourd'hui un objet d'étude à lui seul. Pour se limiter à quelques grandes questions de théorie générale, on peut mettre en lumière deux points qui paraissent particulièrement saillants : l'ordre public, d'un côté, le renvoi, de l'autre.

A. Ordre public international, ordre public interne

Comme les lois de police, l'ordre public fait partie des questions renouvelées en profondeur par la construction européenne[39]. Deux questions, d'inégale importance, peuvent être abordées.

1. Ordre public international

Il ne fait guère de doute que toute codification du droit international privé en Europe devra prévoir un mécanisme d'ordre public d'éviction. L'exception reste essentielle pour s'assurer que les valeurs fondamentales de l'ordre juridique du for seront respectées, et l'unification du conflit de lois n'aura sans doute pas vocation à changer les règles sur ce point.

Les textes adoptés jusqu'ici, en matière de délits, de contrats ou de divorce, ainsi que les textes en préparation, en matière de régimes matrimoniaux ou de successions, montrent bien que la règle d'ordre public n'a nullement vocation à disparaître, ni même à être substantiellement affectée par l'unification du conflit de lois en Europe. La formulation reste restrictive, elle est parfois particulière à une matière, mais elle n'est pas structurellement différente des dispositions relatives à l'ordre public figurant, par exemple, dans les Conventions de La Haye. Dès lors, une codification éventuelle conduirait sans doute à l'adoption d'une règle très traditionnelle.

Il est vrai qu'en pratique, l'exception d'ordre public aura sans aucun doute vocation à s'amenuiser considérablement au sein de l'espace européen, en tout cas lorsque la loi désignée est celle d'un État-membre. Une telle disparition résulte de l'intégration dans tous les États-membres

---

Economica, 2010 et Y.E. Le Bos, *Renouvellement de la théorie du conflit de lois dans un contexte fédéral*, Paris, Dalloz, 2010.

38 J.-S. Bergé, « La double internationalité interne et externe du droit communautaire et le droit international privé », *TCFDIP 2004-2006*, p. 29.

39 S. Poillot Peruzetto, « L'ordre public et les lois de police dans l'ordre communautaire », *TCFDIP 2002-2004*, p. 65.

des mêmes valeurs fondamentales, véhiculées à la fois par la Charte des Droits Fondamentaux de l'UE et par la Convention européenne des droits de l'homme. Seuls quelques nœuds devraient subsister, en matière de divorce par exemple. L'exemple de l'article 10 du Règlement Rome III confirme cette impression : là où une difficulté particulière est identifiée, une clause spéciale d'ordre public peut être intégrée. Dans les autres cas, il est douteux que l'ordre public joue encore un rôle majeur lorsque la loi désignée est celle d'un État-membre.

À cet égard, la jurisprudence de la Cour relative aux jugements étrangers montre qu'une conception très étroite de l'ordre public internationale est en train d'émerger. Certes, cette conception a été élaborée dans le cadre de la circulation des jugements, et, dès lors, ne peut sans doute pas être transposée telle quelle aux conflits de lois. Pour autant, les exigences propres au rapprochement des systèmes juridiques des États-membres laissent sans doute augurer d'une conception très stricte de l'ordre public, d'autant plus stricte que l'harmonisation aura déjà été réalisée.

Il y a là une nouvelle conséquence de la relative fongibilité des lois des États-membres. Dans la mesure où les lois sont équivalentes les unes par rapport aux autres, il n'y a que peu de situations (et, généralement, ces situations sont assez bien identifiées, comme en matière de divorce ou de procréation médicalement assistée) où les conflits de valeur entre la loi du for et la loi d'un autre État-membre sont tels qu'ils nécessitent le déclenchement de l'exception d'ordre public.

Dès lors, il semble bien que l'unification européenne aura pour conséquence non pas de modifier la nature de l'exception d'ordre public, mais bien d'en changer la mise en œuvre. La question est très différente pour l'ordre public interne.

2. *Ordre public interne et ordre public européen ?*

La question de l'ordre public interne est, en principe, très différente. Dans son acception traditionnelle, en effet, l'ordre public interne concerne la possibilité pour les parties de déroger à une règle de droit. Il est donc possible de distinguer deux types de règles de droit, la norme qui pourra être valablement écartée sera qualifiée de règle supplétive alors qu'elle sera qualifiée d'ordre public si la dérogation est interdite. À première vue, cette solution ne concerne pas le droit international privé, mais uniquement le droit interne. Le problème est ici de déterminer dans quelle mesure la règle nationale, qui aura été au préalable déclarée applicable par une règle de conflit de lois, peut ensuite faire l'objet ou pas d'une dérogation.

L'harmonisation européenne a pourtant considérablement brouillé les pistes en la matière et affaibli la distinction entre ordre public interne et impérativité internationale, comme le montre l'analyse, même rapide, du champ d'application dans l'espace des règles de l'Union européenne.

La plupart du temps, ce champ d'application spatial est déterminé par une disposition expresse du texte de droit dérivé en cause. Certainement, ainsi qu'on l'a fait remarquer, il serait préférable de définir *ab initio* le champ d'application spatial d'un texte communautaire[40]. Mais, même une définition dans le texte considéré ne suffit pas toujours à résoudre toutes les difficultés. De très nombreuses méthodes sont utilisées pour définir ce champ d'application, méthodes qui posent toutes des difficultés particulières de mise en œuvre[41]. Or, c'est certain, le choix de la règle d'applicabilité[42] n'est pas indifférent. Selon, en effet, la méthode et les critères utilisés par la règle en cause, non seulement variera le champ d'application de la règle, mais encore, la qualification même de règle impérative pourra être mise en doute. Donner en effet à une règle substantielle un champ d'application spécifique et distinct de la règle de conflit de lois applicable, c'est prendre parti sur le caractère de la règle en cause, tant la particularité du champ d'application permettra d'en découvrir l'impérativité.

L'exemple le plus frappant est ici celui des règles de protection du consommateur. Les règles relatives au champ d'application dans l'espace des directives de protection du consommateur diffèrent d'un texte à l'autre. On retrouve néanmoins un type dominant, qui utilise la notion de « lien » avec le territoire communautaire, et dont le modèle est l'article 6§2 de la directive de 1993 sur les clauses abusives :

> Les États-membres prennent les mesures nécessaires pour que le consommateur ne soit pas privé de la protection accordée par la présente directive du fait du choix du droit d'un pays tiers comme droit applicable au contrat, lorsque le contrat présente un lien étroit avec le territoire des États-membres[43].

Cette notion de « lien » avec le territoire communautaire et la formulation particulière de la directive sur les clauses abusives se retrouvent

---

40 M.N. Jobard-Bachellier, « L'acquis communautaire du droit international privé des conflits de lois », in J.-S. Bergé et M.-L. Niboyet (dir.) *La réception du droit communautaire en droit privé des États-membres*, Bruxelles, Bruylant, 2003, p. 204.

41 Sur l'ensemble de cette question, voir l'ouvrage important de S. Francq, *L'applicabilité du droit communautaire dérivé au regard des méthodes du droit international privé*, Paris/Bruxelles, LGDJ/Bruylant, 2006.

42 Sur ce concept, d'une particulière pertinence pour rassembler sous une même bannière les différentes règles relatives au champ d'application spatial des dispositions matérielles que connaît le droit communautaire, voir M. Fallon, « Les règles d'applicabilité en droit international privé », *Mélanges Vander Elst*, Bruxelles, Nemesis, 1986, p. 285.

43 Directive 93/13 du 5 avril 1993, *JOCE*. L. 95, du 5 avril 1993, p. 29.

dans plusieurs autres textes[44], et c'est aussi à cette notion que recourt la Cour de justice elle-même, par exemple dans le très fameux arrêt Ingmar[45].

Il est sans doute impossible d'ajouter des critiques nouvelles à ces règles qui ont déjà fait l'objet d'appréciations sévères[46], au point qu'on a pu estimer que le droit international privé des consommateurs était, dans l'Union européenne, dans un état de « grave délabrement »[47]. On se contentera donc d'appréciations générales, pour essayer de montrer qu'ici, la contestable détermination du champ d'application de la directive, outre qu'elle est extrêmement difficile à mettre en œuvre en pratique et rend la transposition correcte de ces directives presque impossible, pose ici un important problème de méthode.

L'utilisation de la méthode unilatéraliste ainsi que les considérations substantielles qui animent ces règles font en effet incontestablement appel aux ressources de la théorie des lois de police et il est aujourd'hui fréquemment admis par la doctrine de droit international privé que, du fait de ces règles d'applicabilité, les directives de protection du consommateur sont des lois de police. Pourtant, la qualification conduit à une confusion évidente entre le concept de loi de police et celui de règle de conflit à coloration matérielle, utilisé tout particulièrement pour la protection des parties faibles[48].

Surtout, on peut se demander si les fréquentes critiques opposées à ces textes par la doctrine de droit international privé ne s'expliquent pas

---

44 Voir tout particulièrement l'art. 12 par. 2 de la directive sur les contrats à distance du 20 mai 1997 (*JOCE*. L. 144 du 4 juin 1997, p. 19), l'art. 7 par. 2 de la directive du 25 mai 1999 sur certains aspects de la vente et des garanties de biens de consommation (*JOCE*. L. 171 du 7 juillet 1999, p. 12), l'art. 12 de la directive sur la commercialisation à distance de services financiers auprès des consommateurs du 23 septembre 2002 (*JOCE*. L. du 9 octobre 2002, p. 16).

45 CJCE, 9 novembre 2000, aff. C-381/98, *Ingmar*, *Rev. Crit. dip.*, 2001, p. 107, note L. Idot, *Clunet* 2001, p. 511, note JM Jacquet, point 25. Dans cet arrêt, en effet, selon la Cour, les objectifs de la directive sur les agents commerciaux exigent « qu'elle trouve application dès lors que la situation présente un lien étroit avec la Communauté », tout en estimant qu'est « notamment » constitutif de ce lien l'exercice de l'activité sur le territoire d'un État-membre.

46 Voir particulièrement P. Lagarde, « Heurs et malheurs de la protection internationale du consommateur dans l'Union européenne », *Mélanges Ghestin*, Paris, LGDJ, 2001, p. 511.

47 P. Lagarde, *op. cit.*, p. 515. Pour une étude d'ensemble de la question, voir N. Cosquer-Héraud, *Ordre public de protection du consommateur et conflit de lois*, Thèse dactylographiée, Paris I, 2001.

48 S. Bariatti, « Les limites au choix de la loi applicable dans les contrats impliquant une partie faible », in S. Corneloup et N. Joubert, *Le Règlement communautaire « Rome I » et le choix de loi dans les contrats internationaux*, Paris, Litec, 2011, p. 325.

par une différence fondamentale de philosophie. Alors, en effet, qu'une interprétation de droit international privé verra dans ces règles d'applicabilité des règles classiques, quoique contestables, de coordination de systèmes juridiques autonomes et différents, les textes européens semblent au contraire souscrire à une logique finalement beaucoup plus fédérale selon laquelle le lien étroit entre le contrat de consommation et le territoire d'un ou plusieurs États-membres justifierait une limite à la liberté de choix dans les mêmes conditions que des limites à cette liberté sont acceptables en droit interne. En quelque sorte, le lien avec le territoire des États-membres représenterait un contrat « interne » à la Communauté, pour lequel on pourrait admettre plus volontiers qu'il soit soumis à une réglementation impérative.

Une telle analyse permettrait de comprendre certaines des caractéristiques des règles d'applicabilité des directives, parfois remarquées et difficilement explicables. Tout particulièrement, l'une de ces frappantes caractéristiques est que, très fréquemment, seule la liberté de choix est encadrée. Tel est bien le cas dans l'article 6 § 2 de la directive « clause abusive », mais on retrouve la même idée, avec des formulations un peu différentes, dans la directive sur les contrats à distance de 1997 (article 12 § 2), ou encore dans la directive sur la vente au consommateur de 1999 (article 7 § 2). L'application objective de la loi applicable au contrat, en revanche, ne semble pas faire de difficulté, ou, en tout cas, n'est pas envisagée par la directive. Il est certain que les différentes transpositions des directives ont fréquemment négligé cette particularité, en posant de véritables règles de conflit de lois, différentes selon les États-membres[49], mais, il n'en demeure pas moins que le texte même des directives, pour sa part, n'envisage que la limitation au libre choix des parties. On pourrait alors suggérer une explication à cette différence de traitement par l'idée selon laquelle le mécanisme ainsi mis en place par le législateur communautaire, loin d'être assimilable à une règle d'applicabilité, serait en réalité une hypothèse d'application du mécanisme de l'ordre public interne, simplement étendu à l'intégralité du territoire communautaire. L'objet ne serait pas tant de parvenir à déterminer la loi nationale applicable que de conférer, vis-à-vis des parties, une impérativité à la règle qui en interdirait l'éviction par le biais du choix d'une loi étrangère[50].

Une telle interprétation permettrait en tout cas de s'interroger à nouveau sur la nature de l'impérativité conférée par les autorités commu-

---

49 Sur ces différentes transpositions et les difficultés qu'elles posent, voir particulièrement Lagarde, « Heurs et malheurs… », *op. cit.*, p. 522.

50 Comp. G.P. Romano, « Règles internationalement supplétives et règles internationalement disponibles », in *Regards comparatistes sur le phénomène contractuel*, Aix-en-Provence, PUAM, 2009.

nautaires aux règles de protection du consommateur. À suivre cette analyse, on pourrait en effet considérer que, bien plus que d'une impérativité internationale, il s'agirait en réalité d'une impérativité interne, où simplement le terme « interne » serait à étendre à l'ensemble de l'ordre juridique communautaire. D'ordre public interne, les règles de protection du consommateur ne nécessiteraient alors pas de se voir qualifier de lois de police dans le contentieux réellement international. Une telle analyse permet d'ailleurs de proposer une interprétation un peu différente de l'arrêt Ingmar (dont il faut souligner qu'il n'a pas été répété depuis) : ce qui est en cause est beaucoup plus la possibilité de déroger par la volonté à une règle impérative européenne qu'une application de la théorie des lois de police. Dès lors, la critique qui pourrait être adressée à l'arrêt n'est pas tant d'avoir qualifié de loi de police une règle qui ne le méritait pas que d'avoir analysé un contrat qui présentait de forts liens de rattachements avec des États tiers comme un contrat interne à l'Union européenne.

Il est certain que l'émergence d'un tel ordre public « européen », pose de très grandes difficultés de frontières[51]. Elle suppose en effet de distinguer les lois internationalement impératives, qualifiées de lois de police et les lois simplement impératives, mais d'ampleur européenne, auxquelles il ne peut être dérogé par la volonté des parties, que celle-ci se soit exprimée dans une clause de choix de loi ou dans une disposition substantielle du contrat. Cette distinction pose d'importantes difficultés de mise en œuvre. Elle est néanmoins le reflet exact de l'état de l'harmonisation européenne : lorsque celle-ci a eu lieu, un contrat dont la totalité des rattachements se situe au sein de l'Union européenne est considéré comme « interne » du point de vue européen.

C'est cette solution qui a été retenue par l'article 3 du Règlement Rome I. Comme on le sait, ce règlement, en effet, ne définit pas le contrat international. Il se contente d'interdire tout choix de loi qui dérogerait aux règles d'ordre public d'un État-membre lorsque le contrat est entièrement localisé dans cet État-membre (3 § 3), ou aux règles d'ordre public d'ampleur communautaire lorsque le contrat est entièrement localisé en Europe (3 § 4). La formulation de l'article 3 § 4, même si elle ouvre autant de problèmes qu'elle n'en résout[52], doit certainement être approuvée et nécessiterait d'être incorporée dans une éventuelle codification européenne. Au-delà des éventuelles variations locales

---

[51] H. Muir Watt, « Les limites du choix : dispositions impératives et internationalités du contrat », in S. Corneloup et N. Joubert (dir.), *Le Règlement communautaire « Rome I » et le choix de loi dans les contrats internationaux*, Paris, Litec, 2011, p. 341.

[52] Pour un état des lieux de ces difficultés, voir H. Muir Watt, « Les limites du choix », *article cit.*, p. 343.

tenant à la différence de transposition des directives, l'harmonisation fait naître un espace juridique commun. L'impérativité, dès lors, doit être reconnue dans sa dimension spécifiquement européenne, et la formulation de l'article 3§4 du Règlement Rome I en est une habile traduction juridique. Elle aurait incontestablement sa place dans une codification plus générale.

B. Renvoi

L'unification européenne a enfin d'importantes conséquences sur le phénomène du *renvoi*. Le renvoi est un phénomène de coordination de systèmes qui, par hypothèse, retient des rattachements différents. Le renvoi est nécessairement inutile dans un système dont les rattachements sont unifiés. L'élaboration d'un droit international privé commun, dès lors, ne peut que conduire à un rétrécissement du domaine d'application du renvoi.

Pour autant, un rétrécissement n'implique pas une disparition complète. À cet égard, l'exclusion systématique du renvoi qui semble se dessiner en droit international privé de l'Union européenne apparaît peut-être d'un dogmatisme et d'une rigidité un peu excessive.

Les règles de conflit de lois de source européenne sont, fort heureusement, des règles à vocation universelle. Dès lors, elles s'appliquent que la loi désignée soit celle d'un État-membre ou celle d'un État tiers. Si la loi désignée est celle d'un État-membre, l'unification du rattachement rend impossible le mécanisme du renvoi. Si, en revanche, la loi désignée est celle d'un État tiers, alors la nécessité d'une exclusion systématique du renvoi apparaît avec moins de clarté. Pour être un mécanisme d'application exceptionnelle, le renvoi n'en est pas moins un mécanisme dont l'utilité a déjà été démontrée à plusieurs reprises. L'exemple le plus frappant est sans aucun doute ici celui du droit des successions internationales. Le droit international privé positif en la matière montre en effet que le renvoi est fréquemment accepté par les systèmes juridiques nationaux, notamment lorsqu'il permet le retour à une unité successorale mise à mal par la scission des rattachements. Il en est ainsi en France, notamment[53], mais aussi dans d'autres États[54]. Plus encore, on sait que la Convention de La Haye de 1989 sur les successions à cause de mort a admis le renvoi malgré la traditionnelle hostilité

---

[53] Voir sur ce point B. Audit et L. d'Avout, *Droit International Privé*, Paris, Economica, 2ᵉ éd., 2010, n° 888.

[54] Voir les éléments comparatifs fournis dans : A. Bonomi et C. Schmid (dir.), *Successions internationales – Réflexions autour du futur règlement européen et de son impact pour la Suisse. Actes de la 22ᵉ Journée de droit international privé du 19 mars 2010 à Lausanne.* Publications de l'Institut suisse de droit comparé 68, Schulthess, Genève-Zürich-Bâle, 194 p., 2010.

à ce mécanisme[55]. Dès lors, le strict rejet du renvoi dont fait preuve le projet de règlement européen sur les successions internationales[56] s'explique assez mal, sinon par une position de principe rigide et peu convaincante. Il a d'ailleurs fait l'objet de critiques récurrentes[57].

Cet exemple montre que, par essence, que le renvoi n'est pas exclu par l'unification du droit international privé en Europe. L'unification des rattachements réalisée par les règlements européens conduit à considérer que, sous l'angle du fonctionnement du renvoi, le territoire de l'Union est unique, malgré la divergence éventuelle des règles substantielles. À l'égard des États tiers toutefois, la nécessité du renvoi n'est pas remise en cause et devrait être discutée avec sans doute moins de dogmatisme que n'en fait preuve le législateur européen.

Une autre hypothèse, toutefois, doit encore être soulevée. L'unification du conflit de lois et ses conséquences sur le renvoi, n'est en effet pas spécifique à l'Union européenne. Une unification conventionnelle, comme celles qui sont réalisées par les Conventions de La Haye a exactement les mêmes conséquences : exclure le renvoi entre les États signataires. À cet égard, l'Union européenne n'est donc guère originale.

L'unification substantielle, en revanche, est une caractéristique beaucoup plus originale de la construction européenne. Il a déjà été fréquemment remarqué que l'unification substantielle vidait d'une partie de son importance le conflit de lois. À partir du moment où les lois sont identiques, l'enjeu qui s'attache au choix de la loi de tel ou tel État-membre est beaucoup moins important. Dès lors, l'impact du conflit de lois est profondément différent selon que la loi désignée est celle d'un État-membre ou celle d'un État tiers. Une telle remarque, aujourd'hui très banale, a-t-elle un impact sur le renvoi ?

Dans les domaines où l'harmonisation a eu lieu, en effet, le renvoi pourrait être considéré comme une inutile complication lorsque la loi désignée et la loi vers laquelle celle-ci renvoie sont l'une et l'autre des lois d'États-membres. Dans une telle situation, en réalité, le renvoi n'aurait de réel intérêt que s'il conduit à l'application de la loi d'un État

55 Sur cette convention, voir not. P. Lagarde, « La nouvelle Convention de La Haye sur la loi applicable aux successions », *Rev. Crit. dip.*, 1989, p. 249.

56 *Proposition de règlement relatif à la compétence, la loi applicable, la reconnaissance et l'exécution des décisions et des actes authentiques en matière de successions et à la création d'un certificat successoral européen* (COM (2009), 154) du 14 octobre 2009.

57 Sur ce point, voir les critiques apportées à la proposition de règlement sur les successions par différents auteurs dans : M. Revillard et G. Khairallah, *Perspectives du droit des successions européennes*, Paris, Defrénois, 2010 ; voir aussi A. Bonomi, « Prime considerazioni sulla proposta di regolamento sulle successioni », *Rivista di diritto internazionale privato e processuale*, 2010, p. 875.

tiers. Dès lors, dans la perspective d'une codification, le choix – de nature politique – sur l'acceptation ou non du renvoi ne devrait plus conduire à distinguer classiquement entre renvoi au premier et renvoi au second degré. La ligne de fracture passerait au contraire, en tout cas pour les domaines harmonisés, entre les renvois conduisant vers la loi d'un État tiers et les renvois conduisant vers la loi d'un État-membre. Par ailleurs, l'objectif du renvoi ne serait pas ici au service d'une politique conflictuelle donnée, qui resterait par hypothèse différente selon les États-membres, mais bien d'une politique substantielle particulière : celle qui est poursuivie par l'harmonisation. Lorsque celle-ci a eu lieu, la politique en question est par essence suivie par l'ensemble des États-membres, qui constitue donc, quant à la question de savoir s'il faut ou non admettre le renvoi, un seul territoire.

* *

*

Ces quelques pistes de réflexion ne sont encore que très préliminaires. Modestement, elles n'ont eu pour objet que de mettre l'accent sur des difficultés particulièrement saillantes liées au processus en cours de la construction européenne. La création d'un espace unique, partiellement mais non complètement harmonisé, a bouleversé en profondeur tous les rapports qui unissaient des systèmes de droit jusqu'ici indépendants les uns des autres. De ce bouleversement, il est aujourd'hui évident que les questions les plus fondamentales du droit international privé classique ne pouvaient sortir indemnes.

Toutes les questions de théorie générale : office du juge, lois de police, fraude, ordre public, renvoi, … doivent être relues à l'aune de cette nouvelle façon d'envisager les rapports entre systèmes de droit. Ces interrogations doivent faire face à cette nouvelle situation créée par l'harmonisation : la loi d'un État-membre n'est plus une loi étrangère, sans être pour autant une loi nationale. Il faut donc faire une place nouvelle, et insérer un troisième élément dans le couple loi du for/loi étrangère. Ce troisième élément force à son tour à repenser toute la théorie générale. Voilà la tâche, ardue, mais passionnante, qui attend un législateur européen saisi par la fièvre codificatrice.

En guise de synthèse

En guise de synthèse

Paul LAGARDE

Professeur émérite de l'Université Panthéon-Sorbonne, Paris I, France

L'Europe est en crise, c'est malheureusement une évidence, mais dans ce microcosme qu'est l'IRDEIC de l'Université de Toulouse 1 Capitole, elle avance à grands pas. Nous sommes passés en moins de trois ans du socle d'un code européen de droit international privé à son architecture.

Voulant nous limiter à la « matière civile et commerciale », nous n'avions en 2008 raisonné que sur trois grands Règlements, Bruxelles I, Rome I et Rome II et, constatant, en dépit de certaines discordances maladroites dues à une insuffisante coordination, une grande concordance de ces textes et du même coup de nombreuses répétitions, nous étions arrivés à la conclusion qu'il existait un fond commun à ces règlements, qui pourrait constituer le socle d'un code européen de droit international privé.

Aujourd'hui, le paysage du droit international privé européen s'est considérablement élargi. Avec le Règlement Bruxelles II*bis*, laissé de côté lors du colloque de 2008, mais plus encore avec le Règlement aliments, le Règlement Rome III sur la loi applicable au divorce et bientôt les Règlements sur les successions, les régimes matrimoniaux, les rapports patrimoniaux dans les partenariats enregistrés, le livre vert sur l'état civil, la jurisprudence de la Cour sur le nom, c'est tout le droit patrimonial et extrapatrimonial de la famille et le droit des personnes qui entre dans le champ du droit international privé européen.

Avec cet élargissement, la codification envisagée de ce droit change de nature. Dans le cadre limité de la matière civile et commerciale, cette codification avait un caractère technique de mise en ordre et en cohérence des sources existantes, qui n'excluait d'ailleurs pas une certaine rationalisation de celles-ci et donc un progrès du droit. Désormais c'est d'un droit international privé européen couvrant l'ensemble du droit dont nous avons besoin, il lui faut donc des bases aussi solides que celles des droits internationaux des États-membres, condamnés à disparaître ou à ne subsister que de façon résiduelle.

Ce nouveau droit international privé va puiser ses racines et son inspiration dans le droit européen, mais pour résoudre des problèmes qui, depuis plusieurs siècles, sont ceux du droit international privé classique. C'est la tension entre l'un et l'autre qui va dessiner son architecture.

Tous les règlements de droit international privé, qui sont postérieurs au Traité d'Amsterdam, se réfèrent dans le premier considérant de leur préambule, à l'objectif de développement d'un Espace de Liberté, de Sécurité et de Justice, au sein duquel la libre circulation des personnes est assurée (voir TUE, article 2, al. 5 devenu 3 § 2). Cet objectif, toutefois, était encore verrouillé au moins formellement dans l'article 65 TCE par la condition que les mesures à prendre dans le domaine de la coopération judiciaire en matière civile et commerciale soient nécessaires au fonctionnement du marché intérieur. On sait que ce verrou a sauté dans le Traité de Lisbonne (article 81 TFUE), ce qui veut dire que dans notre domaine les virtualités de l'Espace de Liberté, de Sécurité et de Justice ont été en quelque sorte libérées et peuvent se développer de façon autonome par rapport à celles liées à la construction du marché intérieur.

Du point de vue du droit international privé, cela veut dire que le code envisagé ne devra plus se limiter à des règles garantissant dans le domaine économique l'exercice des quatre grandes libertés du traité fondateur. Il devra assurer au citoyen européen, non seulement la libre circulation dans l'Union pour les besoins de son activité économique, mais également, lorsqu'il se déplace dans l'Union, quel que soit le motif de ce déplacement, toute garantie de sécurité et de justice.

Que le moment soit venu pour s'atteler déjà à l'élaboration d'un tel code a été mis en doute par certains ici, mais l'entreprise vaut d'être tentée. Nous pouvons espérer montrer, sinon le chemin, du moins un chemin possible, en faisant le pari que notre entreprise est celle de l'avenir.

Vous avez été les architectes de ce futur code européen de droit international privé et vous avez pris la mesure à la fois de la spécificité du droit international privé européen par rapport au droit international privé classique des États nationaux ou de la Conférence de La Haye et aussi du changement de fondement de ce droit international privé européen avec les Traités d'Amsterdam et de Lisbonne. Après le temps des architectes vient celui des entrepreneurs. Pour vérifier si l'architecture est solide et si la construction ne risque pas de s'écrouler, il faut se risquer à l'édifier. Aussi, pour synthétiser ce que nous avons entendu pendant ce colloque, il m'a semblé que le plus clair était de vous proposer, sans aucune prétention un embryon de texte et de le commenter à la lumière de ce qui a été dit ici. Un texte permet de fixer les idées. Au stade très préliminaire où nous en sommes, le problème est moins celui du contenu des dispositions à retenir que celui de leur place à l'intérieur de ce code. C'est ce que je vais essayer de faire, non d'ailleurs sans m'interroger parfois sur le contenu de certaines dispositions.

En prenant le risque de rédiger un texte, je m'avance en zone non protégée. Je saute les étapes habituelles suivies par la Commission : une étude préalable demandée à un groupe d'experts hébergé par un Institut scientifique, un livre vert, une audition des personnes ayant répondu et j'arrive directement à une proposition. Vous prenez le risque avec moi en considérant que ce colloque et celui qui l'a précédé en 2008 tiennent lieu avantageusement de ces préalables et pourront nourrir le préambule du code.

Embryon de règlement portant code européen de droit international privé

Avant d'aller plus loin, vous voyez qu'il s'agira d'un règlement et non d'un simple *restatement* qui n'est pas dans la tradition européenne.

Le choix du règlement comme instrument pose divers problèmes. La base juridique sera très certainement l'article 81 TFUE (ex-article 65 TCE), mais comme il comportera des chapitres relevant du droit de la famille, il faudra combiner la procédure ordinaire et celle, requérant l'unanimité, propre au droit de la famille. Et, à défaut de cette unanimité, faudra-t-il disjoindre la partie concernant le droit de la famille et en faire l'objet d'une coopération renforcée, comme pour la loi applicable au divorce ? Faudrait-il alors adopter deux règlements distincts, ce qui compromettrait l'objectif d'un code unique de droit international privé européen ? Ce n'est pas certain. On pourrait, me semble-t-il, conserver l'unité formelle du code, en faisant varier la définition de la notion d'État-membre en fonction des dispositions du code. On n'échappera pas à un mécanisme de code à la carte, ayant la même fonction que les techniques des réserves et déclarations, bien connues dans les conventions internationales.

À ce règlement, il faudra un préambule. Dans le préambule des règlements à fondre dans ce code, nous trouvons toujours des considérants d'ordre général, notamment sur l'Espace de Liberté, de Sécurité et de Justice, et des considérants ponctuels plus ou moins normatifs, qui viennent préciser ou tempérer des dispositions figurant dans le corps du règlement. Il a souvent été observé que ce n'était pas d'excellente méthode et que le statut de ces métadispositions, intermédiaires entre le souhait et le regret, demeurait incertain. Dans un code comme celui que nous avons en vue, il semble qu'il ne doive y avoir que des considérations d'ordre général, par exemple le double fondement du code, marché intérieur et Espace de Liberté, de Sécurité et de Justice, l'importance de la notion de citoyenneté européenne et le rappel de quelques grands principes comme l'accès à la justice, la confiance mutuelle, la place large faite à l'autonomie de la volonté, etc.

L'embryon de texte que je vous propose se limite à la partie générale du futur code, la partie spéciale reprenant, secteur par secteur, les dispositions des différents règlements de droit international privé. La partie générale pourrait comporter un premier chapitre comportant des dispositions préliminaires et trois chapitres correspondant à la triade : compétence – loi applicable – effet des décisions.

Chapitre I. Dispositions préliminaires

Article 111. – Le présent code régit la compétence internationale des juridictions des États-membres, la détermination du droit applicable et les conditions d'efficacité dans chaque État-membre des décisions étrangères et actes authentiques émanant d'un autre État [membre] ainsi que la reconnaissance des situations juridiques constituées dans un autre État [membre] [voir article 2 code belge de dip].

D'abord une observation de forme. J'adopte ici une numérotation fondée sur les divisions et subdivisions du code, selon le modèle de la commission de codification française, et non une numérotation continue, comme celle du code civil ou celle des règlements actuels. Ce procédé permet d'insérer facilement dans le code des parties nouvelles, au fur et à mesure du développement du droit international privé européen.

Maintenant venons au fond. En annonçant d'entrée de jeu la triade, notre code signerait-il déjà son obsolescence ? Et une certaine paresse intellectuelle de ses auteurs qui s'aligneraient sur les codes nationaux de la fin du siècle dernier (Suisse) ou du début de ce siècle (Belgique), paresse aggravée par le rattachement de la reconnaissance au dernier terme de la triade ?

Je ne le crois pas. La place croissante prise par la méthode de la reconnaissance des situations s'accompagne effectivement d'une prédominance de la question de compétence et d'un recul corrélatif de la méthode des conflits de lois, mais cette dernière conserve toute sa place au stade de la création de la situation. Si nous unifions au sein de l'Union les règles de compétence et celles de conflits de lois, la reconnaissance des situations constituées dans un État-membre ne vient plus perturber la pertinence de la triade.

L'interrogation subsiste cependant pour les situations constituées dans un État tiers et c'est la raison pour laquelle subsistent des crochets. Pour ces situations, la reconnaissance, si elle est admise, élimine à ce stade la question du conflit de lois et déplace le problème sur le terrain de la compétence, comme le fait la proposition de révision du Règlement Bruxelles I en étendant la réglementation de la compétence directe aux défendeurs domiciliés dans un État tiers.

Article 112. – Les dispositions du présent code s'appliquent sans préjudice des conventions internationales auxquelles l'Union européenne est ou sera partie. Sauf disposition contraire du présent code, elles remplacent, pour les États-membres, les conventions existant au moment de l'entrée en vigueur du présent règlement, qui ont été conclues entre deux ou plusieurs États-membres et qui portent sur des matières réglées par le présent règlement.

La première phrase tient compte de la pratique récente de certaines organisations internationales, notamment de la Conférence de La Haye de droit international privé et peut-être bientôt de la CIEC, de prévoir la possibilité pour les organisations régionales d'intégration économique – est principalement visée par cette périphrase l'Union européenne – d'adhérer à leurs conventions.

La seconde phrase, dont la rédaction est inspirée de l'article 59 du Règlement Bruxelles II*bis*, affirme la priorité de principe – sauf exceptions – du Règlement sur les conventions liant antérieurement les États-membres.

Article 113. – Aux fins du présent code, on entend par :

- *juridiction : [reprendre définition de proposition Successions incluant les autorités exerçant par délégation des pouvoirs publics des fonctions relevant de la compétence des juridictions] ;*
- *décision : [idem] ;*
- *acte authentique : [idem] ;*
- *résidence habituelle :* question à débattre.
- *contrat :*
- *délit :*
- *État-membre :* tenir compte du fait que la définition peut varier avec telle ou telle partie du code
- *etc.*

Je n'ai pas voulu donner moi-même les définitions, mais seulement attirer l'attention sur ce qu'un article de ce genre, qui a son pendant dans de nombreux règlements, répétitifs les uns des autres, donnerait aux définitions des termes employés une plus grande généralité, couvrant à la fois les conflits de juridictions et les conflits de lois, et contribuerait à la sécurité juridique, comme cela a été relevé au cours de ces deux journées. Il faut toutefois prendre garde à certaines inflexions d'un même concept en fonction du champ dans lequel il opère. C'est pourquoi j'ai une hésitation à y inclure la résidence habituelle, car la CJUE admet que la définition de cette notion puisse varier avec les règlements qui l'utilisent.

Article 114. – La nationalité d'une personne physique se détermine d'après le droit de l'État dont la nationalité est en cause.

Lorsqu'un citoyen européen possède également la nationalité d'un ou de plusieurs États tiers, seule sa citoyenneté européenne est retenue pour déterminer les droits dont il a la jouissance au sein de l'Union ou pour fixer la compétence des juridictions des États-membres.

Lorsqu'un citoyen européen possède la nationalité de plusieurs États-membres, ces nationalités sont placées sur un pied d'égalité pour déterminer la compétence des juridictions des États-membres.

Lorsque les dispositions du présent code permettent à une personne de choisir le droit de l'État dont elle a la nationalité et que cette personne possède deux ou plusieurs nationalités, ce choix peut se porter, sauf disposition contraire, sur le droit de l'un ou l'autre des États dont elle a la nationalité.

Bien que l'on ait peu parlé dans ce colloque de la nationalité, celle-ci réapparaît sous le couvert de la citoyenneté européenne et n'est pas absente des Règlements présents (Bruxelles II*bis*, Rome III) et à venir (Successions, régimes matrimoniaux). Des arrêts assez nombreux de la Cour de justice ont également à faire avec la nationalité et surtout la double nationalité.

Il est important d'unifier au sein de l'Union la solution des conflits de nationalités et je tiens pour regrettable le considérant 22 du Règlement Rome III sur la loi applicable au divorce, énonçant que « lorsque, aux fins d'application de la loi d'un État, le présent règlement fait de la nationalité un facteur de rattachement, la gestion des cas de pluralité de nationalités devrait relever du droit national, dans le plein respect des principes généraux de l'Union européenne ».

L'alinéa premier ici proposé rappelle la règle de droit international qu'on trouve énoncée dans les textes nationaux récents de droit international privé, notamment la loi suisse de 1987 (article 22) et le code belge de 2004 (article 3 § 1). Les solutions du conflit de nationalités énoncées aux alinéas suivants sont en harmonie avec la jurisprudence de la Cour (7 juillet 1992, C-369/90, *Micheletti*, pour l'alinéa 2 ; 16 juillet 2009, C-168/08, *Hadadi*, pour le 3e alinéa).

Chapitre II. – Compétence judiciaire

Article 121. – Les dispositions du présent code sur la compétence judiciaire ne portent pas atteinte aux règles en vigueur dans chaque État-membre relatives à l'immunité de juridiction des États étrangers et des organisations internationales.

Cette disposition est problématique. Elle correspond à l'état du droit positif, puisque les actes *jure imperii* sont exclus expressément par les Règlements sur le titre exécutoire et sur l'injonction de payer ainsi que par le Règlement Rome II. La matière des immunités touche au droit international et devrait donc être réglée à un niveau supérieur à celui du droit européen. La Convention des Nations unies du 17 janvier 2005 sur l'immunité juridictionnelle des États et de leurs biens n'est pas encore en vigueur et il ne semble pas utile de préparer un texte différent à l'usage des seules juridictions des États de l'Union européenne. Une autre solution serait de mettre en vigueur cette convention par anticipation entre États de l'Union.

Autre chose serait de prévoir une admission de fors exorbitants en cas d'action en réparation pour atteinte aux droits de l'homme (voir C. Kessedjian, *TCFDIP 2002-2004*, p. 163 ; *contra* Mankowski in Rauscher, *EuZPR/EuIPR*, Article 1 Brüssel I VO 2f).

Article 122. – Sauf disposition contraire du présent code, lorsque les dispositions de celui-ci donnent compétence à un tribunal ou à des tribunaux autres que ceux de l'État du domicile du défendeur, elles sont applicables même lorsque le défendeur n'est pas domicilié dans un État-membre.

Il ne s'agit là que d'une règle d'interprétation qui pourrait être techniquement inutile, car la solution découlera normalement de la lettre de ces dispositions. Son intérêt à ce stade est de mettre en évidence le progrès réalisé sur ce point par la proposition de révision du Règlement Bruxelles I, qui internationalise les règles de compétence et dont on espère que le principe subsistera dans la rédaction définitive. Cela n'exclut d'ailleurs aucunement que des règles différentes puissent être adoptées selon la localisation du domicile du défendeur dans ou en dehors de l'Union.

Article 123. – La juridiction d'un État-membre saisie d'une affaire pour laquelle sa compétence n'est pas fondée aux termes du présent règlement et pour laquelle une juridiction d'un autre État-membre est compétente en vertu du présent règlement se déclare d'office incompétente.

Article 124. – Lorsque le défendeur qui a sa résidence habituelle dans un État autre que l'État-membre où l'action a été intentée ne comparaît pas, la juridiction compétente est tenue de surseoir à statuer aussi longtemps qu'il n'est pas établi que ce défendeur a été mis à même de recevoir l'acte introductif d'instance ou un acte équivalent en temps utile afin de pourvoir à sa défense ou que toute diligence a été faite à cette fin.

Article 125. – 1. Lorsque des demandes ayant le même objet et la même cause sont formées entre les mêmes parties devant des juridictions d'États-membres différents, la juridiction saisie en second lieu sursoit d'office à statuer jusqu'à ce que la compétence du tribunal premier saisi soit établie.

2. Lorsque la compétence du tribunal premier saisi est établie, le tribunal saisi en second lieu se dessaisit en faveur de celui-ci.

Article 126. – 1. Lorsque des demandes connexes sont pendantes devant des juridictions d'États-membres différents, la juridiction saisie en second lieu peut surseoir à statuer.

2. Lorsque ces demandes sont pendantes au premier degré, la juridiction saisie en second lieu peut également se dessaisir, à la demande de l'une des parties, à condition que le tribunal premier saisi soit compétent pour connaître des demandes en question et que sa loi permette leur jonction.

3. Sont connexes, au sens du présent article, les demandes liées entre elles par un rapport si étroit qu'il y a intérêt à les instruire et à les juger en même temps afin d'éviter des solutions qui pourraient être inconciliables si les causes étaient jugées séparément.

Ces dispositions sur la vérification de sa compétence par le tribunal saisi, sur la litispendance et sur la connexité sont empruntées aux Règlements Bruxelles I et II*bis* et on les retrouve dans de nombreux autres. Elles me paraissent pouvoir trouver leur place dans la partie générale.

Article 127. – Les questions de procédure non réglées par le droit de l'Union sont régies par le droit de l'État-membre dont relève la juridiction saisie, dans le respect de l'effet utile des dispositions de l'Union.

Cette disposition est peut-être mal placée et pourrait figurer mieux au chapitre sur les conflits de lois. Elle laisse en tout cas très ouvertes les questions débattues ici de l'inclusion relative de la procédure dans le règlement et de l'influence du droit de l'Union sur le droit national : par ex. l'incompétence doit-elle être soulevée *in limine litis ?*

Chapitre III. – Conflits de lois

Article 131. – Les dispositions du présent code sur les conflits de lois sont applicables à toutes les situations donnant lieu à un conflit de lois dont sont saisies les juridictions des États-membres.

Cet article veut dire que la réglementation de conflit de lois du code européen ne se limitera pas aux situations ayant un lien avec l'espace européen de liberté, sécurité et justice, c'est-à-dire aux situations concernant des citoyens européens ou des activités économiques liées au marché intérieur. Une telle limitation aurait été possible et aurait éliminé tout problème de base juridique, mais elle aurait entraîné une dualité regrettable de solutions du conflit de lois dans chaque État-membre, selon que la situation aurait affecté ou non cet espace européen.

Article 132. – Le droit désigné par les dispositions du présent code s'applique même s'il est celui d'un État non-membre.

Cette disposition classique sur le caractère universel des règles de conflit de lois complète la précédente et doit être maintenue. Elle évite une autre dichotomie imaginable, selon que la loi désignée, même pour des situations affectant l'espace européen, serait celle d'un État-membre ou celle d'un État tiers. Le code européen ne doit pas se borner à régler les conflits de lois internes à l'Union.

Article 133. – Le contenu du droit étranger applicable en vertu de la présente loi est établi d'office par le juge, qui peut requérir la collaboration des parties.

[En matière patrimoniale] les parties peuvent d'un commun accord renoncer à l'application du droit étranger au profit du droit du for.

Le droit du for est applicable lorsqu'il est manifestement impossible d'établir le contenu du droit étranger.

Une disposition sur l'office du juge est indispensable. La question est à l'étude au sein de l'Union et également de la Conférence de La Haye de droit international privé. Dans l'attente des résultats de ces travaux, on retient pour mémoire une solution moyenne reçue dans les pays de droit civil.

Au 2e alinéa, la suppression des mots entre crochets signifierait une admission généralisée d'une certaine forme d'autonomie de la volonté en matière extrapatrimoniale. Il est peut-être souhaitable d'aller jusque-là, mais une réflexion supplémentaire est nécessaire.

Le 3e alinéa donne une solution classique énoncée dans de nombreuses lois récentes (Autriche, loi de 1978, § 4 ; Suisse, loi de 1987, article 16 ; Belgique, code de 2004, article 15 § 2 ; comp. Italie, loi 1995, article 14, al. 2).

Article 134. – Lorsque le droit désigné par la présente loi renvoie à un autre droit, ce renvoi est suivi, à moins qu'il n'aille à l'encontre du sens de la règle de conflit.

Article 135. – L'application du droit étranger est exclue si elle conduit à un résultat manifestement incompatible avec l'ordre public du for, en particulier si elle est incompatible avec les droits garantis par la charte européenne des droits fondamentaux. Cette incompatibilité s'apprécie en tenant compte, notamment, de l'intensité du rattachement de la situation avec l'ordre juridique du for.

Article 136. – Les dispositions de la présente loi ne pourront porter atteinte à l'application des dispositions de la loi du for qui, en raison de leur but particulier, entendent régir impérativement la situation, quel que soit le droit désigné par les règles de conflit.

Article 137. – Le droit désigné par la présente loi n'est exceptionnellement pas applicable si, au regard de l'ensemble des circonstances, la situation n'a manifestement qu'un lien très lâche avec ce droit et se trouve dans une relation beaucoup plus étroite avec un autre droit. Dans un tel cas, il est fait application de cet autre droit.

Cette disposition n'est pas applicable en cas d'élection de droit.

Ces quatre articles sur les questions classiques du renvoi, de l'ordre public, des lois de police et de la clause d'exception doivent figurer dans les dispositions générales du code.

Il est proposé de maintenir ouverte la possibilité du renvoi, sa condamnation systématique par les règlements paraissant répondre davantage à des préoccupations idéologiques qu'à une analyse juridique objective. La formulation proposée est directement inspirée de la loi allemande de 1986, qui est à mon avis, en droit comparé des États européens, celle qui tient le meilleur compte de la complexité et de la diversité des situations. On en déduira l'exclusion du renvoi en cas de choix de loi mais son admission, par exemple, en matière de successions, contrairement à la proposition de règlement du 14 octobre 2009.

La disposition sur l'ordre public est classique, à ceci près qu'elle inclut – comme la loi allemande – l'incompatibilité avec les droits fondamentaux et introduit la considération de proximité (*Inlandsbeziehung*).

Quant aux lois de police, la formulation proposée, proche de celle du Règlement Rome II, ne retient que les lois de police du for. On pourrait préférer la formulation de Rome I, qui en donne une définition, mais la référence de celle-ci à la sauvegarde des intérêts publics de l'État concerné a créé une équivoque. Une disposition sur les lois de police étrangères pourrait aussi être adoptée.

La rédaction de la clause d'exception est assez restrictive et ne devrait pas menacer la sécurité juridique.

Chapitre IV. – Reconnaissance des décisions et des situations

C'est peut-être un peu risqué de réunir dans un même chapitre sur la reconnaissance les décisions et les situations qui relèvent de deux méthodes distinguées par Pierre Mayer mais néanmoins voisines et même cousines.

Ce chapitre de la partie générale devrait se limiter à la reconnaissance et ne pas toucher à l'exécution. Le régime de l'exécution des décisions varie d'un règlement à l'autre et certains, comme le Règlement Bruxelles II*bis* en comportent même plusieurs. L'abolition de l'exequatur dans le Règlement 44 est encore incertaine et il paraît préférable de renvoyer l'exécution dans la partie spéciale. Elle pourrait d'ailleurs constituer un élément de partie générale de certaines sous-parties de la partie spéciale, comme l'idée en a été lancée.

Article 141. – 1. Les décisions rendues dans un État-membre sont reconnues dans les autres États-membres, sans qu'il soit nécessaire de recourir à aucune procédure.

2. En cas de contestation, toute partie intéressée qui invoque la reconnaissance à titre principal peut faire constater que la décision doit être reconnue.

3. Si la reconnaissance est invoquée de façon incidente devant une juridiction d'un État-membre, celle-ci est compétente pour en connaître.

Article 142. – Sans préjudice d'autres motifs de non-reconnaissance énoncés dans la partie spéciale du présent règlement, une décision n'est pas reconnue si :

1) la reconnaissance est manifestement contraire à l'ordre public de l'État-membre requis ;

2) l'acte introductif d'instance ou un acte équivalent n'a pas été signifié ou notifié au défendeur défaillant en temps utile et de telle manière qu'il puisse se défendre, à moins qu'il n'ait pas exercé de recours à l'encontre de la décision alors qu'il était en mesure de le faire ;

3) elle est inconciliable avec une décision rendue entre les mêmes parties dans l'État-membre requis ;

4) elle est inconciliable avec une décision rendue antérieurement dans un autre État-membre ou dans un État tiers entre les mêmes parties dans un litige ayant le même objet et la même cause, lorsque la décision rendue antérieurement réunit les conditions nécessaires à sa reconnaissance dans l'État-membre requis.

Article 143. – Sauf disposition contraire du présent règlement, il ne peut être procédé au contrôle de la compétence des juridictions de l'État-membre d'origine. Le critère de l'ordre public visé à l'article 142, point 1, ne peut être appliqué aux règles de compétence.

Article 144. – En aucun cas, la décision étrangère ne peut faire l'objet d'une révision au fond.

Ces dispositions sur la reconnaissance des décisions sont empruntées au Règlement Bruxelles I et se retrouvent dans les autres grands règlements.

Article 145. – Une situation juridique valablement constituée dans un État-membre et formalisée dans un acte public est reconnue dans les autres États-membres, quelle que soit la loi appliquée à sa constitution.

Article 146. – Sans préjudice d'autres motifs de non-reconnaissance énoncés dans la partie spéciale du présent règlement, une situation n'est pas reconnue :

1) si la reconnaissance est manifestement contraire à l'ordre public de l'État-membre requis ;

2) en l'absence totale de lien entre l'État en conformité de la loi duquel la situation a été créée et l'État de la résidence ou de la nationalité des personnes concernées.

Ces deux articles sur la reconnaissance des situations sont nouveaux et devraient être retravaillés. Ils s'inspirent de la jurisprudence de la CJUE, de certaines conventions internationales, notamment de la CIEC, et de la doctrine de la reconnaissance des situations. Ils ont été limités aux situations créées dans un État-membre, mais ils pourraient être étendus aux situations créées dans un État tiers.

Comme indiqué, je n'ai pas essayé de rédiger la partie spéciale. Les subdivisions de celle-ci ont donné lieu à d'intéressantes discussions. Il me semble que le consensus serait une division par matières, plus simple à réaliser qu'une division conflits de juridictions – conflits de lois – effet des décisions. Cette dernière division pourrait se retrouver à l'intérieur de chaque sous-partie. La division par matières nous permettrait de retrouver nos règlements, sans trop les morceler.

Je ne suis pas sûr que ce que je viens de vous présenter soit la synthèse de notre colloque. Ce n'est en tout cas qu'une synthèse très appauvrie et peut-être déformée. Mais ce n'est qu'un embryon et un embryon ne ressemble à rien. Il ne demande qu'à se développer et l'avenir de celui-ci, sous la protection de sa marraine Sylvaine Peruzzetto, est de prendre la forme d'un code européen de droit international privé.

ANNEXE

Quelle codification pour le droit international privé européen des procédures d'insolvabilité ?

Eugénie FABRIÈS-LECEA

IRDEIC, Université Toulouse 1 Capitole, France

Dans cette entreprise, ô combien légitime[1] et ambitieuse, d'une réflexion sur ce que pourrait être l'architecture d'un Code européen de droit international privé, la question de la place du droit international privé européen des procédures d'insolvabilité, matérialisé par le Règlement 1346/2000 dit Règlement « insolvabilité » et les directives 2001/17 et 2001/24 sur l'assainissement et la liquidation des entreprises d'assurance et des établissements de crédit, se pose avec acuité. En effet, il ne s'agit plus seulement de s'intéresser à l'apport de telles règles à la construction de l'ordre juridique de l'Union européenne[2], mais de s'interroger sur la cohérence de ces normes avec les autres normes de droit international privé européen existantes et à venir, et plus particulièrement sur leur faculté à coexister au sein d'un même code. Ce travail nécessite cependant au préalable de répondre à deux questions.

Le droit international privé européen des procédures d'insolvabilité *peut-il* être codifié ? Pour réfléchir à l'architecture d'une codification des règles de droit international privé européen des procédures d'insolvabilité, encore faut-il admettre que ce dernier puisse être codifié. Une telle position est tout à fait soutenable, et ce pour deux raisons. La première se trouve dans ce que les textes pris en matière d'insolvabilité embrassent le trio « conflit de lois, de juridictions, règles de reconnaissance et d'exécution » qui est devenu la marque du droit international

---

1 Le programme de Stockholm précise, en effet, qu'il faudrait « envisager de procéder à un examen d'ensemble horizontal des instruments adoptés, lorsque cela est nécessaire, afin d'améliorer la cohérence juridique et la facilité d'accès ».

2 Sur cette question voir E. Fabriès-Lecea, « L'apport du Règlement "insolvabilité" à la construction de l'ordre juridique de l'Union européenne, Étude de droit international privé européen », thèse (dactyl.), Toulouse, 2010.

privé « moderne » développé depuis la fin du XIXe siècle. Bien qu'il se soit quelque peu érodé au contact de la construction européenne[3], ce trio continue d'apparaître dans les textes européens de droit international privé, et tout particulièrement dans ceux qui portent sur l'insolvabilité. Au-delà du simple aspect formel[4], le trio apparaît de manière plus substantielle à travers l'adoption des principes et orientations du droit international privé commun « moderne »[5]. C'est ainsi que le règlement et les directives sur l'insolvabilité abandonnent le mécanisme du renvoi, et recourent à la réserve nationale de l'ordre public. La seconde raison réside dans le fait que, bien qu'exclues du champ d'application du Règlement Bruxelles 1 en tant que normes plus spéciales, les procédures d'insolvabilité relèvent sans conteste de la matière civile et commerciale, et qu'à ce titre il y a une cohérence à codifier les textes sur l'insolvabilité en même temps que les autres textes relevant de la matière civile et commerciale.

Le droit international privé européen des procédures d'insolvabilité *doit-il* être codifié ? Une réponse affirmative s'impose pour au moins deux raisons. La première serait de saisir le moment de la codification pour procéder à des correctifs. Bien que le Règlement « insolvabilité » ait vocation à être retouché en 2012[6], la codification obligerait à penser le droit international privé européen des procédures d'insolvabilité non pas seulement dans une perspective « faillitiste », trop souvent mise en avant, mais plutôt dans la perspective de la construction européenne, ce qui obligerait à mettre les solutions du droit international privé européen adoptées par les textes sur l'insolvabilité en balance avec celles des autres textes de droit international privé européens existants ou à venir. Ainsi, ce serait l'occasion d'abandonner, dans le cadre du Règlement « insolvabilité », toute référence à la désignation de la loi d'un État-membre pour la mise en œuvre de la règle de conflit fondée sur la *lex fori concursus*. Une telle solution aurait le mérite d'aligner l'ensemble des règles de conflit européennes sur un modèle de pure universalité. De même, à l'image du projet de révision

3 Sur ce point voir la contribution de Mme le professeur H. Muir Watt au colloque.

4 Les trois textes pris en matière d'insolvabilité se présentent chacun avec un chapitre consacré aux conflits de juridiction, un aux conflits de lois et un autre à la reconnaissance et à l'exécution.

5 Il suffit de penser, par exemple, à l'exclusion du mécanisme du renvoi qui tend à devenir la règle en droit international privé européen.

6 L'art. 46 du règlement prévoit en effet qu'« au plus tard le 1er juin 2012, et ensuite tous les cinq ans, la Commission présente au Parlement européen, au Conseil et au Comité économique et social un rapport relatif à l'application du présent règlement. Ce règlement est accompagné, le cas échéant, de proposition visant à adapter le présent règlement.

du Règlement 44/2001[7], ce serait l'occasion de doter le Règlement « insolvabilité » d'un critère d'application géographique universel. Ce serait alors la construction d'un Espace de Liberté, de Sécurité et de Justice d'une autre nature, qui ne se voudrait plus seulement un espace régional coordonné, mais un ordre juridique à vocation universelle. Il s'agirait d'une codification à valeur ajoutée qui serait de nature à renforcer la cohérence des normes prises en matière d'insolvabilité avec les autres normes de droit international privé, et à renforcer la sécurité juridique (combler les lacunes, éviter les doublons et les discordances terminologiques). La seconde opportunité consisterait à rassembler et rationaliser des jurisprudences européennes et nationales, en particulier celles qui concernent l'insolvabilité des groupes de sociétés. Cela permettrait de donner aux solutions jurisprudentielles une cohérence, de manière à les solidifier et à permettre une future intégration dans les sources législatives.

Ces postulats posés, il conviendra de définir les modalités d'une telle codification, et plus particulièrement l'architecture que devra revêtir un Code européen de droit international privé en matière civile et commerciale dans lequel les procédures d'insolvabilité devraient s'insérer. Aussi, pour en faciliter la compréhension, le raisonnement sera mené à partir des questions posées dans le cadre du colloque.

I. Les fondements

À n'en pas douter une réflexion sur la codification du droit international privé européen des procédures d'insolvabilité s'inscrit dans le cadre de celle des fondements d'un Code européen de droit international privé. Si la priorité doit être donnée à l'Espace liberté, sécurité et justice pour fonder un Code européen de droit international privé[8], on ne saurait faire abstraction des exigences du Marché intérieur[9]. Le droit international privé européen des procédures d'insolvabilité est à cet égard topique. En effet, il convient de rappeler que le droit international privé européen des procédures d'insolvabilité se décline en un droit commun, à savoir le Règlement 1346/2000 pris sur le fondement de l'ex-article 65 CE (article 81 TFUE) pour la réalisation de l'espace liberté, sécurité, justice, et en un droit spécial qui réside dans des directives prises sur le fondement de l'ex-article 47 CE (article 53 TFUE) qui concernent des champs matériels stricts, et ne sont conçues que comme des modalités

7 Voir le Rapport présenté par la Commission COM (2009), 174/3, et le livre vert adopté en avril 2009 par la Commission COM (2009), 175/4.

8 Voir la communication du Professeur S. Poillot-Peruzzetto au colloque.

9 Voir sur cette question la communication des Professeurs S. Francq et M. Gardenes Santiago au colloque.

d'achèvement du Marché intérieur. Cette « bipolarisation » (ELSJ et Marché intérieur) n'est pas sans soulever des difficultés méthodologiques de la construction européenne. Aussi, la question se pose de savoir si l'on *doit* codifier aux côtés des règles de droit commun posées par le Règlement « insolvabilité », les règles plus spéciales contenues dans les directives. *Peut-on* insérer dans un même Code des normes dont les fondements et les objectifs divergent ? Des normes dictées par des principes généraux différents (rattachements classiques dans le cadre du règlement – rattachement à la loi de l'État-membre d'origine dans le cadre des directives) ? Le fait que par-delà la divergence des fondements textuels, des objectifs affichés et des principes retenus, les textes sur l'insolvabilité utilisent la technique conflictuelle, quelle qu'en soit sa forme, classique ou renouvelée, doit militer en faveur de la codification des directives aux côtés de celle du règlement. Bien que le Traité de Lisbonne affirme l'indépendance de l'Espace liberté, sécurité et justice à l'égard du Marché intérieur, ces deux éléments essentiels de la construction de l'Union européenne demeurent intimement liés, et l'on ne saurait au seul prétexte de leurs spécificités propres, refuser de réunir au sein d'un même Code les directives et le règlement.

Il s'agirait d'élaborer un Code européen fondé certes par priorité sur l'Espace liberté, sécurité et justice, mais pas seulement, puisqu'il ne peut y avoir substitution de l'ELSJ au Marché intérieur, mais seulement interaction entre ces deux corps. Un tel Code serait dès lors dicté par les objectifs du droit international privé européen, qui a une identité propre, distincte de celle du droit international privé national et international, et ne saurait s'enfermer dans la seule représentation bipartite de la construction de l'Union européenne. Cette solution présenterait l'avantage de rassembler tous les textes en matière d'insolvabilité et de s'essayer à une véritable cohérence entre eux. L'approche de la construction européenne serait alors globale, obligeant à réfléchir sur les liens et les ponts qui peuvent ou doivent s'établir entre ces deux Espaces de l'Union européenne, que sont l'Espace liberté, sécurité et justice et le Marché intérieur.

II. Le domaine

De manière assez classique, l'on peut appréhender ce que pourrait être l'architecture de la codification du droit international privé des procédures d'insolvabilité à travers l'espace et la matière.

A. Domaine spatial

À titre préliminaire, il convient de faire le point sur l'une des questions, et pas des moindres, relative à la couverture spatiale que pourrait recouvrir un Code européen de droit international privé en matière d'insolvabilité. Il s'agit de la détermination de l'espace européen au sens géographique, c'est-à-dire par référence aux territoires des États-membres. L'on sait que l'européanisation du droit international privé n'est pas en ce domaine parfaite. En effet, les clauses *d'opt in* (pour le Danemark) et *d'opt out* (pour le Royaume-Uni et l'Irlande) offrent une européanisation à la carte, permettant à certains États-membres de se tenir à l'écart de ce processus. C'est ainsi qu'après avoir refusé de se soumettre au Règlement 44/2001, le Danemark a, en 2006, consenti par un protocole additionnel à son application. Ce pays demeure cependant encore à l'écart du processus d'européanisation des procédures d'insolvabilité. L'avenir nous dira si le revirement dans la politique législative de ce pays se reproduira. Pour l'heure, il n'y a pas de cohérence à ce niveau entre le Règlement « insolvabilité » et les autres textes de droit international privé européen. De même, il n'y a pas de cohérence au sein même des procédures d'insolvabilité, puisque les directives s'imposent au Danemark. Ces considérations devraient, pour des raisons de clarté, être rappelées à l'occasion de chaque catégorie envisagée par le Code européen de droit international privé. Cette situation n'est pas sans soulever des difficultés pratiques, et fragilise même la confiance que les États peuvent porter dans le projet européen. Il reste donc à souhaiter que le projet de la codification soit l'occasion pour certains États de revoir leur position.

Par ailleurs, le Règlement « insolvabilité » renferme à l'article 44 une liste de conventions internationales qu'il entend remplacer. Ces questions relevant plus largement du système européen, il n'apparaît pas nécessaire de codifier les rapports entre les normes de droit international privé européennes et les normes internationales, ou encore les normes nationales.

Au-delà de ces considérations, il convient de réfléchir à la cohérence des solutions adoptées en matière d'insolvabilité pour la question du conflit de lois, du conflit de juridictions et de la reconnaissance, avec les autres normes de droit international privé européen.

1. Le conflit de lois

Telles qu'elles se présentent aujourd'hui, les règles de conflit européennes adoptées en matière d'insolvabilité revêtent une *universalité européenne*, c'est-à-dire que la loi désignée est celle d'un État-membre[10]. Une divergence apparaît donc entre les règles de conflit européennes propres à l'insolvabilité et celles, existantes et à venir, dans

[10] Il convient cependant de souligner que ce n'est pas le cas de l'art. 14 du Règlement « insolvabilité » pour déterminer la validité d'actes conclus par le débiteur pendant la période suspecte, ni de l'art. 6 relatif à l'effet de la procédure d'insolvabilité sur la compensation de créances.

les autres domaines de la matière civile et commerciale. Or, la codification devrait être l'occasion de corriger ce particularisme des règles de conflit propres à l'insolvabilité qui, au regard de l'évolution de la construction européenne, n'a plus lieu d'être. En effet, si dans les premiers temps de la construction de l'Union européenne, l'objectif était de donner une réponse européenne pour des situations européennes, imposant de la sorte un critère de rattachement limité et la désignation de la loi d'un État-membre, l'évolution ultérieure, en particulier avec la création de l'Espace liberté, sécurité et justice, témoigne d'un renouveau dans la conception même de l'Europe qui ne peut plus ignorer les situations intéressant des États tiers. Le maintien d'une universalité européenne des règles de conflit en matière d'insolvabilité apparaît d'autant plus critiquable dans la perspective de la réunion au sein d'un même Code des règles européennes de droit international privé. Dans un souci de cohérence des normes de droit international privé européen, et pour des raisons tenant à la matière elle-même[11], l'abandon, dans les textes européens sur l'insolvabilité, de toute référence à la désignation de la loi d'un État-membre, et de l'exigence de localisation du centre des intérêts principaux du débiteur dans l'Union européenne[12], devrait s'imposer. Les règles de conflit européennes seraient alors revêtues d'une universalité inconditionnelle, sans distinction entre la loi d'un État-membre et la loi d'un État tiers, sans distinction entre procédure d'insolvabilité européenne et procédure d'insolvabilité internationale. Cette solution permettrait d'introduire davantage de prévisibilité dans les solutions du droit international privé européen et de sécurité juridique.

2. *Le conflit de juridictions*

À l'image du Règlement 44/2001, le Règlement « insolvabilité » retient un critère d'applicabilité *ratione loci* qui consiste en la localisation du centre des intérêts principaux du débiteur sur le territoire d'un État-membre. Or, cette condition s'accorde mal avec les enjeux des procédures d'insolvabilité transfrontalières mettant en cause des États tiers. Aussi, la proposition de l'abandon du critère d'applicabilité spatial, c'est-à-dire de l'exigence de la localisation du centre des intérêts principaux du débiteur sur le territoire d'un État-membre, doit être formulée. Une telle solution présenterait l'avantage de substituer une application universelle du Règlement « insolvabilité » à l'actuelle distinction entre

---

11 Voir E. Fabriès-Lecea, *op. cit.*

12 En raison du lien étroit entre le juge et la loi, l'exigence de la localisation du centre des intérêts principaux du débiteur dans l'Union européenne pour déclencher l'application du Règlement « insolvabilité » et déterminer la compétence du juge conformément aux règles européennes, conduit *ipso facto* à limiter l'universalité de la règle de conflit européenne à l'existence d'une procédure d'insolvabilité européenne.

règle d'applicabilité d'une part et règle de compétence, législative et juridictionnelle, d'autre part. L'application du Règlement « insolvabilité » serait alors universelle, sans distinction entre procédure d'insolvabilité européenne et procédure d'insolvabilité internationale. Sa mise en œuvre découlerait des seules considérations de temps et de matière, et du seul fait que le juge d'un État-membre s'est reconnu compétent, que ce soit sur le fondement des règles de compétences européennes posées par le Règlement « insolvabilité » ou sur celui des règles nationales. L'essentiel serait alors la compétence du juge d'un État-membre pour défendre une règle de conflit de lois européennes. Ce schéma correspond à celui déjà adopté par le Règlement Rome I et Rome II, puisque, quel que soit le fondement de la compétence du juge, l'application de ces textes est acquise dès lors qu'il s'agit du juge d'un État-membre. Cette solution s'inscrit aussi dans le projet de la Commission[13] de la révision du Règlement 44/2001 qui propose de supprimer la condition de l'existence d'un lien entre le litige et l'Union européenne. Cette proposition a pour objet d'attraire sous la coupe du droit européen les situations mettant en cause des États tiers qui échappent à l'heure actuelle au domaine du règlement. La codification devrait être l'occasion de fonder une orientation de la construction européenne en ce sens.

3. *La reconnaissance mutuelle*

Le principe de la reconnaissance mutuelle propre au droit de l'Union européenne implique qu'une décision de justice rendue par le juge d'un État-membre puisse être reconnue automatiquement et exécutée très simplement dans n'importe quel autre État-membre. Il est évident en matière civile et commerciale en général, et s'agissant des procédures d'insolvabilité en particulier, qu'un tel système ne peut fonctionner que dans un espace régional précisément délimité. Il ne saurait être question d'imposer à un État-membre de donner effet, sur son territoire, à une décision émanant d'un État tiers aussi facilement qu'à une décision émanant d'un autre État-membre. Le domaine des procédures d'insolvabilité n'induit ici aucune particularité.

Pour autant, le principe de reconnaissance mutuelle ne saurait en l'état actuel de la construction européenne être absolu. Le législateur européen l'a bien compris, qui assortit ce principe d'une importante limite : le jeu éventuel de l'exception d'ordre public comme motif de non-reconnaissance d'une décision étrangère relative à une procédure d'insolvabilité. Toutefois, il faut noter que le projet de révision du Règlement 44/2001 prévoit de supprimer totalement la réserve de l'ordre public. Il est donc possible qu'à l'occasion de la révision pro-

---

[13] Rapport sur l'application du Règlement COM (2009), 174 et livre vert COM (2009), 175 final, 21 avril 2009, Revue Europe 2009, alertes 28, par L. Idot.

chaine du Règlement « insolvabilité » une solution similaire soit proposée. Or, à l'heure actuelle seule la réserve de l'ordre public comme motif de non-reconnaissance permet au juge d'un État-membre de faire respecter les droits fondamentaux, au nombre desquels figurent les garanties procédurales résultant notamment de l'article 6 §1 de la CEDH. La disparition de ce garde fou s'avère encore prématurée du fait des importantes disparités subsistant toujours entre les législations nationales des États-membres.

B. Domaine matériel

À l'image des autres domaines de la matière civile et commerciale, la question de la codification en matière de procédures d'insolvabilité du trio « conflit de lois, de juridictions, règles de reconnaissance et d'exécution » se pose, mais dans des termes particuliers. En effet, en matière d'insolvabilité, la codification du trio apparaît nécessaire au regard de la spécificité de cette matière fortement marquée par l'interdépendance entre le juge et la loi. Plus qu'aucun autre domaine, les règles gouvernant l'insolvabilité doivent nécessairement prendre en compte le fait que, non seulement plusieurs États sont concernés, mais encore que les décisions judiciaires qui seront rendues, devront obligatoirement être efficaces à l'étranger. Cette corrélation entre le conflit de lois, de juridictions et la reconnaissance et l'exécution, conduit à faire de la question de compétence une question unique, ce qui marque une rupture avec le droit international privé classique, et impose sans nul doute une codification européenne de ce trio.

Par ailleurs, le Règlement « insolvabilité » oblige à s'interroger sur la place de la procédure et de la coopération entre juges et acteurs nationaux dans un possible Code européen de droit international privé. Le Règlement « insolvabilité » assure en effet l'efficacité des règles de conflit européennes par le recours à la coordination des procédures d'insolvabilité et la coopération des organes des procédures d'insolvabilité – syndic de la procédure principale et syndics des procédures secondaires. Assurément, ces normes ont leur place propre dans un Code européen de droit international privé dès lors qu'elles sont conçues comme un complément aux règles de conflit, et ne tendent pas à mettre en place une procédure européenne d'insolvabilité unique qui s'imposerait à tous.

III. Structure

Les procédures d'insolvabilité sont propices à l'adoption d'un Code européen de droit international privé structuré sur le fondement des qualifications autonomes du droit de l'Union européenne. En effet, l'article premier du Règlement « insolvabilité » donne une définition des procédures d'insolvabilité qui s'entendent de toutes procédures « fondées sur l'insolvabilité du débiteur qui entraînent le dessaisissement partiel ou total de ce débiteur ainsi que la désignation d'un syndic ». Ainsi, les règles européennes prises en matière d'insolvabilité pourraient tout à fait figurer dans une partie spéciale avec d'autres questions comme les biens, les obligations contractuelles et les obligations non contractuelles, aux côtés d'une partie générale dans laquelle seraient placées les dispositions communes à l'ensemble du droit international privé européen. La codification serait aussi l'occasion à ce stade de corriger les imperfections – lacunes et contradictions – qui grèvent le droit international privé européen des procédures d'insolvabilité. En effet, bien que le règlement donne une définition commune de la procédure d'insolvabilité, tous les éléments de cette notion ne font pas l'objet d'une définition autonome, ce qui laisse subsister les divergences d'interprétation et conduit parfois à une mise en œuvre critiquable du texte[14]. En outre, des contradictions existent, d'une part, entre la définition de la procédure d'insolvabilité posée par le règlement et celle donnée quelques années plus tôt par la Cour de justice dans l'affaire Gourdain[15], et, d'autre part, au sein même du règlement, entre la procédure d'insolvabilité telle que décrite à l'article premier et les procédures nationales inscrites à l'annexe A. Dans un souci de cohérence des normes européennes de droit international privé, il conviendrait de procéder à ces correctifs à l'occasion de la codification européenne, dans l'hypothèse où il n'y aurait pas été procédé avant lors de la révision du Règlement « insolvabilité » prévue en 2012.

Quant au préambule du Règlement « insolvabilité », il conviendrait de le reproduire, exclusion faite des considérants communs à l'ensemble des textes de droit international privé européen, car ils sont plus que de simples règles d'interprétation, comme en témoignent le considérant 13 qui définit le centre des intérêts principaux du débiteur comme « le lieu où le débiteur gère habituellement ses intérêts et qui est donc vérifiable par les tiers », et le considérant 14 qui précise que « le règlement s'applique uniquement aux procédures dans lesquelles le centre des intérêts principaux du débiteur est situé dans la Communauté ».

Enfin, s'agissant du sort des annexes du Règlement « insolvabilité », il conviendrait de les intégrer dans le Code afin de réaliser pleinement

---

14 T. com. Paris, 2 août 2006, Eurotunnel, D. 2006, jurispr. p. 2329, note R. Dammann et G. Podeur ; Bul. Joly 2007, p. 37, note F. Jault-Seseke et D. Robine ; P.A. 21 mars 2007, p. 4, R. Dammann et G. Podeur. Dans cette affaire, les juridictions françaises sont allées jusqu'à admettre leur compétence sur le fondement du Règlement « insolvabilité » en présence d'un mandat *ad hoc*.

15 CJCE, 22 février 1979, *Rev. Crit. dip.*, 1979, p. 657, note J. Lemontey ; *Rev. Soc.*, 1980, p. 526, note J.-L. Bismuth ; *Gaz. Pal.*, I, 1979, p. 207, note Georges-Etienne.

l'objectif d'accessibilité du droit. Elles pourraient figurer dans une partie du Code réservée à cet effet, à l'image des parties réglementaires de certaines codifications françaises. La difficulté sera toutefois de tenir compte de l'instabilité du contenu de ces annexes, ces dernières ayant déjà fait l'objet de trois règlements modificatifs pour tenir compte de l'élargissement de l'Union européenne et des évolutions législatives nationales en ce domaine.

IV. Éléments d'une partie générale

Le droit international privé européen des procédures d'insolvabilité, tel qu'il se présente aujourd'hui, est favorable à l'établissement d'une théorie générale de droit international privé propre à l'Union européenne. En effet, il contient en germe nombre de principes qui pourraient figurer, dans le cadre de la structure du Code européen, dans une première partie générale.

Ainsi, en matière de renvoi, les textes européens sur l'insolvabilité s'inscrivent dans la tendance actuelle d'exclusion de ce mécanisme. Cette solution se justifie à l'intérieur de l'Union européenne à partir du moment où il y a une unification des rattachements. Le renvoi ne peut fonctionner dès lors qu'est désignée la loi d'un État-membre, ce qui est la majorité des situations décrites par les textes européens sur les procédures d'insolvabilité. En revanche, rien ne justifie d'exclure le renvoi lorsque la loi applicable est celle d'un État tiers. Or, cette situation se rencontre dans le cadre du Règlement « insolvabilité » dans deux hypothèses, celle de l'article 14 pour déterminer la validité d'actes conclu par le débiteur pendant la période suspecte, et celle de l'article 6 relatif à l'effet de la procédure d'insolvabilité sur la compensation de créances.

En outre, en présence d'obligations contractuelles, notamment d'un contrat de travail, le Règlement « insolvabilité » fait une large place au principe de l'autonomie de la volonté. En effet, en vertu de l'article 10 du règlement, « *les effets de la procédure d'insolvabilité sur un contrat de travail et sur le rapport de travail sont régis exclusivement par la loi de l'État-membre applicable au contrat de travail* ». Ainsi, le texte opère un retour implicite aux règles de conflit de lois du Règlement Rome I qui consacre le principe de la compétence de la loi d'autonomie. Cette solution adoptée par le Règlement « insolvabilité » s'inscrit dans le mouvement plus vaste d'une expansion du principe d'autonomie de la volonté en droit européen, constaté depuis quelques années. L'utilisation de l'autonomie de la volonté pallie l'échec de l'élaboration d'un droit matériel unifié des contrats. Et peut-être demain palliera-t-elle l'absence d'une procédure européenne d'insolvabilité et les insuffisances d'un droit international privé européen des procédures d'insolvabilité.

Enfin, sur le terrain de l'ordre public, deux remarques sont à faire. La première est que le recours à l'exception d'ordre public n'est prévu en matière d'insolvabilité que pour faire obstacle à la reconnaissance et à l'exécution d'une décision prise par les juridictions d'un autre État-membre, en aucun cas il n'est fait référence à l'ordre public pour évincer la loi normalement applicable en vertu des règles de conflit européennes. Certes lorsque la loi désignée est celle du for, ce qui en matière d'insolvabilité est le principe, il n'y a pas lieu de recourir à l'ordre public. Mais qu'en est-il lorsque la loi désignée est celle d'un autre État-membre ? En l'état de l'avancée de la construction européenne, il n'est pas permis de faire l'économie de l'exception d'ordre public, comme en témoigne la jurisprudence rendue ces dernières années en matière de reconnaissance d'une décision étrangère d'insolvabilité[16]. Si jusqu'alors l'ordre public n'a pas permis de refuser de reconnaître une décision étrangère relative à une procédure d'insolvabilité, les distorsions procédurales, et sans doute même substantielles, ne permettent pas d'écarter ce mécanisme même lorsque la loi désignée est celle d'un autre État-membre. Qu'on songe par exemple à la compétence de la loi de l'État-membre sur le territoire duquel une instance concernant un bien ou un droit du débiteur est en cours (article 15 du règlement). Il en va toutefois différemment du cas du contrat de travail, puisque l'article 10 du règlement donne compétence à la loi du contrat, ce qui opère un retour implicite aux dispositions du Règlement Rome I, et par là même à l'exception de l'ordre public en matière de conflit de lois.

La seconde remarque tient à l'émergence d'un ordre public véritablement européen à laquelle les textes portant sur l'insolvabilité participent pleinement. Ainsi, à titre d'exemple peut-on citer l'article 32 du règlement qui consacre expressément un principe d'égalité entre les créanciers. L'impérativité de cette règle est indéniable tant par sa source, que par le fait qu'elle imite et donc prolonge le mécanisme auquel chaque État-membre a conféré une valeur d'ordre public.

En conclusion, au vu des éléments qui précèdent, il apparaît souhaitable qu'une codification du droit international privé européen des procédures d'insolvabilité présente les caractéristiques suivantes :

1. elle se fonderait principalement sur l'article 3 TUE, mais également sur les exigences du Marché intérieur,

2. elle couvrirait un espace universel, que ce soit dans le cadre du conflit de lois ou du conflit de juridictions ; les règles de reconnaissance et d'exécution quant à elles demeureraient régionalisées avec le maintien de la réserve nationale de l'ordre public international,

---

16 Pour un examen de ces décisions voir E. Fabriès-Lecea, *op. cit.*

3. elle intégrerait les règles de procédure et de coopération entre les acteurs nationaux,

4. elle reposerait sur des éléments d'une théorie générale de droit international privé européen en devenir.

Il paraît raisonnable de considérer qu'une codification de droit international privé qui serait conforme à ces éléments permettrait non seulement de résoudre les difficultés actuelles, mais également de tendre vers l'accomplissement des objectifs de l'Union européenne.

EUROCLIO – Ouvrages parus

N° 62 – *Quelle architecture pour un code européen de droit international privé ?* Marc Fallon, Paul Lagarde, Sylvaine Poillot-Peruzzetto (dir.), 2011.

N° 61 – *La construction d'un espace euro-méditerranéen. Genèses, mythes et perspectives.* Houda Ben Hamouda et Mathieu Bouchard (dir.), 2012.

N° 60 – *Innovations et transferts de technologie en Europe du Nord-Ouest aux XIX*[e] *et XX*[e] *siècles.* Jean-François Eck et Pierre Tilly (dir.), 2011.

N° 59 – *Novel Outlooks on the Marshall Plan. American Aid and European Re-Industrialization.* Fransceca Fauri & Paolo Tedeschi (eds.), 2011.

N° 58 – *Europe in the International Arena during the 1970s. Entering a Different World / L'Europe sur la scène internationale dans les années 1970. À la découverte d'un nouveau monde.* Antonio Varsori & Guia Migani (eds./dir.), 2011.

N° 57 – *Cultures nationales et identité communautaire. Un défi pour l'Europe ? / National Cultures and Common Identity. A Challenge for Europe?* Marloes Beers & Jenny Raflik (dir./eds.), 2010.

N° 56 – *Les trajectoires de l'innovation technologique et la construction européenne. Des voies de structuration durable ? / Trends in Technological Innovation and the European Construction. The Emerging of Enduring Dynamics?* Christophe Bouneau, David Burigana & Antonio Varsori (dir./eds.), 2010.

N° 55 – *L'OTAN et l'Europe. Quels liens pour la sécurité et la défense européenne ?* Birte Wassenberg, Giovanni Faleg et Martin W. Mlodecki (dir.), 2010.

N° 54 – *The Road Europe Travelled Along.* Daniele Pasquinucci and Daniela Preda (eds.), 2010.

N° 53 – *Vivre et construire l'Europe à l'échelle territoriale de 1945 à nos jours.* Yves Denéchère et Marie-Bénédicte Vincent (dir.), 2010.

N° 52 – *De l'esprit de la Résistance jusqu'à l'idée de l'Europe. Projets européens et américains pour l'Europe de l'après-guerre (1940-1950).* Veronika Heyde, 2010.

N° 51 – *Le dernier carré. Les charbonniers belges, libres entrepreneurs face à la CECA (1950-1959).* Roch Hannecart, 2010.

N° 49 – *Le « Congrès de l'Europe » à La Haye (1948-2008).* Jean-Michel Guieu et Christophe Le Dréau (dir.), 2009.

N° 48 – *The Road to a United Europe. Interpretations of the Process of European Integration.* Morten RASMUSSEN & Ann-Christina L. KNUDSEN (eds.), 2009.

N° 47 – *L'Europe au cœur. Études pour Marie-Thérèse Bitsch.* Martial LIBERA et Birte WASSENBERG (dir.), 2009.

N° 46 – *Les deux Europes. Actes du IIIe colloque international RICHIE/ The Two Europes. Proceedings of the 3rd international RICHIE conference.* Michele AFFINITO, Guia MIGANI & Christian WENKEL (dir./eds.), 2009.

N° 45 – *Pardon du passé, Europe unie et défense de l'Occident. Adenauer et Schuman docteurs* honoris causa *de l'Université catholique de Louvain en 1958.* Geneviève DUCHENNE et Gaëlle COURTOIS (dir.), 2009.

N° 44 – *From* Détente *in Europe to European* Détente. *How the West Shaped the Helsinki CSCE.* Angela ROMANO, 2009.

N° 43 – *L'Espagne et l'Europe. De la dictature de Franco à l'Union européenne.* Matthieu TROUVÉ, 2008.

N° 42 – *La Méditerranée et la culture du dialogue. Lieux de rencontre et de mémoire des européens/El Mediterráneo y la cultura del diálogo. Lugares de encuentro y de memoria de los Europeos/El Mediterrani i la cultura del diàleg. Punts de trobada i de memòria dels Europeus.* María-Luisa VILLANUEVA ALFONSO (dir./ed.), 2008.

N° 41 – *La France et l'Afrique sub-saharienne, 1957-1963. Histoire d'une décolonisation entre idéaux eurafricains et politique de puissance.* Guia MIGANI, 2008.

N° 40 – *Esquisses d'une Europe nouvelle. L'européisme dans la Belgique de l'entre-deux-guerres (1919-1939).* Geneviève DUCHENNE, 2008.

N° 39 – *La construction européenne. Enjeux politiques et choix institutionnels.* Marie-Thérèse BITSCH, 2007.

N° 38 – *Vers une eurorégion ? La coopération transfrontalière franco-germano-suisse dans l'espace du Rhin supérieur de 1975 à 2000.* Birte WASSENBERG, 2007.

N° 37 – *Stratégies d'entreprise et action publique dans l'Europe intégrée (1950-1980). Affrontement et apprentissage des acteurs. Firm Strategies and Public Policy in Integrated Europe (1950-1980). Confrontation and Learning of Economic Actors.* Marine MOGUEN-TOURSEL (ed.), 2007.

N° 36 – *Quelle(s) Europe(s)? Nouvelles approches en histoire de l'intégration européenne / Which Europe (s)? New Approaches in European Integration History.* Katrin RÜCKER & Laurent WARLOUZET (dir.), 2006 (3e tirage 2008).

N° 35 – *Milieux économiques et intégration européenne au XXe siècle. La crise des années 1970. De la conférence de La Haye à la veille de la relance des années 1980.* Éric BUSSIÈRE, Michel DUMOULIN & Sylvain SCHIRMANN (dir.), 2006.

Réseau européen Euroclio

avec le réseau SEGEI

Coordination : Chaire Jean Monnet d'histoire
de l'Europe contemporaine (Cehec)
Collège Erasme, 1, place Blaise-Pascal, B-1348 Louvain-la-Neuve

Allemagne

Jürgen Elvert
Wilfried Loth

Belgique

Julie Cailleau
Jocelyne Collonval
Yves Conrad
Gaëlle Courtois
Pascal Deloge
Geneviève Duchenne
Vincent Dujardin
Michel Dumoulin
Roch Hannecart
Pierre-Yves Plasman
Béatrice Roeh
Corine Schröder
Caroline Suzor
Pierre Tilly
Arthe Van Laer
Jérôme Wilson
Natacha Wittorski

Espagne

Enrique Moradiellos
Mercedes Samaniego Boneu

France

Françoise Berger
Marie-Thérèse Bitsch
Gérard Bossuat
Éric Bussière
Jean-François Eck
Catherine Horel
Philippe Mioche
Marine Moguen-Toursel
Sylvain Schirmann
Matthieu Trouvé
Laurent Warlouzet
Emilie Willaert

Hongrie

Gergely Fejérdy

Italie

David Burigana
Elena Calandri
Eleonora Guasconi
Luciano Segreto
Antonio Varsori

Luxembourg

Charles Barthel
Etienne Deschamps
Jean-Marie Kreins
René Leboutte
Robert Philippart
Corine Schröder
Gilbert Trausch

Pays-Bas

Anjo Harryvan
Jan W. Brouwer
Jan van der Herst

Pologne

Józef Laptos
Zdzisiaw Mach

Suisse

Antoine Fleury
Lubor Jilek

Kolibri 360 GmbH
Ferdinand-Jühlke-Straße 7
99095 Erfurt, Deutschland
produktsicherheit@kolibri360.de